国家级一流本科专业建设点配套教材
21世纪高等院校财经管理系列实用规划教材

审计学

主　编／刘建秋　　水会莉
副主编／李颜木彦　李振湖
　　　　汪荟荃　　杨　扬

北京大学出版社
PEKING UNIVERSITY PRESS

内 容 简 介

本书立足风险导向审计理念，依据最新审计准则的要求，以注册会计师审计为主线，全面阐述审计职业道德、审计目标、审计证据、审计抽样、内部控制等基本概念，系统梳理了风险评估、风险应对以及最终运用业务循环审计出具审计报告的基本流程，使读者系统掌握现代审计的基本原理、基本理论与基本方法。本书吸收审计理论与实务的最新成果，通过大量案例增强知识的可理解性，配有丰富的案例和课后练习题，便于提升读者对审计理论的理解和审计实践的能力，培养高质量应用型审计实务人才。

本书可作为各高等院校会计、财务管理、审计及其他管理类专业本科生和研究生的教材，亦可作为企业财会审计等相关领域实务工作者的学习参考书。

图书在版编目(CIP)数据

审计学 / 刘建秋，水会莉主编. —北京：北京大学出版社，2024.3

21世纪高等院校财经管理系列实用规划教材

ISBN 978-7-301-34853-6

Ⅰ.①审… Ⅱ.①刘… ②水… Ⅲ.①审计学—高等学校—教材 Ⅳ.①F239.0

中国国家版本馆CIP数据核字（2024）第045490号

书　　　名	审计学 SHENJIXUE
著作责任者	刘建秋　水会莉　主编
策划编辑	王显超
责任编辑	翟　源
标准书号	ISBN 978-7-301-34853-6
出版发行	北京大学出版社
地　　　址	北京市海淀区成府路205号　100871
网　　　址	http://www.pup.cn　新浪微博：@北京大学出版社
电子邮箱	编辑部 pup6@pup.cn　总编室 zpup@pup.cn
电　　　话	邮购部 010-62752015　发行部 010-62750672　编辑部 010-62750667
印　刷　者	北京溢漾印刷有限公司
经　销　者	新华书店 787毫米×1092毫米　16开本　19.75印张　465千字 2024年3月第1版　2024年3月第1次印刷
定　　　价	59.00元

未经许可，不得以任何方式复制或抄袭本书之部分或全部内容。
版权所有，侵权必究
举报电话：010-62752024　电子邮箱：fd@pup.cn
图书如有印装质量问题，请与出版部联系，电话：010-62756370

前　言

近年来，我国经济由原来的高速发展向高质量发展转变，企业面临的经济法律环境和商业模式正在发生重大变化。同时，随着人工智能、大数据等前沿技术的广泛运用，审计模式和审计业务对审计人员的知识结构和执业技能提出了更高的要求。本书是在认真研究国内外有关审计法律法规及审计准则，体现最新审计准则及审计实践发展要求，结合新技术对审计发展的影响的基础上编写完成。

本书遵循新商科背景下应用型人才培养模式的教学要求，以现代审计理论、审计方法和审计程序为基本结构，以审计发展过程中的审计活动为主线，全面阐述审计职业道德、审计目标、审计证据、审计工作底稿、审计风险评估与风险应对、审计抽样、内部控制等基本概念，系统梳理了审计程序、风险评估与风险应对的基本流程，通过业务循环审计的运用最终出具审计报告，使学生能够较系统地掌握审计学的基本理论、基础知识和专业技能。本书编写过程中融入了数智技术发展对审计的影响等新内容，力求使教材内容能适应新时代审计人员的学习需要。通过将思政内容融入审计知识体系和应用环节，更好体现对学生价值塑造、知识传授与能力培养要求的有机结合。每章小结用思维导图描述的方式对重点知识做了回顾与总结，并配有大量的案例和丰富的练习题，便于学生对知识的理解和把握，也便于老师教学和学生学习使用。

本书编写依托湖南工商大学会计学院审计硕士点和审计学国家一流本科专业建设点的教学科研团队，联合湖南工业大学、湖南农业大学、湖南城市学院、湖南涉外经济学院等高校从事多年审计教学与科研工作的教师编写。具体各章分工为：第一章由刘建秋老师编写，第二章、第三章由李振湖和陶李红老师编写，第四章由贺勇老师编写，第五章由朱翠兰老师编写，第六章由张艳老师编写，第七章由陶雪阳老师编写，第八章和第十二章由李颜木彦老师编写，第九章由刘瑾老师编写，第十章由杨扬老师编写，第十一章由水会莉老师（第一～第四节）和何斯铄老师（第五节）编写，第十三章由周元圆老师编写，第十四章由汪荟荃老师编写，全书由刘建秋和水会莉老师统稿。

本书编写过程参考、借鉴了大量教材和其他学者的成果，在此对各位作者深表谢意。

由于编者水平所限，书中难免存在缺点或错误，恳请各位读者批评指正。

编者
2024 年 3 月

目　　录

第一章　审计概述 ·· 1
 第一节　审计的产生与发展 ··· 2
 第二节　审计的定义、特征与业务 ·· 6
 第三节　审计的分类 ·· 9

第二章　注册会计师职业与会计师事务所 ··· 16
 第一节　中国注册会计师职业的发展 ·· 16
 第二节　注册会计师及其素质要求 ··· 19
 第三节　会计师事务所及其业务资格 ·· 20

第三章　注册会计师职业规范与法律责任 ··· 25
 第一节　注册会计师执业准则体系 ··· 26
 第二节　注册会计师职业道德规范 ··· 31
 第三节　注册会计师的法律责任 ·· 34

第四章　财务报表审计的基本原理 ·· 44
 第一节　财务报表审计的基本概念 ··· 45
 第二节　财务报表审计的基本要素 ··· 48
 第三节　财务报表审计的目标 ··· 51
 第四节　财务报表审计的基本要求 ··· 56
 第五节　财务报表审计的业务流程 ··· 59

第五章　审计计划 ··· 66
 第一节　初步业务活动 ·· 67
 第二节　总体审计策略和具体审计计划 ··· 75
 第三节　重要性 ·· 79
 第四节　审计风险 ··· 84

第六章　审计证据与审计工作底稿 ·· 91
 第一节　审计证据 ··· 91
 第二节　审计工作底稿 ·· 97

第七章　风险评估 ··· 109
 第一节　风险识别和评估概述 ··· 110

第二节　了解被审计单位及其环境 ………………………………………… 114
　　第三节　了解被审计单位内部控制 ………………………………………… 121
　　第四节　识别和评估重大错报风险 ………………………………………… 132

第八章　风险应对 …………………………………………………………………… 144
　　第一节　针对重大错报风险的应对措施 …………………………………… 145
　　第二节　控制测试 …………………………………………………………… 149
　　第三节　实质性程序 ………………………………………………………… 151

第九章　审计抽样 …………………………………………………………………… 157
　　第一节　审计抽样概述 ……………………………………………………… 158
　　第二节　审计抽样在控制测试中的运用 …………………………………… 164
　　第三节　审计抽样在细节测试中的运用 …………………………………… 168

第十章　数智技术对审计的影响 …………………………………………………… 180
　　第一节　数智技术审计环境 ………………………………………………… 181
　　第二节　数智技术对企业财务报表及内部控制的影响 …………………… 186
　　第三节　数智技术环境下的审计程序及特点 ……………………………… 187
　　第四节　数智技术审计的可视化分析技术 ………………………………… 190

第十一章　业务循环审计 …………………………………………………………… 196
　　第一节　循环审计概述 ……………………………………………………… 197
　　第二节　采购与付款循环的审计 …………………………………………… 198
　　第三节　生产与存货循环的审计 …………………………………………… 204
　　第四节　销售与收款循环的审计 …………………………………………… 209
　　第五节　货币资金审计 ……………………………………………………… 223

第十二章　对特殊事项的考虑 ……………………………………………………… 239
　　第一节　对舞弊和法律法规的考虑 ………………………………………… 240
　　第二节　审计沟通 …………………………………………………………… 243
　　第三节　注册会计师利用他人的工作 ……………………………………… 246

第十三章　完成审计工作 …………………………………………………………… 252
　　第一节　完成审计工作概述 ………………………………………………… 253
　　第二节　期后事项 …………………………………………………………… 263
　　第三节　书面声明 …………………………………………………………… 267

第十四章　审计报告 ………………………………………………………………… 275
　　第一节　审计报告概述 ……………………………………………………… 276

第二节　审计报告的基本内容 …………………………………………………………… 278
第三节　在审计报告中沟通关键审计事项 ………………………………………………… 283
第四节　非无保留意见 ……………………………………………………………………… 291
第五节　强调事项段和其他事项段 ………………………………………………………… 298

参考文献 ……………………………………………………………………………………… 307

第一章 审计概述

学习目标

知识要点	能力要求	关键术语
审计的产生与发展	(1) 了解审计产生与发展的历史 (2) 理解审计产生与发展的根本原因 (3) 认识审计在国家治理体系中的作用	(1) 委托代理 (2) 两权分离 (3) 受托经济责任
审计的定义与特征	(1) 熟悉审计的定义 (2) 掌握审计的特征	(1) 经济活动的认定 (2) 审计独立性
审计的业务范围	(1) 了解审计的业务范围 (2) 掌握鉴证业务的特点 (3) 了解审计、审阅和其他鉴证业务异同	(1) 鉴证业务 (2) 审计业务 (3) 审阅业务 (4) 相关服务
审计的分类	(1) 了解不同视角下审计分类的内容 (2) 掌握审计主体分类下三种审计的异同 (3) 理解不同分类方式下的审计业务场景	(1) 政府审计、民间审计、内部审计 (2) 财务报表审计、合规性审计、经营审计 (3) 账项基础审计、制度基础审计、风险导向审计

本章引例

审计是党和国家监督体系的重要组成部分

案例1-1 内部员工职务犯罪，内审部门如何发现内鬼?

2014年，康恩贝公司以27115万元的价格收购浙江珍诚医药在线股份有限公司（简称珍诚医药公司）30.81%的股权；2015年，以23265万元的价格收购珍诚医药公司26.44%的股权，合计以50380万元的价格取得57.25%的股权。收购珍诚医药公司后，康恩贝公司通过内部审计等工作发现珍诚医药公司原主要负责人涉嫌利用职务之便进行经济犯罪，随即报案处理。司法机关经初步侦查后，于2016年11月对珍诚医药公司原主要负责人以涉嫌非国家工作人员受贿罪正式立案和刑事拘留，并于2016年12月初对其实施逮捕。

（资料来源：https://www.cicpa.org.cn/xxcx/annual_audit/201704/t20170425_62375.html，2017-04-25.）

案例1-2 国家审计入场，违规违纪资金无处可藏

农村人居环境整治是打好实施乡村振兴战略的第一仗，2022年年初，射阳县审计局迎来一次民生审计之仗。根据审计署统一安排，射阳县审计局派出审计组对2018年至2021年农村人居环境整治相关政策和资金进行审计。这次审计累计查出6大类59个问题，涉及违纪违规问题资金达6489.43万元，64%的问题在审计中立行立改。

（资料来源：https://mp.weixin.qq.com/s/v3Kddi23DeN-YvR2nZTKFw,2023-05-09.）

案例1-3　千亿房企黯然退市，审计能否透过"阳光"看透本质？

作为昔日千亿房地产巨头阳光城2022年度财务报告审计机构，立信中联会计师事务所（特殊普通合伙）因阳光城截至2022年12月31日已到期未支付债务本金626.32亿元，以及由于毛利率下降、存货跌价、利息费用化等要素共同导致的2022年度母公司股东净亏损125.53亿元，对公司持续经营能力产生重大疑虑；结合阳光城未按规定履行审议、披露程序，对外部单位提供合计5.45亿元担保，立信中联会计师事务所最终对阳光城出具了保留意见的2022年度财务报表审计报告。

此外，由于阳光城的大额违规担保，立信中联会计师事务所认为该公司在对外担保内部控制上存在重大缺陷，出具了否定意见的内部控制审计报告。此后，阳光城在2023年内先后经历了其他风险警示、深交所问询、终止上市摘牌。

（资料来源：http://www.szse.cn/disclosure/listed/notice/index.html,2024-01-09.）

以上案例说明，审计在各类经济监督活动中发挥着重要作用。那么，审计是什么？审计为什么产生？审计是怎么发展起来的？审计有什么特点？审计具体包括哪些业务？不同主体的审计有什么不同？通过本章的学习，将为你解答以上问题。

第一节　审计的产生与发展

审计是在一定的经济关系下，基于经济监督的需要而产生的。不管是国家活动中的经济责任关系还是民间企业的经济责任关系，只要当财产所有者将其财产交付予其他人代管或者代为经营时，客观上就存在着查错防弊、监督他人，以维护财产所有者利益的需要。因此财产所有者委派或委托另一机构和人员，对他人代管或者代为经营的业绩进行审查和评价，便产生了审计这项经济监督活动。党的二十大报告指出要"健全党统一领导、全面覆盖、权威高效的监督体系"，这对专司经济监督的审计提出了更高要求。同时，党的二十大报告还强调要"加快发展数字经济，促进数字经济和实体经济深度融合"，经济业务模式的不断创新，加上新技术与方法在审计中的广泛运用，推动审计模式与方法不断发展。

一、我国审计的产生与发展

据史料记载，"审计"一词在我国最早出现于宋代，但审计这项经济监督工作却源远流长，自古就有。作为四大文明古国之一，我国政府审计起源较早，是审计的发源地之一。从西周开始，我国审计经历了一个漫长的发展过程，大体上可分为六个阶段：西周时期初步形成阶段，秦汉时期最终确立阶段，隋唐至宋日臻健全阶段，元、明、清停滞不前阶段，新中国成立前的不断演进阶段，新中国全面振兴阶段。

《周礼》中记载设"大宰之职，……岁终，则令百官府各正其治，受其会，听其致事"，西周时期就有了"宰夫"一职，负责审查"财用之出入"，这是我国政府审计的萌芽。其后，秦代、汉代都曾采用"上计"制度审查、监督财务收支有无错弊，并借以评价有关官吏的业绩。隋唐至宋，官僚系统逐渐完善，审计制度也日臻健全。唐代在刑部下设"比部"，建立了比较独立的审计机构，宋代设立"审计司"和"审计院"，"审计"一词正式在我国官方政治体系中出现。元、明、清三代未设专职审计机构，审计的地位有所削弱。

辛亥革命后，北洋政府于1914年设立审计院，颁布《审计法》。国民政府于1928年在政府下设审计院，同年公布了《审计法》，其中一项规定就是财政机关的支付命令必须先经审计院核准，否则国库不予付款。自此，我国政府审计中有了事前审计。1931年，国民政府改审计院为审计部，直属监察院，但当时仍沿用1928年的《审计法》，直至1938年才重新修订。之后《审计法》又几经补充修改，审计制度日臻完备。

中国共产党领导的人民政府在国内革命战争时期就十分重视审计工作，在中华人民共和国成立后，特别是改革开放后更是开创了我国审计工作的新局面。在中国共产党领导的第二次国内革命战争时期，1932年成立中央苏区审计委员会，1934年颁布《审计法》，实行了审计监督制度。在山东、陕甘宁、晋绥等革命根据地，也建立了审计组织，颁布了审计法规，实施了审计监督工作。

中华人民共和国成立后较长一段时间内，我国审计没有独立建制，审计监督寓于监察之中。1982年第五届全国人民代表大会第五次会议通过的《中华人民共和国宪法》中明确规定，在我国实行审计监督制度。1983年9月15日，中华人民共和国审计署成立，地方各级审计机关也相继成立，随着《中华人民共和国审计法》在内的一系列审计法规的出台，我国的政府审计在20世纪80年代得到迅速发展和完善。

进入21世纪，我国开启了建设社会主义的新征程。为了适应国家治理和审计发展的新需要，2018年3月中央决定组建中国共产党中央审计委员会，由习近平担任中央审计委员会主任[1]。2018年5月23日，习近平主持召开中央审计委员会第一次会议并发表重要讲话。习近平强调，改革审计管理体制，组建中央审计委员会，是加强党对审计工作领导的重大举措。要落实党中央对审计工作的部署要求，加强全国审计工作统筹，优化审计资源配置，做到应审尽审、凡审必严、严肃问责，努力构建集中统一、全面覆盖、权威高效的审计监督体系，更好发挥审计在党和国家监督体系中的重要作用[2]。这标志着我国审计工作进入了高质量发展的新阶段。

我国民间审计起步较晚，随着资本主义工商业在我国的发展，民间审计有了产生的社会经济基础。1918年，北洋政府颁布针对民间审计机构的《会计师暂行章程》。1921年，第一家民营会计师事务所在上海成立，正式接受公营或私营企业委托，执行审计业务。但当时中国社会政治、经济落后，民间审计仅在一些经济发达的大城市存在，发展也很缓慢。

随着改革开放的推进，我国在1980年恢复和重建了注册会计师制度，财政部正式印发《关于成立会计顾问处的暂行规定》，注册会计师制度在改革开放中得到了较快恢复。总的来说，新中国注册会计师审计制度发展大致经历了四个阶段。

一是恢复重建阶段（1980—1991）。1978年党的十一届三中全会作出了实行改革开放的历史性决策，当时百业待兴，急需引进外资参与国内经济建设。按照国际通行做法，建立注册会计师制度，国务院1986年发布《中华人民共和国注册会计师条例》支持注册会计师行业加快

---

[1] 中共中央印发《深化党和国家机构改革方案》，中国政府网，2018-03-21.
[2] 习近平主持召开中央审计委员会第一次会议，中国政府网，2018-05-23.

重建，成立注册会计师协会承担行业管理职能等一系列举措，推动了民间审计的快速发展。

二是规范发展阶段（1991—1998）。1990年和1991年上海证券交易所和深圳证券交易所先后成立，国家建立了注册会计师执业标准体系，先后发布了48项审计准则，颁布了《中华人民共和国注册会计师法》，把中国注册会计师协会和中国注册审计师协会合并，并对注册会计师行业的执业秩序进行整顿，民间审计行业得到基本规范。

三是体制创新阶段（1998—2008）。注册会计师行业重建期，会计师事务所挂靠党政企事业单位，不具备独立性，挂靠部门干预注册会计师执业行为，破坏了市场公平竞争秩序。为消除挂靠体制的弊端，财政部领导和组织了会计师事务所与挂靠单位的脱钩工作，1998年会计师事务所脱钩改制工作全面完成标志着我国注册会计师行业完成了体制机制的创新。

四是国际化发展阶段（2005年以来）。2005年以来我国注册会计师行业确立了以国际化为导向的发展战略，2006年发布了48项审计准则，实现了我国审计准则与国际审计准则的趋同。2010年又发布了全新的38项审计准则，支持事务所走出去，实现我国注册会计师行业真正国际化。

二、外国审计的产生与发展

公元前3000多年，古埃及就设有监督官审查财务收支。公元前400多年，古罗马由元老院及其所属的监督官对国库和地方的财政收支进行监督。2000多年前，古希腊也设审计官对官员离任的经济责任进行检查监督。这些都是国外早期的审计活动。

中世纪时，随着社会经济的发展，西欧国家的政府审计有所加强。例如，英国王室于11世纪在财政部门内设立上院和下院，前者对后者编制的会计账簿进行检查监督。法国王室于13世纪设审计厅，对国库和地方财政收支进行审查监督等。

步入近代社会之后，西方国家的政府审计有了较大的发展。美国在独立战争时期就有了负责审计工作的专任委员。1921年，美国正式设立了隶属于国会的联邦总审计署，美国的这种政府审计体制一直延续至今。英国在1866年颁布《国库和审计部法案》之后，很快就成立了代表议会、独立于政府之外的国家审计机构，执行对国库收入和支出的审计监督。

民间审计最早起源于欧洲国家，最初是为适应当时合伙企业的需要。通过有会计经验的第三者的审查，可消除合伙人的相互猜疑，巩固合伙制生产关系，这就是早期民间审计的萌芽，其历史可追溯到15世纪中后期意大利北部沿海商业城市的发展时期。18世纪工业革命开始后，为适应新的生产力发展需要，发行股票筹集资金的股份公司应运而生，民间审计也随之迅速发展。随着1845年英国《公司法》的修订，世界上第一个职业会计师的专业团体爱丁堡会计师协会于1853年在苏格兰爱丁堡成立。19世纪后期，民间审计的重心转至经济迅速发展的美国。19世纪末和20世纪初，美国成立了会计师公会，后又更名为注册公共会计师协会，这个组织已成为当今世界上最大的职业会计师专业团体。

20世纪30年代初期的经济大危机，震动了资本主义社会的经济秩序，社会各界纷纷要求加强对私营企业和股份公司的审计，许多国家相继以法律的形式规定企业的会计报表需由注册会计师进行审查鉴证，并制定有关审计准则，这推动民间审计进入一个新发展阶段。一般来说，西方国家的民间审计分为以下几个发展阶段。

第一阶段，19世纪的英国式审计。它以英国早期的股份公司为主要服务对象，要求对所有的经济业务、会计凭证、会计账簿和会计报表都进行审核，以发现记账差错和舞弊行为。这种早期审计方式的特征是全面、详细。

第二阶段，20世纪的美国式审计。它以提供信用资金的银行为主要服务对象，主要是向银行证明借款企业的偿债能力，核心在于资产负债表审计，审计方法也从详细审查初步转向抽样审查。这种方式是抽样审计的开端，它给民间审计带来了新的思维方式和技术方法。

第三阶段，20世纪30年代之后以美国为代表的会计报表审计。它面向多种会计信息，以各种会计报表（不仅是资产负债表，还将反映盈利能力的利润表作为审计重点）所反映的经济活动为审计对象，主要目的是判明会计报表是否符合公认会计准则的要求，是否公允地反映了被审计单位的财务状况和财务成果。

第四阶段，20世纪40年代开始，西方民间审计进入了现代审计阶段。很多国家制定了独立审计准则，形成了以审计准则为制约的规范化、制度化审计工作程序。审计方法也由初步的抽样审计转为以评价内部控制制度为基础、结合统计抽样方法的制度基础审计，管理咨询业务在民间审计中有了较大的发展。

21世纪初至今，随着安然公司等一批美国公司财务丑闻揭露及安达信会计师事务所的解体，审计风险受到业内高度重视。美国实施了《萨班斯-奥克斯利法案》，强化了对公司内部控制的要求和对外部注册会计师的监管。为了应对新的审计风险，国际审计和保证委员会及美国等发达国家的执业会计师组织修改了相关审计准则，推行适用于揭露财务报表重大错报的风险导向审计体系。

三、审计产生与发展的基本规律

理论界普遍认为，审计产生的前提是财产所有权与经营权的分离，出现受托经济责任，信息弱势方需要对信息提供方进行检查和监督。审计产生与发展的历史进程呈现如下规律。

（1）由于财产的所有者并不实际经营管理其财产，而是委托他人从事这项工作，因此产生了财产的委托关系，导致财产所有权和经营权分离，信息不对称可能产生逆向选择和道德风险问题，也就有了财产所有者对财产使用状况了解、掌握的必要。

（2）财产的经营管理者对使用的财产没有所有权，因此就对经营管理的财产负有一定的责任，即财产的受托经济责任，代理人也就有了向委托者进行报告的义务。

（3）代理人的报告是否真实准确，委托者是否可根据其报告确立或解除代理人的财产经营、管理责任，成了委托代理关系能否维系下去的关键，这就对代理者报告的真实性提出了强烈要求。

（4）在这种情况下，代理人接受财产所有者的委托，对财产使用者出具的会计报表进行审计，并将审计结果向所有者报告，民间审计能在维系这种委托代理关系的过程中发挥关键作用，是这种委托代理关系的必然产物。

（5）审计人员既不能偏向所有者，也不能偏向经营管理者，要有鲜明的第三者立场，否则，很难在维系这种关系中发挥应有的作用。

（6）经济越发展审计越重要。经济越发展，不仅经济业务本身越来越复杂，由此产生的经济关系、产权关系和委托代理链也可能超越传统的简单形式，信息不对称和委托代理问题可能更复杂，对审计监督工作提出了更高的要求。

（7）经济组织模式和经济业务模式的不断创新，加上新技术与方法在审计中的广泛运用，推动审计模式与方法不断发展。

第二节 审计的定义、特征与业务

一、审计的定义

20世纪六七十年代，审计理论有了较大的发展。1972年，美国审计局定义的审计是"审计一语，包括审查会计记录、财务事项和财务报表，但就审计的全部工作来说，它还包括以下内容：(1) 查核各项工作是否遵守有关法律和规章制度；(2) 查核各项工作是否经济和高效；(3) 查核各项工作的结果，以便评价其是否有效地达到了预期的效果（包括立法机构规定的目标）。"美国会计学会基本审计概念委员会对审计的定义具有代表性和权威性，该委员会将审计定义为："审计是指对有关经济活动的经济事项的认定，客观地获取和评价证据，以确定这些认定符合既定标准的程度，并传达结果给利益相关者的一个系统过程。"

从上述定义来看，审计具有如下几个要点。

(1) 审计对象是"对经济活动和经济事项的认定"。比如，企业管理者编制的未经审计的财务报告，即管理者对经济业务进行了认定，这些认定构成审计对象。

(2) 审计主要工作是"客观地获取和评价证据"。这是指审计人员通过收集充分、适当的审计证据对审计对象进行公正的评价。

(3) 审计目标需要"判断与既定标准的符合程度"。即审计人员确认认定与既定标准的接近程度，这种符合既可以是数量表示（如错报金额），也可以是性质方面（如是否公允反映）。

(4) 审计判断依据有一个"既定标准"。这是指审计人员判断管理层认定时所使用的标准，这些标准既可以是权威机构与团体发布的公认会计准则，也可以是立法机关制定的法律法规，或单位管理层制定的相关制度。

(5) 审计结束需要"传达结果的审计报告"。审计人员用书面报告来指出认定与既定标准的符合程度并且出具审计报告。

(6) 审计涉及"利害关系人"。审计主体是有胜任能力的独立人员，由审计人员对被审计人进行审计监督，也是向审计报告使用者提供合理保证，是一种高水平保证。

从审计定义中可以看出，审计是一项具有独立性的经济监督、评价和鉴证活动。它是由独立于被审计单位的专职机构和人员，接受委托或授权，根据国家法律、行政法规及财政经济规章制度，运用专门的方法，按照一定的标准对被审计单位的会计记录、财务报表、其他经济资料及它们所反映的经济活动进行审核和检查，对其真实性、合法合规性、公允性（效益性），做出客观、公正的评价，并根据审查结果出具书面报告，以达到维护国家利益，维护财经纪律，维护被审计单位合法权益，促进经济效益提高和加强宏观调控的目的。

二、审计的特征

审计的本质属性是一项具有独立性的经济监督活动。审计的本质具有两方面含义：一是指审计是一种经济监督活动，经济监督是审计的基本职能；二是指审计具有独立性，独立性是审计监督最本质的特征，是其区别于其他经济监督的关键所在。审计与经济管理活动、非经济监督活动及其他专业性经济监督活动相比较，主要具有以下几方面的基本特征。

(一) 独立性

独立性是审计的本质属性，是审计工作的灵魂，也是保证审计工作顺利进行的必要条件。

国内外审计实践经验表明，审计在组织机构上、人员上、工作上、经费上均需具有独立性。为确保审计机构独立地行使审计监督权，审计机构必须是独立的专职机构，与被审计单位没有组织上的隶属关系。为确保审计人员能够实事求是地检查、客观公正地评价与报告，审计人员与被审计单位应当不存在任何经济利益关系。审计人员依法行使审计职权应当受到国家法律保护。审计机构和审计人员应保持执业中精神上的独立性，不受其他行政机关、社会团体或个人的干涉。审计机构应有自己专门的经费来源，以保证有足够的经费独立自主地进行审计工作，不受被审计单位的牵制。

（二）权威性

审计的权威性是保证有效行使审计权的必要条件。审计的权威性总是与独立性相关，它离不开审计组织的独立地位与审计人员的独立执业。各国国家法律对实行审计制度、建立审计机关以及审计机构的地位和权利都做了明确规定，使审计组织具有法律的权威性。我国审计人员依法行使独立审计权时受法律保护，如被审计单位拒绝、阻碍审计时，或有违反国家规定的财政财务收支行为时，审计机关有权做出处理、处罚的决定或建议，这体现了我国审计的权威性。

（三）公正性

与审计的权威性密切相关的是审计的公正性。从某种意义上说，没有公正性，也就不存在权威性。审计的公正性，反映了审计工作的基本要求。审计人员理应站在第三者的立场上，实事求是地进行检查，做出不带任何偏见、符合客观实际的判断，并做出公正的评价和进行公正的处理，以正确地确定或解除被审计人的经济责任。审计人员只有同时保持独立性、公正性，才能取信于审计授权者或委托者及社会公众，真正树立审计权威性的形象。

三、注册会计师审计的业务类型

注册会计师提供的专业服务分为两大类，即鉴证业务和相关服务。

（一）鉴证业务

鉴证业务是指注册会计师对鉴证对象信息提出结论，以增强除责任方之外的预期使用者对鉴证对象信息的信任程度的业务。对鉴证业务的定义可以从如下几个方面来理解：①鉴证业务的用户是"预期使用者"，即鉴证业务可以有效满足预期使用者的需要；②鉴证业务的目的是提高信息的质量或内涵，增强除责任方之外的预期使用者对鉴证对象信息的信任程度，即以适当方式保证或提高鉴证对象信息的质量为主要目的，而不涉及为如何利用信息提供建议；③鉴证业务的基础是独立性和专业性，通常由具备专业胜任能力和经济独立性的注册会计师来执行，注册会计师应当独立于责任方和预期使用者；④鉴证业务的产品是鉴证结论，注册会计师应当对鉴证对象信息提出结论，该结论以书面报告的形式予以披露。

按照鉴证业务的对象进行区分，鉴证业务包括针对历史财务信息的审计和审阅业务，以及针对非历史财务信息的其他鉴证业务。

1. 审计业务

注册会计师执行的审计业务通常包括：审查企业财务报表，出具审计报告；验证企业资本，出具验资报告；办理企业合并、分立、清算事宜中的审计业务，出具有关的报告；法律、行政法规规定的其他审计业务。

(1) 财务报表审计

会计师事务所提供的主要审计服务是财务报表审计。这种审计的目的是，通过取得和评价某企业历史财务信息的证据，以便对该企业管理层和治理层在这些报表中所作的各种认定是否按照既定的标准公允反映表示意见。目前在我国，财务报表审计也是注册会计师提供的最重要服务。在财务报表审计业务中，要求注册会计师将审计风险降至该业务环境下可接受的低水平，对审计后的财务报表提供高水平的保证即合理保证，在审计报告中对财务报表采用积极方式提出结论。

(2) 验资

验资是指注册会计师依法接受委托，对被审验单位注册资本的实收情况或注册资本及实收资本的变更情况进行审验，并出具验资报告。验资是注册会计师的法定业务，也是一种受托业务。验资业务的目的是提高被审验单位的注册资本实收情况或注册资本及实收资本变更情况的可信赖程度，满足公司登记机关登记注册资本和实收资本及被审验单位向出资者签发出资证明的需要。注册会计师完成审验工作后，应对被审验单位注册资本的实收情况或注册资本及实收资本的变更情况发表审验意见，出具验资报告。

(3) 企业合并、分立、清算事宜中的审计业务

企业在合并、分立或终止清算时，应当分别编制合并、分立财务报表及清算财务报表。为了增强财务报表使用者对这些报表的信赖程度，企业需要委托注册会计师对其编报的财务报表进行审计。在对财务报表进行审计时，注册会计师同样应当检查形成财务报表的所有会计资料及其反映的经济业务，并关注企业合并、分立及清算过程中出现的特定事项。办理企业合并、分立及清算事宜中的审计业务后出具的相应审计报告同样具有法定证明效力，注册会计师及其所在的会计师事务所应当承担相应的法律责任。

(4) 其他审计业务

在实际工作中，注册会计师还可根据国家法律、行政法规的规定接受委托，实施一些特殊目的的审计业务。例如，针对按照特殊目的编制基础编制的财务报表的审计、针对单一财务报表和财务报表特定要素的审计、针对简要财务报表的审计、非经常性损益明细表专项审计、经济责任审计、保险公司舞弊专项审计等。

2. 审阅业务

对历史财务信息进行鉴证，除审计外，还有审阅。相对于审计而言，审阅的成本较低。为了降低成本，小企业可能聘请注册会计师对年度财务报表进行审阅。此外，有些国家的证券监管机构可能要求上市公司聘请注册会计师对中期财务报表进行审阅，以提高中期财务报表中披露信息的可信赖程度或年报中披露的中期财务信息的可信赖程度。财务报表审阅的目标，是注册会计师在实施审阅程序的基础上，说明是否注意到某些事项，使其相信财务报表没有按照适用的财务报表编制基础编制，未能在所有重大方面公允反映被审阅单位的财务状况、经营成果和现金流量。在财务报表审阅业务中，要求注册会计师将审阅风险降至该业务环境下可接受的水平（高于财务报表审计中可接受的低水平），对审阅后的财务报表提供低于高水平的保证即有限保证，在审阅报告中对财务报表采用消极方式提出结论。

3. 其他鉴证业务

其他鉴证业务是指注册会计师执行的历史财务信息审计和审阅以外的鉴证业务，具体包括：预测性财务信息审核、内部控制审计、系统鉴证、企业社会责任审计、环境审计、尽职调

查等。注册会计师执行其他鉴证业务，应当遵守鉴证业务基本准则、其他鉴证业务准则及中国注册会计师职业道德守则。

（二）相关服务

1. 对财务信息执行商定程序

对财务信息执行商定程序的目标是注册会计师对特定财务数据、单一财务报表或整套财务报表等财务信息执行与特定主体商定的具有审计性质的程序，并就执行的商定程序及其结果出具报告。这种业务的前提是注册会计师与特定主体协商需要执行哪些程序，以达到某一特定的目的。

与审计业务的明显差别是，审计中执行的程序是由注册会计师按照审计准则的要求和职业判断确定的，为实现审计目标，注册会计师可以使用各种审计程序。而商定程序业务中执行的程序，是由注册会计师与特定主体协商确定的。注册会计师执行商定程序业务，仅报告执行的商定程序及其结果，并不提出鉴证结论。

2. 会计服务

注册会计师提供的会计服务中，最常见的是代编财务信息。代编财务信息是指注册会计师运用会计而非审计的专业知识和技能，代客户编制一套完整或非完整的财务报表，或代为收集、分类和汇总其他财务信息。注册会计师执行代编业务使用的程序并不旨在、也不能对财务信息提出任何鉴证结论。

除代编财务信息外，注册会计师提供的会计服务还包括对会计政策的选择和运用提供建议、担任常年会计顾问等。会计服务不是注册会计师的法定专营业务。

3. 税务服务

目前，为个人和企业提供税务代理服务，已成为许多会计师事务所的一项重要业务。为了保证这种服务的质量，有的会计师事务所直接雇用精通税务的注册会计师，而绝大多数的会计师事务所专门配备税务专家，甚至还单独设立税务服务部门。税务服务包括代客户申报所得税、编制税务计划和不动产计划，以及代客户到有关政府机关处理税务问题等。

4. 管理咨询

管理咨询服务是指注册会计师为客户提供管理建议与技术协助，以帮助客户改善其经营能力和资源利用，并实现预定的目标。在提供管理咨询服务时，注册会计师扮演的是一个外部企业专家顾问的角色。因此，注册会计师不能替代管理层作任何管理决策。很多较大的事务所都设立了单独的管理咨询部门。在今天，管理咨询服务所得到的收入，已成为很多会计师事务所总收入中重要且日益增长的一个组成部分。

第三节 审计的分类

审计的基本分类方式包括按审计内容分类、按审计主体的性质分类，以及按审计技术和方法发展历程分类等。

一、按审计内容分类

按照审计内容分类，可以将审计分为财务报表审计、经营审计和合规性审计三类。

(一) 财务报表审计

财务报表审计是指对被审计单位的会计报表及其他会计资料所进行的审计。财务审计是一种传统审计，也是注册会计师主要的审计形式。它主要是对会计报表的公允性或财务收支活动的真实性、合法性进行审计。注册会计师进行的上市公司年度财务报告审计就是典型的财务审计。

(二) 经营审计

经营审计也称经济效益审计、管理审计，是指考核和评价被审计单位财务收支活动和经营管理活动的效果与效率，并提出改进措施的活动。其目的在于改善被审计单位的经营管理，提高经济效益。经营审计涉及的范围广，内容复杂，方式灵活。在西方国家，经营审计得到了普遍的开展。

(三) 合规性审计

合规性审计也称遵循审计，是指对某个单位的财务或经营活动收集和评价证据，以确定其是否按照特定的条件、规则或规定来执行。这种审计的既定标准可能有很多来源，比如政府部门发布的财经法规、银行对企业的贷款合同约定、企业内部控制制度和经营管理条例等。为了监督单位各级部门对制度的遵循和落实情况，很多单位都可能对某个业务进行合规性审计。合规性审计一般由单位内部审计人员来执行。

二、按审计主体的性质分类

审计主体是指审计业务的执行人一方。根据国内外审计的发展和现状，审计按主体分类，可以分为政府审计、民间审计和内部审计。

(一) 政府审计

政府审计也称国家审计，是指由国家审计机关进行的审计。中华人民共和国审计署及其派出机构和地方各级人民政府的审计厅（局）所组织实施的审计，都属于政府审计。政府审计主要包括两方面的内容：一是政府财政收支审计，它对与各级政府收支有关的机关、事业单位的财政财务收支和会计资料进行审计监督，并检查其财政收支及公共资金的收支、运用情况；二是国有企业审计，指对国家拥有、控制或经营的企业进行的财务或管理上的审计。政府审计具有强制性，是国家治理监督体系中独立和专门的经济监督。

(二) 民间审计

民间审计也称注册会计师审计或独立审计，我国称为社会审计，是指由注册会计师组成的民间审计组织进行的审计。这里的民间审计组织一般指会计师事务所，它是一个独立的民间审计组织。民间审计主要是会计师事务所接受企业事业单位的委托，依法对被审计单位的财务报告的公允性发表审计意见。

(三) 内部审计

内部审计是指由本部门或本单位内部专职的审计机构或人员所实施的审计，包括部门内部审计和单位内部审计两大类。这种专职的审计机构和人员，独立于财会部门之外，直接接受本部门、本单位董事会下设的审计委员会或本单位主要负责人的领导。内部审计部门是企业管理职能的重要组成部分。内部审计的主要工作是监督和检查本单位的财务收支和经营管理活动，其目的在于加强本单位的内部控制、改善管理、降低风险和帮助企业实现其目标。

(四) 不同审计类型之间的区别和联系

政府审计、民间审计和内部审计,相应形成了三类审计组织机构,共同构成审计监督体系。三者既相互联系,又各自独立。它们各有特点,相互不可替代,不存在主导和从属关系(表1-1)。

表1-1 政府审计、民间审计与内部审计的区别

比较内容	政府审计	民间审计	内部审计
审计方式	强制审计	受托审计	根据本部门、本单位经营管理的需要自行安排
审计对象	各级政府及其部门的财政收支情况及公共资金的收支、运用情况	企事业单位的经济业务活动	单位内部控制设计执行及经营管理情况
审计监督的性质	发表审计处理意见,如被审计单位拒不采纳,政府审计部门可以依法强制执行	根据审计结论发表独立、客观、公正的审计意见,以合理保证会计报表的可靠程度	内部监督形式,企业内部对违规行为采取惩罚与改进措施
审计实施的主体	行政监督,政府行为,无偿审计	由中介组织——会计师事务所进行,是有偿审计	企业内部审计部门和人员
审计的独立性	隶属国务院和各级人民政府领导,在独立性上体现为单向独立,即仅独立于审计第二关系人(被审计单位)	双向独立,既独立于第三关系人(审计委托人),又独立于第二关系人(被审计单位)	受本部门、本单位直接领导,仅强调与所审计的其他职能部门相对独立
法律和审计准则	《中华人民共和国审计法》和审计署制定的国家审计准则	《中华人民共和国注册会计师法》和中国注册会计师协会制定的独立审计准则	内部审计准则、企业内部经营管理规范

三、按审计技术和方法发展历程分类

按照审计所使用的技术和方法,以及审计理念的变迁,可以将审计分为账项基础审计、制度基础审计和风险导向审计。

(一) 账项基础审计

这种审计技术和方法围绕会计凭证、会计账簿和财务报告的编制过程进行,通过对账表上的数字进行审计来判断是否存在舞弊行为和技术性错误。账项基础审计技术和方法适应评价简单的受托经济责任,是审计技术和方法发展的第一个阶段。在审计发展初级阶段的相当长一段时间内,由于经济业务较为简单,审计都是以账表导向的审计理念进行的。

(二) 制度基础审计

由于经济业务的发展和经济规模的扩大,账项基础导向的详细审计显露出越来越多的弊端,审计逐渐发展成以内部控制测试为基础的制度基础审计。这种审计方法在程序上强调审计师对企业内部控制系统的评价,当评价结果证实内部控制系统可以信赖时,在实质性测试阶段可以通过审计抽样的方式只抽取较少的样本进行详细审计就可以得出审计结论。当对内部控制的评价结果认为内部控制系统不可靠时,才会根据控制风险的大小扩大详细测试的范围。制度基础审计加入了对企业内部控制系统的测试与评价,可以兼顾降低审计风险和节约审计成本,

相对于账项基础审计，是审计技术发展的一大飞跃。

（三）风险导向审计

风险导向审计是现代审计方法和审计理念的最新发展。进入21世纪，审计环境发生了很大变化，包括全球化和信息技术对企业的经营产生巨大影响、企业的组织形式和经营模式不断创新、会计准则中越来越多涉及判断和估计、可能导致财务报告舞弊的因素大为增加。风险导向审计方法要求审计人员在对企业环境和经营活动进行全面分析的基础上，使用审计风险模型，积极采用分析程序，以制定与被审计单位重大错报风险相适应的风险应对计划。审计风险模型的出现，从理论上解决了注册会计师以制度为基础采用抽样审计的随意性，又解决了审计资源的分配问题，能进一步提高审计工作的效率和效果。

审计技术与方法的发展从来没有一成不变，未来也不会停滞不前。在目前大数据与人工智能的时代背景下，审计环境和审计对象会发生深刻的变化，对审计技术、审计方法与审计模式都将产生革命性影响。许多会计师事务所开发了自己的智能财务审计机器人，人工智能大模型如 ChatGPT 等上线应用，大数据、人工智能、区块链等相关技术正不断应用于审计业务，推动审计技术和审计模式快速发展。

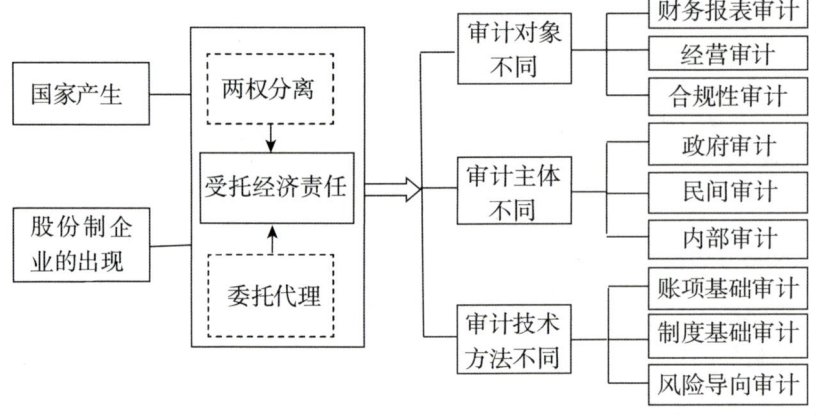

一、单项选择题

1. 审计工作最根本特征是（   ）。

    A. 权威性　　　　B. 独立性　　　　C. 公正性　　　　D. 合法性

2. 审计最基本的职能是（   ）。

    A. 经济评价　　　B. 经济监督　　　C. 管理服务　　　D. 经济司法

3. 审计产生的根本原因是（   ）。

    A. 国家出现　　　　　　　　　　　　B. 两权分离产生的受托责任

    C. 会计发展　　　　　　　　　　　　D. 经济腐败

4. 民间审计，在我国亦称为（　　）。
A. 社会审计　　　B. 验资　　　C. 内部审计　　　D. 财务审计

5. 标志我国审计和国际接轨的事件是（　　）。
A. 注册会计师的出现　　　　　　B. 审计准则发布
C. 审计准则的国际趋同　　　　　D. 审计法的实施

6. 下列业务不属于鉴证业务的是（　　）。
A. 年报审计　　　B. 半年报审阅　　　C. 环境审计　　　D. 代编财务信息

7. 下列不属于鉴证业务特征的是（　　）。
A. 具有三方关系　　　　　　　　B. 需要保持独立性
C. 需要鉴证标准　　　　　　　　D. 可以进行或有收费

8. 下列不属于按照审计技术与方法进行的审计分类有（　　）。
A. 账项基础审计　　B. 制度基础审计　　C. 风险导向审计　　D. 社会审计

9. 审计需要判断企业管理层认定与既定标准的符合程度，这里一般不能作为既定标准的是（　　）。
A. 会计准则　　　　　　　　　　B. 企业财务制度
C. 现金管理条例　　　　　　　　D. 已经过时的行业标准

10. 一般认为我国政府审计起源于（　　）。
A. 宋朝　　　B. 西周　　　C. 夏朝　　　D. 秦汉

二、多项选择题

1. 目前，我国审计监督体系主要包括（　　）。
A. 就地审计　　B. 事前审计　　C. 民间审计　　D. 内部审计
E. 政府审计

2. 下列各项中，属于信息时代中将给审计带来机遇与挑战的包括（　　）。
A. 大数据　　　B. 人工智能　　　C. 区块链　　　D. 风险导向审计

3. 下列有关注册会计师执行的业务提供保证程度的说法中，正确的有（　　）。
A. 代理财务信息不需要提供保证　　　B. 财务报表审阅提供有限保证
C. 财务报表审计提供合理保证　　　　D. 鉴证业务都必须提供高水平保证

4. 按照审计主体分类，可分为（　　）。
A. 民间审计　　　B. 财务审计　　　C. 内部审计　　　D. 政府审计

5. 独立性是审计工作的灵魂，要求审计机构设置和审计工作过程中，必须做到（　　）。
A. 机构独立　　　B. 人员独立　　　C. 经济独立　　　D. 思想独立

三、判断题

1. 财务报表审计是以积极的方式提出审计意见，而审阅是以消极的方式提出审计意见。（　　）
2. 政府审计的对象包括一切营利及非营利单位。（　　）
3. 目前，从审计技术和方法看，最新的审计类型就是风险导向审计。（　　）
4. 财务报表审计属于鉴证业务。（　　）
5. 注册会计师审计和政府审计的审计对象、目标和处理方式都不同。（　　）

6. 审计的核心工作是围绕管理层认定获取和评价审计证据。（   ）
7. 审计的目标是指审查和评价审计对象所要达到的目的和要求。（   ）
8. 审计发展史表明，古今中外，都有适合当时社会和时代特点的审计形式。（   ）
9. 内部审计的主要目的是纠错防弊，改善经营管理，提高经济效益。（   ）
10. 制度基础审计中，审计所评价的制度是指企业内部控制之外的其他制度。（   ）

四、论述题

1. 政府审计、民间审计与内部审计有哪些主要区别与联系？
2. 鉴证业务具有哪些特点？常见的鉴证业务有哪些？
3. 审计的定义是什么？审计定义中包含哪些核心要素？

五、案例分析题

"南海公司"始创于1710年，主要从事海外贸易业务。公司成立10年经营业绩平平。1719—1720年，公司趁股份投机热在英国方兴未艾之机，发行巨额股票，同时公司董事对外散布公司利好消息，使公众对股价的上扬有了信心，带动了公司股价上涨。1719年，南海公司股价为每股114英镑，到1720年3月股价升至每股300英镑，1720年7月公司股票价格高达每股1050英镑，公司老板布伦特决定以高于面值数倍的价格发行新股。一时间南海公司股价扶摇直上，一场股票投机浪潮席卷全国。

英国议会为了制止国内"泡沫公司"的膨胀，于1720年6月通过了《泡沫公司取缔法》，随之一些公司被解散，许多投资者开始清醒，并抛售手中所持股票。"南海公司"股价一路下滑，到1720年12月，"南海公司"股价跌至124英镑。1720年年底，英国政府对"南海公司"资产进行清理，发现其实际资本所剩无几。而后，"南海公司"宣布破产。"南海公司"的破产，犹如晴天霹雳，震惊了公司投资人和债权人。当这些利害关系者得知数百万英镑的损失落在自己头上时，他们纷纷向英国议会提出严惩欺诈者并赔偿损失的要求。英国议会面对舆论压力，为平息"南海公司"破产引发的风波，于1721年9月成立了由13人组成的特别委员会，秘密查证"南海公司"破产事件。在查证中发现该公司的会计记录严重失真，有明显的篡改。为此，特别委员会特聘请伦敦市霍斯特·莱思学校的会计教师查尔斯·斯内尔（Charles Snell）对"南海公司"账目进行审查。斯内尔应议会特别委员会的要求，通过对"南海公司"会计账目的审核，于1721年编制了一份题为《伦敦市霍斯特·莱思学校的习字教师兼会计师查尔斯·斯内尔对索布里奇商社会计账簿检查的意见》的查账报告书，指出了公司存在的舞弊行为，但没有对公司编制虚假账目的目的表示自己的意见。英国议会根据斯内尔的审计报告书，没收了所有公司董事的个人财产，将公司一名直接责任经理关进了英国伦敦塔监狱。为此，查尔斯·斯内尔成为世界民间审计的先驱者，他编制的查账报告是世界最早由会计师编制的审计报告。

与此同时，英国政府颁布了《泡沫公司取缔法》，主要目的是防止不正常的股份投机，对股份公司的成立严加限制，以保持资本市场的稳定，保护投资者及债权人的利益不受侵害。1828年，英国政府根据国内经济发展对资金的高度需求，重新认识股份公司的经济意义，撤销了1720年的《泡沫公司取缔法》，1834年以后又通过了由国王授予特许证来设立股份公司的法案。1844年，英国议会颁布了《公司法》，从而促进并规范了股份公司的发展。该法案明确规定鼓励公司采取股份公司形式，明文规定股份公司账簿经董事以外的第三者审查。1845年又公布了新的公司法条款，增设了必要时可以聘请会计师协助办理审计业务的条款。新的公司法条款为民间审计的发展开创了一个良好的开端。

要求：

1. 英国"南海公司"破产审计案的历史意义及对现代民间审计产生了哪些影响？
2. 为什么说股份公司的发展过程中需要民间审计？
3. 股份公司规范及民间审计发展对经济领域立法比如审计法规提出了什么要求？

第二章
注册会计师职业与会计师事务所

学习目标

知识要点	能力要求	关键术语
中国注册会计师职业的发展	(1) 了解中国注册会计师职业的发展情况 (2) 理解注册会计师职业发展特点	(1) 范围扩大，服务多元 (2) 标准国际化，执业活动全球化
注册会计师及其素质要求	(1) 了解注册会计师的一般素质要求和一般资格要求 (2) 熟悉注册会计师的考试和注册制度 (3) 掌握从事注册会计师行业必须具备的能力和素质	(1) 专门学识，专门经验，专业训练，业务能力 (2) 教育要求，考试要求，经验要求
会计师事务所及其业务资格	熟悉会计师事务所的组织形式及其特点	合伙制与有限责任制

审计的印象

1937年，富兰克林·罗斯福在美国注册会计师协会（AICPA）成立五十周年庆祝大会上毫不吝啬对该行业的溢美之词："在世界上……是责任重大、最受信赖的一种职业，当他在鉴证一家公司的账目时，他不仅要查寻簿记人员的差错，还必须披露公司管理当局本身是否仍然或故意地因递交虚假报告而欺骗了股东和债权人。"

从上述材料我们可以看出，注册会计师的审计服务关系到国家和社会公众的利益，是资本市场良好运转的"看门人"。中国注册会计师职业的发展历程如何？行业对这些从业人员提出了怎样的要求，他们又必须具备什么样的能力和素质。本章会带你找到答案。

第一节　中国注册会计师职业的发展

随着经济技术全球化不断加强，我国已经成为世界经济不可分割的组成部分。高科技与信息化在经济发展中的作用日渐凸显，人才与创新对于经济发展的贡献与时俱增。知识经济改变了许多工业经济时代企业的经营管理方式与方法，主要以企业为服务对象的注册会计师职业，也会随着企业经营管理的变革而发展。

注册会计师职业，通常以依法接受委托为前提，在对客户进行全面了解的基础上，按照执业准则或协议约定执行专业工作，为企业提供合理或有限保证的历史财务信息鉴证服务，或提供税务、会计、管理咨询等非鉴证服务，并将工作成果递送利害关系人。注册会计师，不仅是重要经济信息——会计信息质量的重要鉴证者，而且是维护社会主义市场经济秩序的重要力量之一，对于企业经营管理水平的提高也发挥着十分重要的作用。

一、中国注册会计师职业的发展史

我国的注册会计师制度自 1980 年恢复重建以来，伴随着社会主义市场经济的建立与完善而逐步走向成熟与规范，在维护市场经济秩序、保护公共利益、促进改革开放、保障有效引进外资、完善证券市场发育、配合政府职能转变、建立和完善现代企业制度等方面发挥着十分重要的作用。据统计，截至 2020 年 12 月 31 日，中国注册会计师协会个人会员总数达 28 万余人，其中，执业会员 11 万余人，非执业会员 17 万余人。注册会计师也被喻为"不拿国家工资的经济警察"，成为我国社会经济监督体系中一个重要的组成部分。

党的十一届三中全会后注册会计师制度恢复，1981 年上海成立了制度恢复后的全国第一家会计师事务所——上海会计师事务所，事务所的成立推动着注册会计师职业的发展。1986 年，我国有注册会计师 500 人，会计师事务所 80 家，注册会计师的主要业务是对外商投资企业进行审计并提供会计咨询服务。1988 年，我国已有注册会计师 3000 人，会计师事务所将近 250 家，业务领域仍以外商投资企业为主。同年，中国注册会计师协会成立。1993 年，我国注册会计师人数超过 1 万人，会计师事务所超过 700 家。

1991 年，我国举行第一届注册会计师全国统一考试，到 1998 年，共有近 125 万考生报名，74 万人（其中港澳台地区 300 人）参加考试，有 2 万多人考试合格。

1994 年，根据国务院的指示，确定在北京、上海、广东建立三个具有国际水平的中国注册会计师培训基地，培养注册会计师高级执业人员及综合经济管理部门、国有大中型企业的高级人才，并将北京培训基地定名为国家会计学院。同时，为加强对注册会计师专业方向人才的培养，经全国注册会计师培训工作领导小组批准，由财政部和有关高校专家组成的注册会计师专业方向资格评审及教学质量评估委员会确定了清华大学等 23 所院校为注册会计师专业方向试点院校。

在注册会计师队伍蓬勃发展的同时，我国另一支社会审计队伍——注册审计师也从无到有发展壮大起来。1995 年，我国审计事务所已达到 3828 家。1995 年 6 月，中国注册会计师协会与中国注册审计师协会联合，组成新的中国注册会计师协会。新组成的中国注册会计师协会，依法对全国社会审计行业实行管理，依法接受财政部、审计署的监督和指导，依据《中华人民共和国注册会计法》和《中国注册会计师协会章程》行使职责。

1997 年 8 月，中国注册会计师协会决定在全国范围内开展清理整顿工作，这场为期两年的清理整顿，共撤销、注销事务所 638 家，撤销滥设的分支机构 1474 家。至 1998 年底，中国注册会计师协会共有团体会员 6045 个，执业会员和非执业会员 129252 人，其中执业会员 57402 人，非执业会员 71850 人。1998 年，为深化事务所的体制改革工作，中国注册会计师协会先后出台了一系列脱钩改制政策。截至 1998 年年底，103 家有执行证券期货相关业务资格的会计师事务所完成了脱钩改制工作。

2006 年，财政部发布了修订后的《中国注册会计师执业准则》，其中拟订了《中国注册会计师鉴证业务基本准则》等共 48 项准则。2007 年，中国注册会计师协会制定并颁布了《中国注册会计师职业道德守则》和《中国注册会计师协会非执业会员职业道德守则》。这些守则的制定并颁布，进一步标志着我国注册会计师行业发展更加规范。

二、注册会计师职业发展特点

1. 工作范围扩大化、服务领域多元化

传统的注册会计师工作范围受到多方面的限制，一般主要针对会计报表等财务信息开展工作。风险导向审计，使注册会计师工作范围发生很大改变。目前，一些与企业经营风险相关的非会计信息已经逐渐被列入注册会计师工作范围。除对会计报表项目余额进行测试外，注册会计师还需要深入研究和评价包括会计系统在内的企业整个内部控制系统。随着我国经济的进一步发展，注册会计师工作范围将不断扩大。例如，在以往的工作中，注册会计师的工作对象主要是在企业中处于核心地位的有形资产。进入知识经济时代以后，技术及知识资源的所有权与收益权占据着日益重要的地位。商标权、专利权以及技术与人才库存等无形资产越来越受到人们的重视。在这种情况下，注册会计师工作范围也必将向无形资产及人才资源方向扩展。简言之，为了应对经济发展新形势，提高整体信息的可靠性，注册会计师的工作范围不仅将从会计信息向非会计信息不断延伸，而且还会越来越重视以前未被充分关注的无形资产事项，注册会计师的工作范围呈现出明显的扩大化趋势。

进入 21 世纪，四大会计师事务所因同时为客户提供咨询和审计服务而导致其审计独立性遭受质疑，会计师事务所陆续拆分咨询业务。咨询业务的回归具有其内在逻辑。一方面，会计师事务所提供咨询等非鉴证服务具有先天的人才优势，且具有实际市场需求。另一方面，适当设置防火墙后，咨询等非鉴证服务并不必然导致审计独立性降低。在知识经济时代，注册会计师行业充分利用自身优势、迎合市场实际需求，在遵守职业道德的前提下，针对会计、税务、管理咨询等方面提供非鉴证服务，促使其服务领域多元化是行业发展的一个重要趋势。

2. 执业标准国际化、执业活动全球化

随着资本市场全球化趋势的不断加强，为有效维护公众利益，增强投资者信心，平稳、较快地发展本国资本市场，有效保障全球金融市场的稳定，注册会计师服务成果在不同国家或地区之间必须具有可比性，执业标准必然朝着国际化方向发展。目前，我国注册会计师行业规则已经逐渐落后于新时期的发展需要，因此应积极研判新时期经济的发展形势与主要特征，及时完善相关法规与规则，使我国注册会计师执业标准逐渐与国际标准实现趋同或等效，与时俱进、持续更新，为行业发展保驾护航。

同时，随着"走出去"步伐的不断加快，我国企业对外直接投资已经从 2000 年的不到十亿美元增长到现在的千亿美元以上，企业已在境外直接投资设立两万多家分支机构，足迹遍布全球各地。我国注册会计师执业行为必将跟随中国企业"走出去"，执业活动全球化已经成为现实的发展方向。走向国际市场，为"走出去"的中国企业服务，已经成为我国注册会计师行业的必然选择。

3. 执业技术智能化、信息化

注册会计师是一个专业性要求较高、系统性规则较多的工作。以往注册会计师主要通过眼、脑、手的结合针对账本及报表等开展工作，计算机仅作为辅助工具。如今，计算机已被广

泛应用，企业逐渐进入"无纸化办公"时代。在这种背景下，注册会计师执业技术也必将智能化。在实际工作中，注册会计师不仅可以通过网络获取客户资料，运用审计软件在网上实施工作程序、制作底稿，形成工作报告，还可通过网络进行工作交流与成果递送。

计算机的应用，使得大量原始凭据被转化为数字化信息，注册会计师的工作效率得以大幅提高。注册会计师执业技术呈现出明显的信息化特征。信息化为执业技术智能化的深入发展提供了重要的基础条件，而智能化水平的提升又进一步推动信息化的发展。

执业技术升级为注册会计师带来了便利，改变了传统工作模式和手法。计算机及互联网技术的推广应用，还会不断提高注册会计师执业技术智能化、信息化水平，从而大幅提升注册会计师工作效率，降低工作成本。

4. 执业责任明晰化、职业责任保险渐趋"半强制化"

近年来，我国上市公司造假方式花样翻新、层出不穷。"绿大地""万福生科"等知名大案风波未平，"华锐风电""莲花味精""风神股份"等造假"新生力量"一波又起，证券市场深受其害。因此，提高造假成本、下猛药治沉疴的呼声日高。上市公司造假，为其提供服务的注册会计师往往难辞其咎。注册会计师执业责任势必随着《中华人民共和国证券法》《中华人民共和国注册会计师法》等法律法规的修订变得更加明确而具体。法律法规不仅更加明确地规定注册会计师所需承担责任的情形及认定程序与方法，且在"重典治乱"的呼声里，必然会从严规范注册会计师执业责任。

购买职业责任保险是注册会计师行业规避风险的重要手段之一。目前，发达国家对于注册会计师是否购买职业责任保险，一般没有强制性法律规定。在执业责任被强化的背景下，为保障行业健康、稳定发展，我国发布了《会计师事务所职业责任保险暂行办法》。

5. 精通专业、具备较高水平综合素养的行业人才大受欢迎

经济全球化使国际国内经济形势日益复杂化、多元化，经济业务复杂程度不断提升，这对注册会计师行业人才提出了更高要求。行业人才不仅要具备系统性专业知识，对专业领域有深度钻研，而且要具有宽阔视野、较高综合素养以适应不断发展的经济业务要求。

第一，行业人才应具备较高的职业道德素养。在工作中能够秉持诚实守信、实事求是的基本原则，坚持客观、公正的立场，为高质量的工作夯实道德基础。第二，面对日益复杂的经济业务，行业人才一定要具备必要的职业谨慎精神、较强的风险控制和管理能力，为工作质量提供基本保障。第三，经济业务日益复杂化、多样化，舞弊手段花样翻新、层出不穷，提高了注册会计师的工作难度，行业人才一定要具备较高的职业敏感度，并能够迅速判断和处理所遇到的问题。第四，行业人才要紧跟时代步伐，及时更新观念，在工作中发挥先进的创造性思维能力，以适应不断变化的社会经济发展形势。第五，随着工作范围的扩大和工作对象的复杂化，个人即使素质再高，也难以完成系统性工作，行业人才一定要具备优秀的团队合作能力，充分发挥团队的优势和作用。第六，知识及信息的更新速度不断加快，行业人才一定要具备较强的学习能力，不断汲取新知识，学习新技能，以适应新时代的发展需要。

第二节 注册会计师及其素质要求

注册会计师是依法取得注册会计师证书并接受委托从事审计和会计咨询、会计服务业务的

执业人员。注册会计师需要满足一般素质要求和一般资格要求。

一、一般素质要求

从事注册会计师行业的人员必须具备相应的专业素质要求。一般素质要求包括专业知识、专门经验、专业素养和业务能力。

专业知识是注册会计师从事专业服务的基础，这里的专业知识主要指的是会计、审计、管理科学、行为科学、工程技术等领域的有关知识。除了应具备丰富的专业知识之外，注册会计师还要有足够的专门经验，即审计实务经验。在具体的审计实务中，每个被审计单位的具体情况千差万别，面临的审计环境也大不相同，注册会计师仅仅依靠法规和准则不能解决所有的问题。这时就需要注册会计师运用自己执业中的丰富经验，保持职业怀疑，形成自己的职业判断，从而解决这些可能并不常见的问题。

除此之外，随着社会经济技术的发展，注册会计师需要通过不断的继续教育保持专业素养。审计行业是一个理论不断更新、审计环境和审计方法不断变革的行业。为了和审计行业的前进脚步保持一致，注册会计师必须接受继续教育，不断更新专业知识并全方面地了解相关知识和信息，以保证其专业水平和能力始终能够应对不断变化的审计实务。最后，注册会计师还需要具备扎实的业务能力，其主要体现在分析能力和判断能力上。

二、一般资格要求

注册会计师的一般资格要求包括教育要求、考试要求和经验要求。

我国对注册会计师实行全国统一考试制度。在我国，必须参加全国统一考试且成绩合格，并从事审计业务工作两年以上，方可申请成为注册会计师。根据《中华人民共和国注册会计师法》和《注册会计师全国统一考试办法》的规定，具有高等专科以上学校毕业的学历，或者具有会计或者相关专业中级以上技术职称的中国公民，可以申请参加注册会计师全国统一考试；具有会计或者相关专业高级技术职称的人员，可以免于部分科目的考试。

注册会计师考试分为专业阶段考试和综合阶段考试，考生在通过专业阶段考试的全部科目后，才能参加综合阶段考试。专业阶段考试设会计、审计、财务成本管理、公司战略与风险管理、经济法、税法共六个科目；综合阶段考试设职业能力综合测试一个科目。考试形式为闭卷，采用计算机化考试方式或者纸笔考试方式。每科考试均实行百分制，60分为成绩合格分数线。专业阶段考试的单科考试合格成绩5年内有效。对在连续5个年度考试中取得专业阶段考试全部科目考试合格成绩的考生，财政部考委会颁发注册会计师全国统一考试专业阶段考试合格证书。对取得综合阶段考试科目考试合格成绩的考生，财政部考委会颁发注册会计师全国统一考试全科考试合格证书。参加注册会计师全国统一考试成绩合格，并从事审计业务工作两年以上的，可以向省、自治区、直辖市注册会计师协会申请注册。准予注册的申请人，由注册会计师协会发给国务院财政部门统一制定的注册会计师证书。

第三节 会计师事务所及其业务资格

在我国，注册会计师不能以个人名义承办业务，而必须由会计师事务所统一接受委托。

一、会计师事务所的组织形式和设立条件

会计师事务所是注册会计师依法承办业务的机构,在我国主要分类为合伙制和有限责任制两种形式。合伙制会计师事务所的债务由合伙人按出资比例或者协议的约定,以各自的财产承担责任,合伙人对会计师事务所的债务承担连带责任;有限责任制会计师事务所以其全部资产对其债务承担责任,而会计师事务所的出资人承担的责任以其认缴出资额为限。2010年7月,财政部印发文件,要求大型会计师事务所转制为特殊普通合伙组织形式,鼓励中型会计师事务所转制为特殊普通合伙组织形式。特殊普通合伙会计师事务所与普通合伙会计师事务所的主要区别在于,当特殊普通合伙的会计师事务所中的一个或者多个合伙人在执业活动中因故意或者重大过失造成合伙企业债务的,这个或多个合伙人应当承担无限责任或者无限连带责任,而其他合伙人仅以其在合伙企业中的财产份额为限承担责任。而合伙人在执业活动中非因故意或者重大过失造成的合伙企业债务以及合伙企业的其他债务,由全体合伙人承担无限连带责任。

合伙制会计师事务所与有限责任制会计师事务所相比,有以下几个方面的特点。(1) 出资者所负的责任不同。在合伙制形式下,当合伙制会计师事务所发生索赔案件时,合伙人首先以事务所的合伙财产按其承担债务的比例来清偿。如果不足,则要以个人财产或家庭共有财产来清偿,且各合伙人之间承担连带责任,也就是说合伙制会计师事务所,合伙人对事务所负的债务,承担无限责任。相比之下,有限责任制会计师事务所对投资人的约束力就要小得多,事务所的财产与出资者的个人财产分离,出资者仅以其出资额为限承担责任,因此,有限责任制会计师事务所承担的风险和责任比合伙制会计师事务所承担的风险小得多。(2) 人员结构相对稳定程度不同。合伙制会计师事务所人员结构稳定。由于合伙人共同经营管理事务所,对公司债务负连带责任,因此,合伙人的变动对于其他合伙人及债权人都是非常重要的问题。对于合伙人的变动,合伙协议要有严格的规定,如合伙人向外转让股份要受很多约束。这使合伙制会计师事务所人员趋于稳定。而对于有限责任制会计师事务所,合伙人的股份可以在不经其他合伙人同意的情况下自由转让,这降低了对事务所各合伙人的约束力,也在一定程度上降低了他们的责任感。(3) 规模的可塑性不同。股东人数的多寡在一定程度上影响到会计师事务所规模的大小。股东人数多,资金多,设立公司的规模就相对大,反之亦然。合伙制会计师事务所由于合伙人共同经营管理事务所,对公司债务负连带责任。因此,合伙人之间必然是相互监督、相互信任的,新合伙人的入伙也需要经过其他全体合伙人的同意,这无疑提高了合伙人入伙难度。而对于有限责任制会计师事务所,合伙人只就自己的出资额承担债务,因此对新合伙人的入伙没有过多的限制,导致股东人数的弹性比较大。因此,有限责任制会计师事务所的规模的可塑性强。综上所述,合伙制会计师事务所在提高注册会计师风险意识,提高职业质量方面比有限责任制会计师事务所优越得多,在人员构成方面,也相对比较稳定。但是,合伙制会计师事务所规模的可塑性比有限责任制会计师事务所小,不利于事务所规模的扩展。

除了前述所说的合伙制会计师事务所和有限责任制会计师事务所本身具备不同的特点外,注册会计师申请设立合伙制会计师事务所或者有限责任制会计师事务所的条件也不同。一般而言,设立合伙制会计师事务所,应当具备:有2名以上的合伙人;有书面合伙协议;有会计师事务所的名称;有固定的办公场所。而设立有限责任制会计师事务所,则需要具备:有5名以

上的股东；有一定数量的专职从业人员；有不少于人民币 30 万元的注册资本；有股东共同制定的章程；有会计师事务所的名称；有固定的办公场所。

二、会计师事务所的境内证券服务业务资格

我国资本市场起步于 1990 年，上海证券交易所和深圳证券交易所的相继成立，标志着全国性的资本市场形成。作为资本市场的"看门人"，会计师事务所及注册会计师从事证券服务业务资格先后经历了三个阶段。

一是"双资格"阶段。1992 年 9 月，财政部和原国家体改委发布《注册会计师执行股份制试点企业有关业务的暂行规定》，正式确立了从事证券服务业务的"双资格"制度，即会计师事务所和注册会计师均需取得执行股份制企业业务的许可证。该阶段，从 1992 年首批 13 家会计师事务所取得从事证券业务资格起，最多时有 106 家会计师事务所取得执行股份制企业业务的许可证。2000 年前后，因银广厦等审计失败案，有资格的会计师事务所经过被撤销、合并，到 2004 年降至 72 家。

二是"单资格"阶段。2004 年 5 月，国务院发布《国务院关于第三批取消和调整行政审批项目的决定》，取消了会计师事务所及注册会计师从事证券服务许可资格。2005 年修订的《中华人民共和国证券法》（以下简称"证券法"），首次从法律层面规定了会计师事务所从事证券业务需审批，但未规定注册会计师许可资格，即"单资格"制度，监管部门根据"证券法"制定了相应管理办法。

三是"备案制"阶段。2020 年 3 月 1 日，修订后的"证券法"正式实施，要求从事证券投资咨询服务业务，应当经国务院证券监督管理机构核准；从事其他证券服务业务，应当报国务院证券监督管理机构和国务院有关主管部门备案，结束了实行 28 年的证券业务资格许可制度。截至 2021 年 12 月，从事证券服务业务的备案会计师事务所已达 80 家。

本章小结

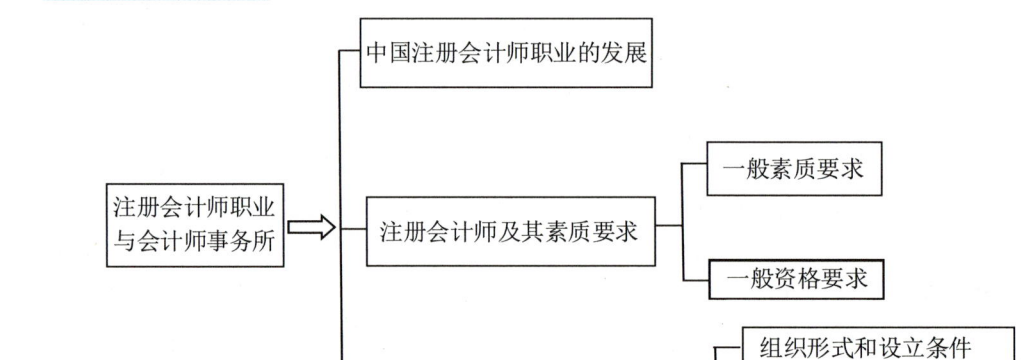

本章练习题

一、单项选择题

1. 我国注册会计师专业阶段考试科目共设（　　）科。
   A. 一　　　　　　B. 三　　　　　　C. 四　　　　　　D. 六
2. 我国倡导会计师事务所采用的组织形式是（　　）。
   A. 独资制　　　　B. 职业公司制　　C. 有限责任制　　D. 特殊普通合伙制
3. 参加注册会计师全国统一考试成绩合格，并从事审计业务工作（　　）年以上的，可以向省、自治区、直辖市注册会计师协会申请注册。
   A. 一　　　　　　B. 二　　　　　　C. 三　　　　　　D. 四
4. 注册会计师是一个对专业性要求非常高的职业，下列说法中错误的是（　　）。
   A. 注册会计师的一般资格要求包括教育、考试和经验要求
   B. 注册会计师必须通过两个阶段的考试
   C. 获得注册会计师资格即成为执业会员
   D. 注册由省级注册会计师协会办理，报财政部备案
5. 下列关于注册会计师需要满足的素质要求中，正确的是（　　）。
   A. 注册会计师必须具备会计、审计及其他相关专业的知识
   B. 执行具体业务不需要注册会计师的判断
   C. 注册会计师非必须接受后续教育
   D. 注册会计师必须具备的理论知识只能通过教育取得
6. 下列关于设立有限责任制会计师事务所的条件中，错误的是（　　）。
   A. 有 5 名以上的股东　　　　　　B. 有股东共同制定的章程
   C. 有不少于人民币 20 万元的注册资本　　D. 有会计师事务所的名称
7. 目前，我国对于会计师事务所及注册会计师从事证券服务业务资格的监管主要采用的制度为（　　）。
   A. "双资格"许可　　B. 备案制　　C. 申请制　　D. "单资格"许可
8. 我国会计师事务所的组织形式不包括（　　）。
   A. 独资　　　　　B. 普通合伙　　　C. 有限责任　　　D. 特殊普通合伙
9. 专业阶段考试的单科考试合格成绩在（　　）年内有效。
   A. 一　　　　　　B. 三　　　　　　C. 五　　　　　　D. 七

二、多项选择题

1. 注册会计师的一般素质要求包括（　　）。
   A. 专业知识　　　B. 业务能力　　　C. 专门经验　　　D. 人际关系网
2. 成为注册会计师协会执业会员的条件有（　　）。
   A. 取得注册会计师资格
   B. 在会计师事务所获得两年的审计工作经验

C. 高中毕业
D. 取得全科合格证书

3. 下列属于设立合伙会计师事务所应该具备的条件的有（　　）。
A. 有 2 名以上的合伙人　　　　　　　B. 有书面合伙协议
C. 有会计师事务所的名称　　　　　　D. 有固定的办公场所

4. 与有限责任制会计师事务所相比，下列属于合伙制会计师事务所特点的有（　　）。
A. 出资者承担的风险和责任更大　　　B. 事务所人员结构更稳定
C. 事务所规模的可塑性更强　　　　　D. 设立事务所必须要有 5 名以上的股东

5. 下列属于注册会计师专业阶段的考试科目的是（　　）。
A. 会计　　　　　B. 统计　　　　　C. 审计　　　　　D. 经济法

三、判断题

1. 凡参加我国注册会计师统一考试全科及格者即可申请注册成为中国注册会计师。（　　）
2. 合伙制会计师事务所债务由合伙人按出资比例或者协议的约定，以各自的财产承担责任，合伙人对会计师事务所的债务承担连带责任。（　　）
3. 参加注册会计师全国统一考试成绩合格，并从事审计业务工作三年以上的，可以向省、自治区、直辖市注册会计师协会申请注册。（　　）
4. 高中学历可以报考注册会计师统一考试。（　　）
5. 注册会计师必须接受后续教育，不断更新专业知识并全方面地了解相关知识和信息，以保证其专业水平和能力始终能够应对不断变化的审计实务。（　　）
6. 所有的会计师事务所的机构设置没有差别。（　　）
7. 注册会计师可以申请设立合伙制会计师事务所或者有限责任制会计师事务所。（　　）
8. 普通合伙制会计师事务所，各合伙人对事务所债务承担连带责任。（　　）
9. 2020 年 3 月，《中华人民共和国证券法》正式实施，要求我国对从事证券服务业务的会计师事务所，应当报国务院证券监督管理机构和国务院有关主管部门备案。（　　）
10. 特殊普通合伙制会计师事务所，一个合伙人或者数个合伙人在执业活动中因故意或者重大过失造成合伙企业债务的，其他合伙人应当承担无限责任或者无限连带责任。（　　）

四、论述题

1. 我国会计师事务所的组织形式有哪些？不同的组织形式有什么特点？
2. 什么是特殊普通合伙企业？其特点是？
3. 从事注册会计师行业的人员须具备哪些素质要求？如何达到这些要求？

第三章
注册会计师职业规范与法律责任

学习目标

知识要点	能力要求	关键术语
注册会计师执业准则体系	了解注册会计师执业准则体系的构成及其相互之间的关系	（1）注册会计师业务准则；会计师事务所质量控制准则 （2）鉴证业务准则；相关服务准则
注册会计师职业道德规范	（1）熟悉注册会计师职业道德规范 （2）掌握注册会计师职业道德基本原则 （3）熟悉对注册会计师职业道德基本原则产生不利影响的因素 （4）熟练判别违反注册会计师职业道德基本原则的情形	（1）诚信；客观公正；独立性；专业胜任能力和勤勉尽责；保密；良好的职业行为 （2）自身利益；自我评价；密切关系；过度推介；外在压力
注册会计师的法律责任	了解注册会计师的法律责任	行政责任；民事责任；刑事责任

本章引例

翡翠帝国之"殇"——东方金钰财务造假案

东方金钰股份有限公司（简称东方金钰）是一家翡翠行业借壳上市公司。2021年东方金钰被认定为交易造假类财务舞弊，并于2021年1月被终止上市。证监会认定的东方金钰财务舞弊行为主要是2017年年报和2018年半年报中，东方金钰虚构翡翠原石销售与采购交易，从而达到虚增营业收入、营业成本、利润总额等目的。承接东方金钰年度财务报表审计的大信会计师事务所（特殊普通合伙制）为东方金钰2017年的财务报告出具无保留意见的审计报告，直至东方金钰被立案调查后，大信会计师事务所才对该公司2018年财务报告发表保留意见。2020年7月，上海证券交易所问询函"剑指"大信会计师事务所，要求其回答在媒体和监管多次质疑问询下仍未能发现东方金钰财务舞弊的原因及合理性。

经证监会调查查明，大信会计师事务所存在以下违法事实：①大信会计师事务所在东方金钰2017年财务报表审计中未勤勉尽责，出具的2017年财务报表审计报告存在虚假记载；②大信会计师事务所的风险识别与评估程序不到位；③大信会计师事务所的内部控制测试程序存在重大缺陷；④大信会计师事务所执行的与采购、销售、存货相关的实质性审计程序存在重大缺陷；⑤大信会计师事务所接受委托前未与前任注册会计师进行必要沟通，未就期初余额获取充分、适当的审计证据。

最终证监会对大信会计师事务所做出如下决定：①对大信会计师事务所责令改正，没收其审计业务收入89.62万元,并处以89.62万元罚款;②对李炜、雷超给予警告,并分别处以5万元罚款。

作为东方金钰的财务报表审计机构,大信会计师事务所未能够按照审计准则的要求对东方金钰进行审计,也未能遵守注册会计师职业道德基本原则,导致东方金钰面临处罚。为了赢得社会公众对注册会计师的信任,注册会计师必须遵守该行业的"规矩"。注册会计师要遵守哪些"规矩"?注册会计师工作过程中又会有哪些情形会影响到其"守规矩"?"不守规矩"又会面临哪些惩罚?本章会带你找到答案。

第一节 注册会计师执业准则体系

一、执业准则体系的建设

注册会计师执业准则是指注册会计师在执行业务的过程中所要遵守的职业规范。1988年中国注册会计师协会(简称中注协)成立后非常重视执业规则的建设。1991年至1993年,中注协先后发布了《注册会计师检查验证会计报表规则(试行)》等7个执业规则,对我国注册会计师行业走向正规化、法治化和专业化起到一定的积极作用。1993年10月《中华人民共和国注册会计师法》通过,此法规定中注协依法拟订执业准则、规则,报国务院财政部门批准后施行。1994年5月,经财政部批准同意,中注协开始起草《独立审计准则》。至2003年年中,中注协先后制定了6版《独立审计准则》。2006年2月,出于完善中国注册会计师审计准则体系,加速实现与国际准则趋同的指示,财政部发布《中国注册会计师审计准则》(以下简称"新审计准则"),规定自2007年1月1日起在所有会计师事务所施行。随后,为了保持与国际审计准则的持续趋同和适应发展变革环境中的现实需要,中注协分别于2010年、2016年、2019年、2020年、2021年、2022年对"新审计准则"进行了修订或拟定。

二、执业准则体系的基本内容

中国注册会计师执业准则体系包括注册会计师业务准则和会计师事务所质量控制准则。注册会计师业务准则规范了注册会计师在提供服务的过程中必须遵守的规则,而会计师事务所质量控制准则用以规范会计师事务所在执行各类业务时应当遵守的质量控制政策和程序,是对会计师事务所质量控制提出的制度要求。图3-1所示为中国注册会计师执业准则体系。

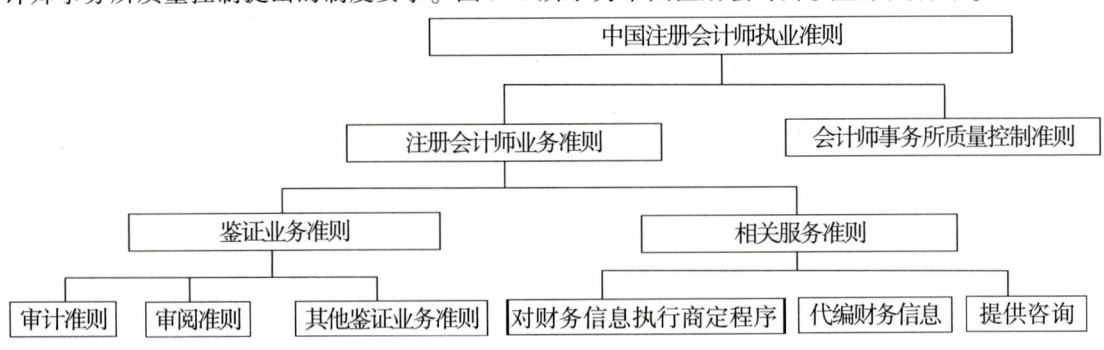

图3-1 中国注册会计师执业准则体系

1. 注册会计师业务准则

根据注册会计师承接业务的不同，业务准则包括鉴证业务准则和相关服务准则。鉴证业务准则是指注册会计师在执行鉴证业务的过程中所应遵守的职业规范。鉴证业务准则由鉴证业务基本准则统领，按照鉴证业务的具体类别又进一步分为审计准则、审阅准则和其他鉴证业务准则，其中审计准则是整个执业准则体系的核心。相关服务准则用以规范注册会计师执行非鉴证性质的相关服务，包括对财务信息执行商定程序、代编财务信息、提供咨询服务等，在提供相关服务时，注册会计师不提供任何程度的保证。

第一，审计准则是注册会计师执行历史财务信息审计业务所应遵守的职业规范。在提供审计服务时，注册会计师对所审计信息是否不存在重大错报提供合理保证，并以积极方式提出结论。

第二，审阅准则是注册会计师执行历史财务信息审阅业务所应遵守的职业规范。在提供审阅服务时，注册会计师对所审阅信息是否不存在重大错报提供有限保证，并以消极方式提出结论。

第三，其他鉴证业务准则是注册会计师执行历史财务信息审计或审阅以外的其他鉴证业务所应遵守的职业规范。注册会计师执行其他鉴证业务，根据鉴证业务的性质和业务约定的要求，提供有限保证或合理保证。

2. 会计师事务所质量控制准则

会计师事务所应当根据质量控制准则并结合具体情况，制定合适的质量控制制度，包括质量控制政策和程序。

会计师事务所应当在全所范围内（包括分所或分部）设计、实施和运行统一的质量管理体系，为会计师事务所及其人员按照法律法规和职业准则的规定履行职责，并根据这些规定执行业务以及为会计师事务所和项目合伙人出具适合具体情况的业务报告提供合理保证。

在设计、实施和运行质量管理体系时，会计师事务所应当运用职业判断，并考虑会计师事务所及其业务的性质和具体情况。通常，会计师事务所质量管理体系包括下列 8 个组成要素：①会计师事务所的风险评估程序；②治理和领导层；③相关职业道德要求；④客户关系和具体业务的接受与保持；⑤业务执行；⑥资源；⑦信息与沟通；⑧监控和整改程序。

会计师事务所质量管理体系各组成要素应当有效衔接、互相支撑、协同运行，以保障会计师事务所能够积极有效地实施质量管理。同时，应当不断完善和优化质量管理体系，而不是一成不变。实务中，会计师事务所应当对质量管理体系的设计、实施和运行进行动态调整。除此之外，会计师事务所在设计、实施和运行质量管理体系时，应当采用风险导向的方法。

（1）会计师事务所的风险评估程序

会计师事务所应当设计和实施风险评估程序，以设定质量目标，识别和评估质量风险，并设计和采取应对措施以应对质量风险。在识别和评估质量风险时，会计师事务所应当了解可能对实现质量目标产生不利影响的事项或情况，包括相关人员的作为或不作为，会计师事务所的性质和具体情况等。会计师事务所设计和采取何种应对措施，应当根据（并针对）相关质量风险的评估结果及得出该评估结果的理由来确定。

（2）治理和领导层

治理和领导层应当为质量管理体系的设计、实施和运行营造良好的环境，以为该体系提供支持。针对治理和领导层，会计师事务所应当设定下列质量目标：①会计师事务所在全所范围内形成一种质量至上的文化，树立质量意识；②会计师事务所领导层对质量负责；③会计师事务所领导层通过实际行动展示其对质量的重视；④会计师事务所领导层向会计师事务所人员传递质量至上的执业理念，培育以质量为导向的文化；⑤会计师事务所的组织结构以及对相关人员角色、职责、权限的分配是恰当的，能够满足质量管理体系设计、实施和运行的需要；⑥会计师事务所的资源（包括财务资源）需求有计划，并且资源的取得和分配能够保障会计师事务所履行其对质量的承诺。

一般而言，会计师事务所应当在其质量管理领导层中设定以下三种角色，以保障质量管理体系能够得以恰当地设计、实施和运行：①会计师事务所主要负责人（如首席合伙人、主任会计师或者同等职位的人员）应当对质量管理体系承担最终责任；②会计师事务所应当指定专门的合伙人（或类似职位的人员）对质量管理体系的运行承担责任；③会计师事务所应当指定专门的合伙人（或类似职位的人员）对质量管理体系特定方面的运行承担责任。这里的"特定方面"，可以是质量管理体系的特定要素，也可以是特定要素进一步细分出来的特定方面。

（3）相关职业道德要求

针对相关职业道德要求，会计师事务所应当设定如下质量目标：①会计师事务所及其人员充分了解规范会计师事务所及其业务的职业道德要求，并严格按照这些职业道德要求履行职责；②受职业道德要求约束的其他组织或人员，包括网络、网络事务所、网络或网络事务所中的人员、服务提供商，充分了解与其相关的职业道德要求，并严格按照这些职业道德要求履行职责。

为此，会计师事务所应当制定如下政策和程序：①识别、评价和应对对遵守相关职业道德要求的不利影响；②识别、沟通、评价和报告任何违反相关职业道德要求的情况，并针对这些情况的原因和后果及时作出适当应对；③每年至少一次向所有需要按照相关职业道德要求保持独立性的人员获取其已遵守独立性要求的书面确认。

会计师事务所应当按照相关职业道德要求，建立并完善与公众利益实体审计业务有关的关键审计合伙人轮换机制，明确轮换要求，确保做到实质性轮换，防止流于形式。会计师事务所应当完善利益分配机制，保证全所的人力资源和客户资源实现一体化统筹管理，避免某合伙人或项目组的利益与特定客户长期直接挂钩，影响独立性。会计师事务所应当定期评价利益分配机制的设计和执行情况。

（4）客户关系和具体业务的接受与保持

针对客户关系和具体业务的接受与保持，会计师事务所应当设定下列质量目标：①会计师事务所就是否接受或保持某项客户关系或具体业务所作出的判断是适当的，这个判断充分考虑了会计师事务所是否针对业务的性质和具体情况以及客户的诚信和道德价值观获取了足以支持上述判断的充分信息，以及会计师事务所是否具备按照适用的法律法规和职业准则的规定执行业务的能力；②会计师事务所在财务和运营方面对优先事项的安排，并不会导致对是否接受或保持客户关系或具体业务作出不恰当的判断。

针对如上目标，会计师事务所应当制定与下列情形相关的政策和程序：①会计师事务所在接受或保持某一客户关系或具体业务后知悉了某些信息，而这些信息如果是在接受或保持该客户关系或具体业务之前被知悉，将会导致其拒绝接受该客户关系或业务；②根据相关法律法规的规定，会计师事务所有义务接受某项客户关系或具体业务。

针对客户关系和具体业务的接受与保持，会计师事务所应当制定政策和程序，并在全所范围内统一决策。对于经会计师事务所认定存在高风险的业务，应当由质量管理主管合伙人（或类似职位的人员）或其授权的人员审批。在决策时，会计师事务所应当充分考虑相关职业道德要求、管理层和治理层的诚信状况、业务风险以及是否具备执行业务必要的时间和资源，审慎做出接受与保持的决策。

（5）业务执行

针对业务执行，会计师事务所应当设定下列质量目标：①项目组了解并履行其与所执行业务相关的责任，包括项目合伙人对项目管理和项目质量承担总体责任，并充分、适当地参与项目全过程；②基于项目的性质和具体情况、向项目组分配的资源以及项目组可获得的资源，对项目组进行的指导和监督以及对项目组已执行的工作进行的复核是恰当的，并且由经验较为丰富的项目组成员对经验较为缺乏的项目组成员的工作进行指导、监督和复核；③项目组恰当运用职业判断并保持职业怀疑；④对有困难或有争议的事项进行了咨询，并已按照达成的一致意见执行；⑤项目组内部、项目组与项目质量复核人员之间，以及项目组与会计师事务所内负责执行质量管理体系相关活动的人员之间存在的意见分歧，能够得到会计师事务所的关注并予以解决；⑥业务工作底稿能够在业务报告日之后及时得到整理，并得到妥善的保存和维护，以遵守法律法规、相关职业道德要求和其他职业准则的规定，并满足会计师事务所自身的需要。

针对项目合伙人，会计师事务所应当制定政策和程序，在全所范围内统一委派具有足够专业胜任能力、时间，并且无不良执业诚信记录的项目合伙人执行业务。其中，针对项目合伙人的专业胜任能力，会计师事务所应当从该人员是否充分了解相关法律法规和监管要求；是否能够熟练掌握和运用相关职业准则的规定；是否充分了解客户所在行业的业务特点、发展趋势、重大风险，以及该行业对信息技术的运用情况等方面进行评价。

针对项目组内部复核，会计师事务所应当制定与内部复核相关的政策和程序，对内部复核的层级、各层级的复核范围、执行复核的具体要求以及对复核的记录要求等作出规定。

除了项目组内部复核，会计师事务所应当在报告日或报告日之前，就上市实体财务报表审计业务、法律法规要求实施项目质量复核的审计业务或其他业务，会计师事务所认为的为应对一项或多项质量风险，有必要实施项目质量复核的审计业务或其他业务实施项目质量复核。项目质量复核是指在报告日或报告日之前，项目质量复核人员对项目组作出的重大判断及据此得出的结论作出的客观评价。项目质量复核人员一般为会计师事务所中实施项目质量复核的合伙人或其他类似职位的人员，或者由会计师事务所委派实施项目质量复核的外部人员。

如项目组内外部存在意见分歧，会计师事务所应当解决意见分歧并制定相关的政策和程序，包括以下几方面。①明确要求项目合伙人和项目质量复核人员复核并评价项目组是否已就疑难问题或涉及意见分歧的事项进行适当咨询，以及咨询得出的结论是否得到执行。②明确要求在业务工作底稿中适当记录意见分歧的解决过程和结论。如果项目质量复核人员、项目组成员以外的其他人员参与形成业务报告中的专业意见，也应当在业务工作底稿中作出适当记录。③确保所执行的项目在意见分歧得到解决后才能出具业务报告。

（6）资源

会计师事务所应当适当地获取、开发、利用、维护和分配资源，支持质量管理体系的设计、实施和运行。为此，针对资源，会计师事务所应当设定下列质量目标：①招聘、培养和留住具备胜任能力的人员；②通过及时进行业绩评价、薪酬调整、晋升和其他奖惩措施对事务所人员进行问责或认可；③当会计师事务所在质量管理体系的运行方面缺乏充分、适当的人员时，能够从外部（如网络、网络事务所或服务提供商）获取必要的人力资源支持；④为每项业务分派具有适当胜任能力的项目合伙人和其他项目组成员，并保证其有充足的时间持续高质量地执行业务；⑤分派具有适当胜任能力的人员执行质量管理体系内的各项活动，并保证其有充足的时间执行这些活动；⑥获取、开发、维护、利用适当的技术资源，以支持质量管理体系的运行和业务的执行；⑦获取、开发、维护、利用适当的知识资源，为质量管理体系的运行和高质量业务的持续执行提供支持，并且这些知识资源符合相关法律法规和职业准则的规定；⑧从服务提供商获取的人力资源、技术资源或知识资源能够适用于质量管理体系的运行和业务的执行。

为此，会计师事务所应当投入足够资源打造一支专业性强、经验丰富、运作规范的质量管理团队，以维持质量管理体系的日常运行；应当建立与专业技术支持相关的政策和程序，配备具备相应专业胜任能力、时间充足并具有权威性的技术支持人员，确保相关业务能够获得必要的专业技术支持；应当建立和运行完善的工时管理系统，确保相关人员投入足够的时间执行业务，并为业绩评价提供依据；应当建立和完善与业务操作规程、业务软件等有关的指引，把职业准则的要求从实质上执行到位，避免出现执业人员仅简单勾画程序表格而未实质性执行程序、程序与目标不一致、程序执行不到位、业务工作底稿记录不完整等问题，确保执业人员恰当记录判断过程、程序执行情况及得出的结论。

（7）信息与沟通

会计师事务所应当设定下列质量目标，以支持质量管理体系的设计、实施和运行，确保相关方能够及时获取、生成和利用与质量管理体系有关的信息，并及时在会计师事务所内部或与外部各方沟通信息。①会计师事务所的信息系统能够识别、获取、处理和维护来自内部或外部的相关可靠的信息，为质量管理体系提供支持。②会计师事务所的组织文化认同并强调会计师事务所人员与会计师事务所之间，以及这些人员彼此之间交换信息的责任。③会计师事务所内部以及各项目组之间能够交换相关、可靠的信息，这种信息交换包括会计师事务所向相关人员和项目组传递信息，传递的性质、时间安排和范围足以使其理解和履行与执行业务或质量管理体系各项活动相关的责任；会计师事务所人员和项目组在执行业务或质量管理体系各项活动的过程中向会计师事务所传递信息。④会计师事务所向外部各方传递相关、可靠的信息，这种信息传递包括会计师事务所向其所在的网络、网络中的其他事务所，或者向服务提供商传递信息；会计师事务所根据相关法律法规或职业准则的规定向外部利益相关方传递信息或为了帮助外部各利益相关方了解质量管理体系而向其传递信息。

为实现如上目标，会计师事务所应当制定如下政策和程序：①会计师事务所在执行上市实体财务报表审计业务时，应当与治理层沟通质量管理体系是如何为持续高质量地执行业务提供支撑的；②会计师事务所在何种情况下向外部各方沟通与质量管理体系相关的信息是适当的；③会计师事务所进行外部沟通时应当沟通哪些信息以及沟通的性质、时间安排、范围和适当形式。

（8）监控和整改程序

会计师事务所应当建立在全所范围内统一的监控和整改程序，并开展实质性监控，以实现下列质量目标：①就质量管理体系的设计、实施和运行情况提供相关、可靠、及时的信息；

②采取适当的行动以应对识别出的质量管理体系的缺陷，以使该缺陷能够及时得到整改。

为此，会计师事务所应当设计和实施监控活动，包括定期和持续的监控活动，从而为识别质量管理体系的缺陷奠定基础。在确定监控活动的性质、时间安排和范围时，会计师事务所应当考虑下列方面：①相关质量风险的评估结果及得出该评估结果的理由；②应对措施的设计；③会计师事务所风险评估程序以及监控和整改程序的设计；④质量管理体系发生的变化；⑤以前实施的监控活动的结果，包括以前实施的监控活动是否仍然与评价质量管理体系相关，以及为应对以前识别出的缺陷所采取的整改措施是否有效；⑥其他相关信息等。

除此之外，会计师事务所应当制定政策和程序，要求执行监控活动的人员具备有效执行监控活动所必需的胜任能力、时间、权威性和客观性，禁止项目组成员或项目质量复核人员参与对该项目的任何检查。

第二节 注册会计师职业道德规范

注册会计师职业道德是指注册会计师职业品德、职业纪律、专业胜任能力及职业责任等的总称。为了顺应经济社会发展，对注册会计师的诚信和职业道德水平提出更高的要求，保持与国际职业会计师道德守则的持续动态趋同，2020年12月18日，中注协发布了修订版《中国注册会计师职业道德守则》和《中国注册会计师协会非执业会员职业道德守则》。职业道德守则规定了职业道德基本原则和职业道德概念框架，会员应当遵守职业道德基本原则，并能够运用职业道德概念框架解决职业道德问题。

一、职业道德基本原则

注册会计师职业道德基本原则包括诚信、客观公正、独立性、专业胜任能力和勤勉尽责、保密以及良好的职业行为。

1. 诚信

诚信是指诚实、守信。诚信要求注册会计师应当在所有的职业活动中保持正直、诚实守信。注册会计师如果认为业务报告、申报资料或其他信息存在下列问题，则不得与这些有问题的信息发生牵连：

①含有严重虚假或误导性的陈述；
②含有缺少充分依据的陈述或信息；
③存在遗漏或含糊其词的信息。

注册会计师如果注意到已与有问题的信息发生牵连，应当采取措施消除牵连。

2. 客观公正

客观公正是指公平、正直，不添加个人主观偏见。注册会计师应当公正处事、实事求是，不得由于偏见、利益冲突或他人的不当影响而损害自己的职业判断。如果存在会导致职业判断出现偏差，或会对职业判断产生不当影响的情形，注册会计师不得提供相关专业服务。

3. 独立性

独立性是注册会计师执行鉴证业务的灵魂，是指不受外来力量的控制和支配。注册会计师在执行审计和审阅业务及其他鉴证业务时，应当从实质上和形式上保持独立性，不得因任何利害关系影响其客观性。

4. 专业胜任能力和勤勉尽责

专业胜任能力和勤勉尽责原则是指注册会计师应当通过教育、培训和执业实践获取和保持专业胜任能力，应当持续了解并掌握当前法律、技术和实务的发展趋势，将专业知识和技能始终保持在应有的水平，从而确保能为客户提供具有专业水准的服务。注册会计师在应用专业知识和技能时，应当合理运用职业判断。同时，注册会计师应当遵守执业准则和职业道德规范的要求，勤勉尽责，认真、全面、及时地完成工作任务。

5. 保密

保密原则要求会员应当对在业务活动中获知的涉密信息保密，不得有下列行为：

①未经客户授权或法律法规允许，向会计师事务所以外的第三方披露其所获知的涉密信息；

②利用所获知的涉密信息为自己或第三方谋取利益。

6. 良好的职业行为

良好的职业行为要求注册会计师遵守相关的法律和规章，维护本职业的良好声誉，树立良好的职业形象。

注册会计师在向公众传递信息以及推介自己和工作时，应当客观、真实、得体，不得损害职业形象。注册会计师应当诚实、实事求是，不得有下列行为：

①夸大宣传提供的服务、拥有的资质或获得的经验；

②贬低或无根据地比较其他注册会计师的工作。

二、职业道德概念框架

职业道德概念框架是指解决职业道德问题的思路和方法，用以指导注册会计师识别对职业道德基本原则不利的影响，评价不利影响的严重程度，必要时采取防范措施消除不利影响或将其降至可接受的水平。

1. 识别对职业道德基本原则不利的影响

注册会计师对职业道德基本原则的遵循可能受到多种因素的威胁。威胁的性质和严重程度因注册会计师提供服务类型的不同而不同。可能对职业道德基本原则产生不利影响的因素包括自身利益、自我评价、过度推介、密切关系和外在压力。

（1）因自身利益产生的不利影响

因自身利益产生的不利影响是指由于某项经济利益或其他利益可能不当从而影响注册会计师的职业判断或行为，而对职业道德基本原则产生的不利影响。

因自身利益导致不利影响的情形主要有：

①鉴证业务项目组成员在鉴证客户中拥有直接经济利益；

②会计师事务所的收入过分依赖某一客户；

③鉴证业务项目组成员与鉴证客户存在重要且密切的商业关系；

④会计师事务所担心可能失去某一重要客户；

⑤鉴证业务项目组成员正在与鉴证客户协商受雇于该客户；

⑥会计师事务所与客户就鉴证业务达成或有收费的协议；

⑦注册会计师在评价所在会计师事务所以往提供的专业服务时，发现了重大错误。

（2）因自我评价产生的不利影响

因自我评价产生的不利影响是指会员在执行当前业务的过程中，其判断需要依赖会员本人（或所在会计师事务所或工作单位的其他人员）以往执行业务时作出的判断或结论，而该会员可能不恰当地评价这些以往的判断或结论，从而对职业道德基本原则产生的不利影响。

因自我评价导致不利影响的情形主要有：

①会计师事务所在对客户提供财务系统的设计或操作服务后，又对系统的运行有效性出具鉴证报告；

②会计师事务所为客户编制原始数据，这些数据构成鉴证业务的对象；

③鉴证业务项目组成员目前担任或最近曾经担任客户的董事或高级管理人员；

④鉴证业务项目组成员目前或最近曾受雇于客户，并且所处职位能够对鉴证对象施加重大影响；

⑤会计师事务所为鉴证客户提供直接影响鉴证对象信息的其他服务。

（3）因过度推介产生的不利影响

因过度推介产生的不利影响是指会员倾向客户或工作单位的立场，导致该会员的客观公正原则受到损害而产生的不利影响。

因过度推介导致不利影响的情形主要有：

①会计师事务所推介审计客户的股份；

②在审计客户与第三方发生诉讼或纠纷时，注册会计师担任该客户的辩护人。

（4）因密切关系产生的不利影响

因密切关系产生的不利影响是指会员由于与客户或工作单位存在长期或密切的关系，导致过于偏向他们的利益或过于认可他们的工作，从而对职业道德基本原则产生的不利影响。

因密切关系导致不利影响的情形主要有：

①项目组成员的近亲属担任客户的董事或高级管理人员；

②项目组成员的近亲属是客户的员工，其所处职位能够对业务对象施加重大影响；

③客户的董事、高级管理人员或所处职位能够对业务对象施加重大影响的员工，最近曾担任会计师事务所的项目合伙人；

④注册会计师接受客户的礼品或款待；

⑤会计师事务所的合伙人或高级员工与鉴证客户存在长期业务关系。

（5）因外在压力产生的不利影响

因外在压力产生的不利影响是指会员迫于实际存在的或者可感知到的压力，导致无法客观行事而对职业道德基本原则产生的不利影响。

因外在压力导致不利影响的情形主要有：

①会计师事务所受到客户解除业务关系的威胁；

②审计客户表示，如果会计师事务所不同意对某项交易的会计处理，则不再委托其承办拟议中的非鉴证业务；

③客户威胁将起诉会计师事务所；

④会计师事务所受到降低收费的影响而不恰当地缩小工作范围；

⑤由于客户员工对所讨论的事项更具有专长，因此注册会计师面临服从其判断的压力；

⑥会计师事务所合伙人告知注册会计师，除非同意审计客户不恰当的会计处理，否则将影响晋升。

2. 评价不利影响的严重程度

如果识别出对职业道德基本原则的不利影响，则会员应当评价该不利影响的严重程度是否处于可接受的水平。可接受的水平是指注册会计师针对识别出的不利影响，实施理性且掌握充分信息的第三方测试之后，很可能得出其行为并未违反职业道德基本原则的结论时，该不利影响的严重程度所处的水平。

在评价不利影响的严重程度时，会员应当从性质和数量两个方面予以考虑。如果存在多项不利影响，则应当将多项不利影响组合起来一并考虑。如果认为对职业道德基本原则的不利影响超出可接受的水平，则注册会计师应当确定是否能够采取防范措施消除不利影响或将其降低至可接受的水平。

3. 应对不利影响

如果注册会计师确定识别出的不利影响超出可接受的水平，则应当通过消除该不利影响或将其降低至可接受的水平来予以应对。注册会计师应当通过采取下列措施应对不利影响：消除产生不利影响的情形，包括利益或关系；采取可行并有能力采取的防范措施将不利影响降低至可接受的水平；拒绝或终止特定的职业活动。

防范措施随事实和情况的不同而有所不同。一般而言，能够应对不利影响的防范措施包括：①向已承接的项目分配更多时间和有胜任能力的人员，可能能够应对因自身利益产生的不利影响；②由项目组以外的适当复核人员复核已执行的工作或在必要时提供建议，可能能够应对因自我评价产生的不利影响；③向鉴证客户提供非鉴证服务时，指派鉴证业务项目团队以外的其他合伙人和项目组，并确保鉴证业务项目组和非鉴证服务项目组分别向各自的业务主管报告工作，可能能够应对因自我评价、过度推介或密切关系等产生的不利影响；④由其他会计师事务所执行或重新执行业务的某些部分，可能能够应对因自身利益、自我评价、过度推介、密切关系或外在压力产生的不利影响；⑤由不同项目组分别应对具有保密性质的事项，可能能够应对因自身利益产生的不利影响。

第三节　注册会计师的法律责任

法律责任是指行为人由于违反法律条款而必须承担的具有强制性、惩罚性的责任，这种责任将给行为人带来不利的法律后果。

一、注册会计师法律责任的分类

我国法律规定的注册会计师法律责任主要有行政责任、民事责任和刑事责任三类。

1. 行政责任

行政责任是行政法律责任的简称，是指行为主体因其行为违反与行政管理相关的法律、法规，但尚未构成犯罪，依法应当承担的法律后果。行政责任可以分为行政处分和行政处罚。行政处分是对国家工作人员及由国家机关委派到企业事业单位任职的人员的行政违法行为，给予的一种制裁性处理。行政处分的种类包括警告、记过、降级、降职、撤职、开除等。行政处罚是指行政机关依法对违反行政管理秩序的公民、法人或者其他组织，以减损权益或增加义务的方式予以惩戒的行为。根据《中华人民共和国行政处罚法》的规定，行政处罚主要有：警告、通报批评；罚款、没收违法所得、没收非法财物；暂扣许可证件、降低资质等级、吊销许可证件；限制开展生产经营活动、责令停产停业、责令关闭、限制从业；行政拘留；法律、行政法规规定和其他行政处罚。

2. 民事责任

民事责任是民事主体违反约定或者法定的民事义务而依法应当承担的民事法律后果。这种法律后果是由国家法律规定并以强制力保证执行的。规定民事责任的目的，就是对已经造成的权利损害和财产损失给予恢复和补救。

根据产生责任的原因，民事责任可分为违约责任和侵权责任，其具体形式主要包括违约责任、缔约过失责任和侵权的民事责任。违反法律规定应承担的民事责任主要有停止侵害；排除妨碍；消除危险；返还财产；恢复原状；修理、重作、更换；赔偿损失；支付违约金；消除影响、恢复名誉；赔礼道歉。

3. 刑事责任

刑事责任是犯罪人因实施刑法规定的犯罪行为所产生的法律后果。违反法律规定应承担的刑罚种类包括主刑和附加刑：主刑有管制、拘役、有期徒刑、无期徒刑和死刑；附加刑有罚金、剥夺政治权利和没收财产。

二、注册会计师法律责任的认定

注册会计师在何种情形下才需承担法律责任，应看其是否达到承担法律责任的必要条件。

注册会计师承担法律责任的必要条件（即法律责任的构成要件）因法律责任类型而异。表3-1所示为不同法律责任的构成要件。

表 3-1 不同法律责任的构成要件

法律责任类型		法律责任构成要件
民事责任	违约责任	①违约行为；②过错
	侵权责任	①违法行为；②过错；③损害后果；④因果关系
行政责任		①违法行为；②过错；③法定责任能力
刑事责任		①违法行为；②过错；③法定责任能力

1. 违约行为

违约行为是指注册会计师违反相关法律条款的行为。具体表现为违反合同约定和违反法律法规，违反合同规定主要指的是注册会计师违反与客户在平等、自愿、协商一致的基础上拟定的合同条款。而违反法律法规主要是指注册会计师直接违反了我国的注册会计师法、公司法和证券法等法律条款。

2. 过错行为

过错行为是指行为人对其所实施的违法行为所持有的心态，即行为人违反法律行为时所表现来的主观状态。过错行为包括故意和过失两种形式。故意是指行为人明知或可以预见自己的行为会发生违反法律或者危害社会的后果，并且希望或者放任这种结果发生的主观心理状态。过失指行为人能够预见而未预见到自己行为可能造成的损害后果，或虽然已预见却轻信能够避免的心理状态。基于行为人产生过错的主观心理状态不同，行为人因违法行为所承担的法律责任也有所差别。根据我国的注册会计师法、公司法和证券法等相关法律的规定，注册会计师的过错主要有过失和欺诈两类。

3. 损害后果

注册会计师出具的审计报告影响到社会公众的利益。审计意见的类型会影响到报表使用者的经济决策，从而产生损害后果。损害后果被用于评估注册会计师的侵权行为对利害关系造成的损害程度。如果没有引起损害后果，则注册会计师不需为侵权行为承担赔偿责任。

4. 因果关系

因果关系是指行为人的行为与受害人遭受的损害之间的因果关系，因果关系是侵权责任确定的重要条件，因为责任自负原则要求任何人对自己的行为造成的损害后果应负责任，而他人对此后果不负责，由此必然要求确定损害结果发生的真正原因。法律责任因果关系认定的任务有两个：一是确定责任的有无；二是确定责任的范围。由于因果关系具有复杂性和多样性，如一因多果、多果多因、多因一果等，因此不能简单认定注册会计师的不当执业或过错行为是造成损害的唯一原因，如果造成的损失事实上是由混合过错或共同过错等多种原因所致，就应当按照各自过错承担相应的赔偿责任。

5. 法定责任能力

法定责任能力是指达到法定的年龄、具有正常智力的行为主体。行为主体不具有法定的责任能力时，即使其行为构成了违法行为，也不会追究法律责任。

三、避免法律诉讼的对策

1. 注册会计师行业的应对措施

（1）严格审计程序

注册会计师发表恰当审计意见的前提是必须遵循审计准则的要求，实施必要的审计程序，收集充分适当的审计证据。审计实践已经证明，只有严格按照正确、合理的审计程序进行审计，才能防范审计风险，防范法律诉讼。

（2）加强行业监管

只有在维护好社会公众利益的基础上，注册会计师行业才能实现行业利益，表明自身的社会价值。注册会计师行业的监管对于维护、协调、平衡公众利益和行业利益都是至关重要的。行业监管不仅指的是政府部门、独立监管部门的行政监管和独立监管，还包括行业协会对行业自身的自律性监管。

（3）反击恶意诉讼

由于注册会计师的服务关系到社会公众的利益，当投资者遭受到投资损失时，倾向于将注册会计师作为被告，要求其弥补损失，因此很多针对注册会计师的恶意诉讼案件层出不穷。恶意诉讼中的"恶意"主要体现在：一是明知自己的诉讼请求缺乏事实和法律依据；二是具有侵害对方合法权益的不正当的诉讼目的。注册会计师行业应当加强与司法系统的沟通交流，在立法层面和司法程序上，对恶意诉讼作出限定，建立防范恶意诉讼的有效司法机制。在面临恶意诉讼时，应当聘请专业的律师，帮助注册会计师合法保护自身的利益。

(4) 弥补社会公众期望差距

随着注册会计师行业的发展，社会公众对注册会计师的期望越来越高。如果注册会计师行业不采取措施来缩小审计期望差距，将面临越来越多的诉讼和批评。从行业内来看，应当增加与公众的沟通，通过改善审计质量和提高审计独立性来提高财务报告质量，从而缩小由于不恰当的行为导致的审计期望差距，从而尽可能地满足公众需求、降低审计风险。另外，从社会公众来看，注册会计师应当尽可能清楚地在业务委托书或者审计报告中明确审计的责任，降低社会公众的期望。

2. 会计师事务所和注册会计师的应对措施

(1) 严格遵循职业道德守则

严格遵循职业道德守则是注册会计师保护自身利益，避免法律诉讼最为基本的要求。注册会计师如要为社会公众提供高质量的、可信赖的专业服务，就必须强化职业道德意识，提高职业道德水准。

(2) 建立会计师事务所质量控制制度

质量控制是会计师事务所各项管理工作的核心和关键。会计师事务所必须建立健全一套严密、科学的内部质量管理制度，并把这套制度推行到每一个人、每一个部门和每一项业务，迫使注册会计师按照专业标准的要求执业，保证整个会计师事务所的质量。

(3) 谨慎选择合伙人

要避免法律诉讼，首要问题是谨慎选择合伙人，以避免可能导致审计失败的隐患。一旦出现审计失败，事务所也需要承担赔偿责任，从而影响到个人的利益。

(4) 招聘合格的人员并予以适当培训和督导

对于大多数的审计项目来说，相当多的工作是由缺乏经验的助理人员来完成的。执行业务的过程中很多时候都需要依靠注册会计师的职业判断。一旦判断失误，会计师事务所就要承担审计失败的风险。因此，防止审计失败的措施之一就是必须严格按照要求进行招聘，并对这些人员进行有效的业务培训和道德教育，同时在审计工作过程中对他们进行适当的监督和指导。

(5) 与委托人签订业务约定书

业务约定书具有法律效力，是确定注册会计师和委托人的责任的重要文件。会计师事务所不论承办何种业务，都要按照要求与委托人签订约定书，这样才能在发生法律诉讼时将损失降至最低。

(6) 谨慎选择被审计单位

注册会计师在决定是否承接业务时，应当评价被审计单位（包括管理层和治理层）是否诚信，是否存在不道德的行为和迹象。由于被审计单位的管理层和治理层对其财务报表承担编制责任，假设被审计单位的管理层和治理层不诚信、不道德，其编制的财务报表的真实性、可靠性也就大打折扣。因此，会计师事务所及注册会计师应当审慎选择被审计单位。

(7) 严格遵守审计准则

一般而言，注册会计师是否应承担法律责任，关键在于注册会计师是否有过失或欺诈行为。而判别注册会计师是否具有过失的关键在于注册会计师是否遵循审计准则、职业道德规范的相关要求执业。因此，保持良好的职业道德，严格遵循审计准则的要求执行业务、出具报告，对于避免法律诉讼或在提起的诉讼中保护注册会计师尤其重要。

本章小结

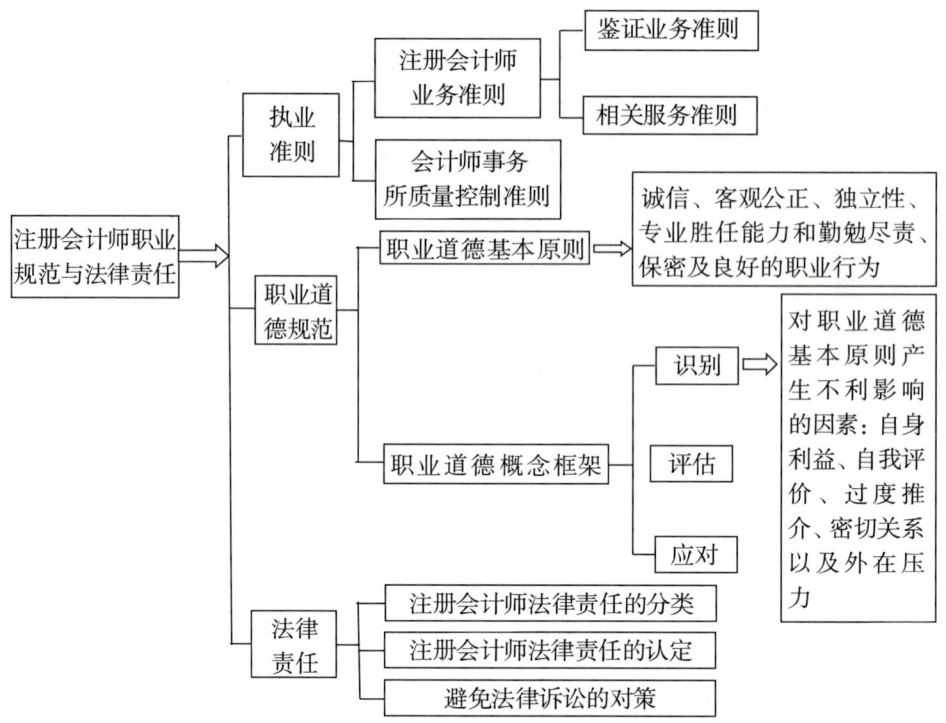

一、单项选择题

1. 鉴证业务准则由鉴证业务基本准则统领，按照鉴证业务提供的保证程度和鉴证对象的不同，不应包括（　　）。

   A. 中国注册会计师审计准则　　　　　B. 中国注册会计师审阅准则
   C. 中国注册会计师其他鉴证业务准则　　D. 相关服务准则

2. 注册会计师是否承担法律责任，关键看其执业中是否（　　）。

   A. 查出财务报表所有重大错报
   B. 查出财务报表所有重大错报、舞弊和违反法律法规的行为
   C. 按照执业准则的要求执业
   D. 有过失或欺诈行为

3. 注册会计师执行审计和审阅业务以及其他鉴证业务时，应当从实质上和形式上保持（　　），不得因任何利害关系影响其客观性。

   A. 独立性　　　B. 客观公正　　　C. 保密原则　　　D. 诚信原则

4. 密切关系导致的不利影响的情形不包括（　　）。

   A. 项目组成员的近亲属担任客户的董事或者高级管理人员

B. 在审计客户与第三方发生诉讼或者纠纷时，注册会计师担任该客户的辩护人

C. 会计师事务所的合伙人或高级员工与鉴证客户存在长期业务关系

D. 注册会计师接受客户的礼品或款待。

5. 自身利益导致的对职业道德基本原则产生不利影响的情形中，以下不属于其带来的不利影响的是（　　）。

A. 会计师事务所为客户提供直接影响财务报表的其他服务

B. 鉴证业务项目组成员在鉴证客户中拥有直接经济利益

C. 会计师事务所的收入过分依赖某一客户

D. 鉴证业务项目组成员与鉴证客户存在重要且密切的商业关系

6. 下列各项中，属于注册会计师违反职业道德规范的是（　　）。

A. 注册会计师应按照业务约定和专业准则的要求完成委托业务

B. 注册会计师对审计过程中知悉的商业秘密应当保密，并不得利用其为自己或他人谋取利益

C. 除有关法规允许的情形下，会计师事务所不得以或有收费形式为客户提供各种鉴证服务

D. 注册会计师可以对其能力进行广告宣传

7. 以下事项不影响注册会计师的独立性的是（　　）。

A. 注册会计师F在承接对W公司年报审计后，受聘担任W公司独立董事

B. 2022年7月，ABC会计师事务所按照正常借款程序和条件，向×银行以抵押贷款方式借款1000万元，用于购置办公用房

C. 审计小组成员注册会计师C自2020年以来一直协助×银行编制会计报表

D. 审计小组成员注册会计师A的父亲是W公司的总经理

8. 下列注册会计师的行为中，不违反职业道德规范的是（　　）。

A. 对自己的能力进行广告宣传　　　　B. 不以个人名义承接一切业务

C. 承接了主要工作由其他专家完成的业务　　D. 按服务成果的大小进行收费

9. 注册会计师应当遵循保密原则，对职业活动中获知的涉密信息保密。以下情形违背了保密原则的是（　　）。

A. 利用因职业关系而获知的涉密信息为自己或第三方牟取利益

B. 法律法规要求披露，例如为法律诉讼准备文件或提供其他证据，或者向适当机构报告发现的违反法律法规行为

C. 法律法规允许披露，并取得了客户的授权

D. 注册会计师有职业义务或权利进行披露，且法律法规未予禁止

10. 职业道德概念框架用以指导注册会计师遵守职业道德基本原则，履行其维护公众利益的职责。以下不属于职业道德概念框架的作用的是（　　）。

A. 识别对职业道德基本原则的不利影响

B. 评价不利影响的严重程度

C. 帮助注册会计师保持独立性

D. 必要时采取防范措施消除不利影响或将其降低至可接受的水平

二、多项选择题

1. 中国注册会计师职业道德规范的基本原则是（　　）。
   A. 独立性　　　　　　　　　　　　B. 客观和公正
   C. 专业胜任能力和勤勉尽责　　　　D. 保密

2. 会计师事务所和注册会计师应当考虑"密切关系"对职业道德基本原则的损害。以下情形中，属于密切关系因素的是（　　）。
   A. 鉴证小组成员曾是鉴证客户的董事、经理、其他关键管理人员或能够对鉴证业务产生直接重大影响的员工
   B. 与鉴证小组成员关系密切的家庭成员是鉴证客户的董事、经理、其他关键管理人员或能够对鉴证业务产生直接重大影响的员工
   C. 鉴证客户的董事、经理、其他关键管理人员或能够对鉴证业务产生直接重大影响的员工是事务所的前高级管理人员
   D. 为鉴证客户提供直接影响鉴证业务对象的其他服务或为鉴证客户编制属于鉴证业务对象的数据或其他记录

3. 下列各项中，属于因自我评价对职业道德基本原则产生不利影响的有（　　）。
   A. 审计项目组成员担任或最近曾经担任客户的董事
   B. 会计师事务所为客户编制计算递延所得税所使用的原始数据
   C. 审计项目组成员的近亲属担任客户的高级管理人员
   D. 审计项目组成员接受客户的礼品或款待

4. 注册会计师法律责任包括（　　）。
   A. 损失责任　　　B. 民事责任　　　C. 刑事责任　　　D. 行政责任

5. 下列各项中，属于注册会计师行业应对法律诉讼的措施的有（　　）。
   A. 严格审计程序　　　　　　　　B. 加强行业监督
   C. 反击恶意诉讼　　　　　　　　D. 弥补社会公众期望差距

三、判断题

1. 中国注册会计师执业准则体系包括审计准则、相关服务准则和会计师事务所质量控制准则。（　　）
2. 注册会计师应该就所了解的被审计单位的商业秘密保密。（　　）
3. 会计师事务所可以利用媒体宣传其有能力影响监管机构以扩大品牌影响力。（　　）
4. 注册会计师如果注意到已与有问题的信息发生牵连，应当采取措施消除牵连。（　　）
5. 可能对职业道德基本原则产生不利影响的因素共有：自身利益、自我评价和过度推介。（　　）
6. 引起审计人员法律责任的直接原因包括经营失败、欺诈、过失和违约。（　　）
7. 注册会计师利用所获知的涉密信息为自己或第三方谋取利益违背了良好的职业行为这一基本原则。（　　）
8. 客户威胁将起诉会计师事务所属于因过度推介对职业道德基本原则产生不利影响的情形。（　　）

9. 注册会计师在何种情形下才需承担法律责任，应看其是否达到承担法律责任的必要条件。（ ）

10. 在评价某情形对注册会计师职业道德基本原则产生不利影响的严重程度时，会员仅需从数量方面予以考虑。（ ）

四、论述题

1. 简述中国注册会计师执业准则体系的基本内容。

2. 注册会计师职业道德基本原则包括哪些？对注册会计师职业道德基本原则产生不利影响的因素有哪些？

3. 简述注册会计师不同法律责任的认定。

五、案例分析题

獐子岛"扇贝跑路"七年后大华所被罚

虽然"扇贝跑路"事件已经过去多年，但提到A股公司ST獐子岛，不少人对这起闹剧仍然印象深刻。继上市公司被罚之后，负责ST獐子岛的会计师事务所也迎来了证监会的一纸罚单。3月16日晚间，证监会官网显示，证监会对大华会计师事务所（以下简称"大华所"）出具行政处罚决定书。由于对ST獐子岛2016年年度审计报告存在虚假记载、未勤勉尽责等原因，大华所被证监会罚没367.92万元。

经证监会查明，大华所存在以下违法事实：

一、大华所出具的獐子岛集团2016年年度审计报告存在虚假记载

经我会另案查明，獐子岛集团2016年度结转成本时所记载的捕捞区域与捕捞船只实际作业区域存在明显出入，2016年账面结转捕捞面积较实际捕捞面积少13.93万亩，虚减营业成本6002.99万元。同时，獐子岛集团未如实将年底新底播区域作为既往库存资产核销，虚减营业外支出7111.78万元。獐子岛集团案涉年度报告存在虚假记载。

大华所作为獐子岛集团2016年度财务报表的审计机构，出具了标准无保留意见的审计报告，收费130万元，签字注册会计师为董超、李斌。

二、大华所在对獐子岛集团2016年年度财务报表审计时未勤勉尽责

（一）执行存货有关实质性审计程序时未勤勉尽责

（1）未针对獐子岛存货特殊性进行充分考虑并制订合理的监盘计划。

针对存货特别是消耗性生物资产这一识别出的高风险领域，大华所计划执行存货监盘等实质性程序。大华所在识别出消耗性生物资产具有较高错报风险、以往年度存在大规模核销减值、獐子岛集团抽盘比例较低的情况下，应当更加审慎，对这一特殊类型资产的盘点方法进行充分考虑，并制订相应的监盘策略和计划。但在大华所收集的关于存货监盘底稿中，仅在獐子岛集团制订的《2016年度消耗性生物资产盘点计划》（以下简称《盘点计划》）中提及大华所负责"在存量图的基础上设定盘点站位；现场监盘；对盘点核算资料进行复核"，未收集任何能够体现对底播虾夷扇贝这一特殊类型存货的盘点方法进行评估，以及对监盘具体安排进行考虑的相关证据，未对獐子岛存货特殊性进行充分考虑并制订合理的监盘计划和具体监盘程序。

（2）未对相关审计证据的可靠性进行评价。

《2016年期末各年底播虾夷扇贝存量定点采集记录》（以下简称《定点采集记录》）显示，

盘点期间，獐子岛集团使用科研19号船于2017年1月8日、1月11日、1月12日、1月16日、1月17日、1月23日、1月24日、1月25日、2月3日、2月7日、2月12日和2月13日，合计12天，在130个点位对增殖分公司外区虾夷扇贝进行了抽样盘点。大华所参与獐子岛2016年虾夷扇贝盘点的项目组最早于2017年1月7日乘船登上獐子岛执行现场审计工作，最晚于2017年1月22日离岛。其间，獐子岛集团在1月8日、1月11日、1月12日、1月16日和1月17日，共计在54个点位进行了存量定点采集工作。2017年1月28日至2月3日，大华所项目组处于放假阶段，并未在獐子岛执行任何审计工作。

综上，大华所没有执行2017年1月23日至2月13日共计7天的现场监盘工作，同时，我会另案查明，经对比北斗导航卫星定位数据，执行盘点任务的海测船在2017年1月23日、1月24日、1月25日、2月3日和2月7日并没有航行轨迹。但大华所项目组成员在所有整理打印的《定点采集记录》上签字确认，认可了所有獐子岛集团盘点结果并收入审计工作底稿。对于大华所未参与现场监盘的7天《定点采集记录》，大华所未获取该部分盘点信息的准确性和完整性相关的审计证据，未对该部分《定点采集记录》的可靠性进行评价。

（3）监盘程序执行不规范，收集的审计证据不充分。

《盘点计划》显示，獐子岛集团对于增殖分公司虾夷扇贝盘点采取抽样盘点的方式进行，但审计底稿仅收录了盘点计划的总体原则，未收集抽样选取原则，也未记录抽样数量、点位位置等任何与抽样点位有关的具体信息，未收集航海日志、海底摄像录影等盘点及监盘过程的相关资料，既无法证明獐子岛集团对虾夷扇贝这一特殊资产实施了有效的管理控制，也无法证明大华所按照规定执行了监盘工作。

综上，大华所在识别出消耗性生物资产具有较高错报风险，且以往年度存在大规模核销减值、獐子岛集团抽盘比例较低的情况下，应当更加审慎，严格执行相关程序。但大华所未充分考虑獐子岛存货特殊性并制订合理的监盘计划、未规范执行监盘程序、未对底播虾夷扇贝的存在和状况获取充分、适当的审计证据，导致未能发现部分区域，尤其是大量13年、14年底播贝，已被实施采捕，相关存货不存在以及獐子岛集团实际采捕区域与账面记载严重不一致的情况。

大华所上述行为不符合《中国注册会计师审计准则第1311号——对存货、诉讼和索赔、分部信息等特定项目获取审计证据的具体考虑》第四条，《中国注册会计师审计准则第1231号——针对评估的重大错报风险采取的应对措施》第五条，《中国注册会计师审计准则问题解答第3号——存货监盘》，《中国注册会计师审计准则第1301号——审计证据》第十条、第十三条的有关规定。

（二）执行成本结转有关实质性程序时未勤勉尽责

（1）未对成本结转设计专门的控制测试。

大华所在獐子岛集团2016年年报审计中将增殖分公司的成本列为重大错报风险领域，大华所在了解和评价内部控制环节后，实施了材料验收与仓储、计划与生产安排、生产与发运、存货管理等子程序。在相关证据部分，大华所仅留存了测试程序和过程的记录以及荣成食品有限公司财务科长的内部访谈记录。上述记录主要反映了2016年三级苗的监测和采捕活动，对采捕活动主要测试了5个月的《水产品成交确认单》《移库单》《交接确认单》是否经过恰当人员签字确认，成本结转方法是否保持一贯性，采捕单据是否完整、是否支付已结转成本的采捕量、采捕成本是否计入恰当账户。根据獐子岛虾夷扇贝成本结转方式，其成本的主要部分均与"当期采捕亩数占期初留存亩数的比例"相关,上述测试程序并没有考虑到獐子岛集团对各月采捕面积的控制,大华所没有对虾夷扇贝的成本结转设计专门的控制测试。

(2) 未针对成本结转获取充分审计证据。

在对增殖分公司的审计中,大华所对扇贝、鲍鱼、海参的成本核算执行了进一步审计程序。其中,对扇贝进行了2016年虾夷贝播苗归集成本检查、近两年采捕面积统计、本期采捕出入库统计(质量、金额)、出入库与獐子岛集团每月采捕记录表进行核对、每月采捕记录表与采捕区域图进行核对、获取成本结转表、对各年份底播贝近两年亩产成本和亩产量进行比较等实质性程序。上述程序与成本结转相关的部分,大华所主要获取了采捕面积、出入库流水、采捕记录表(以月为单位)、采捕区域图、成本结转表等獐子岛集团内部数据,在此基础上进行了简单的汇总、核对和分析,并未获取獐子岛集团采捕船航行日志、采捕计划、日采捕实施位置记录等能够验证采捕实施过程的相关审计证据,就作出"未见异常可以确认"的审计结论。

审计底稿显示,獐子岛集团消耗性生物资产成本的归集与分配主要核算苗种费、资产折旧、人工、看护费、采捕费、海域使用费、海域租费、物流运输费等,海域租费中包含外部租赁运输船、播苗船的租赁费,总体上除运输费按采捕产量分摊外,其他各明细项按照当期采捕亩数占期初留存亩数的比例分摊。由于獐子岛集团成本结转项的绝大部分均取决于采捕面积而非采捕产量(与订单量、销售量不直接挂钩),而采捕面积直接来源于采捕区域,因此对采捕区域真实性的核实显得尤为重要。大华所获取的不仅多为以月为单位的内部汇总数据,缺乏证据支持;且其对亩产成本的分析也是对既定账面成本与亩数的简单平均计算,取得的"出入库流水"等原始数据反映的是采捕后的暂养情况,这些都与成本结转没有直接关系。

综上,大华所在成本核算相关审计过程中,未考虑虾夷扇贝成本核算的特殊性并设计相应的控制测试,未获取足够的审计证据证明獐子岛集团对虾夷扇贝成本结转控制是有效的,未获取足够的审计证据验证獐子岛集团对虾夷扇贝成本结转的真实性、适当性和准确性,导致未发现獐子岛集团在2016年未如实记录采捕区域、未如实结转成本的有关情况。

大华所上述行为违反了《中国注册会计师审计准则第1101号——注册会计师的总体目标和审计工作的基本要求》第三十条,《中国注册会计师审计准则第1231号——针对评估的重大错报风险采取的应对措施》第七条、第八条,《中国注册会计师审计准则第1301号——审计证据》第十条、第十三条的有关规定。

要求:(1)作为承接獐子岛集团年报审计工作的会计师事务所,是否严格遵守了注册会计师职业道德规范?如否,大华会计师事务所的行为主要违反了哪几项注册会计师职业道德基本原则?(2)从该案例中我们可以得到什么启示?

第四章

财务报表审计的基本原理

学习目标

知识要点	能力要求	关键术语
财务报表审计的基本概念	(1) 理解财务报表审计的概念 (2) 理解财务报表审计的保证程度 (3) 掌握审计职业责任和期望差距 (4) 理解审计报告和信息差距	(1) 财务报表审计 (2) 保证程度 (3) 期望差距 (4) 信息差距
财务报表审计的基本要素	(1) 了解审计业务的三方关系人 (2) 理解财务报表及其编制基础 (3) 了解审计证据 (4) 了解审计报告	(1) 审计业务三方关系人 (2) 财务报表编制基础 (3) 审计证据、审计报告
财务报表审计的目标	(1) 了解审计的总体目标 (2) 理解管理层认定 (3) 掌握审计的具体目标	(1) 审计目标 (2) 管理层认定
财务报表审计的基本要求	(1) 理解遵守审计准则与职业道德守则 (2) 理解保持职业怀疑 (3) 理解运用职业判断	(1) 审计准则、审计职业道德 (2) 审计职业怀疑 (3) 审计职业判断
财务报表审计的业务流程	(1) 了解接受业务委托 (2) 掌握计划审计工作 (3) 理解识别和评估重大错报风险 (4) 理解应对重大错报风险 (5) 了解编制审计报告	(1) 业务约定书 (2) 审计计划 (3) 重大错报风险

立信缘何屡遭证监会处罚

立信会计师事务所（以下简称"立信"）是我国知名会计师事务所，但该所及其相关注册会计师在 2016 年至 2018 年三年期间收到五份来自中国证监会的行政处罚决定书，特别是在 2018 年下半年，立信就因为发生违规事件而被证监会点名三次。

2018 年 8 月 6 日，中国证监会下发《中国证监会行政处罚决定书（立信会计师事务所、邹军梅、程进）〔2018〕78 号》，立信在对金亚科技股份有限公司（以下简称"金亚科技"）2014 年度财务报表进行审计时，未对审计报告使用者负责，出具了含有虚假记载的审计报告。具体的违规情况包含：①在审计金亚科技货币资金时，立信未按审计准则正确执行货币资金的函证程序；②在审计金亚科技 2014 年度财务报表中的应收账款时，注册会计师并未合理执行函证程序；③金亚科技的全资子公司金亚智能与四川宏山建设工程有限公司的施工合同存在未签字盖章的异常状况，并且该合同涉及金额很大，注册会计师未保持合理的职业关注；④在采购与付款循环中，进行函证程序时 46.43% 的函证的发函地址与发票地址不同，但是注册会计师并未保持应有的职业怀疑。立信为金亚科技 2014 年度年报审计出具的标准无保留意见的审计报告被金亚科技会计造假事实彻底推翻。

2018 年 12 月 7 日，广东证监局下发《中国证券监督管理委员会广东监管局行政处罚决定书〔2018〕18 号》，立信作为广东超华科技股份有限公司（以下简称"超华科技"）2014 年度财务报表的审计机构，在审计工作中没有按照审计准则进行审计，出具失真的审计报告。具体违规情况为：①风险评估程序不充分，对超华科技营业收入的审计中，只是对主营业务收入进行了相关审计程序，而并未对异常的其他营业收入按照规定进行审计；②未保持必要的职业怀疑，在审计过程中，立信获取了多份相互矛盾的审计证据，但是未追加充足的审计程序去获得支撑审计意见的审计证据，最终为超华科技出具了标准无保留审计意见的审计报告。

2018 年 12 月 20 日，距离上一次行政处罚不足半个月，立信同年第三次收到中国证监会下发的《中国证监会行政处罚决定书（立信会计师事务所、周铮文、陶奇）〔2018〕119 号》。立信在对武汉国药科技股份有限公司（以下简称"国药科技"）2012 年度、2013 年度报表审计时，出具了失真的审计报告。具体的违规情况包含：①在审计工作过程中忽略了明显的关联方特征，对关联方交易审计的程序不规范；②立信在对国药科技营业收入审计时没有按照规定执行审计程序；③立信在整个审计过程中未尽勤勉尽责的义务，风险评估不及时不充分，最终为国药科技出具了无保留审计意见的审计报告。

2018 年下半年，立信因为审计违规接二连三被证监会处罚，使得其公信力严重受损，留下三道无法消除的"伤疤"。接连发生的审计失败案都明示着立信审计质量控制效果不明显，加强审计质量控制对立信来说是当前的首要任务。

（资料来源：编者根据网络资料整理得到。）

第一节 财务报表审计的基本概念

一、财务报表审计的概念

党的二十大报告指出："高质量发展是全面建设社会主义现代化国家的首要任务。"而资本市场健康发展是我国经济高质量发展的重要内容，注册会计师又是促进资本市场健康发展的重要力量。财务报表审计是注册会计师的核心业务。财务报表审计是指注册会计师对财务报表是否不存在重大错报提供合理保证，以积极方式提出意见，增强除管理层之外的预期使用者对财务报表的信赖程度。

财务报表审计的概念可以从以下几个方面加以理解。

一是审计的用户是财务报表的预期使用者，即审计可以用来有效满足财务报表预期使用者的需求。

二是审计的目的是提高财务报表的质量，增强除管理层之外的预期使用者对财务报表的信赖程度，即以合理保证的方式提高财务报表的可信度，而不涉及为如何利用信息提供建议。

三是合理保证是一种高水平保证。当注册会计师获取充分、适当的审计证据将审计风险降至可接受的低水平时，就获取了合理保证。

四是审计的基础是注册会计师的独立性和专业性。注册会计师执行审计业务时，不仅应当具备专业胜任能力，还应当独立于被审计单位和预期使用者。

五是审计的最终产品是审计报告。注册会计师按照审计准则和相关职业道德要求执行审计工作，对财务报表是否在所有重大方面按照财务报告编制基础编制并实现公允反映发表审计意见，并以审计报告的形式予以传达。

二、财务报表审计的保证程度

注册会计师执行的业务分为鉴证业务和相关服务两类。鉴证业务包括审计、审阅和其他鉴证业务。相关服务包括代编财务信息、对财务信息执行商定程序、税务咨询和管理咨询等。

鉴证业务的保证程度分为合理保证和有限保证。审计属于合理保证（高水平保证）的鉴证业务，注册会计师将审计业务风险降至审计业务环境下可接受的低水平，以此作为以积极方式提出审计意见的基础。审阅属于有限保证（低于审计业务的保证水平）的鉴证业务，注册会计师将审阅业务风险降至审阅业务环境下可接受的水平，以此作为以消极方式提出审阅结论的基础。合理保证与有限保证的区别如表4-1所示。

表4-1 合理保证与有限保证的区别

区别	业务类型	
	合理保证（财务报表审计）	有限保证（财务报表审阅）
目标	在可接受的低审计风险下，以积极方式对财务报表整体发表审计意见，提供高水平的保证	在可接受的审阅风险下，以消极方式对财务报表整体发表审阅意见，提供低于高水平的保证。该保证水平低于审计业务的保证水平
证据收集程序	通过一个不断修正的、系统化的执业过程，获取充分、适当的证据，证据收集程序包括检查记录或文件、检查有形资产、观察、询问、函证、重新计算、重新执行、分析程序等	通过一个不断修正的、系统化的执业过程，获取充分、适当的证据，证据收集程序受到有意限制，主要采用询问和分析程序获取证据
所需证据数量	较多	较少
检查风险	较低	较高
财务报表的可信性	较高	较低
提出结论的方式	以积极方式提出结论。例如，我们认为，ABC公司财务报表在所有重大方面按照企业会计准则的规定编制，公允反映了ABC公司20×1年12月31日的财务状况以及20×1年度的经营成果和现金流量	以消极方式提出结论。例如，根据我们的审阅，我们没有注意到任何事项使我们相信，ABC公司财务报表没有按照企业会计准则的规定编制，未能在所有重大方面公允反映被审阅单位的财务状况、经营成果和现金流量

需要注意的是，审计做不到绝对保证。保证水平与注册会计师可接受的风险水平之间的关系式如式（4-1）所示。

$$保证水平+可接受风险水平=100\% \quad (4-1)$$

三、职业责任和期望差距

注册会计师的职业责任是指注册会计师作为一个职业对社会公众应尽的责任,在很大程度上反映相关方(特别是财务报表使用者)的期望。通常而言,财务报表使用者期望注册会计师评价被审计单位管理层的会计确认、计量与披露,判断财务报表是否不存在重大错报,以维护公众利益。在过去,注册会计师业界曾认为他们的责任是通过审计发现财务报表中存在的重大非故意错报,而不负责通过审计发现财务报表中存在的重大错报,因为许多职业人士认为,要发现精心策划的,尤其是涉及多方共谋的财务报表错报存在很高的难度,甚至在某些情况下是不可能的。社会公众则期望注册会计师通过审计,能完全发现并报告被审计单位的重大故意和非故意的错报,即社会公众期望注册会计师提供绝对保证。社会公众与注册会计师职业界在对职业责任的认识上存在的差距便形成了期望差距,如式(4-2)所示。

$$期望差距=绝对保证-合理保证 \qquad (4-2)$$

当然,期望差距并不仅仅针对注册会计师的执业行为和职业责任,同时还涉及了许多其他基本的问题,例如,财务报表的确认、计量与披露原则、商业道德及公司管理层应尽的社会责任。20世纪七八十年代以来,期望差距在发达国家中愈演愈烈,不断爆发的虚假财务报告与违反法律法规行为案件导致社会公众对注册会计师承担责任以发现并报告舞弊与违反法律法规行为的呼声越来越高。1977年,美国注册会计师协会在审计准则中首次明确注册会计师审计对舞弊负有责任;此后,其于1988年、1997年和2002年发布相关审计准则,要求注册会计师在执业过程中充分关注舞弊风险,合理制订审计计划,实施必要的审计程序,最终为发现财务报表中的重大舞弊提供合理保证。可以说,了解期望差距并尽可能缩小期望差距是注册会计师更好地服务于社会公众的前提和努力方向,也是整个行业积极发展和不断走向成熟的重要标志。

四、审计报告和信息差距

审计报告是注册会计师对财务报表发表审计意见形成的书面文件,同时也是注册会计师与财务报表使用者沟通审计事项的主要手段。审计是财务信息生成链条上关键的一环,对增强财务信息的可信性起着至关重要的作用,其核心内容是审计意见,即注册会计师对财务报表是否具有合法性和公允性发表高度浓缩的意见。审计报告的标准化具有格式统一、要素一致、内容简洁、意见明确等优点,但也存在着信息含量低、相关性差等缺点。这些缺点会导致产生"信息差距",也就是说,财务报表使用者做出理智投资和信托决策需要的信息,与他们从审计报告和已审计财务报表中得到的信息之间存在较大的差距。这种"信息差距"会影响资本市场的效率和成本。2014年,欧盟出台新的审计指令和公众利益实体审计监管要求,规定在对公众利益实体财务报表出具的审计报告中,应指出最重要的重大错报风险以及注册会计师的应对措施等内容。2015年国际审计与鉴证准则理事会(IAASB)发布新制定和修订的审计报告系列准则,改革审计报告模式,增加审计报告要素,丰富审计报告内容。特别是增加关键审计事项部分,使得财务报表使用者可以了解与被审计单位和财务报表审计更为相关、决策有用的信息。这些信息包括注册会计师评估的重大错报风险较高的领域或识别出的特别风险、涉及管理层判断的重大不确定性事项和重大审计判断、当期重大交易或事项对审计的影响。2016年,我国借鉴国际审计报告改革的最新成果,结合行业实际情况和审计环境,对审计报告相关准则进行修订，对审计报告内容做出改革。改革后的审计报告，提高了审计报告的相关性和决策有用性，缩小了"信息差距"。

第二节　财务报表审计的基本要素

注册会计师通过收集充分、适当的证据来评价财务报表编制是否在所有重大方面符合适用的财务报告编制基础，并出具审计报告，从而提高财务报表的可信性。因此，对财务报表审计而言，审计业务要素（简称审计要素）包括审计业务的三方关系人、财务报表、财务报告编制基础、审计证据和审计报告。

一、审计业务的三方关系人

审计业务的三方关系人分别是注册会计师、被审计单位管理层（责任方）、财务报表预期使用者（图4-1）。注册会计师对由被审计单位管理层负责的财务报表发表审计意见，以增强除管理层之外的预期使用者对财务报表的信赖程度。由于财务报表是由被审计单位管理层负责的，因此，注册会计师的审计意见主要是向除管理层外的预期使用者提供的。在某些情况下，管理层和预期使用者可能来自同一企业，但并不意味着两者就是同一方。例如，某公司同时设有董事会和监事会，监事会根据监督需要聘请注册会计师对公司董事会和管理层负责编制的财务报表进行审计。

由于审计意见有利于提高财务报表的可信性，有可能对管理层有用，因此，在这种情况下，管理层可能成为预期使用者之一，但不是唯一的预期使用者。例如，管理层是审计报告的预期使用者之一，但同时预期使用者还包括企业的股东、债权人、监管机构等。因此，是否存在三方关系是判断某项业务是否属于审计业务的重要标准之一。

（一）注册会计师

注册会计师是指取得注册会计师证书并在会计师事务所执业的人员，通常指项目合伙人或项目组其他成员，有时也指其所在的会计师事务所。根据审计准则规定，对财务报表发表审计意见是注册会计师的责任。为履行这一职责，注册会计师应当遵守相关职业道德要求，按照审计准则规定计划和实施审计工作，获取充分、适当的审计证据，并根据获取的审计证据得出合理的审计结论，发表恰当的审计意见。注册会计师通过签署审计报告确认其责任。如果审计业务涉及的特殊知识和技能超出了注册会计师的能力，注册会计师可以利用专家协助执行审计业务。在这种情况下，注册会计师应当确信包括专家在内的审计项目组整体已具备执行该项审计业务所需的知识和技能，并充分参与该项审计业务和了解专家所承担的工作。

（二）被审计单位管理层

被审计单位管理层是指对被审计单位经营活动的执行负有经营管理责任的人员，对财务报表编制负责。在某些被审计单位，管理层包括部分或全部的治理层成员，如治理层中负有经营管理责任的人员，或参与日常经营管理的业主（以下简称业主兼经理）。治理层是指对被审计单位战略方向以及管理层履行经营管理责任负有监督责任的人员或组织。治理层的责任包括监督财务报告的产生过程。在某些被审计单位，治理层可能包括管理层，如治理层中负有经营管理责任的人员，或业主兼经理。与管理层和治理层责任相关的执行审计工作的前提（以下简称执行审计工作的前提），是指管理层和治理层（如适用）认可并理解其应当承担下列责任，这些责任构成注册会计师按照审计准则的规定执行审计工作的基础：①按照适用的财务报告编制基础编制财务报表，并使其实现公允反映（如适用）；②设计、执行和维护必要的内部控制，以使财务报表不存在由于舞弊或错误导致的重大错报；③向注册会计师提供必要的工作条件，包括允许注册会计师接触与编制财务报表相关的所有信息（如记录、文件和其他事项），向注册会计师提供审计所需的其他信息，允许注册会计师在获取审计证据时不受限制地接触其认为必要的内部人员和其他相关人员。

财务报表审计并不能减轻管理层或治理层的责任。财务报表编制和财务报表审计是财务信息生成链条上的不同环节，两者各司其职。法律法规要求管理层和治理层对编制财务报表承担责任，有利于从源头上保证财务信息质量。同时，在某些方面，注册会计师与管理层和治理层之间可能存在信息不对称。管理层和治理层作为内部人员，对企业的情况更为了解，更能做出适合企业特点的会计处理决策和判断，因此，管理层和治理层理应对编制财务报表承担完全责任。尽管在审计过程中，注册会计师可能向管理层和治理层提出调整建议，甚至在不违反独立性的前提下为管理层编制财务报表提供某些咨询或协助，但管理层仍然对编制财务报表承担责任，并通过签署财务报表确认这一责任。如果财务报表存在重大错报，而注册会计师通过审计却没有能够发现，也不能因为财务报表已经被注册会计师审计过这一事实而减轻管理层和治理层对财务报表应负的责任。

（三）财务报表预期使用者

财务报表预期使用者是指预期使用审计报告和财务报表的组织或人员。如果审计业务服务于特定的使用者或具有特殊目的，注册会计师可以很容易地识别预期使用者。例如，企业向银行贷款，银行要求企业提供一份经审计的反映财务状况的财务报表，那么，银行就是该审计报告的预期使用者。

一般情况下，注册会计师可能无法识别预期使用审计报告的所有组织和人员，尤其在各种可能的预期使用者对财务报表存在不同的利益需求时。此时，预期使用者主要是指那些与财务报表有重要和共同利益的主要利益相关者。例如，在上市公司财务报表审计中，预期使用者主要是指上市公司的股东。注册会计师应当根据法律法规的规定或与委托人签订的协议识别预期使用者。

理论上，审计报告的收件人应当尽可能地明确为所有的预期使用者，但实务中往往很难做到这样，因为有时审计报告并不向某些特定组织或人员提供，但他们也有可能使用审计报告。例如，注册会计师为上市公司提供财务报表审计服务，其审计报告的收件人为"××股份有限公司全体股东"，但除股东外，公司债权人、供应商、客户、证券监管机构等显然也是财务报表预期使用者。审计业务三方关系人的内在联系如图4-1所示。

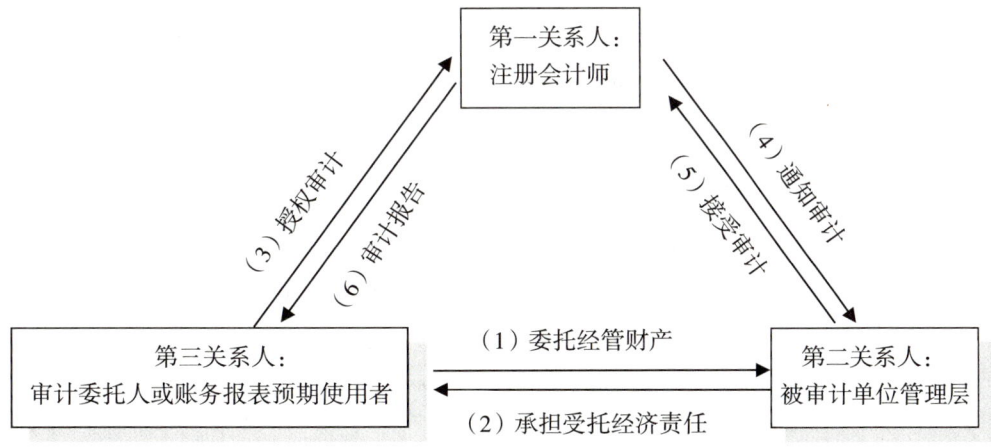

图4-1 审计业务三方关系人的内在联系

二、财务报表

在财务报表审计中,审计对象是历史的财务状况、经营成果(财务业绩)和现金流量,审计对象信息(即审计对象的载体)是财务报表。财务报表是指依据某一财务报告编制基础对被审计单位历史财务信息做出的结构性表述,旨在反映某一时点的经济资源或义务或者某一时期经济资源或义务的变化。财务报表通常指整套财务报表,有时也指单一财务报表。披露包括适用的财务报告编制基础所要求的、明确允许的或通过其他形式允许做出的解释性或描述性信息。披露是财务报表不可分割的组成部分,主要在财务报表附注中反映,也可能在财务报表内反映,或通过财务报表中的交叉索引予以提及。

管理层和治理层(如适用)在编制财务报表时需要:①根据相关法律法规的规定确定适用的财务报告编制基础;②根据适用的财务报告编制基础编制财务报表;③在财务报表中对适用的财务报告编制基础做出恰当的说明。编制财务报表要求管理层根据适用的财务报告编制基础运用判断做出合理的会计估计,选择和运用恰当的会计政策。

财务报表可以按照某一财务报告编制基础编制,旨在满足下列需求之一:①广大财务报表使用者共同的财务信息需求(通用目的财务报表的目标);②财务报表特定使用者的财务信息需求(特殊目的财务报表的目标)。

整套财务报表通常包括资产负债表、利润表、现金流量表、所有者权益(或股东权益)变动表和相关附注。

单一财务报表通常是指:①资产负债表;②利润表或经营状况表;③留存收益表;④现金流量表;⑤不包括所有者权益的资产和负债表;⑥所有者权益变动表;⑦收入和费用表;⑧产品线经营状况表。对特殊目的财务报告编制基础而言,单一财务报表和相关附注也可能构成整套财务报表。例如,《国际公共部门会计准则——基于现金基础会计的财务报告》指出,如果一个公共部门实体依据该准则编制财务报表,则主要的财务报表是现金收支情况表。

三、财务报告编制基础

被审计单位应当依据和使用适用的财务报告编制基础编制财务报表。在财务报表审计中,注册会计师也应当运用适用的财务报告编制基础这一标准,获取充分、适当的审计证据,评价财务报表编制质量,以对财务报表是否在所有重大方面按照适用的财务报告编制基础编制发表审计意见。适用的财务报告编制基础是指法律法规要求采用的财务报告编制基础;或者管理层和治理层(如适用)在编制财务报表时,针对被审计单位性质和财务报表目标,采用的可接受的财务报告编制基础。

财务报告编制基础分为通用目的编制基础和特殊目的编制基础。通用目的编制基础,旨在满足广大财务报表使用者共同的财务信息需求的财务报告编制基础,在我国主要是指企业会计准则和相关会计制度。特殊目的的编制基础,旨在满足财务报表特定使用者对财务信息需求的财务报告编制基础,包括计税核算基础、监管机构的报告要求和合同的约定等。

四、审计证据

注册会计师对财务报表提供合理保证是建立在获取充分、适当的证据的基础上。审计证据是指注册会计师为了得出审计结论和形成审计意见而使用的必要信息。

审计证据在性质上具有累积性，主要是通过在审计过程中实施审计程序获取的。然而，审计证据还可能包括从其他来源获取的信息，如从以前的审计中获取的信息（前提是注册会计师已确定自上次审计后是否已发生变化，这些变化可能影响这些信息对本期审计的相关性）或从会计师事务所接受与保持客户或业务时实施质量管理程序获取的信息。除从被审计单位内部其他来源和外部来源获取的信息外，会计记录也是重要的审计证据来源。同样，被审计单位雇用或聘请的专家编制的信息也可以作为审计证据。审计证据既包括支持和佐证管理层认定的信息，也包括与这些认定相矛盾的信息。在某些情况下，信息的缺乏（如管理层拒绝提供注册会计师要求的声明）本身也构成审计证据，可以被注册会计师利用。在形成审计意见的过程中，注册会计师的大部分工作是获取和评价审计证据。

审计证据的充分性和适当性相互关联。充分性是对审计证据数量的衡量。注册会计师需要获取的审计证据的数量受其对重大错报风险评估的影响（评估的重大错报风险越高，需要的审计证据可能越多），并受审计证据质量的影响（审计证据质量越高，需要的审计证据可能越少）。然而，注册会计师仅靠获取更多的审计证据可能无法弥补其质量上的缺陷。审计证据的适当性是对审计证据质量的衡量，即审计证据在支持审计意见所依据的结论方面具有的相关性和可靠性。审计证据的相关性是指获取的审计证据应与审计目的相关，审计证据的可靠性受其来源和性质的影响，并取决于获取审计证据的具体环境。

由于不同来源或不同性质的证据可以证明同一项认定，注册会计师可以考虑获取证据的成本与所获取信息有用性之间的关系，但不应仅以获取证据的困难的大小和成本的高低为由来减少不可替代的程序。在评价证据的充分性和适当性以支持审计结论时，注册会计师应当运用职业判断，并保持职业怀疑态度。

五、审计报告

注册会计师应当对财务报表在所有重大方面是否符合适用的财务报告编制基础，以书面报告的形式发表能够提供合理保证程度的意见。

如果对财务报表发表无保留意见，除非法律法规另有规定，注册会计师应当在审计意见中使用"财务报表在所有重大方面按照［适用的财务报告编制基础（如企业会计准则等）］编制，公允反映了……"的措辞。

如果存在下列情形之一，注册会计师应当对财务报表清楚地发表恰当的非无保留意见：①根据获取的审计证据，得出财务报表整体存在重大错报的结论；②无法获取充分、适当的审计证据，不能得出财务报表整体不存在重大错报的结论。

除审计准则规定的注册会计师对财务报表出具审计报告的责任外，相关法律法规可能对注册会计师设定了其他报告责任。如果注册会计师在对财务报表出具的审计报告中履行了其他报告责任，应当在审计报告中将其单独作为一部分，并以"按照相关法律法规的要求报告的事项"为标题。

第三节 财务报表审计的目标

财务报表审计的目标分为审计总体目标和具体审计目标。审计的总体目标是指注册会计师为完成整体审计工作而达到的预期目的。具体审计目标是指注册会计师通过实施审计程序以确定被审计单位管理层在财务报表中确认的各类交易、账户余额、披露层次认定是否恰当。注册会计师在了解每个项目的认定后,就容易相对应地确定每个项目的具体审计目标。

一、审计总体目标

在执行财务报表审计工作时,注册会计师的总体目标是:①对财务报表整体是否不存在由于舞弊或错误导致的重大错报获取合理保证,使得注册会计师能够对财务报表是否在所有重大方面按照适用的财务报告编制基础编制发表审计意见;②按照审计准则的规定,根据审计结果对财务报表出具审计报告,并与管理层和治理层沟通。在任何情况下,如果不能获取合理保证,并且在审计报告中发表保留意见也不足以实现向预期使用者报告的目的,注册会计师应当按照审计准则的规定出具无法表示意见的审计报告,或者在法律法规允许的情况下终止审计业务或解除业务约定。

注册会计师是否按照审计准则的规定执行了审计工作,取决于注册会计师在具体情况下实施的审计程序,由此获取的审计证据的充分性和适当性,以及根据总体目标和对审计证据的评价结果而出具审计报告的恰当性。审计准则作为一个整体,为注册会计师执行审计工作以实现总体目标提供了标准。审计准则规范了注册会计师的一般责任及在具体方面履行这些责任时的进一步考虑。每项审计准则都明确了规范的内容、适用的范围和生效的日期。在执行审计工作时,除遵守审计准则外,注册会计师还需要遵守相关法律法规的规定。

在审计总体目标下,注册会计师需要运用审计准则规定的目标以评价是否已获取充分、适当的审计证据。如果根据评价的结果认为没有获取充分、适当的审计证据,那么注册会计师可以采取下列一项或多项措施:①评价通过遵守其他审计准则是否已经获取或将会获取进一步的相关审计证据;②在执行一项或多项审计准则的要求时,扩大审计工作的范围;③实施注册会计师根据具体情况认为必要的其他程序。如果上述措施在具体情况下均不可行或无法实施,注册会计师将无法获取充分、适当的审计证据。在这种情况下,审计准则要求注册会计师确定其对审计报告或完成该项业务的能力的影响。审计目标实现逻辑图如图4-2所示。

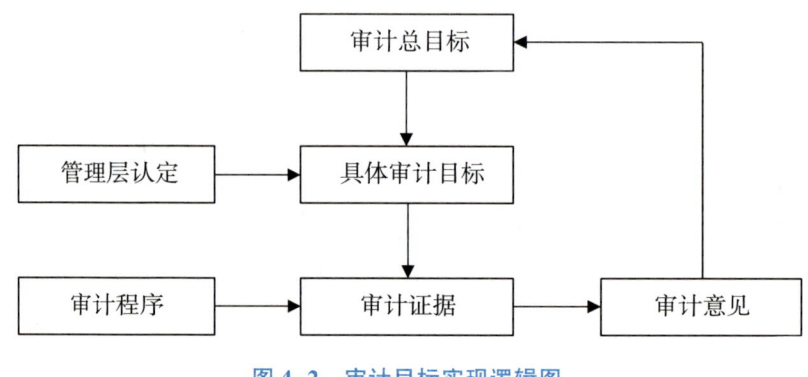

图4-2 审计目标实现逻辑图

二、管理层认定

被审计单位管理层认定与具体审计目标密切相关,注册会计师的基本职责就是确定被审计单位管理层对财务报表的认定是否恰当(是否存在重大错报)。注册会计师了解认定,才能相对应地确定每个项目的具体审计目标。

（一）认定的概念

认定是指管理层针对财务报表要素的确认、计量和列报（包括披露）做出一系列明确或暗含的意思表达。注册会计师在识别、评估和应对重大错报风险的过程中，将管理层的认定用于考虑可能发生的不同类型的错报。

当管理层声明财务报表已按照适用的财务报告编制基础编制，在所有重大方面做出了公允反映时，就意味着管理层对各类交易和事项、账户余额及披露的确认、计量和列报做出了认定。管理层在财务报表上的认定有些是明确表达的，有些则是暗含的。例如，管理层在资产负债表中列报存货及其金额，意味着做出下列明确的认定：①记录的存货是存在的；②存货以恰当的金额包括在财务报表中，与之相关的计价或分摊调整已恰当记录。同时，管理层也做出下列暗含的认定：①所有应当记录的存货均已记录；②记录的存货都由被审计单位所有。

对于管理层对财务报表各组成要素做出的认定，注册会计师的审计工作就是要确定管理层的认定是否恰当。

（二）关于审计期间各类交易、事项及相关披露的认定

关于审计期间各类交易、事项及相关披露的认定通常分为下列类别。

（1）发生：记录或披露的交易和事项已发生，且这些交易和事项与被审计单位有关。

（2）完整性：所有应当记录的交易和事项均已记录，所有应当包括在财务报表中的相关披露均已包括。

（3）准确性：与交易和事项有关的金额及其他数据已恰当记录，相关披露已得到恰当计量和描述。

（4）截止：交易和事项已记录于正确的会计期间。

（5）分类：交易和事项已记录于恰当的账户。

（6）列报：交易和事项已被恰当地汇总或分解且表述清楚，相关披露在适用的财务报告编制基础上是相关的、可理解的。

（三）关于期末账户余额及相关披露的认定

关于期末账户余额及相关披露的认定通常分为下列类别。

（1）存在：记录的资产、负债和所有者权益是存在的。

（2）权利和义务：记录的资产由被审计单位拥有或控制，记录的负债是被审计单位应当履行的偿还义务。

（3）完整性：所有应当记录的资产、负债和所有者权益均已记录，所有应当包括在财务报表中的相关披露均已包括。

（4）准确性、计价和分摊：资产、负债和所有者权益以恰当的金额包括在财务报表中，与之相关的计价或分摊调整已恰当记录，相关披露已得到恰当计量和描述。

（5）分类：资产、负债和所有者权益已记录于恰当的账户。

（6）列报：资产、负债和所有者权益已被恰当地汇总或分解且表述清楚，相关披露在适用的财务报告编制基础下是相关的、可理解的。

注册会计师可以按照上述分类运用认定，也可按其他方式表述认定，但应涵盖上述所有方

面。例如，注册会计师可以选择将关于各类交易、事项及相关披露的认定与关于账户余额及相关披露的认定综合运用。又如，当"发生"和"完整性"认定包含了对交易是否记录于正确会计期间的恰当考虑时，就可能不存在与交易和事项"截止"相关的单独认定。三种类型的认定如表4-2所示。

表4-2 三种类型的认定

交易与事项的认定	期末账户余额的认定	列报的认定
发生	存在	发生、权利和义务
完整性	权利和义务	完整性
准确性	完整性	分类、可理解性
截止	计价和分摊	准确性、计价和分摊
分类		

三、具体审计目标

注册会计师了解认定后，就容易相对应地确定每个项目的具体审计目标，并以此作为识别和评估重大错报风险以及设计和实施应对措施的基础。

（一）与所审计期间各类交易、事项及相关披露相关的审计目标

（1）发生：由"发生"认定推导的审计目标是确认已记录的交易是真实的。例如，如果没有发生销售交易，但在销售日记账中记录了一笔销售，则违反了该目标。"发生"认定所要解决的问题是管理层是否把那些不曾发生的项目列入财务报表，它主要与财务报表组成要素的高估有关。

（2）完整性：由"完整性"认定推导的审计目标是确认已发生的交易确实已经记录，所有应包括在财务报表中的相关披露均已包括。例如，如果发生了销售交易，但没有在销售明细账和总账中记录，则违反了该目标。

发生和完整性两者强调的是不同的关注点。发生目标针对多记、虚构交易（高估），而完整性目标则针对漏记交易（低估）。

（3）准确性：由"准确性"认定推导出的审计目标是确认已记录的交易是按正确金额反映的，相关披露已得到恰当计量和描述。例如，如果在销售交易中，发出商品的数量与账单上的数量不符，或是开账单时使用了错误的销售价格，或是账单中的乘积或加总有误，或是在销售明细账中记录了错误的金额，则违反了该目标。

准确性与发生、完整性之间存在区别。例如，若已记录的销售交易是不应当记录的（如发出的商品是寄销商品），则即使发票金额是准确计算的，仍违反了发生目标。再如，若入账的销售交易是对正确发出商品的记录，但金额计算错误，则违反了准确性目标，而没有违反发生目标。在完整性与准确性之间也存在同样的关系。

（4）截止：由"截止"认定推导出的审计目标是确认接近于资产负债表日的交易记录于恰当的期间。例如，如果本期交易推到下期，或下期交易提到本期，均违反了截止目标。

（5）分类：由"分类"认定推导出的审计目标是确认被审计单位记录的交易经过适当分类。例如，如果将出售经营性固定资产所得的收入记录为营业收入，则导致交易分类的错误，

违反了分类的目标。

（6）列报：由"列报"认定推导出的审计目标是确认被审计单位的交易和事项已被恰当地汇总或分解且表述清楚，相关披露在适用的财务报告编制基础上是相关的、可理解的。

（二）与期末账户余额及相关披露相关的审计目标

（1）存在：由"存在"认定推导的审计目标是确认记录的金额确实存在。例如，如果不存在某客户的应收账款，在应收账款明细表中却列入了对该客户的应收账款，则违反了存在目标。

（2）权利和义务：由"权利和义务"认定推导的审计目标是确认资产归属于被审计单位，负债属于被审计单位的义务。例如，将他人寄售商品列入被审计单位的存货中，违反了权利目标；将不属于被审计单位的债务记入账内，违反了义务目标。

（3）完整性：由"完整性"认定推导的审计目标是确认已存在的金额均已记录，所有应包括在财务报表中的相关披露均已包括。例如，如果存在某客户的应收账款，而应收账款明细表中却没有列入，则违反了完整性目标。

（4）准确性、计价和分摊：资产、负债和所有者权益以恰当的金额包括在财务报表中，与之相关的计价或分摊调整已恰当记录，相关披露已得到恰当计量和描述。

（5）分类：资产、负债和所有者权益已记录在恰当的账户。

（6）列报：资产、负债和所有者权益已被恰当地汇总或分解且表述清楚，相关披露在适用的财务报告编制基础上是相关的、可理解的。

由此可见，认定是确定具体审计目标的基础。注册会计师通常将认定转化为能够通过审计程序予以实现的审计目标。针对财务报表每一项目所表现出的各项认定，注册会计师相应地确定一项或多项审计目标，然后通过执行一系列审计程序获取充分、适当的审计证据以实现审计目标。管理层认定、审计目标和审计程序之间的关系举例见表4-3。

表4-3 管理层认定、审计目标和审计程序之间的关系举例

管理层认定	审计目标举例	审计程序
存在	资产负债表列示的存货存在	实施存货监盘程序
完整性	销售收入包括了所有已发货的交易	检查发货单和销售发票的编号以及销售明细账
准确性	销售业务是否基于正确的价格和数量，计算是否准确	比较价格清单与发票上的价格、发货单与销售订购单上的数量是否一致，重新计算发票上的金额
截止	销售业务记录在恰当的期间	比较上一年度记账日期后几天和下一年度最初几天的发货单日期与记账日期
权利和义务	资产负债表中的固定资产确实为公司所有	查阅所有权证书、购货合同、结算单和保险单
准确性、计价和分摊	以净值记录应收款项	检查应收账款账龄分析表、评估计提的坏账准备是否充足

第四节　财务报表审计的基本要求

一、遵守审计准则

审计准则是衡量注册会计师执行财务报表审计业务的权威性标准，涵盖从接受业务委托到出具审计报告的整个过程，注册会计师在执业过程中应当遵守审计准则的要求，《中华人民共和国注册会计师法》第二十一条规定，注册会计师执行审计业务，必须按照执业准则、规则确定的工作程序出具报告；第三十五条规定，中国注册会计师协会依法拟订注册会计师执业准则、规则，报国务院财政部门批准后施行。

二、遵守职业道德守则

注册会计师受到与财务报表审计相关的职业道德要求（包括与独立性相关的要求）的约束。相关的职业道德要求通常是指中国注册会计师职业道德守则（以下简称职业道德守则）中与财务报表审计相关的规定。

《中国注册会计师职业道德守则第 1 号——职业道德基本原则》和《中国注册会计师职业道德守则第 2 号——职业道德概念框架》规定了与注册会计师执行财务报表审计相关的职业道德基本原则，并提供了应用这些原则的概念框架。根据职业道德守则，注册会计师应当遵循的基本原则包括：①诚信；②客观公正；③独立性；④专业胜任能力和勤勉尽责；⑤保密；⑥良好的职业行为。

《中国注册会计师职业道德守则第 3 号——提供专业服务的具体要求》和《中国注册会计师职业道德守则第 4 号——审计和审阅业务对独立性的要求》说明了注册会计师执行审计和审阅业务时如何在具体情形下应用概念框架。就审计业务而言，注册会计师应当独立于被审计单位才是符合公众利益的，因此，职业道德守则对独立性作出要求。职业道德守则规定，独立性包括实质上的独立性和形式上的独立性。注册会计师独立于被审计单位，能够保护其形成适当审计意见的能力，使其在发表审计意见时免受不当影响。独立性能够增强注册会计师诚信行事、保持客观公正以及职业怀疑的能力。

《会计师事务所质量管理准则第 5101 号——业务质量管理》规定了会计师事务所设计、实施和运行质量管理体系的责任，同时规定了会计师事务所应当制定政策和程序，以合理保证会计师事务所及其人员遵守相关职业道德要求（包括与独立性相关的要求）的责任。《中国注册会计师审计准则第 1121 号——对财务报表审计实施的质量管理》规定了项目合伙人与相关职业道德要求有关的责任。这些责任包括通过观察和必要的询问，对项目组成员违反相关职业道德要求的迹象保持警觉；如果注意到项目组成员违反相关职业道德要求，确定采取的适当措施；就适用于审计业务的独立性要求的遵守情况形成结论。

三、保持职业怀疑

在计划和实施审计工作时，注册会计师应当保持职业怀疑，认识到可能存在导致财务报表发生重大错报的情形。职业怀疑是指注册会计师执行审计业务的一种态度，包括采取质疑的思维方式，对可能表明由于舞弊或错误导致错报的情况保持警觉，以及对审计证据进行审慎评价。职业怀疑应当从下列四方面理解。

一是职业怀疑在本质上要求秉持一种质疑的理念。这种理念促使注册会计师在考虑获取的相关信息和得出结论时采取质疑的思维方式。在这种理念下，注册会计师应当具有批判和质疑的精神，摒弃"存在即合理"的逻辑思维寻求事物的真实情况。职业怀疑与职业道德基本原则相互关联，例如，保持独立性可以增强注册会计师在审计中保持职业怀疑的能力。

二是职业怀疑要求对引起疑虑的情形保持警觉。这些情形包括但不限于：相互矛盾的审计证据；引起对文件记录、对询问的答复的可靠性产生怀疑的信息；表明可能存在舞弊的情况；表明需要实施除审计准则规定外的其他审计程序的情形。

三是职业怀疑要求审慎评价审计证据。审计证据包括支持和印证管理层认定的信息，也包括与管理层认定相互矛盾的信息。审慎评价审计证据是指质疑相互矛盾的审计证据的可靠性。在怀疑信息的可靠性或存在舞弊迹象时（如在审计过程中识别出的情况使注册会计师认为文件可能是伪造的或文件中的某些信息已被篡改），注册会计师需要作出进一步调查，并确定需要修改哪些审计程序或实施哪些追加的审计程序。应当指出的是，虽然注册会计师需要在审计成本与信息的可靠性之间进行权衡，但是，审计中的困难、时间或成本等事项本身，不能作为省略不可替代的审计程序或满足于说服力不足的审计证据的理由。

四是职业怀疑要求客观评价管理层和治理层。由于管理层和治理层为实现预期利润或趋势结果而承受内部或外部压力，即使以前正直、诚信的管理层和治理层也可能发生变化。因此，注册会计师不应依赖以往对管理层和治理层诚信形成的判断。即使注册会计师认为管理层和治理层是正直、诚实的，也不能降低保持职业怀疑的要求，不允许在获取合理保证的过程中满足于说服力不足的审计证据。

职业怀疑是注册会计师综合技能不可或缺的一部分，是保证审计质量的关键要素。保持职业怀疑有助于注册会计师恰当运用职业判断，提高审计程序设计及执行的有效性，降低审计风险。

在审计过程中，保持职业怀疑的作用包括以下几方面。（1）在识别和评估重大错报风险时，保持职业怀疑有助于注册会计师设计恰当的风险评估程序，有针对性地了解被审计单位及其环境等方面的情况；有助于使注册会计师对引起疑虑的情形保持警觉，充分考虑错报发生的可能性和重大程度，有效识别和评估重大错报风险。（2）在设计和实施进一步审计程序以应对重大错报风险时，保持职业怀疑有助于注册会计师针对评估出的重大错报风险，恰当设计进一步审计程序的性质、时间安排和范围，降低选取不适当的审计程序的风险；有助于注册会计师对已获取的审计证据表明可能存在未识别的重大错报风险的情形保持警觉，并做出进一步调查。（3）在评价审计证据时，保持职业怀疑有助于注册会计师评价是否已获取充分、适当的审计证据以及是否还需执行更多的工作；有助于注册会计师审慎评价审计证据，纠正仅获取最容易获取的审计证据，忽视存在相互矛盾的审计证据的偏向。

此外，保持职业怀疑对于注册会计师发现舞弊、防止审计失败至关重要。舞弊可能是被审计单位精心策划、蓄意实施并予以隐瞒的，只有保持充分的职业怀疑，注册会计师才能对舞弊风险因素保持警觉，进而有效地评估舞弊导致的重大错报风险。保持职业怀疑，有助于使注册会计师认识到存在舞弊导致的重大错报的可能性，不会受到以前对管理层、治理层正直和诚信形成的判断的影响；使注册会计师对获取的信息和审计证据是否表明可能存在舞弊导致的重大错报风险始终保持警惕；使注册会计师在认为文件可能是伪造的或文件中的某些条款可能已被篡改时，做出进一步调查。

四、运用职业判断

职业判断是指在审计准则、财务报告编制基础和职业道德要求的框架下，注册会计师综合运用相关知识、技能和经验，做出适合审计业务具体情况、有根据的行动决策。

职业判断是注册会计师执业的精髓。从本质上讲，无论是财务报表的编制，还是注册会计师审计，都是由一系列判断行为构成的。职业判断对于适当地执行审计工作是必不可少的，如果没有运用职业判断将相关知识和经验灵活运用于具体事实和情况，仅靠机械地执行审计程序，注册会计师无法理解审计准则、财务报告编制基础和相关职业道德要求，难以在整个审计过程中做出有依据的决策。

职业判断涉及注册会计师执业的各个环节。一方面，职业判断贯穿于注册会计师执业的始终，从决定是否接受业务委托，到出具业务报告，注册会计师都需要做出职业判断；另一方面，职业判断涉及注册会计师执业中的各类决策，包括与具体会计处理相关的决策、与审计程序相关的决策，以及与遵守职业道德要求相关的决策。

职业判断对于做出下列决策尤为重要：①确定重要性，识别和评估重大错报风险；②为满足审计准则的要求和收集审计证据的需要，确定所需实施的审计程序的性质、时间安排和范围；③为实现审计准则规定的目标和注册会计师的总体目标，评价是否已获取充分、适当的审计证据，以及是否还需执行更多的工作；④评价管理层在运用适用的财务报告编制基础时作出的判断；⑤根据已获取的审计证据得出结论，如评价管理层在编制财务报表时做出的会计估计的合理性；⑥运用职业道德概念框架识别、评估和应对影响职业道德基本原则的不利因素。

注册会计师职业判断需要在相关法律法规、职业标准的框架下做出，并以具体事实和情况为依据。如果有关决策不被该业务的具体事实和情况所支持或者缺乏充分、适当的审计证据，职业判断并不能作为不恰当决策的理由。注册会计师职业判断的决策过程通常可划分为下列5个步骤：①确定职业判断的问题和目标；②收集和评价相关信息；③识别可能采取的解决方案；④评价可供选择的方案；⑤得出职业判断结论并做出书面记录。

注册会计师是职业判断的主体，职业判断能力是注册会计师胜任能力的核心。通常来说，注册会计师具有下列特征可能有助于提高职业判断质量：①丰富的知识、经验和良好的专业技能；②独立、客观和公正；③保持职业怀疑。

衡量职业判断质量可以基于下列几方面：①准确性或意见一致性，即职业判断结论与特定标准或客观事实的相符程度，或者不同职业判断主体针对同一职业判断问题所作判断彼此认同的程度；②决策一贯性和稳定性，即同一注册会计师针对同一项目的不同判断问题，所做出的判断之间是否符合应有的内在逻辑，以及同一注册会计师针对相同的职业判断问题，在不同时间所作出的判断是否结论相同或相似；③可辩护性，即注册会计师是否能够证明自己的工作，通常，理由的充分性、思维的逻辑性和程序的合规性是可辩护性的基础。

注册会计师需要对职业判断做出适当的书面记录，对下列事项进行书面记录，有利于提高职业判断的可辩护性：①对职业判断问题和目标的描述；②解决职业判断相关问题的思路；③收集到的相关信息；④得出的结论及得出结论的理由；⑤就决策结论与被审计单位进行沟通的方式和时间。为此，审计准则要求注册会计师编制的审计工作底稿，应当使未曾接触该项审计工作的有经验的专业人士了解在对重大事项得出结论时作出的重大职业判断。

案例 4-1

康得新财务造假，瑞华难辞其咎

康得新复合材料集团股份有限公司（以下简称"康得新"）位于江苏省张家港市，主要从事先进高分子材料的研发、生产和销售。康得新自2010年在深圳中小板上市以来，公司发展迅速，市值接近千亿元。2019年1月康得新被曝出无力按期兑付15亿元短期融资券本息，但2018年年末的账上却躺着100多亿元的银行存款，康得新业绩的真实性引起市场的广泛质疑，证监会随即启动调查程序。

2020年9月，证监会对康得新下达《行政处罚决定书》和《市场禁入决定书》，康得新及主要责任人员在《证券法》规定的范围内顶格处罚并采取证券市场终身禁入措施，康得新同时也面临着被强制退市的风险。据证监会调查，康得新在2015—2018年期间，通过虚构销售业务等方式虚增营业收入，并通过虚构采购、生产、研发费用、产品运输费用等方式虚增营业成本、研发费用和销售费用，四年累计虚增利润总额115.3亿元。而瑞华会计师事务所（以下简称"瑞华"）作为康得新的审计机构，对其2013—2017年的财务报表都出具了标准无保留审计意见，仅在2019年康得新被证监会立案调查以后，才对其2018年的审计报告出具无法表示意见。但一切为时已晚，瑞华因"作为康得新2015年至2018年4年年报的审计机构，明显未履行勤勉尽责的义务，未起到上市公司'看门人'的作用"，于2019年7月被证监会立案调查。曾经作为内资第一大会计师事务所的瑞华，如今落到分所相继注销，已无上市公司可审的窘境。

人们不禁要问：瑞华为什么这么长时间都没有发现康得新财务造假呢？康得新历年的财务报表难道就没有一丝破绽吗？

（资料来源：编者根据网络资料整理得到）

第五节 财务报表审计的业务流程

风险导向审计模式要求注册会计师在审计过程中，以重大错报风险的识别、评估和应对作为工作主线。相应地，审计过程大致可分为以下几个阶段。

一、接受业务委托

会计师事务所应当按照审计准则等职业准则的相关规定，谨慎决策是否接受或保持某客户关系和具体审计业务，以切实履行执业责任和防范职业风险。在接受新客户的业务前，或决定是否保持现有业务或考虑接受现有客户的新业务时，会计师事务所应当执行有关客户接受与保持的程序，以获取如下信息：①考虑客户的诚信，没有信息表明客户缺乏诚信；②具有执行业务必要的素质、专业胜任能力、时间和资源；③能够遵守相关职业道德要求。

会计师事务所执行客户接受与保持的程序的目的，旨在识别和评估会计师事务所面临的风险。例如，如果注册会计师发现潜在客户正面临财务困难，或者发现现有客户曾作出虚假陈述，那么可以认为接受或保持该客户的风险非常高，甚至是不可接受的。会计师事务所除考虑客户的风险外，还需要考虑自身执行业务的能力，如当工作需要时能否获得合适的具有相应资格的员工；能否获得专业化协助；是否存在任何利益冲突；能否对客户保持独立性等。

注册会计师需要作出的最重要的决策之一就是接受和保持客户。一项低质量的决策会导致不能准确确定计酬的时间或未被支付的费用，会增加项目合伙人和员工的额外压力，使会计师事务所声誉遭受损失，或者涉及潜在的诉讼。

一旦决定接受业务委托，注册会计师应当与客户就审计约定条款达成一致意见。对于连续审计，注册会计师应当根据具体情况确定是否需要修改业务约定条款，以及是否需要提醒客户注意现有的业务约定书。审计业务约定书的具体内容详见第五章。

二、计划审计工作

计划审计工作十分重要。如果没有恰当的审计计划，不仅无法获取充分、适当的审计证据，影响审计目标的实现，而且还会浪费有限的审计资源，影响审计工作的效率。

因此，对于任何一项审计业务，注册会计师在执行具体审计程序之前，都必须根据具体情况制订科学、合理的计划，使审计业务以有效的方式得到执行。一般来说，计划审计工作主要包括：在本期审计业务开始时开展的初步业务活动；制定总体审计策略；制订具体审计计划等。需要指出的是，计划审计工作不是审计业务的一个孤立阶段，而是一个持续的、不断修正的过程，贯穿审计过程的始终。

三、识别和评估重大错报风险

审计准则规定，注册会计师必须实施风险评估程序，以此作为评估财务报表层次和认定层次重大错报风险的基础。风险评估程序是指注册会计师为了解被审计单位及其环境、适用的财务报告编制基础和内部控制体系各要素，以识别和评估财务报表层次和认定层次的重大错报风险（无论该错报是由于舞弊或错误导致）而实施的审计程序。风险评估程序是必要程序，了解被审计单位及其环境、适用的财务报告编制基础和内部控制体系各要素为注册会计师在许多关键环节做出职业判断提供了重要基础。了解被审计单位及其环境等方面的情况，实际上是一个连续和动态地收集、更新与分析信息的过程，贯穿审计过程的始终。一般来说，实施风险评估程序的主要工作包括：了解被审计单位及其环境、适用的财务报告编制基础和内部控制体系各要素；识别和评估财务报表层次及各类交易、账户余额和披露认定层次的重大错报风险，包括确定需要特别考虑的重大错报风险（即特别风险）及考虑仅通过实施实质性程序无法应对的重大错报风险等特殊情形。

四、应对重大错报风险

注册会计师实施风险评估程序本身并不足以为发表审计意见提供充分、适当的审计证据，还应当实施进一步审计程序，包括实施控制测试（必要时或决定测试时）和实质性程序。因此，注册会计师在评估财务报表重大错报风险后，应当运用职业判断，针对评估的财务报表层次重大错报风险确定总体应对措施，并针对评估的认定层次重大错报风险设计和实施进一步审计程序，以将审计风险降至可接受的低水平。

五、编制审计报告

注册会计师在完成进一步审计程序后,还应当按照有关审计准则的规定做好审计完成阶段的工作,并根据所获取的审计证据,合理运用职业判断,形成适当的审计意见,编制审计报告。

财务报表审计的业务流程图如图 4-3 所示。

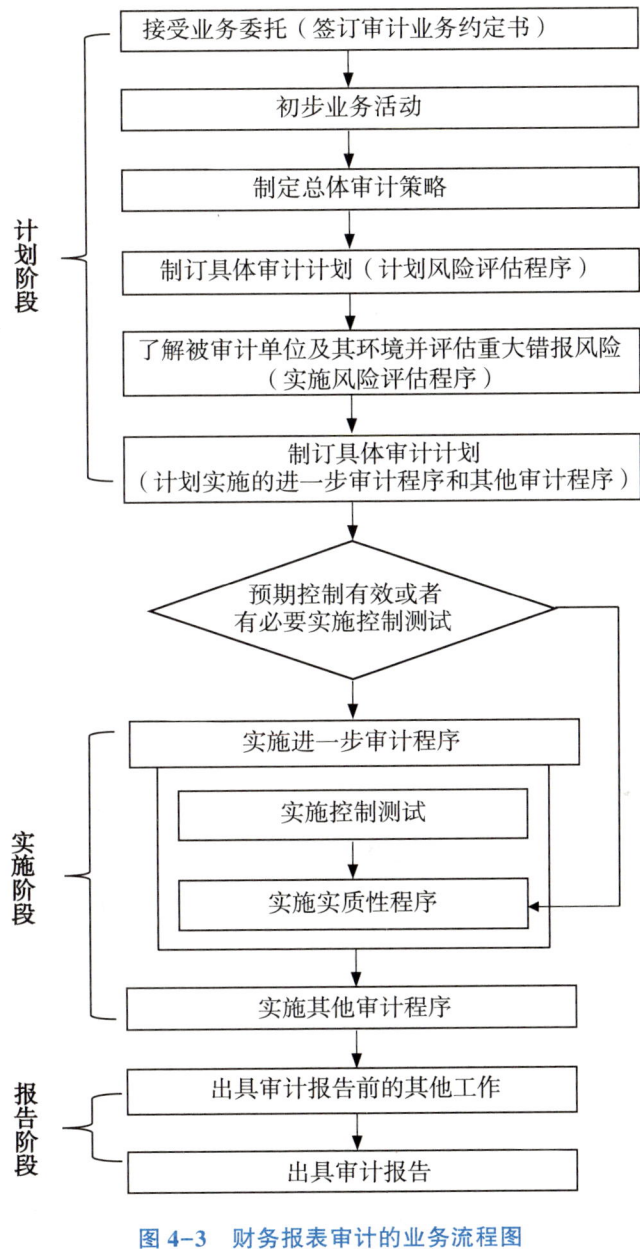

图 4-3　财务报表审计的业务流程图

本章小结

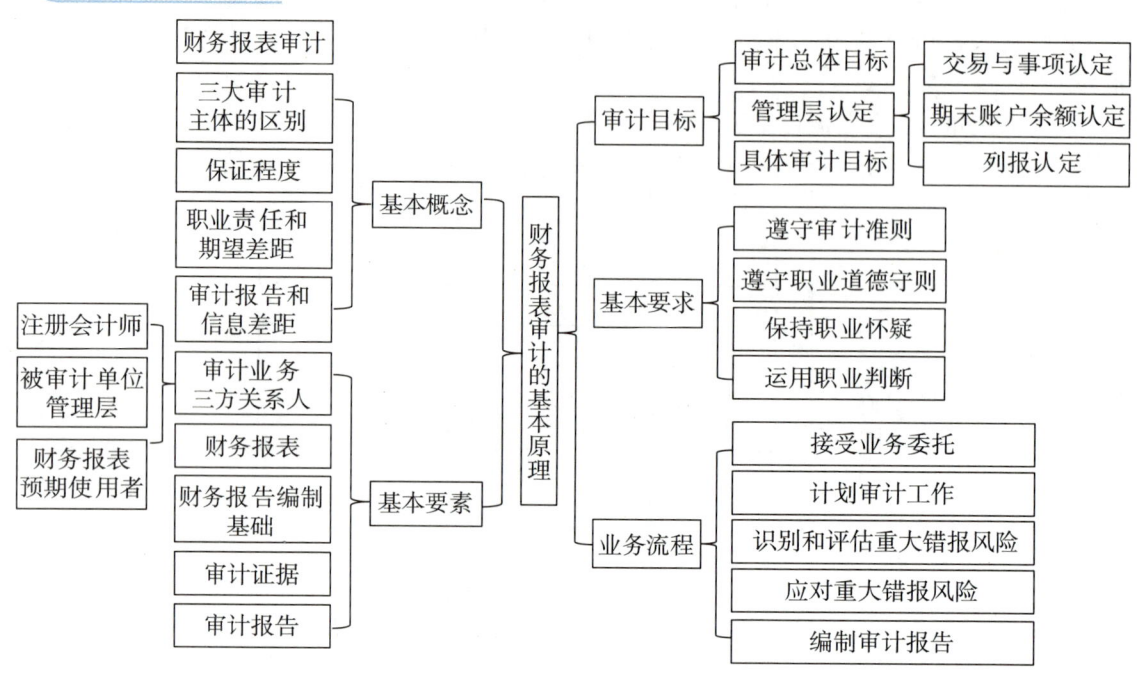

本章练习题

一、单项选择题

1. 甲公司当年购入生产设备一套，会计部门在入账时，漏记了该设备的运费，则违反的认定是（　　）。
   A. 存在　　　　　　B. 完整性　　　　　C. 计价和分摊　　　D. 截止
2. 下列认定中，与销售信用批准控制相关的是（　　）。
   A. 发生　　　　　　B. 计价和分摊　　　C. 权利和义务　　　D. 完整性
3. 对于下列应收账款认定，通过实施函证程序，注册会计师认为最可能证实的是（　　）。
   A. 计价和分摊　　　B. 分类　　　　　　C. 存在　　　　　　D. 完整性
4. 对于下列销售收入认定，通过比较资产负债表日前后几天的发货单日期与记账日期，注册会计师认为最可能证实的是（　　）。
   A. 发生　　　　　　B. 完整性　　　　　C. 截止　　　　　　D. 分类
5. 下列各项认定中，与交易和事项、期末账户余额及列报和披露均相关的是（　　）。
   A. 完整性　　　　　B. 发生　　　　　　C. 截止　　　　　　D. 权利和义务
6. 下列有关职业怀疑的说法中，错误的是（　　）。
   A. 注册会计师是否能保持职业怀疑在很大程度上取决于其胜任能力
   B. 会计师事务所的业绩评价机制会削弱注册会计师对职业怀疑的保持程度
   C. 保持独立性可以使注册会计师在审计中保持职业怀疑能力

D. 审计的时间安排和工作量要求有可能会阻碍注册会计师保持职业怀疑

7. 下列有关职业判断的说法中，错误的是（　　）。

A. 注册会计师恰当记录与被审计单位的相关决策结论进行沟通的方式与时间，有利于提高职业判断的可辨性

B. 如果有关决策不被该业务的具体事实的情况所支持，职业判断并不能作为注册会计师作出不恰当决策的理由

C. 职业判断涉及与具体会计处理和审计程序相关的决策，但不涉及与遵守职业道德要求相关的决策

D. 保持职业怀疑有助于注册会计师提高职业判断质量

8. 在确定鉴证业务的三方关系时，下列有关责任方的说法中，错误的是（　　）。

A. 责任方可能是预期使用者，但不是唯一的预期使用者

B. 责任方可能是鉴证业务的委托人，也可能不是委托人

C. 在直接报告业务中，责任方是对鉴证对象负责的组织或人员

D. 在基于责任方认定的业务中，责任方只需对鉴证对象负责

9. 注册会计师应当在审计业务开始时开展初步业务活动。下列不属于初步业务活动的是（　　）。

A. 针对保持客户关系和具体审计业务实施相应的质量控制程序

B. 评价遵守相关职业道德要求的情况

C. 在执行首次审计业务时，查阅前任注册会计师的审计工作底稿

D. 就审计业务约定条款与被审计单位达成一致意见

10. 下列有关财务报表审计的说法中，错误的是（　　）。

A. 审计可以有效满足财务报表预期使用者的需求

B. 审计的目的是增强财务报表预期使用者对财务报表的信赖程度

C. 审计涉及为财务报表预期使用者如何利用相关信息提供建议

D. 财务报表审计的基础是注册会计师的独立性和专业性

二、多项选择题

1. 下列有关财务报表审计业务三方关系的说法中，正确的是（　　）。

A. 审计业务的三方关系人分别是注册会计师、被审计单位管理层和财务报表预期使用者

B. 如果注册会计师无法识别出使用审计报告的所有组织或人员，则财务报表预期使用者主要是指那些与财务报表有重要和共同利益的主要利益相关者

C. 委托人通常是财务报表预期使用者之一，也可能由责任方担任

D. 如果责任方和财务报表预期使用者来自同一企业，则两者是同一方

2. 下列各项有关职业责任和公众期望的说法，不正确的是（　　）。

A. 注册会计师的职业责任在很大程度上反映财务报表使用人的期望

B. 财务报表使用人期望注册会计师判断财务报表是否存在错报

C. 注册会计师业界普遍接受的责任是，通过审计以评价被审计单位管理层的会计确认、计量和披露，判断财务报表是否不存在重大错报

D. 注册会计师通过审计发现财务报表中存在的重大错报是整个注册会计师行业不断走向

成熟的标志

3. 职业怀疑是指注册会计师执行审计业务的一种态度。下列关于职业怀疑的相关理解，恰当的是（　　）。

A. 职业怀疑在本质上要求秉持一种质疑的理念

B. 如果存在相互矛盾的审计证据，就应该保持警觉

C. 在怀疑信息的可靠性时，需要在审计成本与信息的可靠性之间进行权衡，但审计中的困难等不能作为省略不可替代的审计程序的理由

D. 如果注册会计师认为管理层和治理层是正直、诚实的，可以适当降低保持职业怀疑的要求

4. 注册会计师应在审计业务开始时开展初步业务活动。下列属于初步业务活动的是（　　）。

A. 评价遵守相关职业道德要求的情况

B. 针对保持客户关系和具体审计业务实施相应的质量控制程序

C. 在执行首次审计业务时，查阅前任注册会计师的审计工作底稿

D. 就审计业务约定条款与被审计单位达成一致意见

5. 下列控制活动中，与营业收入完整性直接相关的有（　　）。

A. 对销售发票进行顺序编号并复核当月开具的销售发票是否均已登记入账

B. 检查销售发票是否经适当的授权批准

C. 发运凭证均经事先顺序编号并已登记入账

D. 定期与客户核对应收账款余额

三、判断题

1. 审计人员的审计意见是对已审会计报表的可靠程度作出绝对保证，而不是合理保证。　　　　　　　　　　　　　　　　　　　　　　　　　　　　　　　（　）

2. 审计业务的最终产品是审计报告和后附的财务报表。　　　　　　　　（　）

3. 如果不存在除责任方之外的其他预期使用者，则这项业务不属于审计业务。（　）

4. 审计的目的是提高财务报表质量，因此，审计可以减轻被审计单位管理层对财务报表的责任。　　　　　　　　　　　　　　　　　　　　　　　　　　　　（　）

5. 财务报表审计的总体目标是对被审计单位的持续经营能力提供合理保证。（　）

6. 财务报表审计的总体目标是对被审计单位内部控制是否存在受关注的缺陷提供合理保证。　　　　　　　　　　　　　　　　　　　　　　　　　　　　　（　）

7. 职业怀疑是保证审计质量的关键要素。　　　　　　　　　　　　　　（　）

8. 职业怀疑要求注册会计师质疑相互矛盾的审计证据的可靠性。　　　　（　）

9. 注册会计师是否能够保持职业怀疑在很大程度上取决于其胜任能力。　（　）

10. 审计职业判断不涉及与遵守职业道德要求相关的决策。　　　　　　（　）

四、论述题

1. 论述注册会计师如何保持职业谨慎。

2. 论述注册会计师审计对资本市场健康发展的重要性。

五、案例分析题

1. 银广厦集团全称广厦实业股份有限公司，1994年6月17日，广厦（银川）实业股份公司以"银广厦A"的名字在深圳交易所上市。开始时公司的主要业务为软磁盘生产，然后便进入了全面多元化投资的阶段。但银广厦业绩的奇迹性转折是从1998年开始的，这主要是天津广厦的"功劳"。天津广厦是银广厦集团于1994年在天津成立的控股子公司，原名为天津保洁制品有限公司。该公司在1996年从德国进口了一套由德国五德公司生产的500立升*3二氧化碳超临界萃取设备，此后3年间，银广厦连创超常业绩。请看，1998年，天津广厦接受的第一张销售订单（德国诚信贸易公司购买萃取产品）创造了7000多万元的收入。对外公布的1999年利润总额1.58亿元，其中天津广厦占76%，每股盈利为0.51元。2000年在股本扩大1倍的情况下，每股收益增长超过60%，每股盈利0.827元，盈利能力之强，令人瞠目结舌，更令人怀疑。2001年"银广厦"事件首先被媒体揭露，尔后，中国证监会立案调查，经过艰苦的内查外调，终于查明："银广厦"通过伪造购销合同，伪造出口报关单，虚开增值税专用发票，伪造免税文件和伪造金融票据等手段，虚构主营业务收入，虚增利润高达7.7亿元。

面对这样一家超级造假公司，为它审计的深圳中天勤会计师事务所是如何审计的呢？中天勤会计师事务所规模很大，执业注册会计师近100人，其中有证券业务资格的注册会计师40名，承担国内60多家上市公司的审计业务。据称，中天勤曾创下2000年度国内业务量全国第一的好业绩。对"银广厦"年度报表进行审计的注册会计师刘加荣、徐林文，在年度利润和每股收益过度增长不合理的情况下，缺少应有的职业谨慎，审计态度随意。对一些自己没有把握的，又对报表有重大影响的事项，没有向专家请教和聘请专家协助工作，直接发表无保留意见审计报告。

真相大白之后，银广厦集团进入"ST"公司的行列。中天勤会计师事务所信誉全失，已经解体。签字注册会计师刘加荣、徐林文被吊销注册会计师资格；事务所的执业资格被吊销，其证券、期货相关业务许可证被吊销；证监会已经依法将李有强等7人移送公安机关追究刑事责任。

要求：请查找该案例资料，分析"银广厦"事件中注册会计师审计存在的缺陷？

2. 深圳堂堂会计师事务所（以下简称"堂堂所"）在*ST新亿年报审计中，在明知*ST新亿年报审计业务已被其他会计师事务所"拒接"的情况下，与*ST新亿签订"抽屉"协议，承诺不在审计报告中出具"无法表示意见"或"否定意见"，并要求如发生被监管部门处罚的情形*ST新亿应予补偿。其审计独立性严重缺失，审计程序存在多项缺陷，审计报告存在虚假记载和重大遗漏，缺乏应有的职业操守和底线。2022年2月25日，堂堂所因未勤勉尽责被证监会行政处罚，成为首家被"没一罚六"的会计师事务所，3名相关注册会计师同时被采取3~10年的证券市场禁入措施。2022年4月28日，*ST新亿被上交所摘牌。该案系新《证券法》实施后，中国证监会查处的备案制下首例会计师事务所执业丧失独立性未勤勉尽责案，全链条追究上市公司、审计机构、居间人勾结串联从事违法行为的法律责任，起到了震慑违法行为、净化市场生态的法制效果和社会效果，有效促进审计机构归位尽责，切实维护投资者合法权益。

要求：请查找相关资料，分析在新《证券法》下，会计师事务所如何做到勤勉尽责？

第五章 审计计划

学习目标

知识要点	能力要求	关键术语
初步业务活动	(1) 掌握针对保持客户关系和具体审计业务实施相应的质量控制程序 (2) 了解评价遵守相关职业道德要求的情况 (3) 了解审计业务约定的条款	(1) 初步业务活动 (2) 审计业务约定书
总体审计策略和具体审计计划	(1) 深刻理解习近平总书记关于审计工作的重要讲话精神，依法做好审计计划 (2) 理解总体审计策略的含义 (3) 掌握具体审计计划的内容 (4) 了解审计计划的修改	(1) 总体审计策略 (2) 具体审计计划
重要性	(1) 理解重要性的概念 (2) 掌握重要性水平的确定	(1) 重要性 (2) 重要性水平
审计风险	(1) 深刻理解习近平总书记关于防范化解重大风险的重要论述，在生活、学习和未来的工作中树立忧患意识、风险意识、责任意识，提高防范风险的能力 (2) 理解审计风险的概念 (3) 掌握审计风险的确定 (4) 了解审计风险、重要性和审计证据之间的关系	(1) 审计风险 (2) 重大错报风险 (3) 检查风险

亚太药业财务舞弊的审计风险

亚太药业子公司——上海新高峰的财务造假在2016—2018年间虚增了营业收入4.54亿元，虚增利润总额近1.74亿元，虚增数据被纳入亚太药业的合并报表中，导致亚太药业年度报告的财务数据存在虚假记载，而2016—2018年期间，负责亚太药业的审计机构天健会计师事务所均出具标准无保留意见审计报告，误导了投资者，严重损害了投资者的利益。最后，证监会对亚太药业财务造假案开出罚单，同时对该案的审计机构天健所作出行政处罚决定，合计罚没465万元。受此次事件影响，亚太药业原实控家族深陷数亿元金融债务纠纷之中，所持股份全部被司法冻结，屡遭司法拍卖。2022年据亚太药业公告披露，通过司法拍卖、二级市场购买、协议转让，目前宁波富邦集团及其子公司合计持有亚太药业18.02%股权，总耗资4.18亿元。

引例中天健会计师事务所为什么被证监会处罚？会计师事务所及注册会计师的审计风险是什么？如何防范？本章将一一说明。

第一节　初步业务活动

一、初步业务活动的作用及内容

在审计业务开始时，注册会计师需要开展初步业务活动，作用有：①具备执行业务所需的独立性和能力；②不存在因管理层的诚信问题而可能影响注册会计师保持该项业务的意愿的事项；③与被审计单位之间不存在对业务约定条款的误解。

注册会计师应当开展下列初步业务活动：①针对保持客户关系和具体审计业务实施相应的质量管理程序；②评价遵守相关职业道德要求的情况；③就审计业务约定条款与被审计单位达成一致。

（一）实施保持客户关系和具体审计业务的质量控制程序

《中国注册会计师审计准则第1121号——对财务报表审计实施的质量控制》要求，项目合伙人应当确信，有关客户关系和审计业务的接受与保持的质量控制程序已得到遵守，并确定得出的有关结论是恰当的。

（二）评价遵守相关职业道德要求的情况

《中国注册会计师审计准则第1121号——对财务报表审计实施的质量控制》要求，项目合伙人应当对项目组成员违反相关职业道德要求的迹象保持警觉，并且就适用于审计业务的独立性要求的遵守情况形成结论。

在形成结论时，项目合伙人应做到：

（1）从会计师事务所或网络事务所获取相关信息，以识别和评价对独立性产生不利影响的情形；

（2）评价识别出的有关违反会计师事务所独立性政策和程序的信息，以确定其是否对审计业务的独立性产生不利影响；

（3）采取适当的行动，运用防范措施以消除对独立性的不利影响或将其降至可接受的水平，或在必要时解除审计业务约定（除非法律法规禁止）；对未能解决的事项，项目合伙人应当立即向会计师事务所报告，以便采取适当的行动。

值得注意的是，注册会计师对保持客户关系和遵守相关职业道德要求（包括独立性要求）的考虑，随着审计业务中条件和情况的变化，贯穿审计业务的全过程。例如，在现场审计过程中，如果注册会计师发现财务报表存在舞弊，因而对管理层、治理层的胜任能力或诚信产生了极大疑虑，注册会计师需要针对这一新情况，考虑并在必要时重新实施相应的质量控制程序，以决定是否继续保持该项业务及其客户关系。

另外，在连续审计业务中，有关客户关系和相关职业道德要求的初步业务活动，通常在上期审计工作结束后不久或伴随着上期审计工作的完成就开始了。

（三）就审计业务约定条款与被审计单位达成一致

注册会计师应当就审计业务约定条款与管理层或治理层（如适用）达成一致意见。

1. 审计业务约定条款的格式和内容

注册会计师应当将达成一致意见的审计业务约定条款记录于审计业务约定书或其他适当形式的书面协议中。审计业务约定条款应当包括下列主要内容：

（1）财务报表审计的目标与范围；

（2）注册会计师的责任；

（3）管理层的责任；

（4）指出用于编制财务报表所适用的财务报告编制基础；

（5）提及注册会计师拟出具的审计报告的预期形式和内容，以及在特定情况下对出具的审计报告可能不同于预期形式和内容的说明。

2. 连续审计的情形

对于连续审计，注册会计师应当评估具体情况是否要求对审计业务约定条款作出修改，以及是否需要提醒被审计单位注意现有的条款。

注册会计师无须每期都致送新的审计业务约定书或其他书面协议。然而，下列因素可能导致注册会计师修改审计业务约定条款或提醒被审计单位注意现有的业务约定条款：

（1）有迹象表明被审计单位误解审计的目标和范围；

（2）需要修改约定条款或增加特别条款；

（3）被审计单位高级管理人员近期发生变动；

（4）被审计单位所有权发生重大变动；

（5）被审计单位业务的性质或规模发生重大变动；

（6）法律法规的规定发生变化；

（7）编制财务报表采用的财务报告编制基础发生变更；

（8）其他报告要求发生变化。

3. 审计业务约定条款的变更

（1）总体要求

在缺乏合理理由的情况下，注册会计师不应同意变更审计业务约定条款。

注册会计师需要判断变更的理由是否合理。由于环境条件变化导致对审计服务的需要产生影响，或对原来要求的审计业务性质存在误解，可以认为是被审计单位要求变更的合理理由。相反，如果有迹象表明，变更业务约定条款的要求与错误的、不完整的或令人不满意的信息有关，则该变更不能认为是合理的。

如果同意变更审计业务约定条款，注册会计师应当与管理层就新的业务约定条款达成一致意见，并记录于业务约定书或其他适当形式的书面协议中。

如果注册会计师不同意变更审计业务约定条款，而管理层又不允许继续执行原审计业务，注册会计师应当：①在适用的法律法规允许的情况下，解除审计业务约定；②确定是否有约定义务或其他义务向治理层、所有者或监管机构等报告该事项。

（2）变更为保证程度较低的业务的特殊情形

在完成审计业务前，如果被要求将审计业务变更为保证程度较低的业务，注册会计师应当确定是否存在合理的理由。例如，如果注册会计师不能就应收款项获取充分、适当的审计证据，而被审计单位要求将审计业务变更为审阅业务，以避免注册会计师发表保留或无法表示意见，则该变更是不合理的。

如果认为合理，截至变更日已执行的审计工作可能与变更后的业务相关，相应地，注册会计师需要执行的工作和出具的报告应适用于变更后的业务。为避免引起报告使用者的误解，对相关服务业务出具的报告不应提及原审计业务，也不应提及在原审计业务中已执行的程序。只有将审计业务变更为执行商定程序业务，注册会计师才可以在报告中提及已执行的程序。

二、审计的前提条件

审计的前提条件是指被审计单位管理层在编制财务报表时采用可接受的财务报告编制基础，以及管理层对注册会计师执行审计工作的前提的认可。

（一）财务报告编制基础

承接鉴证业务的条件之一是《中国注册会计师鉴证业务基本准则》中提及的使用标准适当，且预期使用者能够获取该标准。标准是指用于评价或计量鉴证对象的基准，当涉及列报时，还包括列报与披露的基准。适当的标准使注册会计师能够运用职业判断对鉴证对象作出合理一致的评价或计量。就审计准则而言，适用的财务报告编制基础为注册会计师提供了用以审计财务报表（包括公允反映，如相关）的标准。如果不存在可接受的财务报告编制基础，则管理层就不具有编制财务报表的恰当基础，注册会计师也就不具有对财务报表进行审计的适当标准。

1. 确定财务报告编制基础的可接受性

在确定编制财务报表所采用的财务报告编制基础的可接受性时，注册会计师需要考虑下列相关因素：①被审计单位的性质（例如，被审计单位是企业、公共部门实体还是非营利组织）；②财务报表的目的（例如，编制财务报表是用于满足广大财务报表使用者共同的财务信息需求，还是用于满足财务报表特定使用者的财务信息需求）；③财务报表的性质（例如，财务报表是整套财务报表还是单一财务报表）；④法律法规是否规定了适用的财务报告编制基础。

按照某一财务报告编制基础编制，目的在于满足广大财务报表使用者共同的财务信息需求的财务报表，称为通用目的财务报表。按照特殊目的编制基础编制，目的在于满足财务报表特定使用者的财务信息需求的财务报表，称为特殊目的财务报表。对于特殊目的财务报表，预期财务报表使用者对财务信息的需求决定了适用的财务报告编制基础。《中国注册会计师审计准则第1601号——对按照特殊目的编制基础编制的财务报表审计的特殊考虑》规范了如何确定在满足财务报表特定使用者财务信息需求的财务报告编制基础的可接受性。

2. 通用目的编制基础

如果财务报告准则由经授权或获得认可的准则制定机构制定和发布，供某类实体使用，只要这些机构遵循一套既定和透明的程序（包括认真研究和仔细考虑广大利益相关者的观点），则认为财务报告准则对于这类实体编制通用目的财务报表是可接受的。这些财务报告准则主要有：国际会计准则理事会发布的国际财务报告准则、国际公共部门会计准则理事会发布的国际公共部门会计准则和某一国家或地区经授权或获得认可的准则制定机构，在遵循一套既定和透明的程序（包括认真研究和仔细考虑广大利益相关者的观点）的基础上发布的会计准则，如我国财政部发布的企业会计准则和企业会计制度。

在规范通用目的财务报表编制的法律法规中，这些财务报告准则通常被界定为适用的财务报告编制基础。

（二）就管理层的责任达成一致意见

按照审计准则的规定执行审计工作的前提是管理层已认可并理解其承担的责任。审计准则并不超越法律法规对这些责任的规定。然而，独立审计的理念要求注册会计师不对财务报表的编制或被审计单位的相关内部控制承担责任，并要求注册会计师合理预期能够获取审计所需要的信息（在管理层能够提供或获取的信息范围内，包括从总账和明细账之外的其他途径获取的信息）。因此，管理层认可并理解其责任，这一前提对执行独立审计工作是至关重要的。

1. 按照适用的财务报告编制基础编制财务报表并使其实现公允反映（如适用）

大多数财务报告编制基础包括与财务报表列报相关的要求。对于这些财务报告编制基础，在提到"按照适用的财务报告编制基础编制财务报表"时，编制包括列报。实现公允列报的报告目标非常重要，因而在与管理层达成一致意见的执行审计工作的前提中需要特别提及公允列报，或需要特别提及管理层负有确保财务报表根据财务报告编制基础编制并使其实现公允反映的责任。

2. 设计、执行和维护必要的内部控制

设计、执行和维护必要的内部控制的目的是使财务报表不存在由于舞弊或错误导致的重大错报。但由于内部控制的固有限制，无论其如何有效，也只能合理保证被审计单位实现其财务报告目标。注册会计师按照审计准则的规定执行的独立审计工作，不能代替管理层维护编制财务报表所需要的内部控制。因此，注册会计师需要就管理层认可并理解其与内部控制有关的责任与管理层达成共识。

3. 向注册会计师提供必要的工作条件

向注册会计师提供必要的工作条件，包括允许注册会计师接触与编制财务报表相关的所有信息（如记录、文件和其他事项），向注册会计师提供审计所需要的其他信息，允许注册会计师在获取审计证据时不受限制地接触其认为必要的内部人员和其他相关人员。

（三）确认的形式

按照《中国注册会计师审计准则第1341号——书面声明》的规定，注册会计师应当要求管理层就其已履行的某些责任提供书面声明。因此，注册会计师需要获取针对管理层责任的书面声明、其他审计准则要求的书面声明，以及在必要时需要获取用于支持其他审计证据（用以支持财务报表或者一项或多项具体认定）的书面声明。注册会计师需要使管理层意识到这一点。

如果管理层不认可其责任，或不同意提供书面声明，则注册会计师将视为不能获取充分、适当的审计证据。在这种情况下，注册会计师承接此类审计业务是不恰当的，除非法律法规另有规定。如果法律法规要求承接此类审计业务，注册会计师可能需要向管理层解释这种情况的重要性及其对审计报告的影响。

三、审计业务约定书

审计业务约定书通常是指会计师事务所与被审计单位签订的，用以记录和确认审计业务的委托与受托关系、审计目标和范围、双方的责任及报告的格式等事项的书面协议。会计师事务

所承接任何审计业务，都应与被审计单位签订审计业务约定书。

(一) 审计业务约定书的基本内容

审计业务约定书的具体内容和格式可能因被审计单位的不同而各异，但应当包括以下主要内容：

(1) 财务报表审计的目标与范围；
(2) 注册会计师的责任；
(3) 管理层的责任；
(4) 指出用于编制财务报表所适用的财务报告编制基础；
(5) 提及注册会计师拟出具的审计报告的预期形式和内容，以及对在特定情况下出具的审计报告可能不同于预期形式和内容的说明。

(二) 审计业务约定书的特殊考虑

1. 考虑特定需要

如果情况需要，注册会计师还可能考虑在审计业务约定书中列明下列内容。

(1) 详细说明审计工作的范围，包括提及适用的法律法规、审计准则，以及注册会计师协会发布的职业道德守则和其他公告。
(2) 对审计业务结果的其他沟通形式。
(3) 关于注册会计师按照《中国注册会计师审计准则第1504号——在审计报告中沟通关键审计事项》的规定，在审计报告中沟通关键审计事项的要求。
(4) 说明由于审计和内部控制的固有限制，即使审计工作按照审计准则的规定得到恰当的计划和执行，仍不可避免地存在某些重大错报未被发现的风险。
(5) 计划和执行审计工作的安排，包括审计项目组的构成。
(6) 预期管理层将提供书面声明。
(7) 预期管理层将允许注册会计师接触管理层知悉的与财务报表编制相关的所有信息（包括与披露相关的所有信息）。
(8) 管理层同意向注册会计师及时提供财务报表草稿（包括与财务报表及披露的编制相关的所有信息）和其他所有附带信息（如有），以使注册会计师能够按照预定的时间表完成审计工作。
(9) 管理层同意告知注册会计师在审计报告日至财务报表报出日之间注意到的可能影响财务报表的事实。
(10) 收费的计算基础和收费安排。
(11) 管理层确认收到审计业务约定书并同意其中的条款。
(12) 在某些方面对利用其他注册会计师和专家工作的安排。
(13) 对审计涉及的内部审计人员和被审计单位其他员工工作的安排。
(14) 在首次审计的情况下，与前任注册会计师（如存在）沟通的安排。
(15) 说明对注册会计师责任可能存在的限制。
(16) 注册会计师与被审计单位之间需要达成进一步协议的事项。
(17) 向其他机构或人员提供审计工作底稿的义务。

审计业务约定书的参考模板如下：

审计业务约定书

编号_____

甲方：
乙方：××××会计师事务所

兹由甲方委托乙方对_____年度的财务报表进行审计，经双方协商，达成以下约定：

一、业务范围与审计目标

1. 乙方接受甲方委托，对甲方按照企业会计准则编制的_____年____月____日的资产负债表，_____年度的利润表、股东权益变动表和现金流量表以及财务报表附注（以下统称财务报表）进行审计。

2. 乙方通过执行审计工作，对财务报表的下列方面发表审计意见：（1）财务报表是否按照企业会计准则的规定编制；（2）财务报表是否在所有重大方面公允反映甲方的财务状况、经营成果和现金流量。

二、甲方的责任与义务

（一）甲方的责任

1. 根据《中华人民共和国会计法》及《企业财务会计报告条例》，甲方及甲方负责人有责任保证会计资料的真实性和完整性。

2. 按照企业会计准则的规定编制财务报表是甲方管理层的责任，这种责任包括：（1）设计、实施和维护与财务报表编制相关的内部控制，以使财务报表不存在由于舞弊或错误而导致的重大错报；（2）选择和运用恰当的会计政策；（3）作出合理的会计估计。

（二）甲方的义务

1. 及时为乙方的审计工作提供其所要求的全部会计资料和其他有关资料，并保证所提供资料的真实性和完整性。

2. 确保乙方不受限制地接触任何与审计有关的记录、文件和所需的其他信息。

3. 甲方管理层对其作出的与审计有关的声明予以书面确认。

4. 为乙方派出的有关工作人员提供必要的工作条件和协助，主要事项将由乙方于外勤工作开始前提供清单。

5. 按本约定书的约定及时足额支付审计费用及乙方人员在审计期间的交通、食宿和其他相关费用。

三、乙方的责任和义务

（一）乙方的责任

1. 乙方的责任是在实施审计工作的基础上对甲方财务报表发表审计意见。乙方按照中国注册会计师审计准则（以下简称审计准则）的规定进行审计。

2. 审计工作涉及实施审计程序，以获取有关财务报表金额和披露的审计证据。

3. 乙方需要合理计划和实施审计工作，以使乙方能够获取充分、适当的审计证据，为甲方财务报表是否不存在重大错报获取合理保证。

4. 乙方有责任在审计报告中指明所发现的甲方在某重大方面没有遵循企业会计准则和《企业会计制度》编制财务报表且未按乙方的建议进行调整的事项。

5. 乙方的审计不能减轻甲方及甲方管理层的责任。

（二）乙方的义务

1. 按照约定时间完成审计工作，出具审计报告。乙方应于_____年____月____日前出具审计报告。

2. 对执行业务过程中知悉的甲方商业秘密严加保密。除非中国注册会计师协会执行准则另有规定，或经甲方同意，乙方不得将其知悉的商业秘密和甲方提供的资料对外泄露。

四、审计收费

1. 本次审计服务的收费是以乙方各级别工作人员在本次工作中所耗费的时间为基础计算的。乙方预计本次审计服务的费用总额为人民币_____万元整。

2. 甲方应于本约定书签署之日起____日内支付_____的审计费用，其余款项于_____年____月____日结清。

3. 如因审计工作遇到重大问题，致使乙方实际花费审计工作时间有较大幅度的增加，甲方应相应调增审计服务费。

4. 与本次审计有关的其他费用（包括交通费、食宿费等）由甲方承担。

五、本约定书的有效期间

本约定书一式两份，甲、乙方各执一份，具有同等法律效力。
本约定书自签署之日起生效，并在双方履行完毕本约定书约定的所有义务后终止。

六、违约责任

甲、乙双方按照《中华人民共和国民法典》的规定承担违约责任。

甲方：	乙方：××××会计师事务所
（盖章）	（盖章）
授权代表：（签名并盖章）	授权代表：（签名并盖章）
联系人：	联系人：
年　　月　　日	年　　月　　日

2. 组成部分的审计

如果母公司的注册会计师同时也是组成部分注册会计师，需要考虑下列因素，决定是否向组成部分单独致送审计业务约定书：

（1）组成部分注册会计师的委托人；

（2）是否对组成部分单独出具审计报告；

（3）与审计委托相关的法律法规的规定；

（4）母公司占组成部分的所有权份额；

(5) 组成部分管理层相对于母公司的独立程度。

3. 连续审计

对于连续审计，注册会计师应当根据具体情况评估是否需要对审计业务约定条款作出修改，以及是否需要提醒被审计单位注意现有的条款。

注册会计师可以决定不在每期都致送新的审计业务约定书或其他书面协议。然而，下列因素可能导致注册会计师修改审计业务约定条款或提醒被审计单位注意现有的业务约定条款：

(1) 有迹象表明被审计单位误解审计目标和范围；
(2) 需要修改约定条款或增加特别条款；
(3) 被审计单位高级管理人员近期发生变动；
(4) 被审计单位所有权发生重大变动；
(5) 被审计单位业务的性质或规模发生重大变化；
(6) 法律法规的规定发生变化；
(7) 编制财务报表采用的财务报告编制基础发生变更；
(8) 其他报告要求发生变化。

4. 审计业务约定条款的变更

(1) 变更审计业务约定条款的要求

在完成审计业务前，如果被审计单位或委托人要求将审计业务变更为保证程度较低的业务，注册会计师应当确定是否存在合理理由予以变更。

导致被审计单位要求变更业务的原因有：①环境变化对审计服务的需求产生影响；②对原来要求的审计业务的性质存在误解；③无论是管理层施加的还是其他情况引起的审计范围受到限制。上述第①和第②项通常被认为是变更业务的合理理由，但如果有迹象表明该变更要求与错误的、不完整的或者不能令人满意的信息有关，注册会计师不应认为该变更是合理的。

如果没有合理的理由，注册会计师不应同意变更业务。如果注册会计师不同意变更审计业务约定条款，而管理层又不允许继续执行原审计业务，注册会计师应当：①在适用的法律法规允许的情况下，解除审计业务约定；②确定是否有约定义务或其他义务向治理层、所有者或监管机构等报告该事项。

(2) 变更为审阅业务或相关服务业务的要求

在同意将审计业务变更为审阅业务或相关服务业务前，接受委托按照审计准则执行审计工作的注册会计师，除考虑上述（1）中提及的事项外，还需要评估变更业务对法律责任或业务约定的影响。

如果注册会计师认为将审计业务变更为审阅业务或相关服务业务具有合理理由，截至变更日已执行的审计工作可能与变更后的业务相关，相应地，注册会计师需要执行的工作和出具的财务报告会适用于变更后的业务。为避免引起财务报告使用者的误解，对相关服务业务出具的财务报告不应提及原审计业务和在原审计业务中已执行的程序。只有将审计业务变更为执行商定程序业务，注册会计师才可在财务报告中提及已执行的程序。

第二节 总体审计策略和具体审计计划

审计计划分为总体审计策略和具体审计计划两个层次。注册会计师应当针对总体审计策略中所识别的不同事项，制订具体审计计划，并考虑通过有效利用审计资源以实现审计目标。值得注意的是，虽然制定总体审计策略的过程通常在具体审计计划之前，但是二者具有内在紧密联系，对其中一项的决定可能会影响甚至改变对另外一项的决定。例如，注册会计师在了解被审计单位及其环境等方面情况的过程中，注意到被审计单位对主要业务的处理依赖复杂的自动化信息系统，因此计算机信息系统的可靠性及有效性对其经营、管理、决策及编制可靠的财务报告具有重大影响。对此，注册会计师可能会在具体审计计划中制定相应审计程序，并相应调整总体审计策略的内容，作出利用信息风险管理专家的工作的决定。

一、总体审计策略

注册会计师应当为审计工作制定总体审计策略。总体审计策略用以确定审计范围、时间安排和方向，并指导具体审计计划的制订。在制定总体审计策略时，应考虑以下主要事项。

（一）审计范围

在确定审计范围时，需要考虑下列具体事项：

（1）编制拟审计的财务信息所依据的财务报告编制基础，包括是否需要将财务信息调整至按照其他财务报告编制基础编制；

（2）特定行业的报告要求，如某些行业监管机构要求提交的报告；

（3）预期审计工作涵盖的范围，包括应涵盖的组成部分的数量及所在地点；

（4）母公司和集团组成部分之间存在的控制关系的性质，以确定如何编制合并财务报表；

（5）由组成部分注册会计师审计组成部分的范围；

（6）拟审计的经营分部的性质，包括是否需要具备专门知识；

（7）外币折算，包括外币交易的会计处理、外币财务报表的折算和相关信息的披露；

（8）除为合并目的执行的审计工作之外，对个别财务报表进行法定审计的需求；

（9）内部审计工作的可获得性及注册会计师拟信赖内部审计工作的程度；

（10）被审计单位使用服务机构的情况，以及注册会计师如何取得有关服务机构内部控制设计和运行有效性的证据；

（11）对利用在以前审计工作中获取的审计证据（如获取的与风险评估程序和控制测试相关的审计证据）的预期；

（12）信息技术对审计程序的影响，包括数据的可获得性和对使用计算机辅助审计技术的预期；

（13）协调审计工作与中期财务信息审阅的预期涵盖范围和时间安排，以及中期审阅所获取的信息对审计工作的影响；

（14）与被审计单位人员的时间协调和相关数据的可获得性。

（二）报告目标、时间安排及所需沟通的性质

为计划报告目标、时间安排和所需沟通，需要考虑下列事项：

（1）被审计单位对外报告的时间表，包括中间阶段和最终阶段；

（2）与管理层和治理层举行会谈，讨论审计工作的性质、时间安排和范围；

（3）与管理层和治理层讨论注册会计师拟出具的报告的类型和时间安排及沟通的其他事项（口头或书面沟通），包括审计报告、管理建议书和向治理层通报的其他事项；

（4）与管理层讨论预期就整个审计业务中审计工作的进展进行的沟通；

（5）与组成部分注册会计师沟通拟出具的报告的类型和时间安排，以及与组成部分审计相关的其他事项；

（6）项目组成员之间沟通的预期性质和时间安排，包括项目组会议的性质和时间安排，以及复核已执行工作的时间安排；

（7）预期是否需要和第三方进行其他沟通，包括与审计相关的法定或约定的报告责任。

（三）审计方向

总体审计策略的制定应当包括考虑影响审计业务的重要因素，以确定项目组工作方向，包括确定适当的重要性水平，初步识别可能存在较高的重大错报风险的领域，初步识别重要的组成部分和账户余额，评价是否需要针对内部控制的有效性获取审计证据，识别被审计单位、所处行业、财务报告要求及其他相关方面最近发生的重大变化等。

在确定审计方向时，注册会计师需要考虑下列事项。

（1）重要性具体包括：①为计划目的确定重要性；②为组成部分确定重要性且与组成部分的注册会计师沟通；③在审计过程中重新考虑重要性；④识别重要的组成部分和账户余额。

（2）重大错报风险较高的审计领域。

（3）评估的财务报表层次的重大错报风险对指导、监督及复核的影响。

（4）项目组人员的选择（在必要时包括项目质量复核人员）和工作分工，包括向重大错报风险较高的审计领域分派具备适当经验的人员。

（5）项目预算，包括考虑为重大错报风险可能较高的审计领域分配适当的工作时间。

（6）如何向项目组成员强调在收集和评价审计证据过程中保持职业怀疑的必要性。

（7）以往审计中对内部控制运行有效性进行评价的结果，包括所识别的控制缺陷的性质及应对措施。

（8）管理层重视设计和实施健全的内部控制的相关证据，包括这些内部控制得以适当记录的证据。

（9）业务交易量规模，以基于审计效率的考虑确定是否依赖内部控制。

（10）对内部控制重要性的重视程度。

（11）管理层用于识别和编制适用的财务报告编制基础所要求的披露（包括从总账和明细账之外的其他途径获取的信息）的流程。

（12）影响被审计单位经营的重大发展变化，包括信息技术和业务流程的变化，关键管理人员变化，以及收购、兼并和分立。

（13）重大的行业发展情况，如行业法规变化和新的报告规定。

（14）会计准则及会计制度的变化，该变化可能涉及作出重大的新披露或对现有披露作出重大修改。

（15）其他重大变化，如影响被审计单位的法律环境的变化。

（四）审计资源

注册会计师应当在总体审计策略中清楚地说明审计资源的规划和调配，包括确定执行审计业务所必需的审计资源的性质、时间安排和范围。

（1）向具体审计领域调配的资源，包括向高风险领域分派有适当经验的项目组成员，就复杂的问题利用专家工作等。

（2）向具体审计领域分配资源的多少，包括分派到重要地点进行存货监盘的项目组成员的人数，在集团审计中复核组成部分注册会计师工作的范围，向高风险领域分配的审计时间预算等。

（3）何时调配这些资源，包括是在期中审计阶段还是在关键的截止日期调配资源等。

（4）如何管理、指导、监督这些资源，包括预期何时召开项目组预备会和总结会，预期项目合伙人和经理如何进行复核，是否需要实施项目质量复核等。

二、具体审计计划

注册会计师应当为审计工作制订具体审计计划。具体审计计划比总体审计策略更加详细，其内容包括为获取充分、适当的审计证据以将审计风险降至可接受的低水平，项目组成员拟实施的审计程序的性质、时间安排和范围。可以说，为获取充分、适当的审计证据，而确定审计程序的性质、时间安排和范围是具体审计计划的核心。具体审计计划应当包括风险评估程序、计划实施的进一步审计程序和其他审计程序。

（一）风险评估程序

具体审计计划应当包括按照《中国注册会计师审计准则第1211号——重大错报风险的识别和评估》的规定，为了充分识别和评估财务报表层次和认定层次重大错报风险，注册会计师应当设计和实施的风险评估程序的性质、时间安排和范围。

（二）计划实施的进一步审计程序

具体审计计划应当包括按照《中国注册会计师审计准则第1231号——针对评估的重大错报风险采取的应对措施》的规定，针对评估的认定层次重大错报风险，注册会计师计划实施的进一步审计程序的性质、时间安排和范围。进一步审计程序包括控制测试和实质性程序。

需要强调的是，随着审计工作的推进，对审计程序的计划会一步步深入，并贯穿于整个审计过程。例如，计划风险评估程序通常在审计开始阶段进行，计划实施的进一步审计程序则需要依据风险评估程序的结果进行。因此，为达到制订具体审计计划的要求，注册会计师需要完成风险评估程序，识别和评估重大错报风险，并针对评估的认定层次的重大错报风险计划实施进一步审计程序的性质、时间安排和范围。

鉴于披露中包含的信息涉及范围较广、细节较多，当计划的风险评估程序和进一步审计程序与披露相关时，确定这些程序的性质、时间安排和范围十分重要。进一步来说，某些披露可能包含从总账和明细账之外的其他途径获取的信息，这也可能影响风险评估的结果，以及为应对该风险实施的审计程序的性质、时间安排和范围。

通常，注册会计师计划的进一步审计程序可以分为进一步审计程序的总体方案和拟实施的具体审计程序（包括进一步审计程序的具体性质、时间安排和范围）两个层次。进一步审计程序的总体方案主要是指注册会计师针对各类交易、账户余额和披露决定采用的总体方案（包括实质性方案和综合性方案)。具体审计程序则是对进一步审计程序的总体方案的延伸和细化，它通常包括控制测试和实质性程序的性质、时间安排和范围。在实务中，注册会计师通常单独制定一套包括这些具体程序的"进一步审计程序表"，待具体实施审计程序时，注册会计师将基于所计划的具体审计程序，进一步记录所实施的审计程序及结果，并最终形成有关进一步审计程序的审计工作底稿。

另外，完整、详细的进一步审计程序的计划包括对各类交易、账户余额和披露实施的具体审计程序的性质、时间安排和范围，包括抽取的样本量等。在实务中，注册会计师可以统筹安排进一步审计程序的先后顺序，如果对某类交易、账户余额或披露已经作出计划，则可以安排先行开展工作，与此同时再制定其他交易、账户余额和披露的进一步审计程序。

(三) 计划其他审计程序

具体审计计划应当包括根据审计准则的规定，注册会计师针对审计业务需要实施的其他审计程序。计划的其他审计程序可以包括上述进一步审计程序的计划中没有涵盖的、根据其他审计准则的要求注册会计师应当执行的既定程序。

在审计计划阶段，除了按照《中国注册会计师审计准则第1211号——重大错报风险的识别和评估》进行计划工作，注册会计师还需要兼顾其他准则中规定的、针对特定项目在审计计划阶段应执行的程序及记录要求。例如，《中国注册会计师审计准则第1141号——财务报表审计中与舞弊相关的责任》《中国注册会计师审计准则第1324号——持续经营》《中国注册会计师审计准则第1142号——财务报表审计中对法律法规的考虑》和《中国注册会计师审计准则第1323号——关联方》等准则中对在审计计划阶段注册会计师针对这些特定项目应当执行的程序及其记录作出了规定。当然，由于被审计单位所处行业、环境各不相同，特定项目可能也有所不同。例如，有些企业可能涉及环境事项、电子商务等，在实务中注册会计师应根据被审计单位的具体情况确定特定项目并执行相应的审计程序。

三、审计过程中对计划的更改

计划审计工作并非审计业务的一个孤立阶段，而是一个持续的、不断修正的过程，贯穿于整个审计业务的始终。由于未预期事项、条件的变化或在实施审计程序中获取的审计证据等原因，在审计过程中，注册会计师应当在必要时对总体审计策略和具体审计计划作出更新和修改。

审计过程可以分为不同阶段，通常前面阶段的工作结果会对后面阶段的工作计划产生一定的影响，而后面阶段的工作过程中又可能发现需要对已制订的相关计划进行相应的更新和修改。通常来讲，这些更新和修改可能涉及比较重要的事项。例如，对重要性水平的修改，对某类交易、账户余额和披露的重大错报风险的评估和进一步审计程序(包括总体方案和拟实施的具体审计程序)的更新和修改等。一旦计划被更新和修改，审计工作也就应当进行相应的修正。

例如，如果在制订审计计划时，注册会计师基于对材料采购交易的相关控制的设计和执行获取的审计证据，认为相关控制设计合理并得以执行，因此未将其评价为高风险领域并且计划执行控制测试。但是在执行控制测试时获得的审计证据与审计计划阶段获得的审计证据相矛盾，注册会计师认为该类交易的控制没有得到有效执行，此时，注册会计师可能需要修正对该类交易的风险评估，并基于修正的评估风险修改计划的审计方案，如采用实质性方案，即注册会计师实施的审计程序以实质性程序为主。

如果注册会计师在审计过程中对总体审计策略或具体审计计划作出重大修改，应当在审计工作底稿中记录作出的重大修改及其理由。

四、指导、监督与复核

注册会计师应当制订计划，确定对项目组成员的指导、监督以及对其工作进行复核的性质、时间安排和范围。项目组成员的指导、监督以及对其工作进行复核的性质、时间安排和范围主要取决于：被审计单位的规模和复杂程度；审计领域；评估的重大错报风险；执行审计工作的项目组成员的专业素质和胜任能力。

注册会计师应在评估重大错报风险的基础上，计划对项目组成员工作的指导、监督与复核的性质、时间安排和范围。当评估的重大错报风险增加时，注册会计师通常会扩大指导与监督的范围，增强指导与监督的及时性，执行更详细的复核工作。在计划复核的性质、时间安排和范围时，注册会计师还应考虑单个项目组成员的专业素质和胜任能力。

第三节 重要性

一、重要性的概念

财务报告编制基础通常从编制和列报财务报表的角度阐释重要性概念。财务报告编制基础可能以不同的术语解释重要性，但通常而言，重要性的概念可从下列几方面进行理解：

（1）如果合理预期错报（包括漏报）单独或汇总起来可能影响财务报表使用者依据财务报表作出的经济决策，则通常认为错报是重大的；

（2）对重要性的判断是根据具体环境作出的，并受错报的金额或性质的影响，或受两者共同作用的影响；

（3）判断某事项对财务报表使用者是否重要，是在考虑财务报表使用者整体共同的财务信息需求的基础上作出的。由于不同财务报表使用者对财务信息的需求可能差异很大，因此不考虑错报对个别财务报表使用者可能产生的影响。

审计准则规定，在计划和执行审计工作，评价识别出的错报对审计的影响，以及未更正错报对财务报表和审计意见的影响时，注册会计师需要运用重要性的概念。

在制定总体审计策略时，注册会计师就必须对重大错报的金额和性质作出一个判断，包括确定财务报表整体的重要性水平和适用于特定类别交易、账户余额和披露的一个或多个重要性水平。当错报金额高于整体重要性水平时，就很可能被合理预期将对使用者根据财务报表作出的经济决策产生影响。

注册会计师在计划审计工作时对何种情形构成重大错报作出的判断，为下列方面提供了基础：①确定风险评估程序的性质、时间安排和范围；②识别和评估重大错报风险；③确定进一步审计程序的性质、时间安排和范围。

注册会计师还应当确定实际执行的重要性，以评估重大错报风险并确定进一步审计程序的性质、时间安排和范围。在整个业务过程中，随着审计工作的进展，注册会计师应当根据所获得的新信息更新重要性，并考虑进一步审计程序是否仍然适当。在形成审计结论阶段，要使用整体重要性水平和为了特定类别交易、账户余额和披露而确定的较低金额的重要性水平来评价已识别的错报对财务报表的影响和对审计报告中审计意见的影响。

二、重要性水平的确定

在计划审计工作时，注册会计师应当确定一个合理的重要性水平，以发现在金额上重大的错报。注册会计师在确定计划的重要性水平时，需要考虑对被审计单位及其环境等方面情况的了解、财务报表各项目的性质及其相互关系、财务报表项目的金额及其波动幅度。

（一）财务报表整体的重要性

由于财务报表审计的目标是注册会计师通过执行审计工作对财务报表发表审计意见，因此，注册会计师应当考虑财务报表整体的重要性。只有这样，才能得出财务报表是否合法、公允反映的结论。注册会计师在制定总体审计策略时，应当确定财务报表整体的重要性。

确定多大错报会影响到财务报表使用者所作决策，是注册会计师运用职业判断的结果。很多注册会计师根据所在会计师事务所的惯例及自己的经验，考虑重要性。

确定重要性需要运用职业判断。通常先选定一个基准，再乘以某一百分比作为财务报表整体的重要性。在选择基准时，需要考虑的因素包括以下几类：

（1）财务报表要素（如资产、负债、所有者权益、收入和费用）；

（2）是否存在特定会计主体的财务报表使用者特别关注的项目（如为了评价财务业绩，使用者可能更关注利润、收入或净资产）；

（3）被审计单位的性质、所处的生命周期阶段以及所处行业和经济环境；

（4）被审计单位的所有权结构和融资方式（例如，如果被审计单位仅通过债务而非权益进行融资，财务报表使用者可能更关注资产及资产的索偿权，而非被审计单位的收益）；

（5）基准的相对波动性。

适当的基准取决于被审计单位的具体情况，包括各类收益（如税前利润、营业收入、毛利和费用总额），以及所有者权益或净资产。对于以营利为目的的实体，通常以经常性业务的税前利润作为基准。如果经常性业务的税前利润不稳定，选用其他基准可能更加合适，如毛利或营业收入。就选定的基准而言，相关的财务数据通常包括前期财务成果和财务状况、本期最新的财务成果和财务状况、本期的预算和预测结果。当然，本期最新的财务成果和财务状况、本期的预算和预测结果需要根据被审计单位情况的重大变化（如重大的企业并购）和被审计单位所处行业和经济环境情况的相关变化等作出调整。例如，当按照经常性业务的税前利润的一定百分比确定被审计单位财务报表整体的重要性时，如果被审计单位本年度税前利润因情况变化出现意外增加或减少，注册会计师可能认为按照近几年经常性业务的平均税前利润确定财务报表整体的重要性更加合适。实务中较为常用的基准见表5-1。

在通常情况下，对于以营利为目的的企业，利润可能是大多数财务报表使用者最为关注的财务指标，因此，注册会计师可能考虑选取经常性业务的税前利润作为基准。但是在某些情况下，例如企业处于微利或微亏状态时，采用经常性业务的税前利润为基准确定重要性可能影响审计的效率和效果。注册会计师可以考虑采用以下方法确定基准：①如果微利或微亏状态是由宏观经济环境的波动或企业自身经营的周期性所导致，可以考虑采用过去3~5年经常性业务的平均税前利润作为基准；②采用财务报表使用者关注的其他财务指标作为基准，如营业收入、总资产等。需要注册会计师关注的是，如果被审计单位的经营规模较上年度没有重大变化，通常使用替代性基准确定的重要性不宜超过上年度的重要性。

表 5-1 常用基准表

被审计单位的情况	可能选择的基准
企业的盈利水平保持稳定	经常性业务的税前利润
企业近年来经营状况大幅度波动，盈利和亏损交替发生，或者由正常盈利变为微利或微亏，或者本年度税前利润因情况变化而出现意外增加或减少	过去3~5年经常性业务的平均税前利润或亏损（取绝对值），或其他基准，例如营业收入。
企业为新设企业，处于开办期，尚未开始经营，目前正在建造厂房及购买机器设备	总资产
企业处于新兴行业，目前侧重于抢占市场份额、扩大企业知名度和影响力	营业收入
开放式基金，致力于优化投资组合、提高基金净值、为基金持有人创造投资价值	净资产
国际企业集团设立的研发中心，主要为集团下属各企业提供研发服务，并以成本加成的方式向相关企业收取费用	成本与营业费用总额
公益性质的基金会	捐赠收入或捐赠支出总额

注册会计师为被审计单位选择的基准在各年度中通常会保持稳定，但是并非必须保持一贯不变。注册会计师可以根据经济形势、行业状况和被审计单位具体情况的变化对采用的基准作出调整。例如，被审计单位处在新设立阶段时注册会计师可能采用总资产作为基准，被审计单位处在成长期时注册会计师可能采用营业收入作为基准，被审计单位进入经营成熟期后注册会计师可能采用经常性业务的税前利润作为基准。

为选定的基准确定百分比需要运用职业判断。百分比和选定的基准之间存在一定联系，如经常性业务的税前利润对应的百分比通常比营业收入对应的百分比要高。例如，对以营利为目的的制造企业，注册会计师可能认为经常性业务的税前利润的5%是适当的；而对非营利组织，注册会计师可能认为总收入或费用总额的1%是适当的。百分比无论是高一些还是低一些，只要符合具体情况，都是适当的。

在确定百分比时，除了考虑被审计单位是否为上市公司或公众利益实体外，其他因素也会影响注册会计师对百分比的选择，这些因素包括但不限于：

（1）财务报表使用者的范围；

（2）被审计单位是否由集团内部关联方提供融资或是否有大额对外融资（如债券或银行贷款）；

（3）财务报表使用者是否对基准数据特别敏感（如具有特殊目的财务报表的使用）。

注册会计师在确定重要性水平时，不需考虑与具体项目计量相关的固有不确定性。例如，财务报表含有高度不确定性的大额估计，注册会计师并不会因此而确定一个比不含有该估计的财务报表更高或更低的财务报表整体重要性。

案例 5-1

重要性水平的确定

注册会计师对 ABC 公司 2022 年度财务报表进行审计。通过查阅该公司的财务报表，获得以下财务数据（见表 5-2）。

表 5-2 相关数据

项目	金额（万元）
资产总额	90000
净资产	44000
主营业务收入	120000
净利润	12060

注册会计师根据上述资料，并结合以往的审计经验，确定了在计算重要性水平时各项目对应的百分比（见表 5-3）。

表 5-3 各项目对应的百分比

项目	资产总额	净资产	主营业务收入	净利润
百分比（%）	0.5	1	0.5	5

财务报表层次重要性水平见表 5-4。

表 5-4 重要性水平

项目	金额（万元）	百分比（%）	重要性水平（万元）
资产总额	90000	0.5	450
净资产	44000	1	440
主营业务收入	120000	0.5	600
净利润	12060	5	603

财务报表层次的重要性水平为 440 万元。

（二）特定类别交易、账户余额或披露的重要性水平

根据被审计单位的特定情况，下列因素可能表明存在一个或多个特定类别的交易、账户余额或披露，其发生的错报金额虽然低于财务报表整体的重要性，但合理预期将影响财务报表使用者依据财务报表作出的经济决策。

（1）法律法规或适用的财务报告编制基础是否影响财务报表使用者对特定项目（如关联方交易、管理层和治理层的薪酬及对具有较高估计不确定性的公允价值会计估计的敏感性分析）计量或披露的预期。

（2）与被审计单位所处行业相关的关键性披露（如制药企业的研究与开发成本）。

（3）财务报表使用者是否特别关注财务报表中单独披露的业务的特定方面（如关于分部或重大企业合并的披露）。

根据被审计单位的特定情况考虑是否存在上述交易、账户余额或披露时，了解治理层和管理层的看法和预期通常是有用的。

(三) 实际执行的重要性

实际执行的重要性是指注册会计师确定的低于财务报表整体重要性的一个或多个金额，旨在将未更正和未发现错报的汇总数超过财务报表整体的重要性的可能性降至适当的低水平。如果适用，实际执行的重要性还指注册会计师确定的低于特定类别的交易、账户余额或披露的重要性水平的一个或多个金额。

仅为发现单项重大的错报而计划审计工作将忽视这样一个事实，即单项非重大错报的汇总数可能导致财务报表出现重大错报，更不用说还没有考虑可能存在的未发现错报。确定财务报表整体的实际执行的重要性（根据定义可能是一个或多个金额），旨在将财务报表中未更正和未发现错报的汇总数超过财务报表整体的重要性的可能性降至适当的低水平。

与确定特定类别的交易、账户余额或披露的重要性水平相关的实际执行的重要性，旨在将这些交易、账户余额或披露中未更正与未发现错报的汇总数超过这些交易、账户余额或披露的重要性水平的可能性降至适当的低水平。

确定实际执行的重要性并非简单机械的计算，需要注册会计师运用职业判断，并考虑下列因素的影响：①对被审计单位的了解（这些了解在实施风险评估程序的过程中得到更新）；②前期审计工作中识别出的错报的性质和范围；③根据前期识别出的错报对本期错报作出的预期。

通常而言，实际执行的重要性通常为财务报表整体重要性的 50%~75%。

如果存在下列情况，注册会计师可能考虑选择较低的百分比来确定实际执行的重要性：

（1）首次接受委托的审计项目；

（2）连续审计项目，以前年度审计调整较多；

（3）项目总体风险较高，例如处于高风险行业、管理层能力欠缺、面临较大市场竞争压力或业绩压力等；

（4）存在或预期存在值得关注的内部控制缺陷。

如果存在下列情况，注册会计师可能考虑选择较高的百分比来确定实际执行的重要性：

（1）连续审计项目，以前年度审计调整较少；

（2）项目总体风险为低到中等，例如处于非高风险行业、管理层有足够能力、面临较低的市场竞争压力和业绩压力等；

（3）以前期间的审计经验表明内部控制运行有效。

审计准则要求注册会计师确定低于财务报表整体重要性的一个或多个金额作为实际执行的重要性，注册会计师无须通过将财务报表整体的重要性平均分配或按比例分配至各个财务报表项目的方法来确定实际执行的重要性，而是根据对财务报表项目的风险评估结果，确定一个或多个实际执行的重要性。例如，根据以前期间的审计经验和本期审计计划阶段的风险评估结果，注册会计师认为可以以财务报表整体重要性的 75% 作为大多数财务报表项目的实际执行的重要性；如果与营业收入项目相关的内部控制存在控制缺陷，而且以前年度审计中存在审计调整，则可以考虑以财务报表整体重要性的 50% 作为营业收入项目的实际执行的重要性，从而有针对性地对高风险领域执行更多的审计工作。

(四) 审计过程中修改重要性

由于存在下列原因，注册会计师可能需要修改财务报表整体的重要性和特定类别的交易、账户余额或披露的重要性水平（如适用）：①审计过程中情况发生重大变化（如决定处置被审计单位的一个重要组成部分）；②获取新信息；③通过实施进一步审计程序，注册会计师对被审计单位及其经营所了解的情况发生变化。例如，注册会计师在审计过程中发现，实际财务成果与最初确定财务报表整体的重要性时使用的预期本期财务成果相比存在着很大差异，则需要修改重要性。

（五）实际执行的重要性在审计中运用

实际执行的重要性在审计中的主要体现在以下几个方面。

（1）注册会计师在计划审计工作时可以根据实际执行的重要性确定需要对哪些类型的交易、账户余额和披露实施进一步审计程序，即通常选取金额超过实际执行的重要性的财务报表项目，因为这些财务报表项目有可能导致财务报表出现重大错报。但是，这不代表注册会计师可以对所有金额低于实际执行的重要性的财务报表项目不实施进一步审计程序，这主要出于以下考虑：

①单个金额低于实际执行的重要性的财务报表项目汇总起来可能金额重大（可能远远超过财务报表整体的重要性），注册会计师需要考虑汇总后的潜在错报风险；

②对于存在低估风险的财务报表项目，不能仅仅因为其金额低于实际执行的重要性而不实施进一步审计程序；

③对于识别出存在舞弊风险的财务报表项目，不能因为其金额低于实际执行的重要性而不实施进一步审计程序。

（2）运用实际执行的重要性确定进一步审计程序的性质、时间安排和范围。例如，在实施实质性分析程序时，注册会计师确定的已记录金额与预期值之间的可接受差异额通常不超过实际执行的重要性；在运用审计抽样实施细节测试时，注册会计师可以将可容忍错报的金额设定为等于或低于实际执行的重要性。

第四节　审计风险

2019年1月21日，习近平总书记在省部级主要领导干部坚持底线思维着力防范化解重大风险专题研讨班开班式上强调："要完善风险防控机制，建立健全风险研判机制、决策风险评估机制、风险防控协同机制、风险防控责任机制，主动加强协调配合，坚持一级抓一级、层层抓落实。"①

彩虹和风雨共生，机遇和挑战并存，这是亘古不变的辩证法则。风险无所不在，我们要时刻提高警惕。在审计计划阶段，注册会计师必须考虑审计风险。审计风险就是注册会计师发表不恰当审计意见的风险，而不是财务报表不存在风险而注册会计师发表的审计意见中认为财务报表存在重大风险错报的风险。这种风险通常可以忽略不计。审计风险是一个与审计过程相关的技术术语，不是指注册会计师的业务风险，如因诉讼、负面宣传或其他与财务报表审计相关事项而导致损失的可能性。

审计风险取决于重大错报风险和检查风险。前者是注册会计师不能控制的，只能对其进行评估，后者是注册会计师可以控制的。为了将审计风险保持在一个可接受的低水平，注册会计

---

① https://www.gov.cn/xinwen/2019-01/21/content_5359898.htm? tdsourcetag = s_pcqq_aiomsg&wd = &eqid = f4e72f9700111e1f00000002645851b9,2019-01-21.

师只能设法降低检查风险。

一、重大错报风险

重大错报风险是指财务报表在审计前存在重大错报的可能性。重大错报风险可能存在于两个层次。

(一) 财务报表层次的重大错报风险

财务报表层次的重大错报风险是指与财务报表整体广泛相关，潜在地影响多项认定的风险。

财务报表层次的重大错报风险很可能源于控制环境存在缺陷。例如，管理层缺乏胜任能力等缺陷可能对财务报表具有广泛性的影响，需要注册会计师采取总体应对措施。

(二) 各类交易、账户余额和披露认定层次的重大错报风险

认定层次的重大错报风险是指与各类交易、账户余额和披露相关的认定发生重大错报的可能性。评估认定层次重大错报风险的目的，是确定所需实施的进一步审计程序的性质、时间安排和范围以获取充分、适当的审计证据。这种证据使注册会计师能够在审计风险处于可接受的低水平时对财务报表发表意见。

认定层次的重大错报风险由固有风险和控制风险两部分组成。固有风险和控制风险是被审计单位的风险，独立于财务报表审计而存在，注册会计师只能予以评估。

1. 固有风险

固有风险是指在考虑相关的内部控制之前，某类交易、账户余额或披露的某一认定易于发生错报（该错报单独或连同其他错报可能是重大的）的可能性。

某些类别的交易、账户余额和披露及其认定，固有风险较高。例如，复杂的计算比简单计算更可能出错，受重大计量不确定性影响的会计估计发生错报的可能性较大。外部因素引起的经营风险也可能影响固有风险。例如，技术进步可能导致某项产品陈旧，进而导致存货易于发生高估错报。被审计单位及其环境中的某些因素还可能与多个甚至所有类别的交易、账户余额和披露有关，进而影响多个认定的固有风险。例如，维持经营的流动资金匮乏，被审计单位处于夕阳行业等。

2. 控制风险

控制风险是指某类交易、账户余额或披露的某一认定发生错报，该错报单独或连同其他错报可能是重大的，但没有被内部控制及时防止或发现并纠正的可能性。

控制风险取决于内部控制设计、执行和维护的有效性。然而，由于内部控制的固有限制，无论内部控制的设计和运行如何有效，也只能降低而非消除财务报表的重大错报风险。内部控制的固有限制包括诸如人为差错的可能性，因串通舞弊或管理层不适当地凌驾于控制之上而使内部控制被规避的可能性。因此，控制风险始终存在。

二、检查风险

检查风险是指如果存在某一错报，该错报单独或连同其他错报可能是重大的，注册会计师为将审计风险降至可接受的低水平而实施程序后没有发现这种错报的风险。

检查风险是审计程序的有效性和审计人员运用审计程序的有效性的函数。与重大错报风险

不同，注册会计师可以通过提升审计程序及其执行的有效性，来降低检查风险，从而将审计风险保持在一个可接受的低水平。下列措施有助于提高审计程序及其执行的有效性，降低注册会计师选取不适当审计程序、错误执行适当的审计程序或错误解释审计结果的可能性：制定恰当的计划；为项目组分派合适的人员；保持职业怀疑；监督和复核已执行的审计工作。

总之，因为财务报表审计存在固有限制，检查风险始终存在，只能降低而无法消除。

 案例 5-2

检查风险的确定

某注册会计师在评价 W 公司审计风险时，分别假定了 A、B、C、D 4 种情况（见表 5-5）。

表 5-5 审计风险评价

风险类型	情况 A	情况 B	情况 C	情况 D
可接受的审计风险（%）	1	2	3	4
重大错报风险（%）	60	50	80	70

请问：（1）在上述 4 种情况下，可接受的检查风险水平分别是多少？

（2）哪种情况下注册会计师需要获取最多的证据？

解答：（1）A、B、C、D 4 种情况下，可接受的检查风险水平分别是：1.67%、4%、3.75%、5.71%。

（2）A 种情况下注册会计师需要获取最多的证据。

三、审计风险组成要素之间的关系

审计风险的各组成要素，既可以用量化方法（如百分比）表示，也可以用非量化名词（最低、低、中、高、最高）表示。不论如何表示风险要素，要确定检查风险的计划可接受水平就必须清楚地了解审计风险模型的意义及其所反映的关系。

审计风险模型将审计风险的各组成要素之间的关系表示如下：

$$审计风险＝重大错报风险×检查风险$$

四、审计风险、重要性和审计证据之间的关系

审计风险和重要性都是影响注册会计师判断审计证据充分性的因素。审计风险与审计证据之间是反向变动关系。对特定客户来说，可接受的审计风险越低，所需审计证据的数量就越多。重要性和审计证据之间是反向变动关系。可容忍错报的金额越低，越需要注册会计师开展更加细致的工作，收集更为充分的证据。

重要性与审计风险之间也是反向变动关系。重要性水平越高，审计风险越低；反之亦然。注册会计师应保持应有的职业谨慎，合理确定重要性水平。在确定拟实施的审计程序后如果注册会计师决定接受更低的重要性水平，审计风险将增加，注册会计师应选用以下方法控制审计风险降至可接受水平：①扩大控制测试范围或追加控制测试程序，以降低对控制风险的初步判断水平；②是修改计划实施的实质性程序的性质、时间安排和范围，以将检查风险降低至可接

受水平。需要说明的是，注册会计师不能通过不合理地人为调高重要性水平，来降低审计风险。因为重要性是依据重要性概念中所述的判断标准确定的，而不是由主观期望的审计风险水平所决定。

本章小结

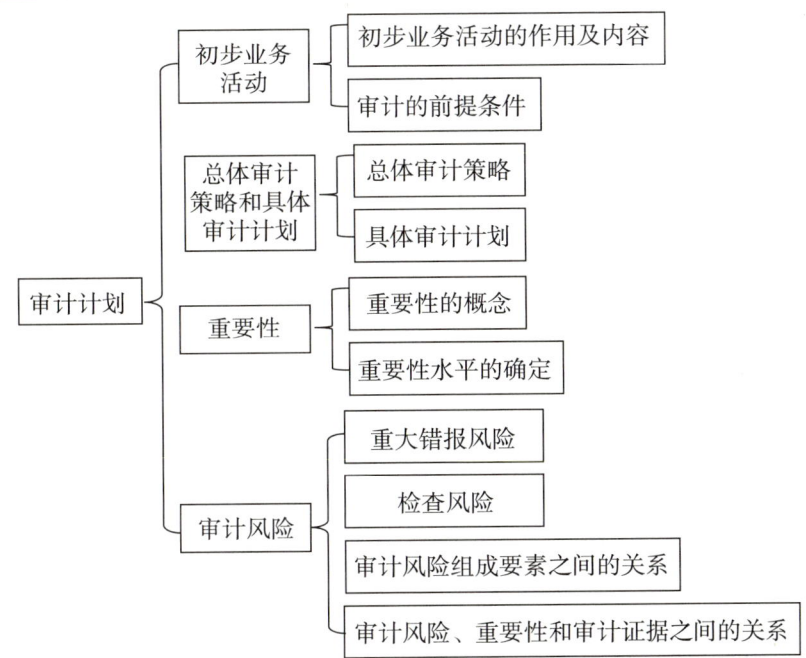

本章练习题

一、单项选择题

1. 可接受审计风险为10%，评估的重大错报风险为40%，则可接受检查风险为（　　）。
   A. 25%　　　　　　B. 30%　　　　　　C. 40%　　　　　　D. 50%

2. 下列情形中，注册会计师通常考虑采用较高百分比确定实际执行的重要性的是（　　）。
   A. 首次接受委托执行审计
   B. 预期本年被审计单位存在值得关注的内部控制缺陷
   C. 以前年度审计调整较少
   D. 本年被审计单位面临较大的市场竞争压力

3. 注册会计师了解被审计单位及其环境的目的是（　　）。
   A. 确定重要性水平　　　　　　　　　　B. 控制固有风险
   C. 为了识别和评估财务报表的重大错报风险　　D. 控制检查风险

4. 下列各因素中不是导致审计风险形成的原因的是（　　）。
   A. 审计活动所处的法律环境　　　　　　B. 有些审计人员并未保持足够的职业谨慎
   C. 审计人员有限的经验和能力　　　　　D. 审计方法的多样性

5. 舞弊不包括（　　）。
   A. 编制财务报表时收集和处理数据出现错误
   B. 操纵、伪造或篡改财务报表所依据的会计记录或相关凭证
   C. 在财务报表中不真实地表达或故意遗漏重要信息
   D. 故意误用会计政策
6. 关于审计风险的说法正确的是（　　）。
   A. 审计风险是客观存在不可消除的，所以注册会计师无法控制它
   B. 审计风险是注册会计师未遵守独立审计准则而导致出具不恰当的审计意见
   C. 审计风险与财务报表的整体反映有关，与个别账户无直接关系
   D. 对审计风险的考虑贯穿审计的整个过程
7. 审计人员分配的主营业务收入项目的重要性水平为10000元，审计中发现该项目的错漏报为4000元，推导主营业务收入总体的错报为10500元，则审计人员应该（　　）。
   A. 发表保留意见的审计报告
   B. 作为审计差错提请被审单位调整
   C. 作为不调整的审计差错在工作底稿中做记录
   D. 不做任何处理
8. 在编制审计计划时，注册会计师应当对重要性水平作出初步判断，以便确定（　　）。
   A. 所需审计证据的数量　　　　B. 可容忍误差
   C. 初步审计策略　　　　　　　D. 审计意见类型
9. 注册会计师可以通过设定审计程序来控制的风险是（　　）。
   A. 审计风险和控制风险　　　　B. 固有风险和审计风险
   C. 检查风险和审计风险　　　　D. 控制风险和固有风险
10. 下列降低审计风险的方法中，正确的是（　　）。
    A. 高估注册会计师的专业能力　　B. 增加审计证据的数量
    C. 低估审计客户的控制风险　　　D. 提高重要性水平

二、多项选择题

1. 为了帮助注册会计师评价审计过程中累积的错报的影响以及与管理层和治理层沟通错报事项，将错报区分为（　　）。
   A. 事实错报　　B. 明显微小错报　　C. 推断错报　　D. 判断错报
2. 认定层次的重大错报风险的构成包括（　　）。
   A. 固有风险　　B. 控制风险　　C. 审计风险　　D. 检查风险
3. 在确定重要性水平时，下列各项中通常可以作为计算重要性水平基准的有（　　）。
   A. 持续经营产生的利润　　　　B. 非经常性收益
   C. 资产总额　　　　　　　　　D. 营业收入
4. 进一步审计程序包括（　　）。
   A. 风险评估程序　　B. 控制测试　　C. 实质性程序　　D. 了解内部控制
5. 进一步审计程序的总体审计方案包括（　　）。
   A. 实质性方案　　B. 综合性方案　　C. 专项性方案　　D. 重要性方案

三、判断题

1. 注册会计师对审计重要性水平的评估越高，要收集的审计证据数量就越多。（ ）
2. 重要性水平越低，审计风险越高。（ ）
3. 如果合理预期错报单独或连同其他错报汇总起来可能影响财务报表使用者依据财务报表作出的经济决策，则通常认为该项错报是重要的。（ ）
4. 金额大的错报一定比金额小的错报重要。（ ）
5. 重要性水平的确定需要运用专业判断。（ ）
6. 重要性是个经验值，注册会计师只能通过职业判断确定。（ ）
7. 审计风险只取决于重大错报风险。（ ）
8. 风险评估程序不包括观察和检查。（ ）
9. 会计师事务所对任何一个审计委托项目，不论其业务繁简程度和规模大小，都应制定审计计划。（ ）
10. 为保证审计计划的严肃性，审计计划一旦制订在执行过程中就不能做出任何修改。（ ）

四、论述题

1. 什么是审计的重要性？如何理解？
2. 什么是审计风险？重要性与审计风险、审计证据的关系如何？

五、案例分析题

1. 甲注册会计师和乙注册会计师对 ABC 股份有限公司 2022 年度会计报表进行审计，其未经审计的有关会计报表项目金额如下（单位：人民币万元）。

会计报表项目名称	金　额
资产总计	180000
股东权益合计	88500
主营业务收入	242000
利润总额	37500
净利润	25120

要求：

①如果以资产总额、净资产（股东权益）、主营业务收入和净利润作为判断基础，采用固定比率法，并假定资产总额、净资产、主营业务收入和净利润的固定百分比数值分别为 0.5%、1%、0.5% 和 5%，请代甲和乙注册会计师计算确定 ABC 股份有限公司 2022 年度会计报表层次的重要性水平。

②简要说明重要性水平与审计风险之间的关系。

③简要说明重要性水平与审计证据之间的关系。

2. 某注册会计师在评估被审计单位的审计风险时，分别审计了以下四种情况，以帮助决定可接受的检查风险水平：

风险类别	情况一	情况二	情况三	情况四
可接受审计风险	4%	3%	2%	2%
固有风险	80%	100%	80%	100%
控制风险	50%	100%	50%	100%

要求：

①上述四种情况的检查风险分别是多少？

②哪种情况下需要注册会计师获取最多的审计证据？为什么？

第六章

审计证据与审计工作底稿

学习目标

知识要点	能力要求	关键术语
审计证据	（1）了解审计证据的概念和类型 （2）了解审计证据证明力的判断依据 （3）根据具体审计目标设计并实施恰当的审计程序	（1）审计证据 （2）充分性；适当性 （3）审计程序
审计工作底稿	（1）了解审计工作底稿的作用 （2）掌握审计工作底稿的编制方法 （3）了解审计工作底稿归档的要求	（1）审计工作底稿的要素 （2）永久性档案；当期档案

审计程序不到位　审计主体被处罚

2023年8月16日，中国证监会对亚太（集团）会计师事务所（简称亚太所）及相关责任人员出具了行政处罚决定书。处罚书显示，亚太所在豫金刚石2017年度、2018年度、2019年度财务报表审计中未勤勉尽责，出具的审计报告存在虚假记载。亚太所的违法事实包括以下几点：在审计过程中未对询证函保持控制；未按存货监盘计划充分核查物流单据；收入核查程序执行不恰当；关于诉讼与索赔事项的审计程序执行不恰当；未实施充分审计程序核查应付账款；关于营业收入的审计程序执行不恰当；关于其他非流动资产的审计程序执行不恰当；发表的审计意见类型不当。亚太所等当事人则认为，豫金刚石案系上市公司多人通过多种手段长期系统性财务造假，并与客户和供应商串通舞弊，亚太所在豫金刚石项目中已按审计准则的要求履行了审计程序，对告知书所述内容并无主观过错，请求免予或减轻处罚，但被证监会依法驳回。

基于此案例，思考以下问题：审计证据与审计意见的关系是什么？在审计过程中，审计人员如何根据具体审计目标设计并实施恰当的审计程序进行审计取证？审计人员事后如何证明审计过程不存在主观过错从而避免相关法律风险？

第一节　审计证据

审计的目标是通过恰当的方式设计和实施审计程序，获取充分、适当的审计证据，以得出合理的结论，并以此作为形成审计意见的基础。因此，本节将说明以下三个问题：什么是审计证据、如何判断审计证据的证明力、如何获取审计证据。

一、审计证据的概念

审计证据是指审计人员为了得出审计结论和形成审计意见而使用的所有信息。审计证据包括构成财务报表基础的会计记录所含有的信息和从其他来源获取的信息。

财务报表依据的会计记录一般包括对初始分录的记录和支持性记录，如支票、电子资金转账记录、发票、合同、总账、明细账、记账凭证和未在记账凭证中反映的对财务报表的其他调整，以及支持成本分配、计算、调节和披露的手工计算表和电子数据表等。

但会计记录中含有的信息本身并不足以提供充分的审计证据作为对财务报表发表审计意见的基础，审计人员还应当获取用作审计证据的其他信息。例如，被审计单位的会议记录、分析师的报告、与竞争者的比较数据等；通过询问、观察和检查等审计程序获取的信息，如通过检查存货获取存货存在性的证据等；自身编制或获取的可以通过合理推断得出结论的信息，如审计人员编制的各种计算表、分析表等。这些信息结合在一起，共同为审计人员发表审计意见提供合理的基础。

二、审计证据的类型

审计证据主要有以下三种分类。

（1）按照审计证据形式的不同，可以分为实物证据、书面证据、口头证据、电子证据、鉴定和勘验证据、环境证据。

（2）按照审计证据来源的不同，可以分为亲历证据、内部证据和外部证据。其中，亲历证据是指审计人员在被审计单位执行审计工作时亲眼目击、亲自参加或亲自动手取得的证据。

（3）按照审计证据间的相互关系，可以分为基本证据和辅助证据。基本证据是指对审计事项的某一审计目标有重要的、直接证明作用的审计证据。辅助证据是指对审计事项的某一审计目标具有间接证明作用、能支持基本证据证明力的证据。

三、审计证据的证明力

审计证据的证明力是审计证据证明各种应证明事项的能力。在财务审计中，需要加以证明的有关事项包括：经济业务的真实性，会计事项处理的合规性，会计记录的完整性，等等。在审计过程中，审计人员所获取的各种审计证据因获取证据的来源不同、应证明事项的内容不同以及收集证据时的条件不同，在证明力上存在着差别。审计证据的证明力主要从审计证据的充分性和适当性两个特征来加以判断。

（一）审计证据的充分性

审计证据的充分性是对审计证据数量的衡量，是指审计证据的数量足以支持审计人员的审计意见。因此，它是审计人员为形成审计意见所需审计证据的最低数量要求。审计证据的充分性主要与审计人员确定的样本量有关。例如，在抽样审计中，从1000个样本中获取的证据要比从100个样本中获得的证据更为充分。

审计人员需要获取的审计证据的数量也会受到审计人员对重大错报风险评估结果的影响。错报风险越大，需要的审计证据可能越多。具体来说，在可接受的审计风险水平一定的情况下，重大错报风险越大，审计人员就应实施越多的测试工作，以获取更多的审计证据，目的是

(二) 审计证据的适当性

审计证据的适当性，是对审计证据质量的衡量，即审计证据在支持审计意见所依据的结论方面具有的相关性和可靠性。

1. 相关性

相关性是指用作审计证据的信息与审计程序的目的和所考虑的认定之间的逻辑联系。例如，审计人员在审计过程中怀疑被审计单位发出存货却没有给顾客开票，需要确认销售是否完整。审计人员应当从发货单中选取样本，追查与每张发货单相应的销售发票副本，以确定每张发货单是否均已开具发票。如果审计人员从销售发票副本中选取样本，并追查至与每张发票相应的发货单，则由此所获得的证据与完整性目标就不相关。

因此，我们可以得到以下结论：①特定的审计程序可能只为某些认定提供相关的审计证据，而与其他认定无关。例如，检查期后应收账款收回的记录和文件可以提供有关存在和计价的审计证据，但是不一定与期末截止是否适当相关。②针对同一项认定可以从不同来源获取审计证据或获取不同性质的审计证据。例如，审计人员可以分析应收账款的账龄和应收账款的期后收款情况，以获取与坏账准备计价有关的审计证据。③只与特定认定相关的审计证据并不能替代与其他认定相关的审计证据。例如，有关存货实物存在的审计证据并不能够替代与存货计价相关的审计证据。

2. 可靠性

审计证据的可靠性是指证据的可信程度。审计证据的可靠性受其来源和性质影响，并取决于获取审计证据的具体环境。具体来说，可以从以下一般原则来判断审计证据的可靠性：

（1）从被审计单位外部独立来源获取的审计证据比从其他来源获取的审计证据更可靠；

（2）被审计单位相关控制有效时内部生成的审计证据比控制薄弱时内部生成的审计证据更可靠；

（3）审计人员直接获取的审计证据比间接获取或推论得出的审计证据更可靠；

（4）以文件记录形式（包括纸质、电子或其他介质）存在的审计证据比口头形式的审计证据更可靠；

（5）从原件获取的审计证据比从复印、传真或通过拍摄、数字化或其他方式转换成电子形式的文件获取的审计证据更可靠；

（6）从不同来源获取的相互一致的审计证据，以及性质不同但相互一致的审计证据，通常比单一的审计证据更可靠。

（三）充分性和适当性的关系

充分性和适当性是审计证据的两个重要特征，两者缺一不可，只有充分且适当的审计证据才是有证明力的。当审计人员获取了充分、适当的审计证据并将审计风险降至可接受的低水平时，就获取了合理保证。审计人员需要获取的审计证据的数量会受到审计证据质量的影响。审计证据质量越高，需要的审计证据数量可能越少。也就是说，审计证据的适当性会影响审计证据的充分性。但如果审计证据的质量存在缺陷，那么审计人员仅靠获取更多的审计证据可能无法弥补其质量上的缺陷。

四、审计程序

审计人员应当根据具体情况设计和实施恰当的审计程序,以获取充分、适当的审计证据。在审计过程中,审计人员按照获取审计证据的目的,将审计实施阶段分为风险评估程序、控制测试(必要时决定测试)和实质性程序,这些程序可以称为总体审计程序;在审计过程中,审计人员按获取审计证据的目的,单独运用或综合运用检查、观察、询问、重新执行、重新计算、函证和分析程序,这些程序可以称为具体审计程序。审计人员通常将这些程序进行组合运用。

本章主要介绍具体审计程序,总体审计程序相关内容可参看本书第七章、第八章、第九章和第十章。

(一)检查

检查是指审计人员对被审计单位内部或外部生成的,以纸质、电子或其他介质形式存在的记录和文件进行审查,或对资产进行实物审查,如存货、现金、有价证券、固定资产等。

运用检查程序,需要注意以下三点:①检查记录或文件可以提供可靠程度不同的审计证据,审计证据的可靠性取决于记录或文件的性质和来源,而在检查内部记录或文件时,其可靠性则取决于生成该记录或文件的内部控制的有效性;②某些文件是表明一项资产存在的直接审计证据,如构成金融工具的股票或债券,但检查此类文件并不一定能提供有关所有权或计价的审计证据;③检查有形资产可以为存在认定提供可靠的证据,但不一定能为权利和义务或计价等认定提供可靠的证据。

(二)观察

观察是指审计人员查看被审计单位相关人员正在从事的活动或执行的程序。例如,审计人员对被审计单位人员执行的存货盘点或控制进行观察。

观察可以提供被审计单位执行有关过程或程序的审计证据,但观察提供的审计证据仅限于观察发生的时点,而且被观察人员的行为可能因被观察而受到影响,这也会使观察提供的审计证据受到限制。因此,有必要获取其他类型的佐证证据。

(三)询问

询问是指审计人员以书面或口头方式,向被审计单位内部或外部的知情人员获取财务信息和非财务信息,并对答复进行评价的过程。

审计人员可询问管理层、适当的内部审计人员(如有),以及被审计单位内部的其他人员。这里的其他人员是指审计人员根据判断认为可能拥有某些信息的人员,这些信息有助于识别由于舞弊或错误导致的重大错报风险。

询问程序获取的审计证据具有以下特征:①知情人员对询问的答复可能为审计人员提供尚未获悉的信息或佐证证据;②对询问的答复也可能提供与审计人员已获取的其他信息存在重大差异的信息;③在某些情况下,对询问的答复为审计人员修改审计程序或实施追加的审计程序提供了基础;④在询问管理层意图时,获取的支持管理层意图的信息可能是有限的;⑤针对某些事项,审计人员可能认为有必要向管理层和治理层(如适用)获取书面声明,以证实对口头询问的答复。

询问程序适用于整个审计过程,对执行这一程序的审计人员的沟通表达能力要求较高。但需要注意的是，尽管询问可以提供重要审计证据，甚至可以提供某项错报的证据，但询问本身通常并不能为认定层次不存在重大错报和内部控制运行的有效性提供充分的审计证据。

（四）重新计算

重新计算是指审计人员对记录或文件中的数据计算的准确性进行核对。重新计算可通过手工方式或电子方式进行。

（五）重新执行

重新执行是指审计人员独立执行原本作为被审计单位内部控制组成部分的程序或控制。重新执行程序主要在控制测试中应用。

（六）函证

函证（即外部函证）是指审计人员直接从第三方（被询证者）获取书面答复作为审计证据的过程，书面答复可以采用纸质、电子或其他介质等形式。通过函证获取的审计证据可靠性较高，函证是审计中受到高度重视并经常被使用的一种重要程序。

1. 函证的类型

函证包括积极式函证和消极式函证两种类型。积极式函证是指要求被询证者直接向审计人员回复，表明是否同意询证函所列示的信息，或填列所要求的信息的一种询证方式。消极式函证是指要求被询证者只有在不同意询证函所列示的信息时才直接向审计人员回复的一种询证方式。

消极式函证比积极式函证提供的审计证据的证明力低。除非同时满足下列条件，审计人员不得将消极式函证作为唯一实质性程序，以应对所评估的认定层次重大错报风险：①审计人员将重大错报风险评估为低水平，并已就与认定相关的控制运行的有效性获取了充分、适当的审计证据；②需要实施消极式函证程序的总体由大量小额、同质的账户余额、交易或事项构成；③预期不符事项的发生率很低；④没有迹象表明接收询证函的人员或机构不认真对待函证。

2. 函证的实施范围

函证适用情形包括：①当针对的是与特定账户余额及其项目相关的认定时，函证常常是相关的程序；②函证不必仅仅局限于账户余额，还适用于被审计单位与第三方之间的协议和交易条款；③函证程序还可以用于获取不存在某些情况的审计证据。

根据函证的适用情形，函证程序通常用于银行存款和应收账款。

（1）审计人员应当对银行存款（包括零余额账户和在本期内注销的账户）、借款及与金融机构往来的其他重要信息实施函证程序，除非有充分证据表明某一银行存款、借款及与金融机构往来的其他重要信息对财务报表不重要且与之相关的重大错报风险很低。如果不对这些项目实施函证程序，则审计人员应当在审计工作底稿中说明理由。

（2）审计人员应当对应收账款实施函证程序，除非有充分证据表明应收账款对财务报表不重要，或函证很可能无效。如果认为函证很可能无效，则审计人员应当实施替代审计程序，以获取相关、可靠的审计证据。如果不对应收账款函证，则审计人员应当在审计工作底稿中说明理由。

3. 函证过程的控制

当实施函证程序时，审计人员应当对询证函保持全程控制，以防范被审计单位可能出现的舞弊行为，其主要控制手段包括以下几种：

（1）确定需要确认或填列的信息；

（2）选择适当的被询证者；

（3）设计询证函，包括正确填列被询证者的姓名和地址，以及被询证者直接向审计人员回函的地址等信息；

（4）发出询证函并予以跟进，必要时再次向被询证者寄发询证函。

如果管理层不允许寄发询证函，则审计人员应当采取以下措施，以保证函证程序：

（1）询问管理层不允许寄发询证函的原因，并收集审计证据以证明其原因的正当性及合理性；

（2）评价管理层不允许寄发询证函对审计人员先前评估的相关重大错报风险（包括舞弊风险），以及实施的其他审计程序的性质、时间安排和范围的影响；

（3）实施替代程序，以获取相关、可靠的审计证据。

通过上述活动，审计人员如果认为管理层不允许寄发询证函的原因不合理，或实施替代程序无法获取相关、可靠的审计证据时，则应考虑审计范围是否受到限制，以及对出具审计意见的影响。

4. 对函证获取的审计证据进行评价

审计人员应当针对函证结果的不同情况，评价实施函证程序的结果是否提供了相关、可靠的审计证据，或是否有必要进一步获取审计证据。

（1）第一种情况：取得对方回函

如果对方回函存在不符事项（被询证者提供的信息与询证函中要求确认的信息不一致或与被审计单位记录的信息不一致），则审计人员应当调查不符事项，以确定是否表明存在错报。

如果存在对询证函回函的可靠性产生疑虑的因素，则审计人员应当评价其对评估的相关重大错报风险（包括舞弊风险），以及其他审计程序的性质、时间安排和范围的影响，并进一步获取审计证据以消除这些疑虑。

（2）第二种情况：对方未回函

未回函是指被询证者对积极式询证函未予回复或回复不完整，或询证函因未被送达而被退回。

在对方未回函的情况下，审计人员应当实施替代程序以获取相关、可靠的审计证据。

值得注意的是，如果审计人员认为取得积极式函证回函是获取充分、适当的审计证据的必要程序，则替代程序不能提供审计人员所需要的审计证据。在这种情况下，如果未获取回函，则审计人员应当考虑审计范围是否受到限制，并确定其对审计工作和审计意见的影响。

如果询证函因未被送达而被退回是因为管理层提供的被询证者信息有误，则审计人员应考虑被审计单位是否存在舞弊的风险。

案例 6-1

亚太所未对询证函保持控制

在本章引入案例中，证监会指出，审计工作底稿显示亚太所对豫金刚石应收账款执行了函证程序，但函证记录存在异常情况，具体表现在：①部分询证函的实际回函人员与审计工作底稿登记的联络人不符；②部分询证函的实际回函地址与登记的客户地址不同；③部分询证函函证记录显示，客户回函地址与供应商办公地址相同。在上述异常情形下，会计师未保持关注，也未执行回函不符事项的核查程序。

（七）分析程序

分析程序是指审计人员通过分析不同财务数据之间以及财务数据与非财务数据之间的内在关系，对财务信息作出评价。分析程序还包括在必要时对识别出的、与其他相关信息不一致或与预期值差异重大的波动或关系所进行的调查活动。

分析程序通常用于以下两种情况：①在实施实质性分析程序时获取相关、可靠的审计证据；②在临近审计结束时，设计和实施分析程序帮助审计人员对财务报表形成总体结论，以确定财务报表是否与其对被审计单位的了解一致。此时审计人员运用分析程序，在已收集的审计证据的基础上，对财务报表整体的合理性做最终把握，评价报表是否仍然存在重大错报风险而未被发现的可能性，并考虑是否需要追加审计程序，以便为发表审计意见提供更充分适当的审计证据。

在设计和实施实质性分析程序时，审计人员需考虑以下因素：

（1）对特定认定使用实质性分析程序的适当性；

（2）对已记录的金额或比率作出预期时，所依据的内部或外部数据的可靠性；

（3）作出预期的准确程度是否足以在计划的保证水平上识别重大错报；

（4）已记录金额与预期值之间可接受的差异额。可容忍错报越低，可接受的差异额就越小；可接受的差异额越小，审计人员需要收集的审计证据越多，以尽可能发现财务报表中的重大错报。

第二节　审计工作底稿

一、审计工作底稿的概念

审计工作底稿是指审计人员对制订的审计计划、实施的审计程序、获取的相关审计证据，以及得出的审计结论作出的记录。

审计工作底稿是审计证据的重要载体，可以以纸质、电子或其他介质形式存在。为了便于对审计工作底稿进行查阅、审核、归档，并防止篡改，会计师事务所应当对审计工作底稿采取以下控制措施：

（1）使审计工作底稿清晰地显示其生成、修改及复核的时间和人员；

（2）在审计业务的所有阶段，尤其是在项目组成员共享信息或通过互联网将信息传递给其他人员时，保护信息的完整性；

（3）防止未经授权改动审计工作底稿；

（4）允许项目组和其他经授权的人员为适当履行职责而接触审计工作底稿。

二、审计工作底稿的编制目的

审计人员通过编制审计工作底稿以实现下列目的。

(1) 提供充分、适当的记录，作为审计报告的基础

编制审计工作底稿有助于提高审计工作的质量，便于在出具审计报告之前，对取得的审计证据和得出的审计结论进行有效复核和评价。

(2) 提供证据，证明其按照审计准则的规定执行了审计工作

在会计师事务所因执业质量而涉及诉讼或有关监管机构进行执业质量检查时，审计工作底稿能够提供证据，证明会计师事务所是否按照审计准则的规定执行了审计工作。

(3) 便于审计工作的计划、实施和复核，控制审计质量

由于审计工作底稿形成于审计的全过程，包括审计计划阶段、审计实施阶段和审计完成阶段，通过编制审计工作底稿，审计人员能够对整个审计工作的实施计划和执行过程进行通盘考虑，方便审计组成员开展审计工作，也便于项目组负责督导的成员及时进行指导、监督与复核，同时也有利于会计师事务所实施质量控制复核与检查。

(4) 为未来审计工作提供历史资料

审计工作底稿包含了对以后审计工作具有重要影响和直接作用的历史资料信息。例如，被审计单位的组织结构、批准证书、营业执照、章程、重要资产的所有权或使用权的证明文件等。此外，审计工作底稿还保留了对未来审计工作持续产生重大影响的事项的记录，能够为未来审计工作提供可查询的信息。

三、审计工作底稿包括的内容

审计工作底稿通常包括总体审计策略、具体审计计划、分析表、问题备忘录、重大事项概要、询证函回函、管理层声明书、核对表、有关重大事项的往来信件（包括电子邮件），以及对被审计单位文件记录的摘要或复印件等。此外，审计工作底稿通常还包括业务约定书、管理建议书、项目组内部或与被审计单位举行的会议记录、与其他人士（如律师、外部专家等）的沟通文件及错报汇总等。

为了达到审计工作底稿的编制目的，审计人员在编制审计工作底稿时，应当使得未曾接触该项审计工作的有经验的专业人士清楚了解审计全过程以及在此过程中审计人员所采取的行动，具体指以下三方面。

1. 实施的审计程序的性质、时间安排和范围

审计人员应当在审计工作底稿中记录按照审计准则和相关法律法规的规定已实施的审计程序的性质、时间安排和范围。其具体内容包括：①设计该项审计程序所需要达到的具体审计目标；②测试的具体项目或事项的识别特征；③审计工作的执行人员及完成审计工作的日期；④审计工作的复核人员及复核的日期和范围。

在极其特殊的情况下，如果认为有必要偏离某项审计准则的相关要求，审计人员应当记录实施的替代审计程序如何实现相关要求的目的以及偏离的原因。

在某些例外情况下，如果在审计报告日后实施了新的或追加的审计程序，或者得出新的结论，审计人员应当记录：①遇到的例外情况；②实施新的或追加的审计程序，获取的审计证据，得出的结论，以及对审计报告的影响；③对审计工作底稿作出相应变动的时间和人员，以及复核的时间和人员。

2. 实施审计程序的结果和获取的审计证据

审计人员通过执行多项审计程序可能会获取不同的审计证据，有些审计证据的相关性和可

靠性较高，有些则质量较差，审计人员需要区分不同的审计证据并进行有选择性的记录。

3. 审计中遇到的重大事项和得出的结论，以及在得出结论时作出的重大职业判断

审计人员应当记录与管理层、治理层和其他人员对重大事项的讨论，包括所讨论的重大事项的性质以及讨论的时间、地点和参加人员。

如果识别出的信息与针对某重大事项得出的最终结论不一致，审计人员应当记录如何处理该不一致的情况。

上述有经验的专业人士是指会计师事务所内部或外部的具有审计实务经验，并且对审计过程、审计准则和相关法律法规的规定、被审计单位所处的经营环境、与被审计单位所处行业相关的会计和审计问题等方面有合理了解的人士。

四、审计工作底稿的编制

（一）审计工作底稿的要素

通常，审计工作底稿包括下列全部或部分要素：
(1) 被审计单位名称；
(2) 审计项目名称；
(3) 审计项目时点或期间；
(4) 审计过程记录；
(5) 审计结论；
(6) 审计标识及其说明；
(7) 索引号及编号；
(8) 编制者姓名及编制日期；
(9) 复核者姓名及复核日期；
(10) 其他应说明事项。

（二）审计工作底稿示例

下面以风险评估程序为例，对审计工作底稿的编制格式和内容进行示范。

表 6-1 是对风险评估讨论会议过程的记录，其中包括本次会议要达到的审计目标、参加人员、会议时间以及具体会议内容。

表 6-1　风险评估讨论会议的记录

审计目标：通过讨论，分享审计小组的知识，评估审计风险
参加人员：
时间：
会议记录：

表 6-2 是对审计计划的讨论及修改记录，包括项目组成员针对程序开展的计划安排，即对审计程序的性质、时间和范围的讨论等。如果需要对之前的审计计划进行调整，需要将修改的

具体内容及原因进行记录,并有修改责任人和审批人的签字。

表 6-2　对审计计划的讨论及修改记录

一、项目组对审计计划的讨论

二、审计计划的修改记录

序号	原计划的项目内容	修改后的计划内容	修改的原因	修改人签字	审批人签字

表 6-3 是对识别的报表层次的重大错报风险的汇总情况。需要对识别出的风险进行描述,说明该风险对审计工作的影响,应采取何种风险应对措施,并说明该应对措施对可能实施的进一步审计程序有何影响。

表 6-3　识别的报表层次的重大错报风险汇总表

单位名称:	编制人:	日　期:	索引号:
会计期间:	复核人:	日　期:	页　次:

索引号	风险描述

财务报表层次的重大错报风险对审计工作的影响:

确定的总体应对措施:

对计划的进一步审计程序总体方案的影响:

表 6-4 是对识别的认定层次的重大错报风险的汇总情况。需要对识别出的风险所影响的报表项目进行逐一列示,说明对具体认定的影响,并对风险进行评估。

表 6-4　识别的认定层次的重大错报风险汇总表

单位名称：　　　　　　　编制人：　　　　　　日　　期：　　　　　索引号：
会计期间：　　　　　　　复核人：　　　　　　日　　期：　　　　　页　次：

重大账户	认定	识别的重大错报风险	风险评估结果
列示重大账户。例如：应收账款	列示相关的认定。例如：存在、完整、计价或分摊等	汇总实施审计程序识别出与该重大账户的某项认定相关的重大错报风险	评估该项认定的重大错报风险水平（应考虑控制设计是否合理，是否得到执行）

表 6-5 是针对一般风险的评估程序导引表。其主要包括审计目标、审计方法和审计程序，并需要列出每项审计程序的执行情况及执行人，以明确审计责任人。表 6-6 是对表 6-5 中计划的程序"了解被审计单位业务、经营环境、内部控制等的主要变化"实施进一步审计程序的记录。

表 6-5　一般风险评估程序导引表

单位名称：　　　　　　　编制人：　　　　　　日　　期：　　　　　索引号：
会计期间：　　　　　　　复核人：　　　　　　日　　期：　　　　　页　次：

审计目标：对审计风险进行一般评估（识别异常交易或事项）
审计方法：询问、观察、分析性程序、监察

审计程序	执行情况	执行人	索引号
1. 了解被审计单位业务、经营环境、内部控制等的主要变化			
2. 财务资料初步分析			
3. 经营结果与预算预期的比较分析			
4. 多期报表对比分析			
5. 对中期审计结果的分析			
6. 参观被审计单位的经营场所			
……			

审计说明：

审计结论：

表 6-6　了解被审计单位业务、经营环境、内部控制等主要变化的记录

单位名称：	编制人：	日期：	索引号：
会计期间：	复核人：	日期：	页　次：

审计目标：了解被审计单位业务、经营环境、内部控制等主要变化，为风险评估提供基础资料

审计方法：询问、观察、分析

审计程序：针对审计目标、询问管理层、检查相关文件

了解结果的记录：

1. 业务经营的主要变化

2. 经营环境的主要变化

3. 内部控制的主要变化

审计说明：

审计结论：

表 6-7 是针对特别项目的初步风险评估程序导引表，主要包括审计目标、审计方法和审计程序，同样需要列出每项审计程序的执行情况及执行人，以明确审计责任人。表 6-8 是对表 6-7 中计划的程序"针对舞弊的考虑询问管理层"实施进一步审计程序的记录。

表 6-7　针对特别项目的初步风险评估程序导引表

单位名称：	编制人：	日期：	索引号：
会计期间：	复核人：	日期：	页　次：

审计目标：针对特别项目的风险评估程序，识别重大错报风险

审计方法：询问

审计程序	执行情况	执行人	索引号
1. 针对舞弊的考虑询问管理层			
2. 针对持续经营考虑询问管理层			

（续表）

审计程序	执行情况	执行人	索引号
3. 针对法律法规问题询问管理层			
4. 针对关联方问题询问管理层			
5. 针对或有事项询问管理层			
……			

审计说明：

审计结论：

表 6-8　针对舞弊的考虑询问管理层记录

单位名称：　　　　　　　编制人：　　　　　　　日期：　　　　　　　索引号：

会计期间：　　　　　　　复核人：　　　　　　　日期：　　　　　　　页　次：

审计目标：了解舞弊风险

审计方法：询问

询问并记录：

审计说明：

审计结论：

五、审计工作底稿的归档

审计档案是指一个或多个文件夹或其他存储介质，以实物或电子形式存储构成某项具体业务的审计工作底稿的记录。审计机构应当制定政策和程序，促使审计人员在审计报告日后及时将审计工作底稿归整为审计档案，并完成归整最终审计档案过程中的事务性工作。

(一) 归档要求

根据中国注册会计师审计准则，审计工作底稿的归档期限为审计报告日后六十天内。如果审计人员未能完成审计业务，审计工作底稿的归档期限为审计业务中止后的六十天内。

(二) 审计工作底稿的保存期限

在实务中，审计档案可以分为永久性档案和当期档案。这一分类主要是基于具体实务中对审计档案使用的时间而划分的。

1. 永久性档案

永久性档案是指那些记录内容相对稳定，具有长期使用价值并对以后审计工作具有重要影响和直接作用的审计档案。例如，被审计单位的组织结构、批准证书、营业执照、章程、重要资产的所有权或使用权的证明文件等。若永久性档案中的某些内容发生了变化，审计人员应对永久性档案及时更新。为保持资料的完整性以便满足日后查阅历史资料的需要，永久性档案中被替换下的资料一般也需保留。例如，被审计单位因增加注册资本而变更了营业执照等法律文件，被替换的旧营业执照等文件可以汇总在一起，与其他目前有效的资料分开，作为单独部分归整在永久性档案中。

2. 当期档案

当期档案是指那些记录内容经常变化，主要供当期审计使用和下期审计使用的审计档案。例如，总体审计策略和具体审计计划。根据现行审计法律法规的规定，当期档案的保存时间需满足以下规定。

(1) 会计师事务所应当自审计报告日起，对审计工作底稿至少保存十年。

(2) 如果审计人员未能完成审计业务，会计师事务所应当自审计业务中止日起，对审计工作底稿至少保存十年。

在完成最终审计档案的归整工作后，审计人员不得在规定的保存期限届满前删除或废弃任何性质的审计工作底稿。

(三) 审计工作底稿的保存要求

会计师事务所应当制定政策和程序，以满足下列要求：
(1) 安全保管审计工作底稿并对审计工作底稿保密；
(2) 保证审计工作底稿的完整性；
(3) 便于使用和检索审计工作底稿；
(4) 按照规定的期限保存审计工作底稿。

(四) 审计工作底稿归档后的修改

在审计报告日后将审计工作底稿归整为最终审计档案是一项事务性的工作，不涉及实施新的审计程序或得出新的结论。如果在归档期间对审计工作底稿做出的变动属于事务性的，审计人员可以做出变动。允许变动的情形主要包括：

(1) 删除或废弃被取代的审计工作底稿；
(2) 对审计工作底稿进行分类、整理和交叉索引；
(3) 对审计档案归整工作的完成核对表签字认可；
(4) 记录在审计报告日前获取的、与审计项目组相关成员进行讨论并取得一致意见的审计证据。

除以上情况外，在完成最终审计档案归整工作后，如果审计人员发现有必要修改现有审计工作底稿或增加新的审计工作底稿，无论修改或增加的性质如何，审计人员均应当记录：

（1）修改或增加审计工作底稿的理由；

（2）修改或增加审计工作底稿的时间和人员，以及复核的时间和人员。

本章小结

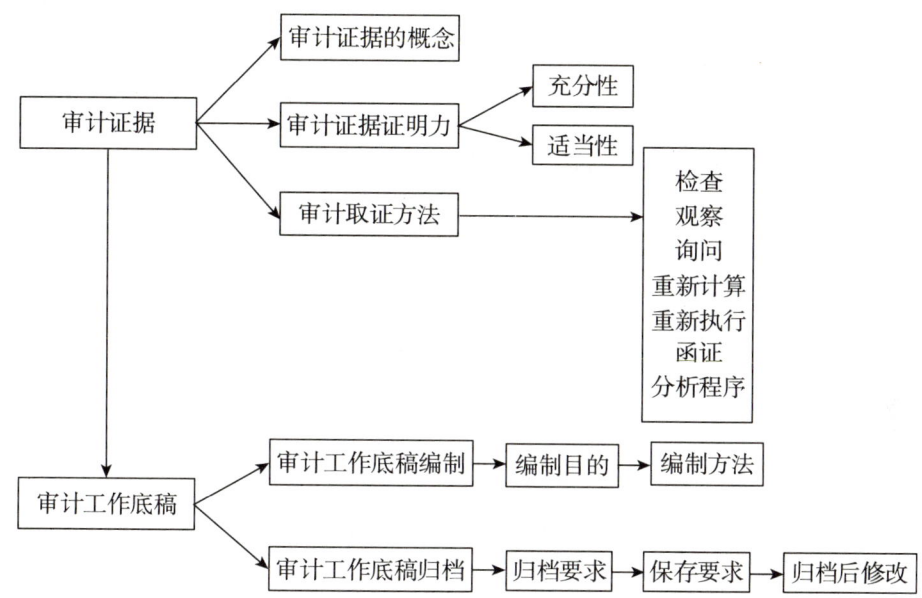

本章练习题

一、单项选择题

1. 下列有关审计证据适当性的说法中，错误的是（　　）。
   A. 审计证据适当性的核心内容是相关性和可靠性
   B. 审计证据的适当性是对审计证据质量的衡量
   C. 审计证据的适当性可以弥补充分性的不足
   D. 获取更多的审计证据无法弥补审计证据适当性的缺陷

2. 下列有关审计证据的充分性和适当性的说法中错误的是（　　）。
   A. 只有充分且适当的审计证据才有证明力
   B. 审计证据的充分性和适当性分别是对审计证据数量和质量的衡量
   C. 审计证据的充分性会影响审计证据的适当性
   D. 审计证据的适当性会影响审计证据的充分性

3. 下列各项中，不影响审计证据可靠性的是（　　）。
   A. 被审计单位内部控制是否有效

B. 用作审计证据的信息与相关认定之间的关系

C. 审计证据的来源

D. 审计证据的存在形式

4. 下列有关实质性分析程序的说法中，错误的是（   ）。

　　A. 实质性分析程序达到的精确度低于细节测试

　　B. 实质性分析程序提供的审计证据是间接证据，因此无法为相关财务报表认定提供充分、适当的审计证据

　　C. 实质性分析程序并不适用于所有财务报表认定

　　D. 审计人员可以对某些财务报表认定同时实施实质性分析程序和细节测试

5. 下列审计程序中，不适用于细节测试的是（   ）。

　　A. 函证　　　　　　B. 检查　　　　　　C. 询问　　　　　　D. 重新执行

6. 下列事项中，难以通过观察的方法来获取审计证据的是（   ）。

　　A. 实物资产的存在　　　　　　　　B. 内部控制的执行情况

　　C. 存货的所有权　　　　　　　　　D. 经营场所

7. 下列各项中，不属于在审计工作底稿归档期间的事务性变动的是（   ）。

　　A. 删除被取代的审计工作底稿

　　B. 将在审计报告日后获取的管理层书面声明放入审计工作底稿

　　C. 对审计工作底稿进行分类和整理

　　D. 将在审计报告日前获取的、与项目组相关成员进行讨论并达成一致意见的审计证据放入审计工作底稿

8. 在将审计工作底稿归档时，下列各项中，审计人员通常认为可不作为最终的审计工作底稿保存的是（   ）。

　　A. 应收账款函证回函结果汇总表

　　B. 存货盘点记录表

　　C. 计算加总有误的应付账款明细表

　　D. 用于记录审计工作完成情况的审计程序核对表

9. 根据审计工作底稿相关准则的规定，下列观点中正确的是（   ）。

　　A. 归档后需要变动的工作底稿，将新工作底稿替换需要修改的工作底稿

　　B. 在完成最终审计档案的归整工作后，如果发现有必要修改现有审计工作底稿，审计人员只需记录修改审计工作底稿对审计结论产生的影响

　　C. 在审计报告归档之后不能对审计工作底稿进行修改或增加

　　D. 如果发现需要对归档后的工作底稿进行修改，应记录修改的理由、修改的时间及复核时间和人员

10. 下列有关审计工作底稿的归档期限的说法中，不正确的是（   ）。

　　A. 如果审计人员未能完成审计业务，审计工作底稿的归档期限为审计业务中止后的60天内

　　B. 如果审计人员未能完成审计业务，审计工作底稿无须进行归档

　　C. 如果针对客户的同一财务信息执行不同的委托业务，出具两个或多个不同的报告，在规定的归档期限内分别将审计工作底稿归整为最终审计档案

D. 对于顺利完成审计工作的项目，会计师事务所应当自审计报告日起，对审计工作底稿至少保存 10 年

二、多项选择题

1. 以下关于审计证据说法正确的有（　　）。
A. 适当性的核心内容是相关性和可靠性
B. 审计证据的适当性不能弥补审计证据充分性的不足
C. 审计证据的充分性不能弥补审计证据适当性的缺陷
D. 审计证据的适当性是对审计证据质量的衡量

2. 下列各项因素中，通常影响审计人员是否实施函证的决策的有（　　）。
A. 评估的认定层次重大错报风险　　　B. 被审计单位管理层的配合程度
C. 函证信息与特定认定的相关性　　　D. 被询证者的客观性

3. 下列各项中，属于影响被询证者回复询证函的意愿和能力的因素有（　　）。
A. 被询证者可能不愿意承担回复询证函的责任
B. 被询证者可能以不同币种核算交易
C. 回复询证函不是被询证者日常经营活动的重要部分
D. 被询证者可能认为回复询证函成本太高或消耗太多时间

4. 下列各项中，属于审计人员通过实施穿行测试可以实现的目的有（　　）。
A. 确认对业务流程的了解　　　B. 评价控制设计的有效性
C. 确认控制是否得到执行　　　D. 确认对重要交易的了解是否完整

5. 下列有关审计工作底稿的说法中，正确的有（　　）。
A. 审计工作底稿可以以纸质、电子或其他介质形式存在
B. 以电子或其他介质形式存在的审计工作底稿，应与其他纸质形式的审计工作底稿一并归档，并应能通过打印等方式，转换成纸质形式的审计工作底稿
C. 审计人员在具体审计计划中记录拟对固定资产采购与付款循环采用综合性方案，因在测试控制时发现相关控制运行无效，将其改为实质性方案，重新编制具体审计计划工作底稿，并替代原具体审计计划工作底稿
D. 在实务中，会计师事务所通常单独保存以电子或其他介质形式存在的审计工作底稿

三、判断题

1. 利用专家实施分析程序，对于原始数据，专家测一部分，审计人员测一部分，认为完整准确适当。（　　）
2. 认为被审计单位存在提前确认收入，从资产负债表前十日客户签收单查至明细。（　　）
3. 项目合伙人应当复核所有审计工作底稿。（　　）
4. 项目质量控制复核人员应当在审计报告出具前复核审计工作底稿。（　　）
5. 审计人员对应收账款余额实施函证程序时，未收到回函，因其应收账款余额小于明显微小错报的临界值，审计人员可以不再实施替代程序。（　　）
6. 口头证据往往需要得到其他相应证据的支持。（　　）
7. 实物证据的存在本身就具有很大的可靠性，所以实物证据具有较强的证明力。（　　）

8. 检查有形资产可为其存在性提供可靠的审计证据，也能够为权利和义务或计价认定提供可靠的审计证据。（   ）

9. 审计人员可能得到的审计证据很多是说服性而非结论性的，因此，绝对肯定的审计意见是难以形成的。（   ）

10. 审计人员获取审计证据时，不应将获取审计证据的成本高低和难易程度作为减少不可替代的审计程序的理由。（   ）

四、论述题

试论述审计证据与审计目标的关系？并举例说明如何根据具体审计目标设计审计程序以获取充分适当的审计证据。

五、案例分析题

[材料] ABC 会计师事务所的 A 审计人员负责审计甲公司 2022 年度财务报表。审计工作底稿中与函证相关的部分内容摘录如下：

（1）甲公司 2022 年末存款余额最小的 5 个银行账户合计金额小于实际执行的重要性，A 审计人员认为这些银行存款余额对财务报表不重要，决定不对其实施函证程序，并在审计工作底稿中记录了理由。

（2）A 审计人员填制了应收账款询证函电子版，由甲公司财务人员核对信息、打印并加盖甲公司印章，由 A 审计人员装函并寄发。

（3）甲公司国内供应商丙公司的回函未加盖印章，A 审计人员与丙公司财务人员电话核实了回函信息，据此认可了回函结果，并在审计工作底稿中记录了电话沟通情况。

（4）审计人员在甲公司销售人员陪同下实地走访其客户 J 公司，并现场函证应收账款余额及本年销售额。在 J 公司财务人员与甲公司销售人员对账并办理回函手续时 A 审计人员前往采购部门访谈了采购经理，结果满意。

要求：针对上述第（1）至（4）项，逐项指出 A 审计人员的做法是否恰当，如不恰当，简要说明理由。

第七章 风险评估

学习目标

知识要点	能力要求	关键术语
风险识别和评估概述	(1) 了解风险识别和评估的总体要求 (2) 理解风险识别和评估的含义 (3) 掌握风险评估程序的含义、目的、实施框架	(1) 风险识别和评估 (2) 风险评估程序 (3) 项目组讨论
了解被审计单位及其环境	(1) 熟悉了解被审计单位及其环境的意义 (2) 掌握了解被审计单位及其环境的方法 (3) 熟悉了解被审计单位及其环境的信息来源 (4) 掌握了解被审计单位及其环境的内容	(1) 了解被审计单位及环境 (2) 固有风险因素
了解被审计单位内部控制	(1) 掌握内部控制的含义、目标、要素 (2) 理解内部控制的局限性	(1) 内部控制 (2) 内部控制要素 (3) 内部控制目标
识别和评估重大错报风险	(1) 理解和掌握两个层次重大错报风险的含义 (2) 了解两个层次重大错报风险的识别与评估 (3) 理解特别风险的含义,了解特别风险的识别与评估	(1) 重大错报风险 (2) 财务报表层次重大错报风险 (3) 认定层次重大错报风险 (4) 特别风险

风险评估切勿流于形式

案例 7-1 胜通集团财务造假案

胜通集团财务造假案系一起典型的上市公司虚构业务造假案件,曾被证监会列为 2021 年稽查典型违法案例对外通报。2013 年度至 2017 年度,胜通集团虚增主营业务收入金额 615.40 亿元,虚增利润总额为 113.00 亿元。2013—2017 年,中天运事务所作为胜通集团的审计机构,均出具了标准无保留意见的审计报告。经查明,中天运事务所及相关人员在为胜通集团 2013—2017 年财务报表提供审计服务过程中,风险识别和评估工作不到位,未勤勉尽责,存在如下缺陷:(1) 中天运事务所未执行"实地察看被审计单位主要生产经营场所"的审计程序,未能发现集团重要子公司胜通化工处于停产状态,进而未发现胜通化工虚构销售和采购的事实;(2) 未对前五大供应商集中且同时为客户的异常情况保持职业怀疑并有效实施进一步审计程序,未获取相关公司的工商信息,未能发现汇通贸易为胜通集团子公司以及胜通集团利用汇通贸易等三家公司虚构销售和采购的事实。2021 年 11 月 2 日,证监会对中天运事务所及两名签字注册会计师发布了行政处罚决定书。

案例 7-2　财政部对中国华融及德勤展开检查

自 2021 年起，财政部对中国华融会计信息质量及其审计机构德勤执业质量开展了检查。2023 年 3 月 17 日，财政部网站发布了财政部对德勤和中国华融依法作出行政处罚的相关通知。经查，中国华融在 2014 至 2019 年度不同程度存在内部控制和风险控制失效、会计信息严重失真等问题，财政部对中国华融及其 7 家附属公司分别处以顶格罚款，德勤被开出超 2 亿元罚单。

案例 7-3　大信会计所涉同济堂审计问题被证监会处罚

2023 年 6 月，大信会计所因涉同济堂审计问题受到证监会处罚。其审计中存在缺陷，比如大信会计所在风险评估中，未有效识别同济堂 2018 年相关舞弊风险因素。同济堂 2018 年收入 108 亿元，净利润 5.6 亿元，经营活动产生的现金流量净额为 -7.1 亿元；同济堂董事长张美华、副董事长李青等高管人员 2018 年为同济堂提供 4.3 亿元担保。大信会计所未有效识别上述情况，制作的舞弊风险因素评价表中对"在财务报表显示盈利或利润增长的情况下，经营活动产生的现金流量经常出现负数，或经营活动不能产生现金流入"和"管理层和治理层个人为被审计单位的债务提供了担保"的舞弊风险因素均填写为"不存在该事项"。大信会计所在后期获取到相应信息后未根据审计证据修正风险评估结果，未修改相应审计计划采取进一步审计程序，未能全面评估舞弊导致的财务报表层次重大错报风险，对相关舞弊风险因素采取的应对措施不充分。

由以上引例可以看出，在审计工作中要勤勉尽责，严格执行审计准则，降低审计风险，提高审计质量。其中对于被审计单位的重大错报风险的识别与评估极为关键和重要。那么，审计人员应如何识别和评估重大错报风险？本章主要介绍风险评估阶段注册会计师的工作内容，它要求注册会计师实施风险评估程序，了解被审计单位及其环境，并识别和评估财务报表层次及认定层次的重大错报风险，为下一步审计和实施总体应对措施与进一步审计程序，应对评估的重大错报风险提供依据。

第一节　风险识别和评估概述

一、风险识别和评估的总体要求

《中国注册会计师审计准则第 1211 号——重大错报风险的识别和评估》规定，注册会计师应当设计和实施风险评估程序，以获取审计证据，为识别和评估财务报表层次及认定层次重大错报风险，设计进一步审计程序提供依据。

风险识别和评估是指注册会计师通过设计、实施风险评估程序，识别和评估财务报表层次及认定层次的重大错报风险。其中，风险识别是指找出财务报表层次和认定层次的重大错报风险，风险评估是指对重大错报发生的可能性和后果严重程度进行评估。

党的十八大以来，习近平总书记多次强调"坚持底线思维""着力防范化解重大风险"[①]。

---

① 王旭宽：《坚持底线思维，强化问题导向》，《光明网—理论频道》https://topics.gmw.cn/2019-02/26/content_32585927.htm，访问日期：2024-01-15。

党的二十大报告指出"我国发展进入战略机遇和风险挑战并存、不确定难预料因素增多的时期"①，强调要居安思危、未雨绸缪，增强干部防范化解风险本领。我们必须从全局出发，将重大风险看作一个整体的系统，将各个领域的不同风险看作系统中的要素，充分考虑要素与要素、系统与要素之间的关系进行决策，从而更好防范和化解各类风险。这要求我们在工作中要具备洞察重大风险的敏锐意识和谨慎态度；要增强精准研判重大风险的本领，科学研判重大风险产生领域、表现形式、发展趋势等；要不断学习和提升战胜重大风险的本领。

二、风险评估程序

风险评估程序是指注册会计师为识别和评估财务报表层次以及认定层次的重大错报风险，而设计和实施的审计程序。注册会计师应当依据实施这些程序所获取的信息，了解被审计单位及其环境等方面的情况，识别和评估重大错报风险。注册会计师在设计和实施风险评估程序时，应保持职业怀疑，不应当偏向于获取佐证性的审计证据，也不应当排斥相矛盾的审计证据。

风险评估程序主要包括：①询问被审计单位管理层和内部其他合适人员，包括内部审计人员；②实施分析程序；③观察和检查。注册会计师在财务报表审计中应当实施上述风险评估程序，但是在了解被审计单位及其环境、适用的财务报告编制基础和内部控制体系各要素的每一方面时无须实施上述所有程序。

1. 询问被审计单位管理层和内部其他合适人员

这是注册会计师了解被审计单位及其环境等方面情况的一个重要信息来源。注册会计师可以考虑向管理层和负责财务报告的人员询问下列事项：

（1）管理层所关注的主要问题，如新的竞争对手、主要客户和供应商的流失、新的税收法规的实施及经营目标或战略的变化等；

（2）被审计单位最近的财务状况、经营成果和现金流量；

（3）可能影响财务报告的交易和事项，或者目前发生的重大会计处理问题，如重大的购并事宜等；

（4）被审计单位发生的其他重要变化，如所有权结构、组织结构的变化，以及内部控制的变化等。

注册会计师通过询问获取的大部分信息来自管理层和负责财务报告的人员。注册会计师也可以通过询问被审计单位内部其他不同层级和职责的适当人员获取信息，这可能为识别和评估重大错报风险提供不同的视角。

（1）直接询问治理层，可能有助于注册会计师了解治理层对管理层编制财务报表的监督程度。

（2）直接询问负责生成、处理或记录复杂与异常交易的人员，可能有助于注册会计师评价被审计单位选择和运用某项会计政策的恰当性。

（3）直接询问内部法律顾问，可能有助于注册会计师了解如诉讼、遵守法律法规的情况、影响被审计单位的舞弊或舞弊嫌疑、产品保证、售后责任、与业务合作伙伴的安排（如合营企

---

① 方长平：《深刻理解战略机遇与风险挑战并存时期—兼论当前如何延长战略机遇期》，《人民论坛·学术前沿》2023年2月上，http://www.rmlt.com.cn/2023/0227/666867.shtml，访问日期：2024-01-15。

业）以及合同条款的含义等事项的有关信息。

（4）直接询问营销人员，可能有助于注册会计师了解被审计单位营销策略的变化、销售趋势或与客户的合同安排等。

（5）直接询问风险管理职能部门或人员，可能有助于注册会计师了解可能影响财务报告的经营和监管风险。

（6）直接询问信息技术人员，可能有助于注册会计师了解系统变更、系统或控制失效的情况，或与信息技术相关的其他风险。

（7）直接询问适当的内部审计人员（如有），可能有助于注册会计师在识别和评估风险时了解被审计单位及其环境和内部控制体系。

2. 实施分析程序

分析程序是指注册会计师通过研究不同财务数据之间以及财务数据与非财务数据之间的内在关系，对财务信息作出评价。实施分析程序有助于注册会计师识别不一致的情形、异常的交易或事项，以及可能对审计产生影响的金额、比率和趋势。识别出的异常或未预期到的关系可以帮助注册会计师识别重大错报风险，特别是由舞弊导致的重大错报风险。

注册会计师将分析程序用作风险评估程序，识别注册会计师未注意到的被审计单位某些方面的情况，或了解固有风险因素（如相关变化）如何影响"相关认定"（注册会计师识别出存在重大错报风险的交易类别、账户余额和披露的认定）易于发生错报的可能性，可能有助于识别和评估重大错报风险。

注册会计师在将分析程序用作风险评估程序时，可以：

（1）同时使用财务信息和非财务信息，如分析销售额（财务信息）与卖场的面积（非财务信息）或已出售商品数量（非财务信息）之间的关系；

（2）使用高度汇总的数据。

因此，实施分析程序的结果应该可以大体上初步显示发生重大错报的可能性。例如，在对许多被审计单位（包括业务模式、流程和信息系统较不复杂的被审计单位）进行审计时，注册会计师可以对相关信息进行简单的比较，如中期账户余额或月度账户余额与以前期间的账户余额相比发生的变化，以发现潜在的较高风险领域。

3. 观察和检查

观察和检查程序可以支持对被审计单位管理层和内部其他合适人员的询问结果，并可以提供有关被审计单位及其环境等方面情况的信息，注册会计师应当实施下列观察和检查程序。

（1）观察被审计单位的经营活动。例如，观察被审计单位人员正在从事的生产活动和内部控制活动，增加注册会计师对被审计单位人员如何进行生产经营活动及实施内部控制的了解。

（2）检查内部文件、记录和内部控制手册。例如，检查被审计单位的经营计划、策略、章程，与其他单位签订的合同、协议，各业务流程操作指引和内部控制手册等，了解被审计单位组织结构和内部控制制度的建立健全情况。

（3）阅读由管理层和治理层编制的报告。例如，阅读被审计单位年度和中期财务报告，股东大会、董事会会议、高级管理层会议的会议记录或纪要，管理层的讨论和分析资料，对重要经营环节和外部因素的评价，被审计单位内部管理报告及有其他特殊目的的报告（如新投资项目的可行性分析报告）等，了解自上一期审计结束至本期审计期间被审计单位发生的重大事项。

（4）实地察看被审计单位的生产经营场所和厂房设备。通过现场访问和实地察看被审计单位的生产经营场所和厂房设备，可以帮助注册会计师了解被审计单位的性质及其经营活动。在实地察看的过程中，注册会计师有机会与被审计单位管理层和担任不同职责的员工进行交流，可以增强注册会计师对被审计单位的经营活动及其重大影响因素的了解。

（5）追踪交易在财务报告信息系统中的处理过程（穿行测试）。这是注册会计师了解被审计单位业务流程及其相关控制时经常使用的审计程序。通过追踪某笔或某几笔交易在业务流程中如何生成、记录、处理和报告，以及相关控制如何执行，注册会计师可以确定被审计单位的交易流程和相关控制是否与之前通过其他程序所获得的了解一致，并确定相关控制是否得到执行。

注册会计师在实施风险评估程序时，可以使用自动化工具和技术，如对大批量数据（如总账、明细账或其他经营数据）进行自动化分析，使用远程观察工具（如无人机）观察或检查资产等。

除了采用上述程序从被审计单位内部获取信息，如果根据职业判断认为从被审计单位外部获取的信息有助于识别重大错报风险，注册会计师应当实施其他审计程序以获取这些信息。例如，直接或间接从特定外部机构（如监管机构）获取信息；获取被审计单位的公开信息，如被审计单位发布的新闻稿、分析师或投资者会议的材料、分析师报告或与交易活动有关的信息；询问被审计单位聘请的外部法律顾问、专业评估师、投资顾问和财务顾问等。不论内部和外部信息的来源如何，注册会计师都需要考虑用作审计证据的信息的相关性和可靠性。

此外，注册会计师应当考虑在评价客户关系和审计业务的接受或保持过程中获取的信息是否与识别重大错报风险相关。通常，对新的审计业务，注册会计师应在业务承接阶段对被审计单位及其环境等方面情况有一个初步的了解，以确定是否承接该业务。而对连续审计业务，注册会计师也应在每年的续约过程中对上年审计作总体评价，并更新对被审计单位的了解和风险评估结果，以确定是否续约。对于连续审计业务，如果拟利用以往与被审计单位交往的经验和以前在审计中实施审计程序获取的信息，注册会计师应当确定被审计单位及其环境等方面情况自以前审计后是否已发生变化，并评价这些经验和信息是否依然相关和可靠。注册会计师还应当考虑向被审计单位提供其他服务（如执行中期财务报表审阅业务）所获得的经验是否有助于识别重大错报风险。

三、项目组内部讨论

项目组内部讨论在所有业务阶段都非常必要，可以保证所有事项得到恰当的考虑。通过讨论，项目组成员可以交流和分享了解的信息、分享审计思路和方法、为项目组指明审计方向。《中国注册会计师审计准则第1211号——重大错报风险的识别和评估》要求，项目合伙人和项目组其他关键成员应当讨论被审计单位财务报表易于发生重大错报的可能性，以及如何根据被审计单位的具体情况运用适用的财务报告编制基础。项目组应当根据审计的具体情况，在整个审计过程中持续交换有关财务报表发生重大错报可能性的信息。

项目组内部讨论可以达到下列目的：①使经验较丰富的项目组成员（包括项目合伙人）有机会分享其根据对被审计单位的了解形成的见解，共享信息有助于增进所有项目组成员对被审计单位的了解；②使项目组成员能够讨论被审计单位面临的经营风险，固有风险因素如何影响各类交易、账户余额和披露易于发生错报的可能性，以及财务报表易于发生由舞弊或错误导致的重大错报的方式和领域；③帮助项目组成员更好地了解在各自负责的领域中潜在的财务报表重大错报，并了解各自实施的审计程序的结果可能如何影响审计的其他方面，包括对所确定进一步审计程序的性质、时间安排和范围的影响，特别是帮助项目组成员基于各自对被审计单位性质和情况的了解，进一步考虑相矛盾的信息；④为项目组成员交流和分享在审计过程中获取的、可能影响重大错报风险评估结果或应对这些风险的审计程序的新信息提供基础。

项目组内部讨论的内容和范围受项目组成员的职位、经验和所需要的信息的影响。注册会计师应当运用职业判断确定参与讨论的成员。例如，如果项目组需要拥有信息技术或其他特殊技能的专家，这些专家也可根据需要参与讨论。在跨地区审计中，每个重要地区项目组的关键成员都应该参加讨论，但不要求所有成员每次都参与项目组的讨论。项目组在讨论时应当强调在整个审计过程中保持职业怀疑，警惕可能发生重大错报的迹象，并对这些迹象进行严格追踪。

第二节　了解被审计单位及其环境

一、总体要求

注册会计师应当实施风险评估程序，以了解被审计单位及其环境。注册会计师通过风险评估程序进行了解的性质和范围，取决于被审计单位的性质和具体情况，主要包括以下几方面：

（1）组织结构、所有权和治理结构；
（2）业务模式（包括该业务模式利用信息技术的程度）和经营风险；
（3）行业形势、法律环境、监管环境和其他外部因素；
（4）财务业绩的衡量标准，包括内部和外部使用的衡量标准；
（5）适用的财务报告编制基础、会计政策及变更会计政策的原因；
（6）内部控制体系各要素。

需要注意的是，上述了解的各个方面可能会互相影响，注册会计师需要考虑各因素之间的相互关系。前5项内容将在本节中阐述，第6项内容将在下一节中阐述。

获得的了解具有重要作用，特别是为注册会计师在下列关键环节作出职业判断提供重要基础：①确定重要性水平，并随着审计工作的进程评估对重要性水平的判断是否仍然适当；②考虑会计政策的选择和运用是否恰当，以及财务报表的列报是否适当；③识别与财务报表中金额或披露相关的需要特别考虑的领域，包括关联方交易、管理层运用持续经营假设的合理性，或交易是否具有合理的商业目的等；④确定在实施分析程序时所使用的预期值；⑤设计和实施进一步审计程序，以将审计风险降至可接受的低水平；⑥评价所获取审计证据的充分性和适当性。

了解被审计单位及其环境是一个连续和动态地收集、更新与分析信息的过程，贯穿于整个审计过程的始终。注册会计师应当运用职业判断确定需要了解的程度。评价了解的程度是否恰当，关键是看注册会计师获得的了解是否足以为识别、评估财务报表层次及认定层次重大错报风险和设计进一步审计程序提供依据。如果足以为之提供依据，那么了解的程度就是恰当的。当然，注册会计师对被审计单位及其环境等方面情况了解的程度，要低于管理层为经营管理企业而对被审计单位及其环境等方面情况的了解程度。

二、组织结构、所有权结构和治理结构

1. 组织结构

注册会计师应当了解被审计单位的组织结构，考虑复杂组织结构可能导致的重大错报风险，包括财务报表合并、商誉和长期股权投资核算等问题，以及财务报表是否已对这些问题作了充分披露。

2. 所有权结构

注册会计师应当了解被审计单位的所有权结构以及所有者与其他人员或实体之间的关系，包括关联方，考虑关联方关系是否已经得到识别，以及关联方交易是否得到恰当会计处理。例如，注册会计师应当了解被审计单位是属于国有企业、外商投资企业、民营企业，还是属于其他类型的企业，还应当了解其直接控股母公司、间接控股母公司、最终控股母公司和其他股东的构成，以及所有者与其他人员或实体（如控股母公司控制的其他企业）之间的关系。同时，注册会计师可能需要对其控股母公司（股东）的情况作进一步的了解，包括控股母公司的所有权性质、管理风格及其对被审计单位经营活动及财务报表可能产生的影响；控股母公司与被审计单位在资产、业务、人员、机构、财务等方面是否分开，是否存在占用资金等情况；控股母公司是否施加压力，要求被审计单位达到其设定的财务业绩目标。

3. 治理结构

良好的治理结构可以对被审计单位的经营和财务运作及财务报告实施有效的监督，从而降低财务报表发生重大错报的风险。注册会计师应当了解被审计单位的治理结构。注册会计师可以考虑下列事项，以了解治理结构：①治理层人员是否参与对被审计单位的管理；②董事会中的非执行人员（如有）是否与负责执行的管理层相分离；③治理层人员是否在被审计单位法律上的组织结构下的组成部分中任职，例如担任董事；④治理层是否下设专门机构（如审计委员会）并承担该专门机构的责任；⑤治理层是否承担监督财务报告的责任，包括批准财务报表。注册会计师应当考虑治理层是否能够在独立于管理层的情况下对被审计单位事务包括财务报告作出客观判断。

三、业务模式和经营风险

1. 业务模式

注册会计师在了解被审计单位业务模式时，包括了解下列活动。

（1）经营活动。了解被审计单位经营活动有助于注册会计师识别预期在财务报表中反映的主要交易类别、重要账户余额和披露，同时也有助于注册会计师了解影响财务报告的重要会计政策、交易或事项。注册会计师可能需要考虑从下列方面了解经营活动：

①收入来源（包括主营业务的性质）、产品或服务以及市场的性质（包括产品或服务的种类、付款条件、利润率、市场份额、竞争者、出口情况、定价政策、产品声誉、质量保证、营销策略和目标、电子商务如网上销售和营销活动）；

②业务的开展情况（如生产阶段与生产方法，易受环境风险影响的活动）；

③联盟、合营与外包情况；

④地区分布与行业细分；

⑤生产设施、仓库和办公室的地理位置，存货存放地点和数量；

⑥关键客户及货物和服务的重要供应商，劳动用工安排（包括是否存在退休金和其他退休福利、股票期权或激励性奖金安排以及与劳动用工事项相关的政府法规）；

⑦研究与开发活动及其支出；

⑧关联方交易。

（2）投资活动。了解被审计单位投资活动有助于注册会计师关注被审计单位在经营策略和方向上的重大变化。注册会计师可能需要考虑从下列方面了解投资活动：

①计划实施或近期已实施的并购或资产处置；

②证券与贷款的投资和处置；

③资本性投资活动；

④对未纳入合并范围的实体的投资，包括非控制合伙企业、合营企业和非控制特殊目的实体。

（3）筹资活动。了解被审计单位筹资活动有助于注册会计师评估被审计单位在融资方面的压力，并进一步考虑被审计单位在可预见未来的持续经营能力。注册会计师可能需要考虑从下列方面了解筹资活动：

①主要子公司和联营企业（无论是否纳入合并范围）的所有权结构；

②债务结构和相关条款，包括资产负债表外融资和租赁安排；

③实际受益方（例如，实际受益方来自国内还是国外，其商业声誉和经验可能对被审计单位产生的影响）及关联方；

④衍生金融工具的使用。

2. 经营风险

注册会计师并非需要了解被审计单位业务模式的所有方面。了解业务模式主要是为了了解和评价被审计单位经营风险可能对财务报表重大错报产生的影响。

所谓经营风险是指可能对被审计单位实现目标和实施战略的能力产生不利影响的重要状况、事项、情况、作为（或不作为）所导致的风险，或由于制定不恰当的目标和战略而导致的风险。不同的企业可能面临不同的经营风险，这取决于企业经营的性质、所处行业、外部监管环境、企业的规模和复杂程度。管理层有责任识别和应对这些风险。

由于多数经营风险最终都会产生财务后果，从而影响财务报表，因此，了解影响财务报表的经营风险有助于注册会计师识别重大错报风险。尽管多数经营风险最终都会导致财务后果，从而影响财务报表，但并非所有的经营风险都会导致重大错报风险，因此注册会计师没有责任了解或识别所有的经营风险。

通常来说，导致财务报表产生重大错报风险的可能性有所增加的经营风险可能来自下列事项：

（1）目标或战略不恰当，未能有效实施战略，环境的变化或经营的复杂性；

（2）未能认识到变革的必要性也可能导致经营风险；

（3）对管理层的激励和压力措施可能导致有意或无意的管理层偏向，并因此影响重大假设及管理层或治理层预期的合理性。

注册会计师在了解可能导致财务报表重大错报风险的业务模式、目标、战略及相关经营风险时，可以考虑下列事项：
(1) 行业发展，例如，缺乏足以应对行业变化的人力资源和业务专长；
(2) 开发新产品或提供新服务，这可能导致被审计单位的产品责任增加；
(3) 被审计单位的业务扩张，被审计单位对市场需求的估计可能不准确；
(4) 新的会计政策要求，被审计单位可能对其未完全执行或执行不当；
(5) 监管要求，这可能导致法律责任增加；
(6) 本期及未来的融资条件，例如被审计单位由于无法满足融资条件而失去融资机会；
(7) 信息技术的运用，例如新的信息技术系统的实施将影响经营和财务报告；
(8) 实施战略的影响，特别是由此产生的需要运用新的会计政策要求的影响。

四、行业形势、法律环境、监管环境及其他外部因素

1. 行业形势

了解行业形势有助于注册会计师识别与被审计单位所处行业有关的重大错报风险。被审计单位经营所处的行业可能由于其经营性质或监管程度导致产生特定的重大错报风险。注册会计师应当了解被审计单位的行业形势，主要包括：①所处行业的市场与竞争情况，包括市场需求、生产能力和价格竞争；②生产经营的季节性和周期性；③与被审计单位产品相关的生产技术发展；④能源供应与成本等。

具体而言，注册会计师可能需要了解以下情况：
(1) 被审计单位所处行业的总体发展趋势是什么？
(2) 被审计单位处于哪一发展阶段，如起步、快速成长、成熟或衰退阶段？
(3) 被审计单位所处市场的需求、市场容量和价格竞争如何？
(4) 该行业是否受经济周期波动的影响，以及采取了什么行动使波动产生的影响最小化？
(5) 该行业受技术发展影响的程度如何？
(6) 被审计单位是否开发了新的技术？
(7) 能源消耗在成本中所占比重，能源价格的变化对成本的影响；
(8) 谁是被审计单位最重要的竞争者，它们各自所占的市场份额是多少？
(9) 被审计单位与其竞争者相比主要的竞争优势是什么？
(10) 被审计单位业务的增长率和财务业绩与行业的平均水平及主要竞争者相比如何？存在重大差异的原因是什么？
(11) 竞争者是否采取了某些行动，如购并活动、降低销售价格、开发新技术等，从而对被审计单位的经营活动产生影响？
(12) 供应商和客户关系；
(13) 行业关键指标和统计数据。

2. 法律环境与监管环境

被审计单位在日常经营管理活动中应当遵守相关法律法规和监管要求。注册会计师应当了解被审计单位所处的法律环境与监管环境，主要包括：①适用的财务报告编制基础；②受管制行业的法律法规框架，包括披露要求；③对被审计单位经营活动产生重大影响的法律法规，如劳动法和相关法规；④税收相关法律法规；⑤目前对被审计单位开展经营活动产生影响的政府政策，如货币政策（包括外汇管制）、财政政策、财政刺激措施（如政府援助项目）、关税或

贸易限制政策等；⑥影响行业和被审计单位经营活动的环保要求。

3. 其他外部因素

注册会计师应当了解影响被审计单位的其他外部因素，主要包括总体经济情况、利率、融资的可获得性、通货膨胀水平或币值变动等。注册会计师对其他外部因素了解的范围和程度，因被审计单位所处行业、规模及其他因素（如市场地位）的不同而不同。注册会计师可以考虑将了解的重点，放在对被审计单位的经营活动可能产生重要影响的关键外部因素，以及与前期相比发生的重大变化上。

五、被审计单位财务业绩的衡量标准

在了解被审计单位财务业绩情况时，注册会计师应当关注下列用于评价财务业绩的衡量标准。

(1) 关键业绩指标（财务的或非财务的）、关键比率、趋势和经营统计数据。
(2) 同期财务业绩比较分析。
(3) 预算及差异分析报告，分部信息和分支机构、部门或其他不同层次的业绩报告。
(4) 员工业绩考核与激励性报酬政策。
(5) 被审计单位与竞争对手的业绩比较。

被审计单位管理层经常会衡量和评价关键业绩指标（财务的和非财务的）完成情况、预算及差异分析报告、分部信息和分支机构、部门或其他不同层次的业绩报告，以及与竞争对手的业绩比较信息等。通过询问管理层等程序，了解用于评价被审计单位财务业绩的衡量标准，有助于注册会计师考虑这些内部或外部的衡量标准，是否会导致被审计单位面临实现业绩目标的压力。这些压力可能促使管理层采取某些措施，从而增加由管理层偏向或舞弊导致错报的可能性（如使用不当手段改善经营业绩或有意歪曲财务报表）。

此外，外部机构或人员（如分析师或信用机构、新闻和其他媒体、税务机关、监管机构、商会和资金提供方）也可能评价和分析被审计单位的财务业绩。注册会计师可以考虑获取这些可公开获得的信息，以帮助其进一步了解业务并识别相矛盾的信息。如被审计单位是否过度依赖银行借款，而财务业绩又可能达不到借款合同对财务指标的要求，管理层在面临重大压力时，可能粉饰财务业绩，发生舞弊风险。

需要强调的是，注册会计师了解被审计单位财务业绩的衡量标准，是为了考虑管理层是否面临实现某些关键业绩指标的压力。这些压力既可能源于需要达到分析师或股东的预期，也可能产生于需要达到获得股票期权或管理层和员工奖金的目标。此外，了解管理层认为重要的关键业绩指标，有助于注册会计师深入了解被审计单位的目标和战略。

六、适用的财务报告编制基础、会计政策及变更会计政策的原因

注册会计师应当了解适用的财务报告编制基础、会计政策及变更会计政策的原因，并评价被审计单位的会计政策是否适当、是否与适用的财务报告编制基础一致。

（一）了解时需要考虑的事项

在了解被审计单位适用的财务报告编制基础，以及如何根据被审计单位及其环境的性质和情况运用该编制基础时，注册会计师可能需要考虑以下事项。

1. 了解被审计单位与适用的财务报告编制基础相关的财务报告实务

（1）会计政策和行业特定惯例，包括特定行业财务报表中的"相关交易类别、账户余额和披露"（如银行业的贷款和投资、医药行业的研究与开发活动）。

（2）收入确认。

（3）金融工具及相关信用损失的会计处理。

（4）外币资产、负债与交易。

（5）异常或复杂交易（包括在有争议或新兴领域的交易）的会计处理（如对加密货币的会计处理）。

2. 了解被审计单位对会计政策的选择和运用

注册会计师对于被审计单位对会计政策的选择和运用（包括发生的变化及变化的原因）的了解，可能包括下列事项。

（1）被审计单位用于确认、计量和列报（包括披露）重大和异常交易的方法。

（2）在缺乏权威性标准或共识、有争议的或新兴领域采用重要的会计政策产生的影响。

（3）环境变化，例如适用的财务报告编制基础的变化或税制改革可能导致被审计单位的会计政策的变更。

（4）被审计单位采用新颁布的会计准则、法律法规的时间，以及如何采用或遵守这些规定。

（二）了解固有风险因素如何影响认定易于发生错报的可能性

注册会计师还应当了解被审计单位在按照适用的财务报告编制基础编制财务报表时，固有风险因素如何影响各项认定易于发生错报的可能性。固有风险因素是指在不考虑内部控制的情况下，导致交易类别、账户余额和披露的某一认定易于发生错报（无论该错报是由舞弊还是错误导致）的因素。固有风险因素可能通过影响错报发生的可能性，以及错报发生时其可能的重要程度，来影响认定易于发生错报的可能性。

1. 固有风险因素的分类

与适用的财务报告编制基础要求的信息（以下简称所需信息）编制相关的固有风险因素可能是定性或定量的，包括复杂性、主观性、变化、不确定性及由影响固有风险的管理层偏向或其他舞弊风险因素导致易于发生错报的其他因素。

（1）复杂性。这是由信息的性质或编制所需信息的方式导致的，包括编制过程本身较为复杂的情况。例如，如果在作出会计估计时存在许多具有不同特征的潜在数据来源，该数据的处理涉及很多相互关联的步骤，这些数据本身较难识别、获取、访问、了解或处理，会导致较高的复杂性。

（2）主观性。由于知识或信息的可获得性受到限制，客观编制所需信息的能力存在固有局限性，因此，管理层可能需要对采取的适当方法和财务报表中的相关信息作出选择或主观判断。由于编制所需信息的方法不同，适当地运用适用的财务报告编制基础可能也会导致不同结果。随着知识或数据受到更多的限制，具有适当知识和独立性的人员作出判断的主观性及可能的判断结果的多样性也将有所增加。

（3）变化。随着时间的变化，被审计单位的经营、经济环境、会计、监管、所处行业或经营环境中其他方面的事项或情况也会产生变化，其影响反映在所需信息中。这些事项或情况的变化可能在财务报告期间内或不同期间之间发生。例如,变化可能是由于适用的财务报告编制基础的要求、被审计单位及其业务模式或经营环境的变化导致的。这些变化可能影响管理层的假设和判断,包括管理层对会计政策的选择、如何作出会计估计或如何确定相关披露。

(4) 不确定性。不能仅通过直接观察可验证的充分精确和全面的数据编制所需信息时,会导致不确定性。在这种情况下,注册会计师可能需要运用具备的知识并采用适当的方法,尽可能使用充分精确和全面的可观察数据以及能够被最适当的可用数据所支持的合理假设来编制信息。获取知识或数据的能力受到限制,且管理层不能控制这些限制(包括受到成本的限制)是产生不确定性的原因。该不确定性对编制所需信息的影响无法消除。例如,如果无法精确确定所需的货币金额并且在财务报表完成日之前无法确定估计的结果,则会导致估计的不确定性。

(5) 由影响固有风险的管理层偏向或其他舞弊风险因素导致易于发生错报的其他因素。管理层偏向的可能性,是由于管理层有意或无意地在信息编制过程中未保持中立而导致的。管理层偏向通常与特定情况相关,这些情况可能导致管理层在作出判断时未保持中立(潜在管理层偏向的迹象),从而导致信息产生重大错报,如果管理层是故意的,则导致舞弊。这些迹象包括影响固有风险的使管理层不保持中立的动机或压力(例如,追求实现预期结果,如预期利润目标或资本比率)以及机会。《〈中国注册会计师审计准则第1141号——财务报表审计中与舞弊相关的责任〉应用指南》说明了与易于发生由编制虚假财务报告或侵占资产等形式的舞弊导致的错报的可能性相关的因素。

如果复杂性是固有风险因素,那么信息编制可能固有地需要较复杂的过程,并且这些过程本身可能难以执行。因此,执行这些过程可能需要专业技术或知识,并可能需要利用管理层的专家。如果管理层的判断主观性较高,则由管理层偏向(无论无意或故意)导致易于发生错报的可能性有所提升。例如,在作出具有高度不确定性的会计估计时,可能涉及管理层的重大判断,与方法、数据和假设相关的结论可能反映出无意或故意的管理层偏向。

2. 固有风险因素对某类交易、账户余额和披露的影响

某类交易、账户余额和披露由于其复杂性或主观性而导致易于发生错报的可能性,通常与其变化或不确定性的程度密切相关。例如,如果被审计单位存在一项基于假设的会计估计,其选择涉及重大判断,则这项会计估计的计量可能受到主观性和不确定性的影响。

某类交易、账户余额和披露由于其复杂性或主观性而导致易于发生错报的可能性越大,注册会计师越有必要保持职业怀疑。此外,如果某类交易、账户余额和披露由于其复杂性、主观性、变化或不确定性而导致易于发生错报,这些固有风险因素可能为管理层偏向(无论无意或有意)创造了机会,并影响由管理层偏向导致的易于发生错报的可能性。注册会计师对重大错报风险的识别和认定层次固有风险的评估,也受到固有风险因素之间相互关系的影响。

某些事项或情况影响由管理层偏向导致易于发生错报的可能性,这些事项也可能影响由其他舞弊风险因素导致易于发生错报的可能性。因此,这些信息可能与《中国注册会计师审计准则第1141号——财务报表审计中与舞弊相关的责任》相关,该准则要求注册会计师评价通过其他风险评估程序和相关活动获取的信息,是否表明存在舞弊风险因素。

第三节　了解被审计单位内部控制

一、内部控制概述

1. 内部控制的概念和要素

内部控制（以下简称控制）是指被审计单位为实现控制目标所制定的政策和程序。其中，政策是指被审计单位为了实施控制而作出的应当或不应当采取某种措施的规定。政策是通过被审计人员采取相关行动或限制该人员采取与政策相冲突而得以贯彻的。程序是指为执行政策而采取的行动。程序可能是通过正式文件或由管理层采取其他形式明确规定的，也可能是被审计单位组织文化中约定俗成的。程序还可能通过被审计单位的信息技术应用程序及信息技术环境的其他方面所允许的行动来实施。

内部控制体系是指由治理层、管理层和其他人员设计、执行和维护的体系，以合理保证被审计单位能够实现财务报告的可靠性，提高经营效率和效果，以及遵守适用的法律法规等目标。该体系包含以下五个相互关联的要素：

（1）内部环境（控制环境）；
（2）风险评估；
（3）信息与沟通（信息系统与沟通）；
（4）控制活动；
（5）内部监督。

注册会计师应当根据对被审计单位内部控制体系各要素的评价，确定是否识别出控制缺陷。在了解和评价内部控制时，采用的具体分析框架及控制要素的分类可能并不唯一，重要的是控制能否实现控制目标。注册会计师可以使用不同的框架和术语描述内部控制的不同方面，但必须涵盖上述内部控制五个要素所涉及的各个方面。小型被审计单位可能采用非正式和简单的流程与程序，内部控制要素也可能未得到清晰区分，注册会计师应当综合考虑小型被审计单位的内部控制要素能否实现其目标。

2. 直接控制和间接控制

从内部控制概念可看出，被审计单位的内部控制目标相当广泛。针对财务报表审计的目的和需要，注册会计师只应当了解与审计相关的控制。例如，被审计单位可能依靠某一复杂的自动化控制提高经营活动的效率和效果（如航空公司用于维护航班时间表的自动化控制系统），但这些控制通常与审计无关。确定一项控制单独或连同其他控制是否与审计相关，需要注册会计师作出职业判断。

与审计相关的控制，按照其对防止、发现或纠正认定层次错报发挥作用的方式，分为直接控制和间接控制。这种分类有助于注册会计师识别和评估财务报表层次及认定层次的重大错报风险。

直接控制是指足以精准防止、发现或纠正认定层次错报的内部控制，间接控制是指不足以精准防止、发现或纠正认定层次错报的内部控制。也就是说，直接控制和间接控制对防止、发现或纠正认定层次错报分别产生直接影响和间接影响。

信息系统与沟通以及控制活动要素中的控制主要为直接控制。因此，注册会计师对这些要素的了解和评价更有可能影响其对认定层次重大错报风险的识别和评估。实务中，注册会计师需要投入充足的资源对这类要素中的控制进行了解和评价。

内部环境、风险评估过程和内部监督中的控制主要是间接控制，该类控制虽不足以精准地防止、发现或纠正认定层次的错报，但可以支持其他控制，因此，该类控制可能间接影响及时发现或防止错报发生的可能性。值得说明的是，这些要素中的某些控制也可能是直接控制。

内部环境为内部控制体系其他要素的运行奠定了总体基础。内部环境不能直接防止、发现并纠正错报，但其可能影响内部控制体系其他要素中控制的有效性。同样，风险评估过程和内部监督也旨在支持整个内部控制体系。

由于内部环境、风险评估过程和内部监督是被审计单位内部控制体系的基础，其运行中的任何缺陷都可能对财务报表的编制产生广泛的影响。因此，注册会计师对这些要素的了解和评价，更有可能影响其对财务报表层次重大错报风险的识别和评估，也可能影响对认定层次重大错报风险的识别和评估。如《中国注册会计师审计准则第 1231 号——针对评估的重大错报风险采取的应对措施》所述，财务报表层次重大错报风险影响注册会计师设计总体应对措施，并影响进一步审计程序的性质、时间安排和范围。

3. 了解内部控制的性质和程度

（1）了解内部控制的性质

注册会计师了解内部控制的目的，就是为了评价控制设计的有效性及控制是否得到执行。在评价控制设计的有效性及控制是否得到执行时，注册会计师了解被审计单位内部控制体系各项要素，有助于其初步了解被审计单位如何识别和应对经营风险。这些了解也可能以不同方式，影响注册会计师对重大错报风险的识别和评估。这有助于注册会计师设计和实施进一步审计程序，包括计划测试控制运行的有效性。

①注册会计师了解被审计单位的内部环境、风险评估过程和内部监督要素，更有可能影响财务报表层次重大错报风险的识别和评估。

②注册会计师了解被审计单位的信息系统与沟通及控制活动要素，更有可能影响认定层次重大错报风险的识别和评估。

（2）了解内部控制的程度

对内部控制了解的程度是指注册会计师在实施风险评估程序时，了解被审计单位内部控制的范围及深度。其包括评价控制设计的有效性，并确定其是否得到执行，但不包括对控制是否得到一贯执行的测试。

注册会计师通常实施下列风险评估程序，以获取有关控制设计有效性和控制是否得到执行的审计证据：

①询问被审计单位人员；

②观察特定控制的运用；

③检查文件和报告；

④追踪交易在财务报告信息系统中的处理过程（穿行测试）。

值得注意的是，评价设计有效的控制是否得到执行，与测试控制运行的有效性即控制是否得到一贯执行，是有区别的。前者是了解内部控制的目的，后者是控制测试的目的。除非存在某些可以使控制得到一贯运行的自动化控制，否则，注册会计师对控制的了解并不足以测试控制运行的有效性。例如，获取某一人工控制在某一时点得到执行的审计证据，并不能证明该控制在所审计期间内的其他时点也有效运行。但是，信息技术可以使被审计单位持续一贯地对大量数据进行处理，提高被审计单位监督控制活动运行情况的能力，信息技术还可以通过对应用软件、数据库、操作系统设置安全控制来实现有效的职责划分。由于信息技术处理流程的内在一贯性，实施审计程序确定某项自动化控制是否得到执行，也可能实现对控制运行有效性测试的目标，这取决于注册会计师对控制（如针对程序变更的控制）的评估和测试。

4. 内部控制的人工和自动化成分

（1）考虑内部控制的人工和自动化特征及其影响

大多数被审计单位出于编制财务报告和实现经营目标的需要使用信息技术。然而，即使信息技术得到广泛使用，人工因素仍然会存在于这些系统之中。不同的被审计单位采用的控制系统中人工控制和自动化控制的比例是不同的。在一些小型的、生产经营不太复杂的被审计单位，可能以人工控制为主；而在另外一些单位，可能以自动化控制为主。内部控制可能既包括人工成分，又包括自动化成分，在风险评估以及设计和实施进一步审计程序时，注册会计师应当考虑内部控制的人工和自动化特征及其影响。

内部控制采用人工系统还是自动化系统，将影响交易生成、记录、处理和报告的方式。在以人工为主的系统中，内部控制一般包括批准和复核业务活动，编制调节表并对调节项目进行跟踪。当采用信息技术系统生成、记录、处理和报告交易时，交易的记录形式（如订购单、发票、装运单及相关的会计记录）可能是电子文档而不是纸质文件。信息技术系统中的控制可能既有自动化控制（如嵌入计算机程序的控制），又有人工控制。人工控制可能独立于信息技术系统，利用信息技术系统生成的信息，也可能用于监督信息技术系统和自动化控制的有效运行或者处理例外事项。如果采用信息技术系统处理交易和其他数据，系统和程序可能包括与财务报表重大账户认定相关的控制，或可能对依赖于信息技术的人工控制的有效运行非常关键。被审计单位的性质和经营的复杂程度会对采用人工控制和自动化控制的成分组合产生影响。

值得注意的是，无论被审计单位的经营环境是以人工为主还是完全自动化，亦或是人工和自动化要素的组合（即人工控制和自动化控制相结合及被审计单位内部控制体系中使用的其他资源），审计的总体目标和范围都没有区别。

中国注册会计师协会发布的相关应用指南提供了有关了解被审计单位内部控制体系各要素中对信息技术的使用的进一步指引。

（2）信息技术的优势及相关内部控制风险

信息技术通常在下列方面提高被审计单位内部控制的效率和效果：

①在处理大量的交易或数据时，一贯运用事先确定的业务规则，并进行复杂运算；

②提高信息的及时性、可获得性及准确性；

③促进对信息的深入分析；

④提高对被审计单位的经营业绩及其政策和程序执行情况进行监督的能力；

⑤降低控制被规避的风险；

⑥通过对信息技术应用程序、数据库系统和操作系统执行安全控制，提高职责分离的有效性。

但是，信息技术也可能对内部控制产生特定风险。注册会计师应当从下列方面了解信息技术对内部控制产生的特定风险：

①所依赖的系统或程序不能正确处理数据，或处理了不正确的数据，或两种情况并存；

②未经授权访问数据，可能导致数据的毁损或对数据不恰当的修改，包括记录未经授权或不存在的交易，或不正确地记录了交易，多个用户同时访问同一数据库可能会造成特定风险；

③信息技术人员可能获得超越其职责范围的数据访问权限，因此破坏了系统应有的职责分工；

④未经授权改变主文档的数据；

⑤未经授权改变信息技术应用程序和信息技术环境的其他方面；

⑥未能对信息技术应用程序和信息技术环境的其他方面作出必要的修改；

⑦不恰当的人为干预；

⑧可能丢失数据或不能访问所需要的数据。

(3) 人工控制的适用范围及相关内部控制风险

内部控制的人工成分在处理下列需要主观判断或酌情处理的情形时可能更为适当：

①存在大额、异常或偶发的交易；

②存在难以界定、预计或预测的错误情况；

③针对变化的情况，需要对现有的自动化控制进行人工干预；

④监督自动化控制的有效性。

但是，由于人工控制由人执行，受人为因素的影响，也产生了特定风险，注册会计师应当从下列方面了解人工控制产生的特定风险：

①人工控制可能更容易被规避、忽视或凌驾；

②人工控制可能不具有一贯性；

③人工控制可能更容易产生简单错误或失误。

相对于自动化控制，人工控制的可靠性较低。为此，注册会计师应当考虑人工控制在下列情形中可能是不适当的：①存在大量或重复发生的交易；②事先可预计或预测的错误能够通过自动化处理得以防止或发现并纠正；③用特定方法实施的控制可得到适当设计和自动化处理。

内部控制风险的程度和性质取决于被审计单位信息系统的性质和特征。考虑到信息系统的特征，被审计单位可以通过建立有效的控制，应对由于采用信息技术或人工成分而产生的风险。

5. 内部控制的局限性

内部控制无论如何有效，都只能为被审计单位实现财务报告目标提供合理保证。内部控制实现目标的可能性受其固有限制的影响，这些限制包括以下几方面。

①在决策时人为判断可能出现错误和因人为失误而导致内部控制失效。例如，控制的设计和修改可能存在失误。同样地，控制的运行可能无效，例如，由于负责复核信息的人员不了解复核的目的或没有采取适当的措施，内部控制生成的信息（如例外报告）没有得到有效使用。

②控制可能由于两个或更多的人员串通或管理层不当地凌驾于内部控制之上而被规避。例如，管理层可能与客户签订"背后协议"，修改标准的销售合同条款和条件，从而导致不适当的收入确认。再如，信息技术应用程序中的编辑控制旨在识别和报告超过赊销信用额度的交易，但这一控制可能被凌驾或不能得到执行。

此外，如果被审计单位内部行使控制职能的人员素质不适应岗位要求，也会影响内部控制功能的正常发挥。被审计单位实施内部控制的成本效益问题也会影响其效能，当实施某项控制成本大于控制效果而发生损失时，就没有必要设置该控制环节或控制措施。内部控制一般都是针对经常而重复发生的业务设置的，如果出现不经常发生或未预计到的业务，原有控制就可能不适用。

对于小型被审计单位而言，其员工通常较少，限制了职责分离的程度。但是，在业主管理的小型被审计单位，业主兼经理可以实施比大型被审计单位更有效的监督。这种监督可以弥补职责分离有限的局限性。另外，由于内部控制系统较为简单，业主兼经理更有可能凌驾于控制之上。注册会计师在识别由于舞弊导致的重大错报风险时需要考虑这一问题。

二、内部控制的主要要素

（一）内部环境

内部环境包括治理职能和管理职能，以及治理层和管理层对内部控制体系及其重要性的态度、认识和行动。内部环境设定了被审计单位的内部控制基调，影响员工的内部控制意识，并为被审计单位内部控制体系中其他要素的运行奠定了总体基础。良好的内部环境是实施有效内部控制的基础。防止或发现并纠正舞弊和错误是被审计单位治理层和管理层的责任。在评价内部环境的设计和实施情况时，注册会计师应当了解管理层在治理层的监督下，是否营造并保持了诚实守信和合乎道德的文化，以及是否建立了防止或发现并纠正舞弊和错误的恰当控制。实际上，在审计业务承接阶段，注册会计师就需要对内部环境作出初步了解和评价。

内部环境的构成要素主要包括：对诚信和道德价值观念的沟通与落实；对胜任能力的重视；治理层的参与程度；管理层的理念和经营风格；职权与责任的分配；人力资源政策与实务等方面。

（二）风险评估过程

任何经济组织在经营活动中都会面临各种各样的风险，风险对其生存和竞争能力产生影响。很多风险并不为经济组织所控制，但管理层应当确定可以承受的风险水平，识别这些风险并采取一定的应对措施。

可能产生风险的事项和情况包括：监管及经营环境的变化；新员工的加入；新信息系统的使用或对原系统进行升级；业务快速发展；新技术；新业务模式、产品和活动；企业重组；发展海外经营；新的会计政策等方面。

被审计单位风险评估工作的作用是识别、评估和管理影响其实现经营目标能力的各种风险。由于被审计单位风险评估包括识别与财务报告相关的经营风险，以及针对这些风险所采取的措施，注册会计师应当了解被审计单位的风险评估过程。

在评价被审计单位风险评估的设计和执行时，注册会计师应当确定管理层如何识别与财务报告相关的经营风险，如何估计该风险的重要性，如何评估风险发生的可能性，以及如何采取措施管理这些风险。如果被审计单位的风险评估符合其具体情况，了解被审计单位的风险评估工作有助于注册会计师识别财务报表的重大错报风险。

（三）与财务报表编制相关的信息系统与沟通

1. 与财务报表编制相关的沟通

与财务报表编制相关的信息系统由一系列的活动和政策、会计记录和支持性记录组成。与财务报表编制相关的信息系统应当与业务流程相适应。业务流程是指被审计单位开发、采购、生产、销售、发送产品和提供服务、保证遵守法律法规、记录信息（包括会计和财务报告信息)等一系列活动。记录包括识别和收集与交易、事项有关的信息。处理包括编辑、核对、计量、估价、汇总和调节活动,可能由人工或自动化程序来执行。报告是指用电子或书面形式编制财务报表和其他信息,供被审计单位用于衡量和考核财务及其他方面的业绩。

与财务报表编制相关的信息系统所生成信息的质量,对管理层能否作出恰当的经营管理决策以及编制可靠的财务报告的能力具有重大影响。注册会计师可实施多种程序了解信息系统,包括:①向相关人员询问用于生成、记录、处理和报告交易的程序或被审计单位的财务报告过程;②检查有关被审计单位信息系统的政策、流程手册或其他文件;③观察被审计单位人员对政策或程序的执行情况;④选取交易并追踪交易在信息系统中的处理过程(即实施穿行测试)。

2. 与财务报表编制相关的沟通

与财务报表编制相关的沟通,包括使员工了解各自在与财务报告有关的内部控制方面的角色和职责,员工之间的工作联系,以及向适当级别的管理层报告例外事项的方式。

公开的沟通渠道有助于确保例外情况得到报告和处理。沟通可以采用政策手册、会计和财务报告手册及备忘录等形式进行,也可以采用电子方式或口头方式和通过管理层的行动来实现。注册会计师应当了解被审计单位内部,如何对财务报告的岗位职责以及与财务报表编制相关的重大事项进行沟通。此外,注册会计师还应当了解管理层与治理层(特别是审计委员会)之间的沟通,以及被审计单位与外部(包括与监管部门)的沟通。

(四) 控制活动

控制活动是指有助于确保管理层的指令得以执行的政策和程序。注册会计师应当按照审计准则的规定识别控制活动要素中的控制。这些控制包括信息处理控制和信息技术一般控制,两类控制均可能属于人工控制或自动化控制。管理层利用和依赖的与财务报告相关的自动化控制或涉及自动化方面的控制的程度越高,被审计单位执行信息技术一般控制(应对信息处理控制自动化方面的持续运行)可能就越重要。控制活动要素中的控制可能与下列事项相关。

1. 授权和批准

有了授权才能确认交易是有效的(即交易具有经济实质或符合被审计单位的政策)。授权的形式通常为较高级别的管理层批准或验证并确定交易是否有效。例如,主管在复核某项费用是否合理且符合政策后批准该费用报告单。自动批准的一个举例是自动将发票单位成本与相关的采购订单单位成本(在预先确定的可容忍范围内)进行比较,单位成本在可容忍范围内的发票将自动批准付款,对单位成本超出可容忍范围的发票将进行标记以执行进一步调查。

2. 调节

将两项或多项数据要素进行比较,如果发现差异,则采取措施使数据相一致。调节通常应对所处理交易的完整性或准确性。

3. 验证

将两个或多个项目互相进行比较,或将某个项目与政策进行比较,如果两个项目不匹配或者某个项目与政策不一致,则可能对其执行跟进措施。验证通常应对所处理交易的完整性、准确性或有效性。

4. 实物或逻辑控制

这包括应对资产安全的控制,以防止未经授权地访问、获取、使用或处置资产。实物或逻辑控制包括下列控制：

（1）保证资产的实物安全，包括恰当的安全保护措施，如针对接触资产和记录的安全设施；

（2）对接触计算机程序和数据文档设置授权（即逻辑访问权限）；

（3）定期盘点并将盘点记录与控制记录相核对（如将会计记录与现金、有价证券和存货的定期盘点结果相比较）。旨在防止资产盗窃的实物控制，其与财务报表编制的可靠性相关，相关的程度取决于资产被侵占的风险。

5. 职责分离

将交易授权、交易记录及资产保管等不相容职责分配给不同员工。职责分离旨在降低同一员工在正常履行职责过程中实施并隐瞒舞弊或错误的可能性。例如，授权赊销的经理不负责维护应收账款记录或处理现金收入。如果某个员工能够执行上述所有活动，则该员工可以创建难以被发现的虚假销售。类似地，销售人员也不应具有修改产品价格文件或佣金比率的权限。

在某些情况下，职责分离可能是不切实际、成本效益低下或不可行的。例如，小型和较不复杂被审计单位可能缺乏充分的资源以实现理想的职责分离，并且雇用额外员工的成本可能很高。在这种情况下，管理层可以设置替代控制。在前述示例中，如果销售人员可以修改产品价格文件，则可以设置发现性的控制活动，让与销售职能无关的员工定期复核销售人员是否存在对价格进行修改以及修改价格的情形。

实务中，某些控制可能取决于管理层或治理层是否制定了适当的监督控制。例如，可能按照既定的指导方针（如治理层制定的投资标准）进行授权控制；或者非常规交易（如重大收购或撤资）可能需要特定的高级别人员的批准，包括在某些情况下由股东批准。

（五）对控制的监督

管理层的重要职责之一就是建立和维护内部控制体系并保证其持续有效运行，对内部控制体系的监督可以实现这一目标。监督是由适当的人员，在适当、及时的基础上，评估控制的设计和运行情况的过程。对控制的监督是指被审计单位评价内部控制在一段时间内运行有效性的过程。对控制的监督涉及及时评估控制的有效性并采取必要的补救措施。例如，管理层对是否定期编制银行存款余额调节表进行复核，内部审计人员评价销售人员是否遵守公司关于销售合同条款的政策，法律部门定期监控公司的道德规范和商务行为准则是否得以遵循等。监督对控制的持续有效运行十分重要。假如没有对银行存款余额调节表是否得到及时和准确的编制进行监督，该项控制可能无法得到持续的执行。

被审计单位可能使用内部审计人员或具有类似职能的人员，对内部控制的设计和执行进行专门的评价，以找出内部控制的优点和不足，并提出改进建议。被审计单位也可能利用与外部有关各方沟通或交流获取的信息，监督相关的控制活动。在某些情况下，外部信息可能显示内部控制存在的问题和需要改进之处。值得注意的是，用于监督活动的很多信息都由被审计单位的信息系统产生，这些信息可能会存在错报，从而导致管理层从监督活动中得出错误的结论。因此，注册会计师应当了解与被审计单位监督活动相关的信息来源，包括管理层在与外部有关各方沟通时获取的信息（如顾客的投诉和监管机构提出的意见），以及管理层认为信息具有相关性和可靠性的依据。如果拟利用被审计单位监督活动使用的信息（包括内部审计报告），注册会计师应当考虑该信息是否相关和可靠，是否足以实现审计目标。

三、在整体层面和业务流程层面了解内部控制

内部控制的某些要素（如内部环境）更多地对被审计单位整体层面产生影响，而其他要素（如信息系统与沟通、控制活动）则可能更多地与特定业务流程相关。在实务中，注册会计师应当从被审计单位整体层面和业务流程层面分别了解和评价被审计单位的内部控制。整体层面的控制（包括对管理层凌驾于内部控制之上的控制）和信息技术一般控制通常在所有业务活动中普遍存在。业务流程层面控制主要是对工资、销售和采购等交易的控制。整体层面的控制对内部控制在所有业务流程中得到严格的设计和执行具有重要影响。整体层面的控制较差甚至可能使最好的业务流程层面控制失效。例如，被审计单位可能有一个有效的采购系统，但如果会计人员不胜任，仍然会发生大量错误，且其中一些错误可能导致财务报表存在重大错报。而且，管理层凌驾于内部控制之上（它们经常在企业整体层面出现）也是不好的公司行为之一。

在初步计划审计工作时，注册会计师需要确定在被审计单位财务报表中存在重大错报风险的相关交易类别、账户余额和披露及相关认定。为实现此目的，通常采取下列步骤：①确定被审计单位的重要业务流程和相关交易类别；②了解相关交易类别的流程，并记录获得的了解；③确定可能发生错报的环节；④识别和了解相关控制；⑤执行穿行测试，证实对交易流程和相关控制的了解；⑥进行初步评价和风险评估。

（一）确定重要业务流程和相关交易类别

在实务中，将被审计单位的整个经营活动划分为几个重要的业务循环，有助于注册会计师更有效地了解和评估重要业务流程及相关控制。通常，对制造业企业，可以划分为销售与收款循环、采购与付款循环、生产与存货循环、人力资源与工薪循环、投资与筹资循环等。相关交易类别是指可能存在重大错报风险的各类交易。相关交易类别应与相关账户及其相关认定相联系，例如，对于一般制造业企业，销售收入和应收账款通常是相关账户，销售和收款都是相关交易类别。除了一般所理解的交易以外，对财务报表具有重大影响的事项和情况也应包括在内，例如，计提资产的折旧或摊销，考虑应收款项的可回收性和计提坏账准备等。

（二）了解相关交易流程，并进行记录

在确定重要的业务流程和相关交易类别后，注册会计师便可着手了解每一类相关交易类别在信息技术或人工系统中生成、记录、处理及在财务报表中报告的程序，即相关交易流程。这是确定在哪个环节或哪些环节可能发生错报的基础。

交易流程通常包括一系列工作：输入数据的核准与修订，数据的分类与合并，进行计算、更新账簿资料和客户信息记录，生成新的交易，归集数据，列报数据。例如，在销售循环中，这些活动包括输入销售订购单、编制货运单据和发票、更新应收账款信息记录等。相关的处理程序包括通过编制调整分录，修改并再次处理以前被拒绝的交易，以及修改被错误记录的交易。

注册会计师要注意记录以下信息：①输入信息的来源；②所使用的重要数据档案，如客户清单及价格信息记录；③重要的处理程序，包括在线输入和更新处理；④重要的输出文件、报告和记录；⑤基本的职责划分，即列示各部门所负责的处理程序。

注册会计师通常只针对每年的变化修改记录流程的工作底稿，除非被审计单位的交易流程发生重大改变。然而，无论交易流程与以前年度相比是否有变化，注册会计师每年都需要考虑

上述注意事项,以确保对被审计单位的了解是最新的,并已包括被审计单位交易流程中相关的重大变化。

(三) 确定可能发生错报的环节

注册会计师需要确认和了解被审计单位应在哪些环节设置控制,以防止或发现并纠正各相关交易流程可能发生的错报。注册会计师所关注的控制,是那些能通过防止错报的发生,或者通过发现和纠正已有错报,从而确保各个相关交易流程中的具体活动(从交易的发生到记录于账目)能够顺利运转的人工或自动化控制程序。

尽管不同的被审计单位为确保会计信息的可靠性而对相关交易流程设计和实施不同的控制,但设计控制的目的是为实现某些控制目标(表7-1)。实际上,这些控制目标与财务报表相关账户及相关认定相联系。但注册会计师在此时通常不考虑列报认定,而在审计财务报告流程时再考虑该认定。

表7-1 控制目标释义

控制目标	解释
完整性:所有的有效交易都已记录	必须有程序确保没有漏记实际发生的交易
发生:每项已记录的交易均真实	必须有程序确保会计记录中没有虚构的或重复入账的项目
适当计量交易	必须有程序确保交易以适当的金额入账
恰当确定交易生成的会计期间	必须有程序确保交易在适当的会计期间内入账
恰当分类	必须有程序确保将交易记入正确的总分类账,必要时,记入相应的明细账内
正确汇总和过账	必须有程序确保所有作为账簿记录中的借贷方余额都正确地归集(加总),确保加总后的金额正确过入总账和明细分类账

(四) 识别和了解相关控制

通过对被审计单位的了解,包括在被审计单位整体层面对内部控制体系各要素的了解,以及在上述程序中对重要业务流程的了解,注册会计师可以确定是否有必要进一步了解在业务流程层面的控制。在某些情况下,注册会计师之前的了解可能表明被审计单位在业务流程层面针对某些相关交易流程所设计的控制是无效的,或者注册会计师并不打算信赖控制,这时注册会计师没有必要进一步了解在业务流程层面的控制。

如果注册会计师计划对业务流程层面的有关控制,进行进一步的了解和评价,那么针对业务流程中容易发生错报的环节,注册会计师应当确定:①被审计单位是否建立了有效的控制,以防止或发现并纠正这些错报;②被审计单位是否遗漏了必要的控制;③是否识别了可以最有效测试的控制。

通常将业务流程中的控制划分为预防性控制和检查性控制,下面分别予以说明。

(1) 预防性控制。预防性控制通常用于正常业务流程的每一项交易,以防止错报的发生。在流程中防止错报是信息系统的重要目标。

预防性控制可能是人工的,也可能是自动化的。表7-2是预防性控制及其能防止错报的举例。

表 7-2　预防性控制示例

对控制的描述	控制用来防止的错报
计算机程序自动生成收货报告，同时也更新采购档案	防止出现购货漏记账的情况
在更新采购档案之前要有收货报告	防止记录了未收到购货的情况
销货发票上的价格根据价格清单上的信息确定	防止销货计价错误
系统将各凭证上的账户号码与会计科目表对比，然后进行一系列的逻辑测试	防止出现分类错报

（2）检查性控制。建立检查性控制的目的是发现流程中可能发生的错报（尽管有预防性控制还是会发生的错报）。被审计单位通过检查性控制，监督其流程和相应的预防性控制能否有效地发挥作用。检查性控制通常是管理层用来监督实现流程目标的控制。检查性控制可以由人工执行，也可以由信息系统自动执行。表 7-3 是检查性控制及其可能查出的错报的举例。

表 7-3　检查性控制示例

对控制的描述	控制预期查出的错报
定期编制银行存款余额调节表，跟踪调查挂账的项目	在对其他项目进行审核的同时，查找存入银行但没有记入日记账的现金收入，未记录的银行现金支出或虚构入账的不真实的银行现金收入或支出，未及时入账或未正确汇总分类的银行现金收入或支出
将预算与实际费用间的差异列入计算机编制的报告中并由部门经理复核。记录所有超过预算 2% 的差异情况和解决措施	在对其他项目进行审核的同时，查找本月发生的重大分类错报或没有记录及没有发生的大笔收入、支出及相关联的资产和负债项目
系统每天比较运出货物的数量和开票数量。如果发现差异，产生报告，由开票主管复核和追查	查找没有开票和记录的出库货物，以及与真实发货无关的发票
每季度复核应收账款贷方余额并找出原因	查找未予入账的发票和销售与现金收入中的分类错误

如果确信存在以下情况，那么就可以将检查性控制作为一个主要手段，来合理保证某特定认定发生重大错报的可能性较小：①控制所检查的数据是完整、可靠的；②控制对于发现重大错报足够敏感；③发现的所有重大错报都将被纠正。

前已提及，业务流程中对相关交易类别的有效控制，通常同时包括预防性控制和检查性控制。缺乏有效的预防性控制增加了发生错报的风险，因此，需要建立更为敏感的检查性控制。通常，注册会计师在识别检查性控制的同时，也记录重要的预防性控制。

（五）执行穿行测试，证实对交易流程和相关控制的了解

为了解各类相关交易在业务流程中发生、处理和记录的过程，注册会计师通常会执行穿行测试。执行穿行测试可获得下列方面的证据：①确认对业务流程的了解；②确认对相关交易的了解是完整的，即在交易流程中所有与财务报表认定相关的可能发生错报的环节都已识别；③确认所获取的有关流程中的预防性控制和检查性控制信息的准确性；④评估控制设计的有效性；⑤确认控制是否得到执行；⑥确认之前所作书面记录的准确性。

需要注意的是，如果拟不信赖控制，注册会计师仍需要执行适当的审计程序，以确认以前对业务流程及可能发生错报环节了解的准确性和完整性。

注册会计师将穿行测试的情况记录于工作底稿时，记录的内容包括穿行测试中查阅的文件、穿行测试的程序及注册会计师的发现和结论。

（六）初步评价和风险评估

1. 对控制的初步评价

在识别和了解控制后，根据执行上述程序及获取的审计证据，注册会计师需要评价控制设计的合理性并确定其是否得到执行。

注册会计师对控制的评价结论可能是：①所设计的控制单独或连同其他控制能够防止或发现并纠正重大错报，并得到执行；②控制本身的设计是合理的，但没有得到执行；③控制本身的设计就是无效的或缺乏必要的控制。

由于对控制的了解和评价是在穿行测试完成后但又在测试控制运行有效性之前进行的，因此，上述评价结论只是初步结论，仍可能随控制测试或实施实质性程序的结果而发生变化。

2. 风险评估需考虑的因素

注册会计师对控制的评价，进而对重大错报风险的评估，需考虑以下因素。

（1）账户特征及已识别的重大错报风险。如果已识别的重大错报风险水平为高（例如，复杂的发票计算或计价过程增加了开票错报的风险；经营的季节性特征增加了在旺季发生错报的风险），相关的控制应有较高的敏感度，即在错报率较低的情况下也能防止或发现并纠正错报。

（2）对被审计单位整体层面控制的评价。注册会计师应将对整体层面获得的了解和结论，同在业务流程层面获得的相关交易流程及其控制的证据结合起来考虑。

在评价业务流程层面的控制要素时，考虑的影响因素可能包括：①管理层及执行控制的员工表现出来的胜任能力及诚信度；②员工受监督的程度及员工流动的频繁程度；③管理层凌驾于控制之上的潜在可能性；④缺乏职责分离，包括信息技术系统中自动化的职责分离的情况；⑤被审计期间内部审计人员或其他监督人员测试控制运行情况的程度；⑥业务流程变更产生的影响，如变更期间控制程序的有效性是否受到了削弱；⑦在被审计单位的风险评估工作中，所识别的与某项控制运行相关的风险，以及对该控制是否有进一步的监督。注册会计师同时也要考虑其识别出针对某控制的风险，被审计单位是否也识别出该风险，并采取了适当的措施降低该风险。

除非存在某些可以使控制得到一贯运行的自动化控制，注册会计师对控制的了解和评价并不能够代替对控制运行有效性的测试。例如，注册会计师获得了某一人工控制在某一时点得到执行的审计证据，但这并不能证明该控制在被审计期间内的其他时点也得到有效执行。

有关对控制运行有效性实施的测试（即控制测试），见本书第八章。

（七）对财务报告流程的了解

以上讨论了注册会计师如何在重要业务流程层面了解相关交易生成、处理和记录的流程，并评估在可能发生错报的环节控制的设计及其是否得到执行。在实务中，注册会计师还需要进一步了解有关信息从具体交易的业务流程过入总账、财务报表以及相关列报的流程，即财务报告流程及其控制。这一流程和控制与财务报表的列报认定直接相关。

财务报告流程包括：①将业务数据汇总记入总账的程序，即如何将重要业务流程的信息与总账和财务报告系统相连接；②在总账中生成、记录和处理会计分录的程序；③记录对财务报表常规和非常规调整的程序，如合并调整、重分类等；④草拟财务报表和相关披露的程序。

被审计单位的财务报告流程包括相关的控制程序，以确保按照适用的会计准则和相关会计制度的规定收集、记录、处理、汇总所需要的信息，并在财务报告中予以充分披露。例如，关联方交易、分部报告等。

在了解财务报告流程的过程中，注册会计师应当考虑对以下方面作出评估：①主要的输入信息、执行的程序、主要的输出信息；②每一财务报告流程要素中涉及信息技术的程度；③管理层的哪些人员参与其中；④记账分录的主要类型，如标准分录、非标准分录等；⑤适当人员（包括管理层和治理层）对流程实施监督的性质和范围。

第四节　识别和评估重大错报风险

一、识别和评估财务报表层次以及认定层次的重大错报风险

识别和评估重大错报风险是风险评估阶段的最后步骤。本章阐述了注册会计师在财务报表审计中，应当如何实施风险评估程序获取对被审计单位及其环境等方面情况的了解。了解这些情况的目的是使用通过了解获得的、可能导致财务报表发生重大错报的风险因素（事项或情况）以及内部控制对相关风险的抵销信息，从而识别和评估财务报表层次及各类交易、账户余额和披露认定层次的重大错报风险。尽管两个层次的重大错报风险相互影响，但审计准则规定，注册会计师应当识别重大错报风险，并确定其存在于财务报表层次，还是各类交易账户余额和披露的认定层次。注册会计师应当利用了解获得的信息，判断确定某风险因素是与财务报表整体存在广泛的联系，并可能影响多项认定，进而识别该风险属于财务报表层次重大错报风险，还是与财务报表整体不存在广泛联系，进而识别该风险为认定层次重大错报风险。

重大错报风险的识别和评估是紧密联系又有区别的两项工作。由于财务报表层次和认定层次的重大错报风险各自的性质特征以及对财务报表及其审计产生影响的具体方式存在差异，因此，尽管两个层次重大错报风险的识别和评估遵守的基本原理相同，但运用的具体方法及要求存在差异。比如，在识别和评估两个层次的重大错报风险时，都应当考虑固有风险和控制风险两个因素的影响，但审计准则要求针对识别出的认定层次重大错报风险，注册会计师应当分别评估固有风险和控制风险。

1. 识别和评估财务报表层次重大错报风险

（1）识别。如果判断某风险因素对财务报表整体存在广泛联系，并可能影响多项认定，注册会计师应当将其识别为财务报表层次重大错报风险。例如，在经济不稳定的国家和地区开展业务、资产的流动性出现问题、重要客户流失、融资能力受限等，可能导致注册会计师对被审计单位的持续经营能力产生重大疑虑。又如，管理层缺乏诚信，或承受异常的压力，或管理层凌驾于控制之上可能引发舞弊风险，这些风险与财务报表整体相关。

（2）评估。对于识别出的财务报表层次重大错报风险，注册会计师应当从下列两方面对其进行评估：

①评价这些风险对财务报表整体产生的影响；

②确定这些风险是否影响对认定层次风险的评估结果。

注册会计师应当评价、识别的风险是否与财务报表存在广泛联系，能够支持其对财务报表层次重大错报风险的评估。在其他情况下，注册会计师可能识别出多个易于发生错报的认定，并因此影响注册会计师对认定层次重大错报风险的识别和评估。例如，被审计单位面临经营亏损且资产流动性出现问题，并依赖于尚未获得保证的资金。在这种情况下，注册会计师可能确定持续经营假设产生了财务报表层次重大错报风险，可能需要使用财务报告编制基础中的清算基础，这可能对所有认定产生广泛影响。

注册会计师对财务报表层次重大错报风险的识别和评估，受到其对被审计单位内部控制体系各要素的了解的影响，特别是对内部环境、风险评估过程和内部监督（这三要素主要属于间接控制）的了解，以及按照《中国注册会计师审计准则第1211号——重大错报风险的识别和评估》相关规定实施相关评价的结果和按照该准则规定识别的控制缺陷的影响。此外，财务报表层次的风险还可能源于内部环境存在的缺陷或某些外部事项或情况（如经济下滑）。

由舞弊导致的重大错报风险，可能与注册会计师对财务报表层次重大错报风险的考虑尤其相关。例如，注册会计师通过询问管理层了解到，被审计单位的财务报表将用于申请贷款，从而确保被审计单位获得进一步融资以维持营运资本。注册会计师可能因此认为，影响固有风险的舞弊风险因素导致易于发生错报的可能性（即虚假财务报告风险导致的财务报表易于发生错报的可能性）更高，如为了确保被审计单位能够获得融资，多计资产和收入以及少计负债和费用。

注册会计师识别和评估财务报表层次重大错报风险，以确定风险是否对财务报表具有广泛的影响，有助于其决定是否需要按照《中国注册会计师审计准则第1231号——针对评估的重大错报风险采取的应对措施》的规定采取总体应对措施。由于财务报表层次重大错报风险还可能影响个别认定，因此，识别和评估这些风险，还可以帮助注册会计师评估认定层次重大错报风险，并设计进一步审计程序，以应对该风险。

2. 识别和评估认定层次重大错报风险

（1）识别。如果判断某固有风险因素可能导致某项认定发生重大错报，但与财务报表整体不存在广泛联系，注册会计师应当将其识别为认定层次的重大错报风险。例如，被审计单位存在复杂的联营或合资，这一事项表明长期股权投资账户的认定可能存在重大错报风险。又如，被审计单位存在重大的关联方交易，该事项表明关联方及关联方交易的披露认定可能存在重大错报风险。

审计准则规定，注册会计师应当识别确定哪些认定是"相关认定"，进而确定哪些交易类别、账户余额和披露是"相关交易类别、账户余额和披露"。根据审计准则的定义，如果注册会计师识别出交易类别、账户余额和披露的某项认定存在重大错报风险，那么，该项认定是相关认定。存在相关认定的交易类别、账户余额和披露则被称为相关交易类别、账户余额和披露。确定相关认定和相关交易类别、账户余额和披露，为注册会计师确定按照审计准则的要求了解被审计单位信息系统的范围提供了基础，这些了解可以进一步帮助注册会计师识别和评估重大错报风险。

值得注意的是，注册会计师识别确定某项认定是否属于相关认定，应当依据其固有风险，而不考虑相关控制的影响。注册会计师识别出相关认定后，在评估认定层次重大错报风险时，才应当考虑相关控制的影响。审计准则规定，对于识别出的认定层次重大错报风险，注册会计师应当分别评估固有风险和控制风险。这里强调针对认定层次先依据固有风险识别出相关认定及相关交易类别、账户余额和披露，有利于全面了解财务报表（由被审计单位管理层认定组成）可能存在的所有重大错报风险，从源头上解决注册会计师在审计中可能遗漏某些重大错报风险点，或对重大错报风险的识别和评估可能过于简单化和模糊化或模板化和经验化的问题。

（2）评估固有风险。对于识别出的认定层次重大错报风险，注册会计师应当分别评估固有风险和控制风险。这样有利于注册会计师把认定层次重大错报风险的评估工作做细做实（可为设计和实施进一步审计程序提供适当依据），进而倒逼其按照审计准则要求把实施风险评估程序获取有关了解的基础工作做细做实，避免在认定层次将固有风险和控制风险简单混合起来作出粗略的、不适当的风险评估。

对于识别出的认定层次重大错报风险，注册会计师应当通过评估错报发生的可能性和重要程度来评估固有风险。在评估时，注册会计师应当考虑：

①固有风险因素如何以及在何种程度上影响相关认定易于发生错报的可能性；

②财务报表层次重大错报风险如何以及在何种程度上影响认定层次重大错报风险中固有风险的评估。

注册会计师在评估错报发生的可能性和重要程度时，应当根据错报发生的可能性和重要程度综合起来的影响程度确定所评估风险的固有风险等级，以帮助其设计进一步审计程序，应对重大错报风险。固有风险等级的评估在本节稍后作专门说明。

评估识别的重大错报风险的固有风险还有助于注册会计师识别和确定特别风险。

对于识别的认定层次重大错报风险，固有风险因素会影响注册会计师评估错报发生的可能性和重要程度。某类交易、账户余额和披露越易于发生错报，评估的固有风险可能越高。注册会计师考虑固有风险因素在何种程度上影响认定易于发生错报的可能性有助于其适当评估认定层次的重大错报风险的固有风险，并设计更精确的应对措施。

（3）评估控制风险。注册会计师在拟测试控制运行有效性的情况下，应当评估控制风险。如果拟不测试控制运行的有效性，则应当将固有风险的评估结果作为重大错报风险的评估结果。《〈中国注册会计师审计准则第1211号——重大错报风险的识别和评估〉应用指南》为如何初步评估控制风险提供了指引。

（4）确定特别风险。注册会计师应当确定评估的重大错报风险是否为特别风险。确定特别风险可以使注册会计师通过实施特定应对措施，更专注于那些位于固有风险等级上限的风险。按照《中国注册会计师审计准则第1211号——重大错报风险的识别和评估》的定义，特别风险是指注册会计师识别出的符合下列特征之一的重大错报风险：

①根据固有风险因素对错报发生的可能性和错报的严重程度的影响，注册会计师将固有风险评估为达到或接近固有风险等级的最高级（上限）；

②根据其他审计准则的规定，注册会计师应当将其作为特别风险。

在确定特别风险时，注册会计师可能首先识别评估的固有风险等级较高的重大错报风险，作为考虑哪些风险可能达到或接近固有风险等级上限的基础。不同被审计单位及同一被审计单位在不同期间的固有风险等级上限可能不同，这取决于被审计单位的性质和具体情况（如规模和复杂程度等）。固有风险等级的评估需要注册会计师作出职业判断，除非该风险是其他审计准则规定应当作为特别风险处理的风险类型。其他审计准则及其应用指南为注册会计师确定特别风险提供了进一步指引。《中国注册会计师审计准则第 1141 号——财务报表审计中与舞弊相关的责任》及其应用指南对识别和评估由舞弊导致的重大错报风险提供了指引。例如：

①对于超市零售商的现金，通常确定错报发生的可能性较高（由于现金易被盗用的风险），但是重要程度通常非常低（由于商店中处理的实物现金较少）。这两个因素的组合在固有风险等级中不太可能导致现金的存在性被确定为特别风险。

②被审计单位正在洽谈出售业务分部。注册会计师在考虑该事项对商誉减值的影响时，可能认为由于主观性、不确定性、管理层偏向的可能性或其他舞弊风险因素等固有风险因素产生的影响，错报发生的可能性和重要程度均较高。这可能导致注册会计师将商誉减值确定为特别风险。

（5）两种特殊情形的处理。

①仅实施实质性程序无法应对的重大错报风险。

针对某些认定层次重大错报风险，仅实施实质性程序无法为其提供充分、适当的审计证据，注册会计师应当确定评估出的重大错报风险是否属于该类风险。对这类风险，注册会计师应当根据相关审计准则的规定，对相关控制的设计和执行进行了解和测试。

②对重大交易类别、账户余额和披露的考虑。

按照《中国注册会计师审计准则第 1221 号——计划和执行审计工作时的重要性》的要求，识别并评估各类交易、账户余额和披露中存在的重大错报风险时需要考虑重要性和审计风险。注册会计师对重要性的确定属于职业判断，受到注册会计师关于财务报表使用者对财务信息需求的认识的影响。如果能够合理预期某类交易、账户余额和披露中信息的遗漏、错误陈述或含糊表达，可能影响财务报表使用者依据财务报表整体作出的经济决策，则通常认为该类交易、账户余额和披露是重大的。如果注册会计师未将重大交易类别、账户余额和披露确定为"相关交易类别、账户余额和披露"（例如，注册会计师可能确定被审计单位披露的高管薪酬是重大披露，但对该披露未识别出重大错报风险即未识别出相关认定），则应当评价这样做是否适当。

《中国注册会计师审计准则第 1231 号——针对评估的重大错报风险采取的应对措施》规定了对未被确定为相关交易类别、账户余额和披露的重大交易类别、账户余额和披露实施的审计程序。如果注册会计师确定某类交易、账户余额和披露是相关交易类别、账户余额和披露，那么，按照《中国注册会计师审计准则第 1231 号——针对评估的重大错报风险采取的应对措施》的规定，该类交易、账户余额和披露也是重大的。

（6）两个层次间相互影响的处理。其包括：①在评估识别的认定层次重大错报风险时，注册会计师可能认为某些重大错报风险与财务报表整体存在广泛联系，可能影响多项认定，在这种情况下，注册会计师可能更新对财务报表层次重大错报风险的识别；②如果重大错报风险由于广泛影响多项认定而被识别为财务报表层次重大错报风险，并可以识别出受影响的特定认定，注册会计师应当在评估认定层次重大错报风险的固有风险时考虑这些风险。

（7）注册会计师应当考虑对识别出的各类交易、账户余额和披露认定层次的重大错报风险予以汇总和评估，以便确定进一步审计程序的性质、时间安排和范围。表 7-4 给出了评估认定层次重大错报风险汇总表示例。

表 7-4　评估认定层次重大错报风险汇总表

相关账户	相关认定	识别的重大错报风险	风险评估结果
列示相关账户。例如，应收账款	列示相关认定。例如，存在、完整性、准确性、计价和分摊等	汇总实施审计程序识别出的与该相关账户的某项认定相关的重大错报风险	评估该项认定的重大错报风险水平（应考虑控制设计是否有效、是否得到执行）

注：注册会计师也可以在该表中记录针对评估的认定层次重大错报风险而相应制定的审计方案。

3. 考虑财务报表的可审计性

注册会计师在了解被审计单位内部控制后，可能对被审计单位财务报表的可审计性产生怀疑。例如，对被审计单位会计记录的可靠性和状况的担心会使注册会计师认为可能很难获取充分、适当的审计证据，以支持对财务报表发表审计意见。再如，管理层严重缺乏诚信，注册会计师认为管理层在财务报表中作出虚假陈述的风险高到无法进行审计的程度。因此，如果通过对内部控制的了解发现下列情况，并对财务报表局部或整体的可审计性产生疑问，注册会计师应当考虑出具保留意见或无法表示意见的审计报告：①被审计单位会计记录的状况和可靠性存在重大问题，不能获取充分、适当的审计证据以发表无保留意见；②对管理层的诚信存在严重疑虑。必要时，注册会计师应当考虑解除业务约定。

二、评估固有风险等级

在评估与特定认定层次重大错报风险相关的固有风险等级时，注册会计师应当运用职业判断，确定错报发生的可能性和重要程度综合起来的影响程度。

固有风险等级是指注册会计师对固有风险水平在一个范围内作出从低到高的判断。作出该判断应当考虑被审计单位的性质和具体情况，并考虑评估的错报发生的可能性和重要程度及固有风险因素。

在考虑错报发生的可能性时，注册会计师应当基于对固有风险因素的考虑，评估错报发生的概率。

在考虑错报的重要程度时，注册会计师应当考虑错报的定性和定量两个方面（即注册会计师可能根据错报的金额大小、性质或情况，判断各类交易、账户余额和披露在认定层次的错报是重大的）。

注册会计师应使用错报发生的可能性和重要程度综合起来的影响程度，确定固有风险等级。综合起来的影响程度越高，评估的固有风险等级越高，反之亦然。

评估的固有风险等级较高，并不意味着评估的错报发生的可能性和重要程度都较高。错报发生的可能性和重要程度在固有风险等级上的交集决定了评估的固有风险在固有风险等级中是较高还是较低。评估的固有风险等级较高也可能是错报发生的可能性和重要程度的不同组合导致的，例如，较低的错报发生的可能性和极高的重要程度可能导致评估的固有风险等级较高。

为制定适当的应对策略,注册会计师可以基于其对固有风险的评估,将重大错报风险按固有风险等级的类别进行划分。注册会计师可以以不同的方式描述这些等级类别(如区分最高、较高、中、低等进行定性描述)。不管使用的分类方法如何,如果旨在应对识别的认定层次重大错报风险的进一步审计程序的设计和实施能够适当应对固有风险的评估结果和形成该评估结果的依据,则注册会计师对固有风险等级的评估就是适当的。

三、需要特别考虑的重大错报风险

1. 特别风险的概念

特别风险是指注册会计师识别出的符合下列特征之一的重大错报风险:

(1) 根据固有风险因素对错报发生的可能性和错报的严重程度的影响,注册会计师将固有风险评估为达到或接近固有风险等级的最高级;

(2) 根据审计准则的规定,注册会计师应当将其作为特别风险。

2. 确定特别风险时考虑的事项

哪些风险是特别风险,通常需要注册会计师运用职业判断。注册会计师在评估固有风险等级时,应当考虑固有风险因素的相对影响。固有风险因素的影响越低,评估的风险等级可能也越低。以下事项可能导致注册会计师评估认为重大错报风险具有较高的固有风险等级,进而将其确定为特别风险:

(1) 交易具有多种可接受的会计处理,因此涉及主观性;
(2) 会计估计具有高度不确定性或模型复杂;
(3) 支持账户余额的数据收集和处理较为复杂;
(4) 账户余额或定量披露涉及复杂的计算;
(5) 对会计政策存在不同的理解;
(6) 被审计单位业务的变化涉及会计处理发生变化,如合并和收购。

在判断哪些风险是特别风险时,注册会计师不应考虑识别出的控制对相关风险的抵销效果。

3. 非常规交易和判断事项导致的特别风险

日常的、不复杂的、经正规处理的交易不太可能产生特别风险。特别风险通常与重大的非常规交易和判断事项有关。

非常规交易是指由于金额或性质异常而不经常发生的交易。例如,企业购并、债务重组、重大或有事项等。由于非常规交易具有下列特征,与重大非常规交易相关的特别风险可能导致更高的重大错报风险:①管理层更多地干预会计处理;②数据收集和处理受到更多的人工干预;③复杂的计算或会计处理方法;④非常规交易的性质可能使被审计单位难以对由此产生的特别风险实施有效控制。

判断事项通常包括作出的会计估计(具有计量的重大不确定性),如资产减值准备金额的估计、需要运用复杂估值技术确定的公允价值计量等。由于下列原因,与重大判断事项相关的特别风险可能导致更高的重大错报风险:①对涉及会计估计、收入确认等方面的会计原则存在不同理解;②所要求的判断可能是主观和复杂的,或需要对未来事项作出假设。

4. 考虑与特别风险相关的控制

了解与特别风险相关的控制,有助于注册会计师制定有效的审计应对方案。对特别风险,注册会计师应当评价相关控制的设计情况，并确定其是否已经得到执行。由于与重大非常规交易或判断事项相关的风险很少受到日常控制的约束，注册会计师应当了解被审计单位是否针对该特别风险设计和实施了控制。例如，作出会计估计所依据的假设是否由管理层或专家进行复核，是否建立作出会计估计的正规程序，重大会计估计结果是否由治理层批准等。再如，管理层在收到重大诉讼事项的通知时采取的措施，包括这类事项是否提交适当的专家（如内部或外部的法律顾问）处理、是否对该事项的潜在影响作出评估、是否确定该事项在财务报表中的披露问题以及如何确定等。

如果管理层未能实施控制以恰当应对特别风险，注册会计师应当认为内部控制存在值得关注的内部控制缺陷，并考虑其对风险评估的影响。在此情况下，注册会计师应当就此类事项与治理层沟通。

四、仅实施实质性程序无法应对的重大错报风险

作为风险评估的一部分，如果认为仅实施实质性程序获取的审计证据无法应对认定层次的重大错报风险，注册会计师应当评价被审计单位针对这些风险设计的控制，并确定其执行情况。

在被审计单位对日常交易采用高度自动化处理的情况下，审计证据可能仅以电子形式存在，其充分性和适当性通常取决于自动化信息系统相关控制的有效性，注册会计师应当考虑仅实施实质性程序不能获取充分、适当审计证据的可能性。

例如，某企业通过高度自动化的系统确定采购品种和数量，生成采购订购单，并通过系统中设定的收货确认和付款条件进行付款。除了系统中的相关信息以外，该企业没有其他有关订购单和收货的记录。在这种情况下，如果认为仅实施实质性程序不能获取充分、适当的审计证据，注册会计师应当考虑依赖的相关控制的有效性，并对其进行了解、评估和测试。

在实务中，注册会计师可以用表 7-5 汇总识别的重大错报风险。

表 7-5 识别的重大错报风险汇总

识别的重大错报风险	对财务报表的影响	相关交易类别、账户余额和披露及相关认定	是否与财务报表整体广泛相关	是否属于特别风险	是否属于仅实施实质性程序无法应对的重大错报风险
记录识别的重大错报风险	描述对财务报表的影响和导致财务报表发生重大错报的可能性	列示相关交易类别、账户余额和披露及相关认定	考虑是否属于财务报表层次的重大错报风险	考虑是否属于特别风险	考虑是否属于仅实施实质性程序无法应对的重大错报风险

五、修正风险识别或评估结果

注册会计师对认定层次重大错报风险的识别或评估，可能随着审计过程中不断获取审计证

据而作出相应的变化。

例如，注册会计师对重大错报风险的识别或评估可能基于预期控制运行有效这一判断，即相关控制可以防止或发现并纠正认定层次的重大错报。但在测试控制运行的有效性时，注册会计师获取的证据可能表明相关控制在被审计期间并未得到有效运行。同样，在实施实质性程序后，注册会计师可能发现错报的金额和频率比在风险识别或评估时预计的金额和频率要高。因此，如果通过实施进一步审计程序获取的审计证据与初始识别或评估获取的审计证据相矛盾，注册会计师应当修正风险识别或评估结果，并相应修改原计划实施的进一步审计程序。

因此，识别或评估重大错报风险与了解被审计单位及其环境等方面情况一样，也是一个连续和动态地收集、更新与分析信息的过程，贯穿于整个审计过程的始终。

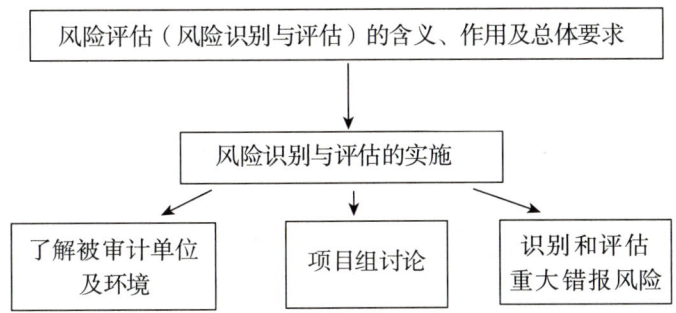

一、单项选择题

1. 关于注册会计师了解被审计单位及其环境、适用的财务报告编制基础和内部控制体系各要素的下列说法中，错误的是（　　）。

　　A. 注册会计师的预期可能随着获得的新信息而发生变化

　　B. 了解是一个连续和动态地收集、更新与分析信息的过程

　　C. 注册会计师应当了解被审计单位及其环境、适用的财务报告编制基础和内部控制体系各要素

　　D. 注册会计师对被审计单位及其环境等方面情况的了解程度，不应低于管理层为经营管理企业而对被审计单位及其环境等方面情况需要了解的程度

2. 下列关于注册会计师设计和实施风险评估程序的说法中，错误的是（　　）。

　　A. 不应当偏向于获取佐证性的审计证据

　　B. 不应当排斥相矛盾的审计证据

　　C. 识别重大错报风险时不需要保持职业怀疑，评估重大错报风险时需要保持职业怀疑

　　D. 应不带倾向性地设计和实施风险评估程序

3. 在实施风险评估程序时，下列关于穿行测试的说法中，错误的是（　　）。

　　A. 穿行测试适用于了解被审计单位业务流程及其相关控制

B. 穿行测试是追踪交易在财务报告信息系统中的处理过程

C. 穿行测试可以确定被审计单位相关控制是否有效运行

D. 穿行测试通过追踪某笔或某几笔交易在业务流程中如何生成、记录、处理和报告，以及相关控制如何执行，来确定相关控制是否得到执行

4. 下列各项中，不属于内部控制体系要素的是（　　）。

　　A. 组织结构　　　　　　　　　　B. 信息系统与沟通

　　C. 内部监督　　　　　　　　　　D. 内部环境

5. 下列情形中，适合采用人工控制的情形是（　　）。

　　A. 针对变化的情况，需要对现有的自动化控制进行人工干预

　　B. 存在大量或重复发生的交易

　　C. 事先可预计或预测的错误能够通过自动化处理得以防止或发现并纠正

　　D. 用特定方法实施的控制可得到适当设计和自动化处理

6. 下列各项中，属于检查性控制的是（　　）。

　　A. 仓库管理员根据经批准的发货单办理出库

　　B. 采购部对新增供应商执行背景调查

　　C. 财务人员每月月末与客户对账，并调查差异

　　D. 信息技术部根据人事部提供的员工岗位职责表在系统中设定用户权限

7. 下列关于注册会计师识别和评估重大错报风险的步骤的说法中，错误的是（　　）。

　　A. 通过实施风险评估程序收集的信息可以作为审计证据，为注册会计师识别和评估重大错报风险提供基础

　　B. 注册会计师应当在考虑相关控制之后识别重大错报风险，并以注册会计师对错报的初步考虑为基础

　　C. 针对识别出的认定层次重大错报风险，注册会计师应当分别评估固有风险和控制风险

　　D. 随着审计过程的推进，如果注册会计师获取新信息，与之前识别或评估重大错报风险时所依据的审计证据不一致，则应当修正之前对重大错报风险的识别或评估结果，并考虑对风险应对的影响

8. 下列有关注册会计师了解内部控制的说法中，错误的是（　　）。

　　A. 注册会计师在了解被审计单位内部控制时，应当确定其是否得到一贯执行

　　B. 注册会计师不需要了解被审计单位所有的内部控制

　　C. 注册会计师对内部控制的了解通常不足以测试控制运行的有效性

　　D. 注册会计师询问被审计单位人员不足以评价内部控制设计的有效性

9. 下列情形中，通常可能导致注册会计师对财务报表整体的可审计性产生疑问的是（　　）。

　　A. 注册会计师对管理层的诚信存在重大疑虑

　　B. 注册会计师对被审计单位的持续经营能力产生重大疑虑

　　C. 注册会计师识别出与员工侵占资产相关的舞弊风险

　　D. 注册会计师识别出被审计单位严重违反税收法规的行为

10. 下列各项重大错报风险中，注册会计师应当评估为特别风险的是（　　）。

　　A. 与关联方交易相关的重大错报风险

　　B. 与具有高度估计不确定性的会计估计相关的重大错报风险

C. 与管理层挪用货币资金相关的重大错报风险
D. 与重大资产余额相关的重大错报风险

二、多项选择题

1. 下列各项风险中，注册会计师可以通过实施风险评估程序识别和评估的有（　　）。
A. 舞弊风险　　　　　　　　　　　　B. 特别风险
C. 财务报表层次重大错报风险　　　　D. 认定层次的重大错报风险

2. 下列程序中，注册会计师可以用于风险评估程序的有（　　）。
A. 观察被审计单位的经营活动
B. 对大批量数据进行自动化分析
C. 使用无人机观察或检查资产
D. 询问管理层和被审计单位内部其他合适人员，包括内部审计人员

3. 下列各项中，应当参与审计项目组内部讨论的人员有（　　）。
A. 项目合伙人　　　　　　　　　　　B. 关键审计人员
C. 聘请的特定领域专家　　　　　　　D. 项目质量复核人员

4. 下列各项中，属于注册会计师实施风险评估程序应当了解的被审计单位事项有（　　）。
A. 会计政策及变更会计政策的原因　　B. 内部和外部使用的衡量标准
C. 内部控制体系各要素　　　　　　　D. 业务模式利用信息技术的程度

5. 与适用的财务报告编制基础要求的信息编制相关的固有风险因素包括（　　）。
A. 不确定性
B. 中立性
C. 变化
D. 由影响固有风险的管理层偏向或其他舞弊风险因素导致易于发生错报的其他因素

三、判断题

1. 如果注册会计师未实施风险评估程序，则其不能评估财务报表重大错报风险。（　　）
2. 实施风险评估程序的目的是识别和评估财务报表重大错报风险。（　　）
3. 注册会计师可以根据实施分析程序的结果直接识别出重大错报风险。（　　）
4. 经营风险最终都会产生财务后果，从而影响财务报表。（　　）
5. 内部环境、风险评估和内部监督中的控制主要是间接控制，不足以精准地防止、发现或纠正认定层次的错报。（　　）
6. 了解内部控制时，注册会计师应当评价控制设计的有效性，并确定内部控制是否得到执行。（　　）
7. 与财务报告相关的内部控制均与审计相关。（　　）
8. 固有风险因素是指导致交易类别、账户余额和披露的某一认定易于发生错报的因素。（　　）
9. 针对某一认定，如果错报发生的可能性较高但重要程度非常低，从固有风险等级角度应当将该认定确定为特别风险。（　　）
10. 对于识别的认定层次重大错报风险，注册会计师应当综合评估固有风险和控制风险。（　　）

四、论述题

1. 请评价风险评估程序的含义与目的。
2. 注册会计师应了解被审计单位情况及其环境的哪些内容？主要采取的程序及信息来源？
3. 请评价内部控制的含义、目标及要素。

五、案例分析题

上市公司甲公司是 ABC 会计师事务所的常年审计客户，主要从事医疗器械的生产和销售。注册会计师 A 负责审计甲公司 2020 年度财务报表，确定财务报表整体的重要性为 1000 万元。注册会计师 A 在审计工作底稿中记录了所了解的甲公司情况及其环境，部分内容摘录如下。

（1）为占领市场，甲公司 2020 年对 a 设备采取新的销售模式：将 a 设备售价减半为每台 50 万元，设备销售合同约定客户必须向甲公司购买 a 设备使用的试剂，试剂采购合同根据需求另行签订。甲公司预期试剂销售的利润可以弥补设备降价的损失。2020 年 a 设备销量增长 20%。

（2）2020 年 6 月，甲公司受乙公司委托为其生产 1000 台专用设备 b，每台售价 6 万元。乙公司指定了 b 设备主要部件的供应商，并与该供应商确定了主要部件的规格和价格。

（3）甲公司采用经销模式销售 2020 年 10 月推出的新产品 c 设备，每台售价 50 万元。合同约定：经销商在实现终端销售后向甲公司支付设备款，在采购设备半年内未实现终端销售的可以退货。截至 2020 年年末，甲公司累计销售 c 设备 100 台，与经销商对账显示这些设备均未实现终端销售。

（4）2020 年 5 月，甲公司与丁大学合作研发一项新技术，预付研发经费 3000 万元。2020 年年末，该研发项目进入开发阶段。

（5）2020 年 7 月，甲公司收到当地政府支付的新冠疫情停工损失补助 2000 万元。

此外，注册会计师 A 在审计工作底稿中记录了甲公司的财务数据，部分内容摘录如下。

金额单位：万元

项目	2020 年 未审数	2019 年 已审数
营业收入—a 设备	30000	50000
营业成本—a 设备	36500	30000
营业收入—b 设备	6000	0
营业成本—b 设备	5500	0
营业收入—c 设备	5000	0
营业成本—c 设备	2800	0
其他收益—停工损失补助	2000	0
预付款项—丁大学	3000	0
存货—a 设备	10000	8000

（金额单位：万元）（续表）

项目	2020 年	2019 年
	未审数	已审数
存货—a 设备存货跌价准备	100	100
合同资产—c 设备经销商	5000	0

要求：

针对资料（1）至（5）项，假定不考虑其他条件，逐项指出所列事项是否可能表明存在重大错报风险。如果认为可能存在重大错报风险请简要说明理由，并说明该风险主要与财务报表项目的哪些认定相关（不考虑税务影响）。

第八章

风险应对

学习目标

知识要点	能力要求	关键术语
重大错报风险	(1) 掌握应对重大错报风险的总体思路 (2) 根据应对重大错报风险总体思路制定具体应对方案	(1) 风险评估 (2) 财务报表层次 (3) 认定层次
进一步审计程序	(1) 了解进一步审计程序的性质、时间安排、范围 (2) 理解制定进一步审计程序时间安排和范围的考虑因素	(1) 固有风险 (2) 控制风险 (3) 审计证据 (4) 控制活动 (5) 认定
控制测试	(1) 掌握控制测试的概念和要求 (2) 理解控制测试的性质、时间安排、范围的内涵、意义以及相关要求	(1) 内部控制 (2) 控制运行有效性 (3) 拟信赖程度 (4) 控制测试的范围 (5) 穿行测试
实质性程序	(1) 掌握实质性程序的定义与作用 (2) 理解实质性程序的性质、时间安排、范围的内涵、意义以及相关要求	(1) 细节测试 (2) 实质性分析 (3) 函证 (4) 重大错报风险 (5) 成本效益

不当审计行为为哪般

2023年3月20日,河南证监局披露的一则行政处罚决定书显示,河南证监局对亚太(集团)会计师事务所(特殊普通合伙)(以下简称"亚太所")在科迪乳业年度报告审计执业中未勤勉尽责行为进行了立案调查、审理,责令亚太所改正,没收其业务收入221.70万元,并处以443.34万元罚款。

经河南证监局调查,亚太所出具的科迪乳业2016年、2017年、2018年审计报告存在虚假记载。科迪乳业2016—2018年年度报告存在虚增收入和利润、向控股股东及其关联方提供资金未披露等虚假记载、重大遗漏行为。亚太所为科迪乳业2016—2018年年度报告提供审计服务,对前述年度报告均出具了标准无保留的审计意见。经查明,亚太所出具的前述审计报告存在虚假记载。亚太所在科迪乳业2016年、2017年、2018年年报审计过程中未勤勉尽责,其中，风险识别与评估审计程序存在缺陷，货币资金实质性审计程序执行不到位。亚太所上述行为构成 2005 年《中华人民共和国证券法》（已修改）第二百二十三条所述"证券服务机构未勤勉尽责，所制作、出具的文件有虚假记载、误导性陈述或者重大遗漏"的行为。

河南证监局最终决定，责令亚太所改正，没收业务收入 221.70 万元，并处以 443.34 万元罚款；对注册会计师唐自强、张慢给予警告，并分别处以 6 万元、4 万元罚款。

审计失败的案例屡见不鲜，对会计师事务所的追责也体现出审计工作的高标准、严要求，面对审计工作中可能出现的种种风险，形成风险的应对能力和审慎的职业态度尤为重要。

通过上述案例我们可知，设计和实施有效的风险应对策略、方案和程序是审计工作的核心内容，也是决定审计工作成败的重要因素。作为注册会计师应该如何有效识别和评估重大错报风险呢？在面对数量庞大的审计资料时，又该如何制定具体的应对方案，合理设计和执行控制测试和实质性程序呢？本章节将围绕这些内容展开介绍。

第一节　针对重大错报风险的应对措施

党的二十大报告第一部分"过去五年的工作和新时代十年的伟大变革"中指出，党中央"团结带领全党全军全国各族人民有效应对严峻复杂的国际形势和接踵而至的巨大风险挑战，以奋发有为的精神把新时代中国特色社会主义不断推向前进"。最后一个部分"坚定不移全面从严治党，深入推进新时代党的建设新的伟大工程"中提出，"增强干部推动高质量发展本领、服务群众本领、防范化解风险本领。加强干部斗争精神和斗争本领养成，着力增强防风险、迎挑战、抗打压能力"。遍观全文，党的二十大报告共 16 次提及风险。提高"防风险""化解风险"的能力是党的二十大报告中对广大党员干部的一项重要要求。奋进新征程、建功新时代，必须正视发展进程中的风险，勇于克服前进道路上的风险挑战。

设计和实施有效的风险应对策略、方案和程序是审计工作的核心内容，也是决定审计工作成败的重要因素。《中国注册会计师审计准则第 1101 号——注册会计师的总体目标和审计工作的基本要求》要求注册会计师在审计过程中贯彻风险导向审计的理念，围绕重大错报风险的识别、评估和应对，计划和实施审计工作。《中国注册会计师审计准则第 1211 号——重大错报风险的识别和评估》规范了注册会计师通过实施风险评估程序，识别和评估财务报表层次以及各类交易、账户余额和披露认定层次的重大错报风险。《中国注册会计师审计准则第 1231 号——针对评估的重大错报风险采取的应对措施》规范了注册会计师针对评估的重大错报风险确定总体应对措施，设计和实施进一步审计程序。因此，注册会计师应当针对评估的重大错报风险实施程序，即针对评估的财务报表层次重大错报风险确定总体应对措施，并针对评估的认定层次重大错报风险设计和实施进一步审计程序，以将审计风险降至可接受的低水平。

通过执行风险评估程序识别与评估重大错报风险后，注册会计师应当根据识别与评估的结果，针对性地设计和实施应对重大错报风险的措施。应对重大错报风险的措施包括总体思路和具体方案。

一、应对重大错报风险的总体思路

如图 8-1 所示，应对重大错报风险的总体思路为：针对评估的财务报表层次重大错报风险,设计和实施总体应对措施;针对评估的认定层次重大错报风险,设计和实施进一步审计程序,包括总体方案和具体程序。其中,进一步审计程序的总体方案包括实质性方案和综合性方案两种。实质性方案是指注册会计师实施的进一步审计程序以实质性程序为主。综合性方案是指注册会计师在实施进一步审计程序时,将控制测试与实质性程序结合使用。

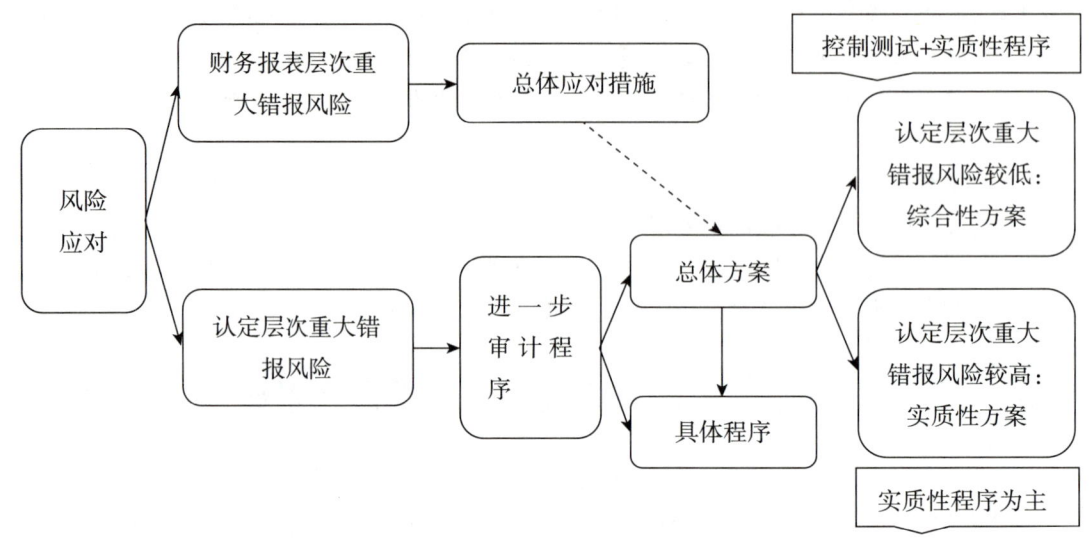

图 8-1 应对重大错报风险的总体思路图

评估的财务报表层次重大错报风险以及采取的总体应对措施,对拟实施的进一步审计程序的总体方案具有重大影响。当评估的财务报表层次重大错报风险属于高风险水平时,拟实施进一步审计程序的总体方案往往更倾向于实质性方案,当评估的财务报表层次重大错报风险属于低风险水平时,拟实施进一步审计程序的总体方案往往更倾向于综合性方案。

二、应对重大错报风险的具体方案

(一)针对财务报表层次重大错报风险的总体应对措施

在财务报表重大错报风险的评估过程中,注册会计师应当确定,识别的重大错报风险是与特定的某类交易、账户余额和披露的认定相关,还是与财务报表整体广泛相关,进而影响多项认定。如果是后者,则属于财务报表层次的重大错报风险。注册会计师应当针对评估的财务报表层次重大错报风险确定下列总体应对措施。

(1)向项目组强调保持职业怀疑的必要性。

(2)指派更有经验或具有特殊技能的审计人员,或利用专家的工作。由于各行业在经营业务、经营风险、财务报告、法规要求等方面具有特殊性,审计人员的专业分工细化成为一种趋势。审计项目组成员中应有一定比例的人员曾经参与过被审计单位以前年度的审计,或具有被审计单位所处特定行业的相关审计经验。必要时,要考虑利用信息技术、税务、评估、精算等方面的专家的工作。

(3)提供更多的督导。对于财务报表层次重大错报风险较高的审计项目,审计项目组的高级别成员,如项目合伙人、项目经理等经验较丰富的人员,要对其他成员提供更详细、更经常、更及时的指导和监督,并加强项目质量复核。

（4）在选择拟实施的进一步审计程序时存在更多的不可预见因素。被审计单位人员，尤其是管理层，如果熟悉注册会计师的审计套路，就可能采取种种规避手段，掩盖财务报告中的舞弊行为。因此，在设计拟实施审计程序的性质、时间安排和范围时，为了避免既定思维对审计方案的限制，避免对审计效果的人为干涉，从而使得针对重大错报风险的进一步审计程序更加有效，注册会计师要考虑使某些程序不被被审计单位管理层预见或事先了解。在实务中，注册会计师可以通过以下方式提高审计程序的不可预见性：

①对某些未测试过的低于设定的重要性水平或风险较小的账户余额和认定实施实质性程序；

②调整实施审计程序的时间，使被审计单位不可预期；

③采取不同的审计抽样方法，使当期抽取的测试样本与以前有所不同；

④选取不同的地点实施审计程序，或预先不告知被审计单位所选定的测试地点。

（5）对拟实施审计程序的性质、时间安排或范围作出总体修改。财务报表层次的重大错报风险很可能源于薄弱的控制环境。薄弱控制环境带来的风险可能对财务报表产生广泛影响，难以限于某类交易、账户余额和披露，注册会计师应当采取总体应对措施。相应地，注册会计师对控制环境的了解也影响其对财务报表层次重大错报风险的评估。有效的控制环境可以使注册会计师增强对内部控制和被审计单位内部产生的证据的信赖程度。如果控制环境存在缺陷，注册会计师在对拟实施审计程序的性质、时间安排和范围作出总体修改时应当考虑以下因素。

①在期末而非期中实施更多的审计程序。控制环境的缺陷通常会削弱期中获得的审计证据的可信赖程度。

②通过实施实质性程序获取更广泛的审计证据。良好的控制环境是其他控制要素发挥作用的基础。控制环境存在缺陷通常会削弱其他控制要素的作用，导致注册会计师可能无法信赖内部控制，而主要依赖实施实质性程序获取审计证据。

③增加拟纳入审计范围的经营地点的数量。

案例 8-1

正中珠江会计师事务所未保持职业怀疑

2021 年 11 月 12 日下午，广州中院对康美药业（600518）特别代表人诉讼案依法作出一审判决：康美药业承担 24.59 亿元的赔偿责任，其审计机构正中珠江会计师事务所（以下简称正中珠江）承担 100% 的连带赔偿责任，签字会计师杨文蔚在正中珠江承责范围内承担连带赔偿责任。

康美药业案件中会计师杨文蔚，存在大量不符合审计准则及相关法律法规要求的执业行为，风险评估程序执行不充分，进而无法有效识别舞弊风险。对被审计单位财务业绩的衡量和评价是风险评估程序的必要组成部分，在该案中正中珠江未充分关注其现金流压力、未准确识别现金流模式的可持续性以及未有效识别其面临的经营风险，从而导致风险评估结果错误。

（二）针对认定层次重大错报风险的进一步审计程序

1. 进一步审计程序的内涵和要求

注册会计师应当针对评估的认定层次重大错报风险，设计和实施进一步审计程序，包括审计程序的性质、时间安排和范围。进一步审计程序是相对于风险评估程序而言的,是指注册会计师针对评估的各类交易、账户余额和披露认定层次重大错报风险实施的审计程序。在综合性方案中,进一步审计程序包括控制测试和实质性程序;在实质性方案中,进一步审计程序以实质性程序为主。但是,无论如何,实质性程序都是进一步审计程序中包含的必要程序。

在设计拟实施的进一步审计程序时,注册会计师应当:①考虑形成某类认定层次重大错报风险评估结果的依据——因相关类别的交易、账户余额或披露的具体特征导致重大错报的可能性(即固有风险),风险评估是否考虑了相关控制(即控制风险),从而要求注册会计师获取审计证据以确定控制是否有效运行(即注册会计师在确定实质性程序的性质、时间安排和范围时,拟信赖控制运行的有效性);②评估的风险越高,需要获取越有说服力的审计证据。

2. 进一步审计程序的性质

进一步审计程序的性质是指进一步审计程序中所使用的一种或多种具体的审计程序,包括检查记录或文件、检查有形资产、观察、询问、函证、重新计算、重新执行、分析程序。

注册会计师对于重大错报风险的评估结果可能影响拟实施的具体审计程序的类型及其综合运用。例如,当评估的风险较高时,注册会计师除检查文件外,还可能决定向交易对方函证合同条款的完整性。此外,对于与某些认定相关的错报风险,实施某些审计程序可能比其他审计程序更适当。例如,一般在"完整性"认定上,实施控制测试更有效;在"存在"认定和"发生"认定上,实施实质性程序更有效。

3. 进一步审计程序的时间

进一步审计程序的时间是指注册会计师何时实施进一步审计程序或审计证据适用的期间或时点。

注册会计师可以在期中或期末实施控制测试或实质性程序。当重大错报风险较高时,注册会计师应当考虑在期末或接近期末实施实质性程序,也可以采用不通知的方式,或在管理层不能预见的时间实施审计程序。但是某些审计程序只能在期末或期后实施,例如:①对财务报表中的信息所依据的会计记录进行核对或调节,包括核对或调节披露中的信息,无论该信息是从总账和明细账中获取,还是从总账和明细账之外的其他途径获取;②检查财务报表编制过程中作出的会计调整;③为应对被审计单位可能在期末签订不适当的销售合同的风险,或交易在期末可能尚未完成的风险而实施的程序。

4. 进一步审计程序的范围

进一步审计程序的范围是指实施进一步审计程序的数量,包括抽取的样本量、对某项控制活动的观察次数等。

在确定审计程序的范围时,注册会计师应当考虑下列因素:①确定的重要性水平;②评估的重大错报风险;③计划获取的保证程度。如果需要通过实施多个审计程序实现某一目的,注册会计师需要分别考虑每个程序的范围。随着重大错报风险的增加,注册会计师应当考虑扩大审计程序的范围。但是,只有当审计程序本身与特定风险相关时,扩大审计程序的范围才是有效的。注册会计师可以使用计算机辅助审计技术对电子化的交易和账户文档进行更广泛的测试,包括从主要电子文档中选取交易样本,或按照某一特征对交易进行分类,或对总体而非样本进行测试。

第二节 控制测试

控制测试是为了评价内部控制在防止或发现并纠正认定层次重大错报方面的运行有效性而实施的审计程序。注册会计师应当选择为相关交易、账户余额和披露的认定提供证据的内部控制进行测试。

一、控制测试的概念和要求

控制测试是指用于评价内部控制在防止或发现并纠正认定层次重大错报方面的运行有效性的审计程序，这一概念需要与"了解内部控制"进行区分。"了解内部控制"包含两层含义：一是评价控制的设计；二是确定控制是否得到执行。

测试控制运行的有效性与确定控制是否得到执行所需获取的审计证据是不同的。

在实施风险评估程序以获取控制是否得到执行的审计证据时，注册会计师应当确定某项控制是否存在，被审计单位是否正在使用。

在测试控制运行的有效性时，注册会计师应当从下列几方面获取关于控制是否有效运行的审计证据：①控制在所审计期间的相关时点是如何运行的；②控制是否得到一贯执行；③控制由谁或以何种方式执行。

从这三个方面来看，控制运行有效性强调的是控制能够在各个不同时点按照既定设计得以一贯执行。因此，在了解控制是否得到执行时，注册会计师只需抽取少量的交易进行检查或观察某几个时点。但在测试控制运行的有效性时，注册会计师需要抽取足够数量的交易进行检查或对多个不同时点进行观察。

在评价相关控制运行的有效性时，注册会计师应当评价通过实施实质性程序发现的错报是否表明控制未得到有效运行。通常，在实施实质性程序中发现的重大错报是表明内部控制存在值得关注的内部控制缺陷的重要迹象。但通过实质性程序未发现错报，并不能证明与所测试认定相关的控制是有效的。

通过测试后，如果发现拟信赖的控制出现偏差，注册会计师应当进行专门查询以了解这些偏差及其潜在后果，并确定：①已实施的控制测试是否为信赖这些控制提供了适当的基础；②是否有必要实施追加的控制测试；③是否需要针对潜在的错报风险实施实质性程序。

作为进一步审计程序的类型之一，控制测试并非在任何情况下都需要实施。当存在下列情形之一时，注册会计师应当实施控制测试：①在评估认定层次重大错报风险时，预期控制的运行是有效的；②仅实施实质性程序并不能够提供认定层次充分、适当的审计证据。

二、控制测试的性质

控制测试的性质是指控制测试所使用的一种或多种具体审计程序，包括检查记录或文件、检查有形资产、观察、询问、重新执行。在设计和实施控制测试时，注册会计师应当：①将询问与其他审计程序结合使用，以获取有关控制运行有效性的审计证据；②确定拟测试的控制是否依赖其他控制（间接控制），如果依赖其他控制，确定是否有必要获取支持这些其他控制有效运行的审计证据。

三、控制测试的时间

控制测试的时间有两层含义：一是何时实施控制测试；二是测试所针对的控制适用的时点或期间。

如果仅需要测试控制在特定时点运行的有效性（如对被审计单位期末存货盘点进行控制测试），注册会计师只需要获取该时点的审计证据。如果拟信赖控制在某一期间运行的有效性，注册会计师需要实施其他测试，以获取相关控制在该期间内的相关时点运行有效的审计证据。这种测试可能包括测试被审计单位对控制的监督。换言之，关于控制在多个不同时点的运行有效性的审计证据的简单累加并不能构成控制在某期间的运行有效性的充分、适当的审计证据；而所谓的"其他测试"应当具备的功能是，能提供相关控制在所有相关时点都有效运行的审计证据。

如果确定评估的认定层次重大错报风险是特别风险，并拟信赖针对该风险实施的控制，注册会计师应当在本期审计中测试这些控制运行的有效性。

（一）如何考虑期中审计证据

如果已获取有关控制在期中运行有效性的审计证据，注册会计师应当：①获取这些控制在剩余期间发生重大变化的审计证据；②确定针对剩余期间还需获取的补充审计证据。

在确定需要获取哪些补充审计证据以证明控制在期中之后的剩余期间仍然有效运行时，注册会计师需要考虑的相关因素包括：①评估的认定层次重大错报风险的重要程度；②在期中测试的特定控制，以及自期中测试后发生的重大变动，包括在信息系统、流程和人员方面发生的变动；③在期中对有关控制运行的有效性获取的审计证据的程度；④剩余期间的长度；⑤在信赖控制的基础上拟缩小实质性程序的范围；⑥控制环境。

（二）如何考虑以前审计获取的审计证据

在某些情况下，如果注册会计师实施了用以确定审计证据持续相关性的审计程序，以前审计获取的审计证据可以为本期提供相关审计证据。在确定利用以前审计获取的有关控制运行有效性的审计证据是否适当，以及再次测试控制的时间间隔时，注册会计师应当考虑下列因素：①内部控制其他要素的有效性，包括控制环境、被审计单位对控制的监督及被审计单位的风险评估过程；②控制特征（人工控制还是自动化控制）产生的风险；③信息技术一般控制的有效性；④控制设计及其运行的有效性，包括在以前审计中发现的控制运行偏差的性质和程度，以及是否发生对控制运行产生重大影响的人员调整；⑤是否存在由环境发生变化而特定控制缺乏相应变化导致的风险；⑥重大错报风险和对控制的信赖程度。

如果拟利用以前审计获取的有关控制运行有效性的审计证据，注册会计师应当通过获取这些控制在以前审计后是否发生重大变化的审计证据，确定以前审计获取的审计证据是否与本期审计持续相关。注册会计师应当通过实施询问并结合观察或检查程序，获取这些控制在以前审计后是否发生重大变化的审计证据，以确认对这些控制的了解，并根据下列情况作出不同处理：①如果已发生变化，且这些变化对以前审计获取的审计证据的持续相关性产生影响，注册会计师应当在本期审计中测试这些控制运行的有效性；②如果未发生变化，注册会计师应当每三年至少对控制测试一次，并且在每年审计中测试部分控制，以避免将所有拟信赖控制的测试集中于某一年，而在之后的两年中不进行任何测试。

四、控制测试的范围

控制测试的范围主要是指某项控制活动的测试次数。注册会计师应当设计控制测试,以获取控制在整个拟信赖的期间有效运行的充分、适当的审计证据。

当针对控制运行的有效性需要获取更具说服力的审计证据时,可能需要扩大控制测试的范围。在确定控制测试的范围时,除考虑对控制的信赖程度外,注册会计师还可能考虑以下因素。

(1) 在拟信赖期间,被审计单位执行控制的频率。执行控制的频率越高,控制测试的范围越大。

(2) 在审计期间,注册会计师拟信赖控制运行有效性的时间长度。拟信赖控制运行有效性的时间长度不同,在该时间长度内发生的控制活动次数也不同。注册会计师需要根据拟信赖控制的时间长度确定控制测试的范围。拟信赖控制运行有效性的时间长度越长,控制测试的范围越大。

(3) 控制的预期偏差。预期偏差可以用控制未得到执行的预期次数占控制应当得到执行次数的比率加以衡量(也可称为预期偏差率)。考虑该因素是因为在考虑测试结果是否可以得出控制运行有效性的结论时,不可能只要出现任何控制运行偏差就认定控制运行无效,所以需要确定一个合理水平的预期偏差率。控制的预期偏差率越高,需要实施控制测试的范围越大。如果控制的预期偏差率过高,注册会计师应当考虑控制可能不足以将认定层次的重大错报风险降至可接受的低水平,从而认为针对某一认定实施的控制测试可能是无效的。

(4) 通过测试与认定相关的其他控制获取的审计证据的范围。针对同一认定,可能存在不同的控制。当针对其他控制获取审计证据的充分性和适当性较高时,测试该控制的范围可适当缩小。

(5) 拟获取的有关认定层次控制运行有效性的审计证据的相关性和可靠性。如拟获取的有关证据的相关性和可靠性较高,测试该控制的范围可适当缩小。

第三节 实质性程序

一、实质性程序的内涵和要求

实质性程序是指用于发现认定层次重大错报的审计程序。无论评估的重大错报风险结果如何,注册会计师都应当针对所有重大类别的交易、账户余额和披露,设计和实施实质性程序。

注册会计师实施的实质性程序应当包括下列与财务报表编制完成阶段相关的审计程序:①将财务报表中的信息与其所依据的会计记录进行核对或调节,包括核对或调节披露中的信息,无论该信息是从总账和明细账中获取,还是从总账和明细账之外的其他途径获取;②检查财务报表编制过程中作出的重大会计分录和其他调整。

如果认为评估的认定层次重大错报风险是特别风险,注册会计师应当专门针对该风险实施实质性程序。如果针对特别风险实施的程序仅为实质性程序,这些程序就应当包括细节测试。

二、实质性程序的性质

实质性程序的性质是指实质性程序所使用的一种或多种具体审计程序。实质性程序包括细节测试和实质性分析程序两类。

细节测试适用于对各类交易、账户余额和披露认定的测试。注册会计师应当针对评估的风险设计细节测试，获取充分、适当的审计证据，以达到认定层次所计划的保证水平。细节测试中可使用的具体审计程序包括检查记录或文件、检查有形资产、观察、询问、函证、重新计算。注册会计师尤其应当考虑是否将函证程序用于细节测试。可能影响注册会计师是否拟将函证程序作为实质性程序的因素包括以下几点。①被询证者对函证事项的了解。如果被询证者对所函证的信息具有必要的了解，其提供的回复可靠性更高。②预期被询证者回复询证函的能力或意愿。例如，在下列情况下，被询证者可能不会回复，也可能只是随意回复或可能试图限制对其回复的依赖程度：被询证者可能不愿承担回复的责任；被询证者可能认为回复成本太高或消耗太多时间；被询证者可能对因回复函证而可能承担的法律责任有所担心；被询证者可能以不同币种核算交易；回复函证不是被询证者日常经营的重要部分。③预期被询证者的客观性。如果被询证者是被审计单位的关联方，则其回复的可靠性会降低。

对在一段时期内存在可预期关系的大量交易，注册会计师可以考虑实施实质性分析程序。在设计实质性分析程序时，注册会计师应当考虑下列因素：①对特定认定使用实质性分析程序的适当性；②对已记录的金额或比率作出预期时，所依据的内部或外部数据的可靠性；③作出预期的准确程度是否足以在计划的保证水平上识别重大错报；④已记录金额与预期值之间可接受的差异额。当实施实质性分析程序时，如果使用被审计单位编制的信息，注册会计师应当考虑测试与信息编制相关的控制，以及这些信息是否在本期或前期经过审计。

三、实质性程序的时间

实质性程序的时间选择与控制测试的时间选择的共同点在于，两类程序都面临对期中审计证据和以前审计获取的审计证据的考虑。

（一）如何考虑期中审计证据

注册会计师在期中实施实质性程序而未在期末实施追加程序，将增加期末可能存在错报而未发现的风险，并且该风险随着剩余期间的延长而增加。因此，如果在期中实施了实质性程序，注册会计师应当针对剩余期间实施下列程序之一，以将期中测试得出的结论合理延伸至期末：①结合对剩余期间实施的控制测试，实施实质性程序；②如果认为对剩余期间拟实施的实质性程序是充分的，仅实施实质性程序。

（二）如何考虑以前审计获取的审计证据

在以前审计中实施实质性程序获取的审计证据，通常对本期只有很弱的证据效力或没有证据效力，不足以应对本期的重大错报风险。只有当以前获取的审计证据及其相关事项未发生重大变动时（例如，以前审计通过实质性程序测试过的某项诉讼在本期没有任何实质性进展），以前获取的审计证据才可能作为本期的有效审计证据。但即便如此，如果拟利用以前审计中实施实质性程序获取的审计证据，注册会计师应当在本期实施审计程序，以确定这些审计证据是否具有持续相关性。

四、实质性程序的范围

在确定实质性程序的范围时，注册会计师应当考虑评估的认定层次重大错报风险和实施控制测试的结果。注册会计师评估的认定层次重大错报风险越高，需要实施实质性程序的范围越大。如果对控制测试结果不满意，注册会计师应当考虑扩大实质性程序的范围。

在设计细节测试时，注册会计师除了从样本量的角度考虑测试范围，还要考虑选样方法的有效性等因素。如果不考虑成本效益的问题，那么审计人员只有在获取最充分、适当的审计证据后才能发表审计意见。但是，如果为了实现某个具体审计目标有多种可选审计方案，审计人员将选择成本较低的方案。成本效益原则的考虑会影响到实质性程序的范围。通常，审计人员根据可接受的风险水平确定所需要获取的审计证据和实质性程序的范围。可接受的风险水平高，审计人员可以获取相对较少的审计证据，实质性程序的范围也相对较小；反之，则要获取较多的审计证据，并实施较大范围的实质性程序。但是，无论如何，成本效益原则不能成为审计人员无法获取充分、适当审计证据的理由。

本章小结

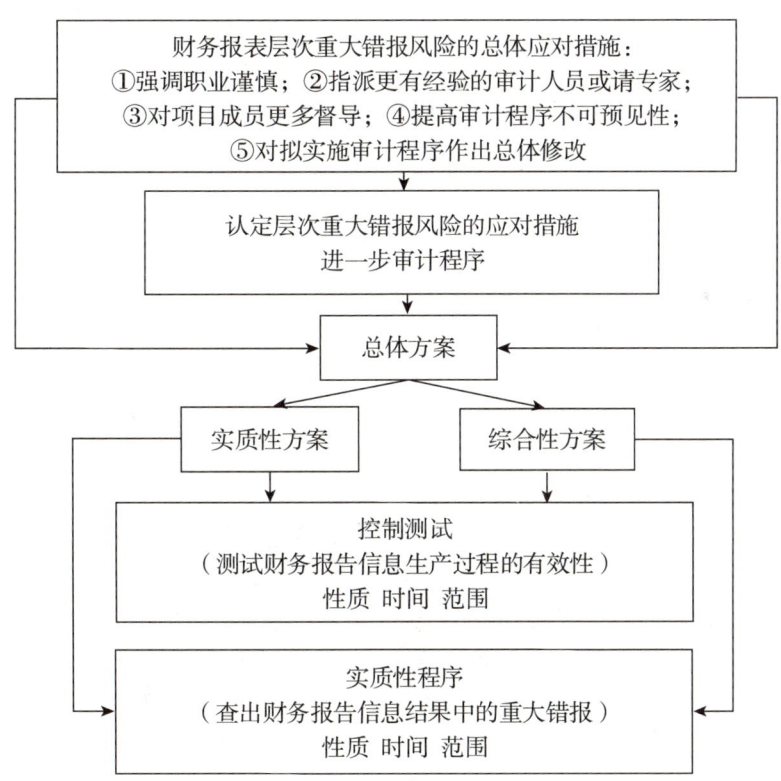

 **本章练习题**

一、单项选择题

1. 控制测试的关注点不包括（　　）。
A. 该项内部控制是否有切实应用
B. 该项内部控制是否在审计期间得到一贯运行
C. 该项内部控制由谁来应用
D. 该项内部控制是怎样设计的

2. 下列审计程序中，通常不在控制测试中使用的是（　　）。
A. 检查书面文件　　B. 函证　　C. 询问　　D. 观察

3. 控制测试是否执行取决于（　　）。
A. 审计人员对内部控制有效性的观点和控制测试的成本效益权衡
B. 效益最大化，成本最小化
C. 内部控制设计和执行的有效程度
D. 审计人员的专业判断

4. 控制测试的主要目的是（　　）。
A. 测试内部控制的有效性　　B. 确定实质性程序的范围
C. 测试内部控制设计的合理性　　D. 降低控制风险

5. 下列各项审计程序中，注册会计师在实施控制测试和实质性程序时均可以采用的是（　　）。
A. 分析程序　　B. 函证　　C. 重新执行　　D. 检查

6. 下列有关控制测试程序的说法中，不正确的是（　　）。
A. 检查程序适用于所有控制测试
B. 注册会计师应当将询问程序与其他审计程序结合使用
C. 重新执行程序不适用于所有控制测试
D. 通常只有当询问、观察和检查程序结合在一起仍无法获得充分的证据时，注册会计师才考虑实施重新执行程序

7. 控制测试程序中，通常能获取最可靠审计证据的是（　　）。
A. 询问　　B. 检查控制执行留下的书面证据
C. 观察　　D. 重新执行

8. 在利用以前年度获取的审计证据时，下列说法中错误的是（　　）。
A. 对于不属于旨在减轻特别风险的控制，如果在本年未发生变化，且上年经测试运行有效，则本次审计中无须测试
B. 对于旨在减轻特别风险的控制，如果在本年未发生变化，可以依赖上年的测试结果
C. 如果相关事项未发生重大变化，则上年通过实质性程序获取的审计证据可能可以作为本年的有效审计证据
D. 一般而言，上年通过实质性程序获取的审计证据对本年只有很弱的证据效力或没有证

据效力

9. 只有认为控制设计合理、能够防止或发现并纠正认定层次的重大错报或仅实施实质性程序不足以提供认定层次充分、适当的审计证据时，注册会计师才有必要进行（　　）。

A. 细节测试　　　　B. 分析程序　　　　C. 控制测试　　　　D. 了解内部控制

10. 针对注册会计师确定进一步审计程序的范围时应考虑的因素，下列说法中正确的是（　　）。

A. 计划从控制测试中获取的保证程度越高，拟实施的控制测试的范围越大

B. 计划获取的保证程度越高，拟实施进一步审计程序的范围越小

C. 注册会计师确定的重要性水平越高，拟实施的进一步审计程序的范围越大

D. 评估的重大错报风险越高，拟实施进一步审计程序的范围可以适当缩小

二、多项选择题

1. 下列有关采用总体审计方案的说法中，正确的有（　　）。

A. 注册会计师可以针对不同认定采用不同的审计方案

B. 注册会计师可以采用综合性方案或实质性方案应对重大错报

C. 注册会计师应当采用实质性方案应对特别风险

D. 当评估的被审计单位财务报表层次重大错报风险较大时，总体审计方案应更倾向于采用综合性方案

2. 下列审计程序中适用于控制测试的有（　　）。

A. 询问　　　　B. 重新执行　　　　C. 穿行测试　　　　D. 分析程序

3. 无论重大错报风险评估结果如何都要对重要账户实施实质性程序的原因是（　　）。

A. 重要账户不存在控制程序　　　　B. 注册会计师审计不应考虑成本原则

C. 对重大错报风险的评估是一种判断　　　　D. 内部控制存在局限

4. 在确定进一步审计程序的性质时，注册会计师应当考虑的主要因素有（　　）。

A. 不同的审计程序应对特定认定错报风险的效力

B. 认定层次重大错报风险的评估结果

C. 各类交易、账户余额、列报的特征

D. 认定层次重大错报风险产生的原因

5. 下列情形中，注册会计师应当实施控制测试，再次评估认定层次的重大错报风险的有（　　）。

A. 在评估认定层次重大错报风险时，预期控制运行是无效的

B. 在评估认定层次重大错报风险时，预期控制运行是有效的

C. 仅实施实质性程序不足以提供认定层次充分、适当的审计证据

D. 仅实施实质性程序足以提供认定层次充分、适当的审计证据

三、判断题

1. 控制和认定的关系越密切，控制对防止或发现并纠正认定错报的效果越好。（　　）

2. 如果认为仅通过实质性程序不能获取充分、适当的审计证据，那么审计人员应考虑所依赖的相关控制的有效性。（　　）

3. 一般来说，应该对重要的账户和交易执行更多的实质性程序。　　　　　　　（　　）

4. 在确定实质性程序的范围时，注册会计师应当考虑评估的认定层次重大错报风险和实施控制测试的结果。　　　　　　　　　　　　　　　　　　　　　　　　　　　　（　　）

5. 注册会计师可以在期中或期末实施控制测试或实质性程序。　　　　　　　（　　）

6. 注册会计师应当针对评估的财务报表层次重大错报风险设计和实施进一步审计程序，以将审计风险降至可接受的低水平。　　　　　　　　　　　　　　　　　　　　（　　）

7. 注册会计师在风险评估时对控制运行有效性的拟信赖程度越高，需要实施控制测试的范围越大。　　　　　　　　　　　　　　　　　　　　　　　　　　　　　　（　　）

8. 控制测试采用的审计程序包括询问、观察、检查、重新执行和穿行测试。　（　　）

9. 当评估的财务报表层次重大错报风险属于高风险水平时，拟实施进一步审计程序的总体方案往往更倾向于综合性方案。　　　　　　　　　　　　　　　　　　　（　　）

10. 控制测试是评估重大错报风险的必要程序，它的目的是评价控制是否有效运行。（　　）

四、论述题

1. 风险评估的作用是什么？

2. 简述注册会计师评估的重大错报风险和总体应对措施对其拟实施的进一步审计程序的影响。

五、案例分析题

2023年8月2日，证监会披露行政处罚决定书，因在H公司财报审计中未勤勉尽责，R会计师事务所被罚没约951万元，涉事两名签字注册会计师分别被罚款10万元，合计近千万元。而H公司因财务造假，三年虚增收入金额达到了惊人的70亿元，被证监会处以60万元罚款，另有9名责任人被罚款共150万元，合计210万元。在此案例中，证监会对审计机构的处罚远超过被审计单位，有何警示意义？

第九章

审计抽样

学习目标

知识要点	能力要求	关键术语
选取测试项目的方法	(1) 了解选取测试项目的方法 (2) 掌握审计抽样的概念 (3) 掌握不同方法适用的具体情境	(1) 全部项目 (2) 特定项目 (3) 审计抽样
审计抽样的分类	(1) 掌握统计抽样与非统计抽样的内涵及优缺点 (2) 掌握属性抽样与变量抽样的概念	(1) 统计抽样;非统计抽样 (2) 属性抽样;变量抽样
审计抽样风险	(1) 识别抽样风险与非抽样风险 (2) 区分第一类错误和第二类错误	(1) 抽样风险;非抽样风险 (2) 误受风险;误拒风险
审计抽样流程	(1) 掌握审计抽样中的相关概念 (2) 了解审计抽样的各个阶段及其主要工作	(1) 代表性;异常误差 (2) 可容忍误差 (3) 可信赖程度
审计抽样在控制测试中的运用	(1) 掌握影响控制测试样本规模的因素 (2) 能够对样本结果作出正确评价	(1) 偏差;偏差率 (2) 可容忍偏差率;预计总体偏差率
审计抽样在细节测试中的运用	(1) 掌握影响细节测试样本规模的因素 (2) 掌握传统变量抽样与货币单元抽样的优缺点 (3) 掌握由样本结果推断总体错报的方法	(1) 错报;可容忍错报;预计总体错报 (2) 均值法;差额法;比率法;货币单元

审计抽样不到位 审计证据不充分

2023年3月13日,证监会发布了对大华会计师事务所(简称大华所)及其两名签字会计师董超、李斌的行政处罚决定书,原因是大华所出具的獐子岛集团2016年年度审计报告存在虚假记载。大华所对獐子岛集团2016年年度财务报表审计时未勤勉尽责,其中就包括对存货进行监盘时,对于被审计单位的抽样盘点计划,大华所未对盘点方案的合理性及相关证据的可靠性进行评估,监盘程序执行不规范,收集的审计证据不充分。

证监会在处罚决定书中指出:针对存货特别是消耗性生物资产这个高风险领域,大华所计划执行存货监盘等实质性程序。……在大华所收集的关于存货监盘底稿中,仅在獐子岛集团制定的《2016年度消耗性生物资产盘点计划》(以下简称《盘点计划》)中提及大华所负责"在存量图的基础上设定盘点站位、现场监盘、对盘点核算资料进行复核",未收集任何能体现对底播虾夷扇贝这一特殊类型存货的盘点方法进行评估，以及对监盘具体安排进行考虑的相关证据，未对獐子岛存货特殊性进行充分考虑并制定合理的监盘计划和具体监盘程序。獐子岛集团制定的《盘点计划》显示，獐子岛集团对于增殖分公司虾夷扇贝盘点采取抽样盘点的方式进行，但审计底稿仅收录了盘点计划的总体原则，未收集抽样选取原则，也未记录抽样数量、点位位置等任何与抽样点位有关的具体信息，未收集航海日志、海底摄像录影等盘点及监盘过程的相关资料，既无法证明獐子岛集团对虾夷扇贝这一特殊资产实施了有效的管理控制，也无法证明大华所按照规定执行了监盘工作。

通过上述引例不难发现，审计抽样广泛应用于审计工作中，然而，样本数量不够或所选样本的代表性不足，可能导致样本结果不能代表总体情况，从而得出不恰当的结论。那么，什么是审计抽样？为什么要使用抽样方法选取测试项目？样本选取应当遵循什么原则？如何根据样本结果推断总体？本章将予以介绍。

第一节　审计抽样概述

一、选取测试项目的方法

《中国注册会计师审计准则第 1301 号——审计证据》要求注册会计师设计和实施审计程序，获取充分、适当的审计证据，以得出合理的结论，作为形成审计意见的基础。在设计控制测试和细节测试时，注册会计师应当确定用以选取测试项目的适当方法，以有效实现审计程序的目的。

注册会计师可以用于选取测试项目的方法有三种：选取全部项目、选取特定项目和审计抽样。

（一）选取全部项目

选取全部项目是指注册会计师选取全部项目进行百分之百的检查。

当存在下列情形之一时，注册会计师应当考虑选取全部项目进行测试。

（1）总体由少量的大额项目构成。某类交易或账户余额中的所有项目的单个金额都较大时，注册会计师可能需要测试所有项目。

（2）存在特别风险且其他方法未提供充分、适当的审计证据。某类交易或账户余额中所有项目虽然单个金额不大但存在特别风险，注册会计师也可能需要测试所有项目。存在特别风险的项目主要包括：

①管理层高度参与或错报可能性较大的交易事项或账户余额；
②非常规的交易事项或账户余额，特别是与关联方有关的交易或余额；
③长期不变的账户余额，例如滞销的存货余额或账龄较长的应收账款余额；
④可疑的或非正常的项目，或明显不规范的项目；
⑤以前发生过错报的项目；
⑥期末人为调整的项目；
⑦其他存在特别风险的项目。

（3）由于信息系统自动执行的计算或其他程序具有重复性，对全部项目进行检查符合成本效益原则。注册会计师可以运用计算机辅助审计技术选取全部项目进行测试。

(二) 选取特定项目

选取特定项目是指注册会计师从总体中的特定项目中选取一部分进行针对性测试（不属于审计抽样）。根据对被审计单位的了解、评估的重大错报风险以及所测试总体的特征等，注册会计师可以确定从总体中选取特定项目进行测试。

选取的特定项目可能包括：①大额或关键项目；②超过某一金额的全部项目；③被用于获取某些信息的项目；④被用于测试控制活动的项目。选取特定项目实施检查通常是获取审计证据的有效手段，但并不构成审计抽样。按照这种方法选取项目并实施审计程序获得的结果，不能推断至整个总体。当整体的剩余部分重大时，注册会计师应当考虑是否需要针对剩余部分获取充分、适当的审计证据。

(三) 审计抽样

审计抽样是指注册会计师对具有审计相关性的总体中低于百分之百的项目实施审计程序，使所有抽样单元都有被选取的机会，为注册会计师针对整个总体得出结论提供合理基础。总体是指注册会计师从中选取样本并期望据此得出结论的整个数据集合，总体可以分为多个层次或者子总体，每一层次或子总体可以分别检查。抽样单元是指构成总体的个体项目，它可以是实物项目，也可以是货币单元。

审计人员应当设计和实施风险评估程序、控制测试（必要时）及实质性测试程序，获取充分、适当的审计证据，得出合理的审计结论，作为发表审计意见的基础。

风险评估程序通常不涉及使用审计抽样和其他选取测试项目的方法。但如果审计人员在了解控制的设计和确定其是否得到执行时，一并计划和实施控制测试，则可能涉及审计抽样和其他选取测试项目的方法。

控制测试中，当控制运行留下轨迹时，审计人员可以考虑使用审计抽样和其他选取测试项目的方法。实质性程序包括对各类交易、账户余额和列报的细节测试和实质性分析程序。在实施细节测试时，审计人员可以使用审计抽样和其他选取测试项目的方法获取审计证据，以验证有关财务报表金额的一项或多项认定，或对某些金额做出独立估计。在实施分析性程序时，审计人员不宜使用审计抽样。

为了规范注册会计师在实施审计程序时使用审计抽样，财政部发布了《中国注册会计师审计准则第1314号——审计抽样》。该准则是对《中国注册会计师审计准则第1301号——审计证据》的补充，规范了注册会计师在设计和选择审计样本以实施控制测试和细节测试，以及评价样本结果时对统计抽样和非统计抽样的使用。

二、审计抽样的分类

(一) 统计抽样和非统计抽样

按抽样决策的依据不同，审计抽样可以分为统计抽样和非统计抽样。统计抽样是指同时具备下列特征的抽样方法：①随机选取样本项目；②运用概率论评价样本结果，包括计量抽样风险。不同时具备这两个基本特征的抽样方法为非统计抽样。

当注册会计师利用专业判断而非统计技术估计抽样风险时，样本被称为非统计样本（或判断样本）。这并不是说非统计样本是随意选出的样本。事实上，无论是选取非统计的审计样本还是统计的审计样本，都能使注册会计师通过样本得出关于总体的有效推断。另外，无论是在非统计样本还是在统计样本中发现的错报，都被用于推断总体中的错报金额。然而非统计抽样无法量化抽样风险。因此，注册会计师可能发现自己选取了超过必要水平的过大的、代价过高的样本，或者在不知情的情况下接受了高于可接受程度的抽样风险。

审计抽样并不是一个单独的过程，它是收集审计证据的方式，用来评价管理层对财务报表的各项认定与既定标准的符合程度，无论是统计抽样还是非统计抽样，都需要注册会计师的职业判断。换言之，采用统计抽样并不排除抽样过程中的专业判断。然而，统计抽样确实能使注册会计师计量和控制抽样风险。利用统计技术，注册会计师可以事先确定他们希望存在于样本结果中的抽样风险水平，然后计算出将抽样风险控制在希望水平上的样本规模。由于统计抽样以概率论和数理统计为基础，所以注册会计师能够依靠样本结果控制抽样风险。

统计抽样和非统计抽样各有优缺点（如表9-1所示）。统计抽样可以帮助注册会计师科学确定样本规模，客观计量和控制抽样风险，对抽样结果进行定量评价，有助于规范审计工作。非统计抽样则充分利用了审计人员的职业经验和主观判断，操作简便。现实中，对于测试规模比较小的总体，注册会计师往往使用非统计抽样。

表 9-1 统计抽样与非统计抽样的优缺点及使用范围

	统计抽样	非统计抽样
优点	使用科学的方法确定样本规模，从而能客观地计量并控制抽样风险；随机抽取样本，使得样本分布接近于总体分布，从而更具有代表性；利用概率论，审计人员可以对抽样结果进行定量的评价；为审计抽样提供了一个统一的框架，促使审计工作更加规范	充分利用了审计人员的职业经验和主观判断，操作简便
缺点	需要特殊的专业技能，增加额外的支出对审计人员进行培训；要求单个样本项目符合统计要求，也可能需要支出额外的费用	样本的选取不符合随机原则，从而导致样本的代表性有所下降，并且难以确定样本规模是否适当；抽样过程主要依赖于审计人员的素质和经验；审计人员对抽样结果只能进行定性的评价，难以得出定量的结果
使用范围	总体规模较大以及样本容易获取的情况	总体规模较小或者某些样本难以获取的情况

（二）属性抽样和变量抽样

按统计抽样的目标不同，审计抽样可以分为属性抽样和变量抽样。

属性抽样是指在精确度界限和可靠程度一定的条件下，为了测定总体特征的发生频率而采用的一种抽样方法。总体的属性，指的是总体本身所固有的某种质的特征或质的规定性，一般只能用质量指标，如发生次数或发生频率来表示。根据控制测试的目的和特点所采用的审计抽样通常称为属性抽样。属性抽样用于内部控制的符合性测试，目的是确定被审计单位的内部控制是否得到有效执行，例如某项业务是否经过特定授权人员的批准。

变量抽样是指对稽查对象总体的货币金额进行实质性测试所采用的抽查方法。变量抽样法可用于确定账户金额是多是少、是否存在重大误差等。例如，检查应收账款的金额；检查存货的数量与金额；检查工资费用；检查交易活动，以确定未经适当批准的交易金额，等等。在细节测试中运用的稽查抽查技术，主要是变量抽样法。

在审计实务中，经常存在同时进行控制测试和细节测试的情况，在这种情况下进行的审计抽样被称为双重目的抽样。

三、审计抽样的风险

审计抽样的基本假定是注册会计师可以利用样本对总体作出精确的推断，然而，通过样本推断总体得出的结论可能存在与实际情况不符的情况。

（一）抽样风险

抽样风险是指注册会计师根据样本得出的结论，可能不同于通过对整个总体实施与样本相同的审计程序得出的结论的风险。只要使用了审计抽样，抽样风险总会存在。

抽样风险可能导致两种类型的错误结论。

第一类错误：在实施控制测试时，注册会计师推断的控制有效性高于其实际有效性（即信赖过度风险）；或在实施细节测试时，注册会计师推断某一重大错报不存在而实际上存在（即误受风险）。注册会计师主要关注这类错误结论，此类风险影响审计效果，并且可能导致注册会计师发表不恰当的审计意见。

第二类错误：在实施控制测试时，注册会计师推断的控制有效性低于其实际有效性（信赖不足风险）；或在实施细节测试时，注册会计师推断某一重大错报存在而实际上不存在（误拒风险）。这类错误结论影响审计效率，原因是其通常导致注册会计师实施额外的工作，以证实初始结论是错误的。

也就是说，无论在控制测试还是在细节测试中，抽样风险都可以分为两种类型：一类影响审计效果；另一类影响审计效率。但在控制测试和细节测试中，这两类抽样风险的表现形式有所不同，归纳如表9-2所示。

表 9-2 第一类错误和第二类错误

审计测试	第一类错误	第二类错误
控制测试	在实施控制测试时，注册会计师根据样本测试结果推断的控制有效性高于其实际的有效性，即信赖过度风险	在实施控制测试时，注册会计师根据样本测试结果推断的控制有效性低于其实际的有效性，即信赖不足风险
细节测试	在实施细节测试时，注册会计师根据样本测试结果推断某一重大错报不存在而实际存在，即误受风险	在实施细节测试时，注册会计师根据样本测试结果推断某一重大错报存在而实际不存在，即误拒风险

扩大样本规模可以降低抽样风险。如果审查总体的全部项目则不存在抽样风险。但是，审计大样本或者审计整个总体的代价是很高的，有效抽样的一个关键因素就是要平衡抽样风险与采用较大样本的成本。

（二）非抽样风险

非抽样风险是指注册会计师由于任何与抽样风险无关的原因而得出错误结论的风险。注册会计师也可能由于非抽样风险得出错误的结论。注册会计师即使对某类交易或账户余额的所有项目实施某种审计程序，也可能仍未能发现存在重大错报或控制失效的情况。

注册会计师采用不适当的审计程序，或者误解审计证据而没有发现误差等，均可能导致非抽样风险。具体来说，在审计过程中，可能导致非抽样风险的原因主要有：①注册会计师选择了不适于实现特定审计目标的审计程序；②注册会计师选择的总体不适于测试目标；③注册会计师未能适当地定义偏差或错报，导致未能发现样本中存在的偏差或错报；④注册会计师选择了不适合实现特定目标的审计程序，例如，注册会计师依赖应收账款函证来揭露未入账的应收账款；⑤注册会计师未能适当地评价审计发现的情况，例如，注册会计师错误解读审计证据导致没有发现误差，或者对发现误差的重要性的判断有误，从而忽略了性质十分重要的误差。

四、审计抽样中的基本概念

（一）代表性与异常误差

代表性是指在既定的风险水平下，注册会计师根据样本得出的结论，与对整个总体实施与样本相同的审计程序得出的结论类似。代表性与样本整体而非样本中的单个项目相关，与样本规模无关，而与如何选取样本相关。

异常误差是指对总体中的错报或偏差明显不具有代表性的错报或偏差。

（二）分层

分层是指将总体划分为多个子总体的过程，每个子总体由一组具有相同特征（通常为货币金额）的抽样单元组成。

（三）可容忍误差

可容忍误差包括可容忍偏差率和可容忍错报。

可容忍偏差率是指注册会计师设定的偏离规定的内部控制程序的比率，注册会计师试图对总体中的实际偏差率不超过该比率获取适当水平的保证。

可容忍错报是指注册会计师设定的货币金额，注册会计师试图对总体中的实际错报不超过该货币金额获取适当水平的保证。

（四）可信赖程度

可信赖程度通常用预计抽样结果能够代表审计对象总体特征的百分比来表示，可信赖程度与抽样风险水平是互补关系。例如，在95%的可信赖程度下，抽样风险水平为5%。在审计过程中，审计人员对可信赖程度的要求越高，需选取的样本量应该越大。

五、审计抽样的流程

审计抽样大致包括样本设计、样本选取、评价样本结果和记录抽样程序等阶段。

（一）样本设计

在设计审计样本时，注册会计师应当考虑审计程序的目的和抽样总体的特征。注册会计师应当确定测试目标、定义总体、定义抽样单元、定义偏差（对应控制测试）或界定错报（对应细节测试）、定义测试期间（仅适用于控制测试中的审计抽样）。

在设计样本时，注册会计师需要确定可容忍错报，以应对单个非重大错报的汇总数可能导致财务报表存在重大错报的风险，并为可能未发现的潜在错报留出余地。可容忍错报是将实际执行的重要性（参见《中国注册会计师审计准则第1221号——计划和执行审计工作时的重要性》）运用到特定抽样程序。可容忍错报可能等于或低于实际执行的重要性。

（二）样本选取

注册会计师应当确定抽样方法、确定样本规模、选取样本，进而针对选取的每个项目实施适合具体目的的审计程序。

注册会计师在运用审计抽样时，既可以使用统计抽样方法，也可以使用非统计抽样方法。在统计抽样中，注册会计师选取样本项目时每个抽样单元被选取的概率是已知的。在非统计抽样中，注册会计师根据判断选取样本项目。由于抽样的目的是为注册会计师得出有关总体的结论提供合理的基础，因此，注册会计师通过选择具有总体典型特征的样本项目，选出有代表性的样本以避免偏向是很重要的。

注册会计师应当针对选取的每个项目，实施适合具体目的的审计程序。如果审计程序不适用于选取的项目，注册会计师应当针对替代项目实施该审计程序。如果未能对某个选取的项目实施设计的审计程序或适当的替代程序，注册会计师应当将该项目视为控制测试中对规定的控制的一项偏差，或细节测试中的一项错报。

（三）评价样本结果

注册会计师应当根据样本结果计算偏差率或推断总体错报，并在考虑抽样风险、偏差或错报的性质和原因的基础上，得出总体结论。

1. 计算偏差率或推断总体错报

对于控制测试，由于样本偏差率也是整个总体的推断偏差率，注册会计师无须推断总体偏差率，计算的样本偏差率就是对总体偏差率的最佳估计。当实施细节测试时，注册会计师应当根据样本中发现的错报推断总体错报。

2. 考虑抽样风险、偏差或错报的性质和原因

注册会计师应当调查识别出所有偏差或错报的性质和原因，并评价其对审计程序的目的和审计的其他方面可能产生的影响。在极其特殊的情况下，如果认为样本中发现的某项偏差或错报是异常误差，注册会计师应当对该项偏差或错报对总体不具有代表性获取高度保证。在获取这种高度保证时，注册会计师应当实施追加的审计程序，获取充分、适当的审计证据，以确定该项偏差或错报不影响总体的其余部分。

3. 得出总体结论

注册会计师对总体的结论，应基于对下列两个方面的评价。

（1）样本结果。对于控制测试，除非注册会计师已获取能够证实最初评估结果的进一步审计程序，超出预期的高偏差率可能导致评估的重大错报风险增加；对于细节测试，在缺乏进一步审计证据证明不存在重大错报的情况下，样本中超出预期的高错报可能导致注册会计师认为某类交易或账户余额存在重大错报。

（2）使用审计抽样是否已为注册会计师针对所测试的总体得出的结论提供合理基础。对于细节测试，推断错报与异常错报（如有）之和是注册会计师对总体错报的最佳估计。当推断错报与异常错报（如有）之和超过可容忍错报时，样本就不能为得出有关测试总体的结论提供合理的基础。推断错报与异常错报之和越接近可容忍错报，总体中实际错报超过可容忍错报的可能性就越大。如果推断错报高于确定样本规模时使用的预期错报，则注册会计师可能认为，总体中实际错报超出可容忍错报的抽样风险是不可接受的。

如果认为审计抽样没有为得出有关测试总体的结论提供合理的基础，注册会计师可以：①要求管理层对识别出的错报和是否可能存在更多错报进行调查，并在必要时进行调整；②调整进一步审计程序的性质、时间安排和范围，以更好地获取所需的保证。例如，对于控制测

试，注册会计师可能会扩大样本规模，测试替代控制或修改相关实质性程序。

（四）记录抽样程序

注册会计师应当记录所实施的审计程序，以形成审计工作底稿。在控制测试和细节测试的审计抽样中，审计工作底稿应记录的具体内容可能存在差异，但在总体要求和内容类别上基本一致。

第二节 审计抽样在控制测试中的运用

在控制测试中，审计人员需要对内部控制是否健全或其是否被有效执行进行测试。也就是说，审计人员在控制测试中只需要对内部控制的总体误差率进行测试，而不需要估计总体错误的金额大小。因此，审计人员一般在控制测试中使用属性抽样。

控制测试中的审计抽样可按如下步骤进行。

一、样本设计阶段

（一）确定测试目标

控制测试的目标是获取关于内部控制运行有效性的证据，以支持其在计划阶段评估的重大错报风险水平或对评估的重大错报风险水平进行修正。为此，注册会计师应当关注相关控制在所审计的会计期间相关时点是如何运行的，控制是否得到一贯执行，以及控制是由谁或以何种方式执行的。控制运行有效或无效是结论，在形成结论前应当考虑前后相继的两个问题：①控制是否建立健全？②控制是否得到有效执行？因此，测试目标的确定应基于对具体控制目标下针对性控制制度、措施或程序的了解。例如，与销售"发生"认定对应的一项控制是销售合同签订前需经过申请与审批环节（如填写《销售合同申请表》），那么，测试的目标就是这项制度是否存在且得到有效执行。

（二）定义总体

定义总体是指审计人员在控制测试中考虑总体的同质性，确定总体中的所有项目都具有同样的特征。在定义总体时，应确保适当性和完整性。其中，适当性是指总体与特定的审计目标是对应的，完整性是指总体是完整的、无遗漏的。例如，在测试销售合同签订是否经过申请与审批环节时，测试的总体是所有已签订的合同。通过检查所有已签订合同是否附有经审批的《销售合同申请表》，可以得到该项控制是否有效运行的结论。

（三）定义抽样单元

定义抽样单元是指选择能够提供控制运行证据的一份文件、一个记录或者记录中的一行。每个抽样单元构成了整体中的一个项目。例如，在测试销售合同签订是否经过申请与审批时，每一份已经签订的销售合同就是一个抽样单元。

（四）定义偏差

注册会计师利用专业判断来定义一项特定控制测试的属性及偏差状态。属性是提供证据证明一项控制程序被实际执行的那些特征。例如，控制执行人的签名出现在恰当的凭单上。如果一个样本项目不具有某种或多种属性，那么它就被归为一个偏差。例如，如果注册会计师正在执行一项评价销售交易的控制测试，并决定测试其中的一个控制程序由一位会计职员执行复核销售发票的工作,那么该职员的复核工作包括:①比较发票上的数量与运输单据上的数量;②比较发票上的价格与批准的价格清单上的价格;③检查每张发票的书写准确性;④签署发票副本以表明该程序已执行。在执行这项控制测试时,如果出现了下列一种或几种偏差状态,那么注册会计师就应把该笔交易归类为一个偏差:①发票副本未经会计职员签署;②发票上的数量与运输单据上的数量不符;③发票上的价格与批准的价格清单上的价格不符;④发票书写不准确。

(五)定义测试期间

注册会计师通常在期中实施控制测试。由于期中测试获取的证据只与某项控制截至测试时点的运行有关,注册会计师需要确定如何获取关于剩余期间的证据。注册会计师可以:①将测试扩展至剩余期间发生的交易,以获取额外的证据。即在期中执行初始测试,然后估计总体中剩余期间发生交易的数量,并在期末审计时对所有发生在期中测试之后的被选取交易进行检查。②不将测试扩展至剩余期间发生的交易。注册会计师在期中测试时发现的偏差可能不足以支持其得出结论,即使在剩余期间发生的交易中未发现任何偏差,也不足以支持其在审计计划阶段评估的重大错报风险水平。在这种情况下,注册会计师可能决定不将测试扩展至剩余期间发生的交易,而是修正评估重大错报风险评估水平和实质性程序。

案例 9-1

信永中和对乐视网广告业务收款控制测试

2022 年 4 月 16 日,证监会发布了对信永中和会计师事务所(简称信永中和)的行政处罚决定,原因是信永中和在对乐视网 2015—2016 年度财务报表进行审计时,未勤勉尽责,出具的报告存在虚假记载。

其中,信永中和对乐视网 2016 年年度财务报表进行审计时,对乐视网广告业务"销售与收款循环"进行了内控测试。根据审计工作底稿记录,控制的目标为:主要风险和报酬转移后对销售收入进行确认。对应的控制措施为:广告实际投放后,应收账款主管复核与客户的对账报告,即向客户寄发的对账单是否均已收回,客户回复金额是否与明细账记录金额一致,如有差异,差异原因是否已经调查,是否需要调整会计记录。控制频率为每月一次。注册会计师将此控制认定为关键控制,以防止将未经发布的广告确认了收入。

注册会计师在进行测试时发现这一控制措施未得到执行,即没有收到客户的对账回单,但仍得出"未发现销售收款循环中有缺失的环节"的审计结论,也未选取样本进行控制测试。

二、样本选取阶段

(一)确定抽样方法

实施控制测试时,注册会计师可能使用统计抽样方法,也可能使用非统计抽样方法。无论使用哪种抽样方法,注册会计师都应当使总体中每个抽样单元都有被选取的机会。

(二)确定样本规模

注册会计师应当确定适当的样本规模,以兼顾审计效率与审计效果。在控制测试中,影响样本规模的因素示例见表 9-3。

表 9-3 控制测试中影响样本规模的因素示例

因　　素	对样本规模的影响	说　　明
1. 注册会计师在评估风险时考虑拟测试控制运行有效性的范围扩大 注册会计师在评估风险时对控制的依赖程度增加	增大	注册会计师拟从控制运行有效性中获取的保证程度越高，注册会计师评估的重大错报风险越低，样本规模就越大。当评估认定层次的重大错报风险时预期控制运行是有效的，注册会计师需要实施控制测试。当其他情况相同时，注册会计师在风险评估中对控制运行有效性的依赖程度越高，注册会计师实施控制测试的范围越大，因此样本规模增大
2. 可容忍偏差率增加	减少	可容忍偏差率越低，所需的样本规模越大
3. 拟测试总体的预期偏差率增加	增大	预期偏差率越高，所需的样本规模越大，以使注册会计师能够对实际偏差率作出合理的估计。注册会计师确定预期偏差率时应考虑的因素包括：注册会计师对经营情况的了解（特别是用来了解内部控制的风险评估程序）、人员或内部控制的变化、以前期间实施审计程序的结果和其他审计程序的结果。如果预期控制偏差率很高，注册会计师通常不降低评估的重大错报风险
4. 注册会计师对于总体实际偏差率未超出可容忍偏差率的期望保证程度增加	增大	注册会计师对样本结果能够真正表明总体中实际发生的偏差率的保证程度期望越高，所需的样本规模越大
5. 总体中抽样单元的数量增加	影响可忽略	对于大规模总体而言，总体的实际规模对样本规模几乎没有影响。然而，对于小规模总体而言，审计抽样可能不比其他替代方法更能有效地获取充分、适当的审计证据

资料来源：《〈中国注册会计师审计准则第 1314 号——审计抽样〉应用指南》。

（三）选取样本并对其实施审计程序

在确定了最终的样本量后，注册会计师必须从总体中选取样本进行检查，样本项目必须以能够获得随机样本的方式选取。选取随机样本可以采用随机数表、随机数生成程序或系统抽样等方法。

测试样本项目时，注册会计师应当就他们所关注的属性审查每一个项目。每个项目都将根据其是否包含偏差进行分类。值得注意的是，有时候被测试的控制只在部分样本单据上留下了运行证据。如果注册会计师无法对选取的项目实施计划的审计程序或适当的替代程序，就要考虑在评价样本时将该项目视为控制偏差。注册会计师还应该对任何代表异常事项的证据提高警觉，如舞弊或关联方交易的证据。

三、评价样本结果阶段

测试完样本项目并汇总所有偏差之后，注册会计师应评价样本结果。在评价样本结果时，注册会计师不仅要考虑观察到的实际偏差数，还要考虑抽样风险及偏差的性质和原因。

（一）计算偏差率

将样本中的发现的偏差数除以样本规模，就可以计算出样本偏差率。在控制测试中，样本偏差率就是对总体偏差率的最佳估计，因而无须另外推断总体偏差率，但必须考虑抽样风险。

(二) 考虑抽样风险

在估计的总体偏差率（即样本偏差率）的基础上，考虑抽样风险（主要是信赖过度风险）的影响，以此形成在可接受的抽样风险下总体偏差率的适用区间。表9-4列示了可接受的信赖过度风险为5%时的总体偏差率上限。如果总体偏差率上限低于可容忍偏差率，则总体结果可以接受，即样本结果支持计划评估的控制有效性，从而支持计划的重大错报风险评估水平。若总体偏差率大于或等于可容忍偏差率的上限，则总体结果不能接受，即样本结果不支持计划的重大错报风险评估水平。

表9-4 可接受的信赖过度风险为5%时的总体偏差率上限（%）

样本规模	发现的实际偏差数量										
	0	1	2	3	4	5	6	7	8	9	10
25	11.3	17.6	*	*	*	*	*	*	*	*	*
30	9.5	14.9	19.6	*	*	*	*	*	*	*	*
35	8.3	12.9	17.0	*	*	*	*	*	*	*	*
40	7.3	11.4	15.0	18.3	*	*	*	*	*	*	*
45	6.5	10.2	13.4	16.4	19.2	*	*	*	*	*	*
50	5.9	9.2	12.1	14.8	17.4	19.9	*	*	*	*	*
55	5.4	8.4	11.1	13.5	15.9	18.2	*	*	*	*	*
60	4.9	7.7	10.2	12.5	14.7	16.8	18.8	*	*	*	*
65	4.6	7.1	9.4	11.5	13.6	15.5	17.4	19.3	*	*	*
70	4.2	6.6	8.8	10.8	12.6	14.5	16.3	18.0	19.7	*	*
75	4.0	6.2	8.2	10.1	11.8	13.6	15.2	16.9	18.5	20.0	*
80	3.7	5.8	7.7	9.5	11.1	12.7	14.3	15.9	17.4	18.9	*
90	3.3	5.2	6.9	8.4	9.9	11.4	12.8	14.2	15.5	16.8	18.2
100	3.0	4.7	6.2	7.6	9.0	10.3	11.5	12.8	14.0	15.2	16.4
125	2.4	3.8	5.0	6.1	7.2	8.3	9.3	10.3	11.3	12.3	13.2
150	2.0	3.2	4.2	5.1	6.0	6.9	7.8	8.6	9.5	10.3	11.1
200	1.5	2.4	3.2	3.9	4.6	5.2	5.9	6.5	7.2	7.8	8.4

注：该表以百分比表示偏差率上限，并假定样本规模足够大。*表示大于20%的比例。

由表9-4可知，如果在包含90个项目的样本中发现了5个偏差，实际偏差率上限为11.4%；如果在包含100个项目的样本中发现了5个偏差，实际偏差率的上限为10.3%；那么，当样本规模为93且偏差数为5时，其实际偏差率的上限在10.3%和11.4%之间，超过了5%的可容忍偏差率，不能支持注册会计师计划的重大错报风险水平。对于这一结果，注册会计师应当提高重大错报风险评估水平，同时考虑扩大相关财务报表认定的实质性测试范围。

(三) 考虑偏差的性质和原因

注册会计师还应当调查识别出所有偏差的性质和原因，并评价其对审计程序的目标和审计的其他方面可能产生的影响。无论是统计抽样还是非统计抽样，对样本结果的定性评价和定量评价都一样重要。即使样本的评价结果在可接受的范围内，注册会计师也应当对样本中的所有控制偏差进行定性分析。注册会计师对偏差的性质和原因进行分析时应当考虑：偏差是有意的还是无意的？是误解了相关规定还是粗心大意造成的？是经常发生还是偶然发生？是系统的还是随机的？特别需要注意的是，产生于故意行为（舞弊）的偏差比那些由于误解相关规定或粗心大意造成的偏差更值得关注。

（四）得出整体结论

注册会计师应当把审计抽样获得的证据同其他相关控制测试的结果综合起来考虑。确定综合结果是否支持注册会计师计划的重大错报风险评估水平。如果不支持，则注册会计师可以：①进一步测试其他控制（如补偿性控制），以支持其计划的控制有效性和重大错报风险评估水平；②提高重大错报风险评估水平，并相应修改计划实质性程序的性质、时间安排和范围。

四、记录抽样程序

最后，注册会计师将把前述步骤中的重要方面记录于工作底稿。注册会计师通常应在审计工作底稿中记录下列内容：对所测试的设定控制的描述；与抽样相关的控制目标，包括相关认定；对总体和抽样单元的定义，包括注册会计师如何考虑总体的完整性；对偏差的定义；可接受的信赖过度风险、可容忍偏差率，以及预计总体偏差率；确定样本规模的方法；选样方法；选取的样本项目；对样本项目实施的审计程序及其结果；对样本的评价及总体结论摘要。

第三节　审计抽样在细节测试中的运用

细节测试旨在识别财务报表各类交易、账户余额和披露中存在的重大错报。细节测试中主要运用变量抽样方法。变量抽样方法可用于确定账户金额是多少，是否存在重大错报等。

在细节测试中使用审计抽样方法的主要步骤如下所述。

一、样本设计阶段

（一）确定测试目标

在细节测试中，审计抽样通常用来测试有关财务报表金额的一项或多项认定的合理性，如应收账款的存在、权利和义务、完整性、准确性、计价和分摊、分类及列报的合理性。

（二）定义总体

（1）考虑总体的适当性和完整性。注册会计师应确保抽样总体适合于特定的审计目标。总体定义是否适当、完整，取决于对测试目标的准确把握。例如，若测试目标是检查营业收入的"发生"认定，那么总体应该是所有已记录为营业收入的销售交易；若测试目标是检查营业收入的"完整性"认定，则总体应该是所有实际发生的销售交易。

（2）识别单个重大项目。在细节测试中，注册会计师应当运用职业判断技能，判断某账户余额或交易类型中是否存在以及存在哪些应该单独测试而不能放在抽样总体中的项目。某一项目可能由于存在特别风险或者金额较大而应被视为单个重大项目。注册会计师应当对单个重大项目逐一实施检查，以将抽样风险控制在合理的范围。单个重大项目包括那些潜在错报可能超过可容忍错报的所有单个项目，以及异常的余额或交易。注册会计师进行单独测试的所有项目都不构成抽样总体。增加单独测试的账户可以减少样本规模。

（三）定义抽样单元

在细节测试中，注册会计师应当根据审计目标和所实施审计程序的性质，定义抽样单元。抽样单元可能是一个账户余额、一笔交易或交易中的一个记录（如销售发票中的单个项目），甚至是每个货币单元。例如，如果抽样的目标是测试应收账款是否存在，注册会计师可能选择各应收账款明细账余额、发票或发票上的单个项目作为抽样单元。

注册会计师定义抽样单元时还应考虑实施计划的审计程序或替代程序的难易程度。如果将抽样单元界定为客户明细账余额，当某客户没有回函证实该余额时，注册会计师可能需要对构成该余额的每一笔交易进行测试。因此，如果将抽样单元界定为构成应收账款余额的每笔交易，审计抽样单元的效率可能更高。

（四）界定错报

在细节测试中，误差是指错报，注册会计师应根据审计目标界定错报。例如，在对应收账款的存在性进行细节测试时（如函证），客户在函证日之前支付、被审计单位在函证日之后不久收到的款项不构成错报。被审计单位在不同客户之间误登明细账也不影响应收账款总账余额。即使在不同客户之间误登明细账可能对审计的其他方面（如对舞弊的可能性或坏账准备的适当性的评估）产生重要影响，注册会计师在评价应收账款函证程序的样本结果时也不宜将其判定为错报。注册会计师还应该将被审计单位自己发现并已在适当期间更正的错报排除在外。

二、样本选取阶段

（一）确定抽样方法

在细节测试中进行审计抽样，可能使用统计抽样，也可能使用非统计抽样。注册会计师在细节测试中常用的统计抽样方法包括传统变量抽样和货币单元抽样。

1. 传统变量抽样

传统变量抽样运用正态分布的理论，根据样本结果推断总体的特征。

（1）传统变量抽样的优点

传统变量抽样的优点是：①如果账面金额与审定金额之间存在较多差异，传统变量抽样可能只需较小的样本规模就能满足审计目标；②注册会计师关注总体的低估时，使用传统变量抽样比货币单元抽样更合适；③需要在每一层追加选取额外的样本项目时，传统变量抽样更易于扩大样本规模；④对零余额或负余额项目的选取，传统变量抽样不需要在设计时予以特别考虑。

（2）传统变量抽样的缺点

传统变量抽样的缺点是：①传统变量抽样比货币单元抽样更复杂，注册会计师通常需要借助计算机程序；②在传统变量抽样中确定样本规模时，注册会计师需要估计总体特征的标准差，而这种估计往往难以作出，注册会计师可能利用以前对总体的了解或根据初始样本的标准差进行估计；③如果存在金额非常大的项目，或者在总体的账面金额与审定金额之间存在非常大的差异，而且样本规模比较小，正态分布理论可能不适用，注册会计师更可能得出错误的结论；④如果几乎不存在错报，传统变量抽样中的差额法和比率法将无法使用（只能用均值法）。

2. 货币单元抽样

货币单元抽样是一种运用属性抽样原理对货币金额而不是对发生率得出结论的统计抽样方法，是概率比例规模抽样的一个分支，仍然属于变量抽样。该方法以货币单元作为抽样单元，有时也称金额单元抽样、累计货币抽样以及综合属性变量抽样。例如，总体包含 1000 个应收账款明细账户，共有余额 100000000 元，以 1 元作为抽样单元编列数字，即从 1 到 100000000；然后从中抽取 100 个数字（可以采用随机选样、系统选样等方法），将这 100 个数字所在的明细账户抽取出来，即完成抽样过程。

使用货币单元抽样时，每个货币单元被选中的机会相同，每个项目被选中的概率等于该项目的金额与总体金额的比率，也就是说项目金额越大，被选中的概率就越大，有助于注册会计师将审计重点放在较大的账户余额或交易。运用货币单元抽样时，注册会计师不是对货币单元实施检查，而是对包含被选取货币单元的账户余额或交易实施检查。被选中的明细账余额或交易被称为逻辑单元。

(1) 货币单元抽样的优点

货币单元抽样的优点是：①以属性抽样原理为基础，注册会计师可以很方便地计算样本规模和评价样本结果，因而通常比传统变量抽样更易于使用；②在确定所需的样本规模时无须直接考虑总体的特征（如变异性）；③项目被选取的概率与其货币金额大小成比例，因而无须通过分层减少变异性；④在使用系统选样法选取样本时，如果项目金额等于或大于选样间距，货币单元抽样将自动识别所有单个重大项目，即该项目一定会被选中；⑤如果注册会计师预计不存在错报，货币单元抽样的样本规模通常比传统变量抽样更小；⑥货币单元抽样的样本更容易设计，且可在能够获得完整的最终总体之前开始选取样本。

(2) 货币单元抽样的缺点

货币单元抽样的缺点是：①不适用于测试总体的低估，因为账面金额小但被严重低估的项目被选中的概率低，如果在货币单元抽样中发现低估，注册会计师在评价样本时需要特别考虑；②对零余额或负余额项目的选取需要在设计时予以特别考虑，例如，如果准备对应收账款进行抽样，注册会计师可能需要将贷方余额分离出去，作为一个单独的总体；如果检查零余额的项目对审计目标非常重要，注册会计师需要单独对其进行测试，因为零余额的项目在货币单元抽样中不会被选取；③当发现错报时，如果风险水平一定，货币单元抽样在评价样本时可能高估抽样风险的影响，从而导致注册会计师更可能拒绝一个可接受的总体账面金额；④通常需要逐个累计总体金额，以确定总体是否完整并与财务报表一致，不过如果相关会计数据以电子形式储存，就不会额外增加大量的审计成本；⑤当预计总体错报的金额增加时，货币单元抽样所需的样本规模也会增加，这时，货币单元抽样的样本规模可能大于传统变量抽样所需的样本规模。

(二) 确定样本规模

实施细节测试时，无论使用统计抽样还是非统计抽样方法，注册会计师都应当综合考虑评估的重大错报风险、可接受的抽样风险、可容忍错报等因素，运用职业经验判断确定样本规模。具体来说，使用传统变量抽样方法时，注册会计师可以运用计算机程序确定适当的样本规模；使用货币单元抽样时，注册会计师可以通过查表或使用计算公式确定样本规模。

在细节测试中，影响样本规模的因素如表 9-5 所示，具体阐述如下。

(1) 评估的重大错报风险

注册会计师评估的重大错报风险越高，所需的样本规模越大。

（2）针对同一认定的其他实质性程序的使用情况

注册会计师越依赖其他实质性程序对同一认定进行审计，则表明其从抽样中获取的保证程度越低，所需的样本规模越小。

（3）可接受的抽样风险

在确定可接受的误受风险水平时，注册会计师需要考虑下列因素：注册会计师愿意接受的审计风险水平、评估的重大错报风险水平、针对同一审计目标（财务报表认定）的其他实质性程序的检查风险，包括分析性程序。

（4）可容忍错报

对特定的账户余额或交易类型而言，当误受风险一定时，如果注册会计师确定的可容忍错报降低，为实现审计目标所需的样本规模就增加。

（5）预计总体错报

在确定细节测试所需的样本规模时，注册会计师还需要考虑预计在账户余额或交易中存在的错报金额和频率。预计总体错报的规模或频率降低，所需的样本规模也降低。相反，预计总体错报的规模或频率增加，所需的样本规模也增加。如果预期总体错报很高，注册会计师在实施细节测试时对总体进行100%检查或使用较大的样本规模可能较为适当。

（6）总体的变异性和分层

总体项目的某一特征（如金额）可能会存在重大的变异性。在细节测试中确定适当的样本规模时，注册会计师应考虑总体特征的变异性。注册会计师通常根据项目账面金额的变异性估计总体项目审定金额的变异性。衡量这种变异性或分散程度的指标是标准差，注册会计师在使用非统计抽样时，不需量化期望的总体标准差，但要用"大"或"小"等定性指标来估计总体的变异性。总体项目的变异性越小，通常样本规模越小。

如果总体中某一特征（如金额）的变异性很大，对总体分层后再抽样可能会更有用。当总体被适当分层时，各层样本规模的汇总数通常小于在对整个总体选取样本的情况下实现既定的抽样风险水平所需要的样本规模。

（7）总体规模

在细节测试中，总体中的项目数量对样本规模的影响很小。因此，按总体的固定百分比确定样本规模通常缺乏效率。细节测试中影响样本规模的因素见表9-5。

表 9-5 细节测试中影响样本规模的因素

因　　素	对样本规模的影响	说　　明
①注册会计师评估的重大错报风险增加	增大	注册会计师评估的重大错报风险越高，所需的样本规模越大。注册会计师对重大错报风险的评估受到固有风险和控制风险的影响。例如，如果不实施控制测试，注册会计师不能因为与某特定认定有关的内部控制有效运行而降低评估的重大错报风险。因此，为了将审计风险降至可接受的低水平，注册会计师需要较低的检查风险，并更多地依赖实质性程序。从细节测试中获取的审计证据越多（即检查风险越低），所需的样本规模越大
②针对同一认定更多地使用其他实质性程序	减少	为了将与特定总体有关的检查风险降至可接受的低水平，注册会计师越依赖其他实质性程序（细节测试或实质性分析程序），从抽样中获取的保证程度越低，因此样本规模可以越小

（续表）

因　　素	对样本规模的影响	说　　明
③注册会计师对总体实际错报未超出可容忍错报的期望保证程度增加	增加	注册会计师对样本结果能够真正表明总体中实际错报金额所要求的保证程度越高，所需的样本规模越大
④可容忍错报增加	减少	可容忍错报越低，所需的样本规模越大
⑤注册会计师预期在总体中发现的错报金额增加	增大	注册会计师预期在总体中发现的错报金额越大，为了对总体中的实际错报金额作出合理估计所需的样本规模越大。与注册会计师考虑预期错报金额相关的因素包括确定项目金额的主观性程度、风险评估程序的结果、控制测试的结果、以前期间实施审计程序的结果和其他实质性程序的结果
⑥对总体分层（如适当）	减少	如果总体中项目的金额差异（变异性）很大，对总体分层可能有用。当总体被适当分层时，各层样本规模的汇总数通常小于在对整个总体选取样本的情况下注册会计师实现既定的抽样风险水平所需要的样本规模
⑦总体中抽样单元的数量	影响可忽略	对于大规模总体，总体的实际规模对样本规模几乎没有影响。而对小规模总体，审计抽样可能不比其他替代方法更能有效地获取充分、适当的审计证据［但是，在使用货币单元抽样时，总体金额的增加会导致样本规模的增加，除非财务报表整体重要性（有时是某类交易、账户余额或披露的重要性水平）成比例增加抵消了这一影响。］

（三）选取样本并对其实施审计程序

注册会计师可以使用随机数表或计算机辅助技术选样、系统选样、随意选样等方法选取样本。注册会计师应当仔细选取样本，使选出的样本能够代表抽样总体的特征。

在选取样本之前，注册会计师通常先识别单个重大项目，然后从剩余项目中选取样本，或者对剩余项目进行分层，并将样本规模相应地分配给各层。注册会计师从每一层中选取样本，但选取的方法应当能使样本具有代表性。对总体分层进行评估的步骤是：①剔除单个重大项目；②根据职业判断按金额对剩余项目进行分层；③根据各层账面金额在总体账面金额中的占比大致分配样本。

注册会计师应对选取的每一个样本实施计划的审计程序。当无法对选取的项目实施检查时（如无法对某些海外存货实施监盘程序），注册会计师应当考虑这些未检查项目对样本评价结果的影响：如果未检查项目中可能存在的错报不会影响对样本的评价结果，则无须检查这些项目；反之，则应当实施替代程序，获取形成审计结论所需的审计证据。此外，注册会计师还要考虑无法实施检查的原因是否影响计划的重大错报风险或舞弊风险的评估水平。

三、评价样本结果阶段

（一）推断总体错报

1. 传统变量抽样

（1）均值法

使用均值法时，注册会计师先计算样本中所有项目审定金额的平均值，然后用这个样本平均值乘以总体规模，得出总体金额的估计值。总体账面金额和总体估计金额之间的差额就是推断的总体错报。

均值法推断总体错报的公式如下：

$$样本审定金额的平均值 = 样本审定金额 \div 样本规模$$
$$总体估计金额 = 样本审定金额的平均值 \times 总体规模$$
$$推断的总体错报 = 总体账面金额 - 总体估计金额$$

（2）差额法

使用差额法时，注册会计师先计算样本账面金额与审定金额之间的平均差额，再以这个平均差额乘以总体规模，从而求出总体的审定金额与账面金额的差额（即总体错报）。

差额法推断总体错报的公式如下：

$$样本平均错报 = （样本账面金额 - 样本审定金额） \div 样本规模$$
$$推断的总体错报 = 样本平均错报 \times 总体规模$$
$$总体估计金额 = 总体账面金额 - 推断的总体错报$$

（3）比率法

使用比率法时，注册会计师先计算样本的审定金额与账面金额之间的比率，再以这个比率去乘总体的账面金额，从而求出总体估计金额。

比率法推断总体错报的公式如下：

$$比率 = 样本审定金额 \div 样本账面金额$$
$$总体估计金额 = 总体账面金额 \times 比率$$
$$推断的总体错报 = 总体账面金额 - 总体估计金额$$

均值法的核心思想是用样本的审定均值作为推断总体的审定均值；差额法则用样本的平均错报作为推断总体的平均错报；比率法假定样本审定金额与样本账面金额的比率和总体审定金额与总体账面金额的比率一致。三种方法各有其使用条件。①如果未对总体进行分层，通常不宜采用均值法，因为此时所需的样本规模可能太大，不符合成本效益原则；差额法和比率法都要求样本项目存在错报，如果样本项目的审定金额和账面金额之间没有差异，使用这两种方法将会导致错误的结论。②如果发现的错报金额与项目金额密切相关，注册会计师通常选择比率法；如果发现的错报金额与项目数量密切相关，注册会计师通常选择差额法。③如果注册会计师决定使用统计抽样，且预计没有差异或只有少量差异，就不应使用比率法或差额法，可以使用均值法或货币单元抽样。

值得注意的是，上述三种方法推断的总体错报金额可能不一致。举例如下：

注册会计师在对甲公司的1000笔应收账款（总账面价值100000000元）进行审计时，抽取了200笔应收账款（账面价值24000000元）进行函证。经函证发现，样本的实际价值为18000000元。请分别采用均值法、差额法和比率法推断总体错报金额。

（1）均值法

样本审定金额的平均值 = 18000000÷200 = 90000（元）

总体估计金额 = 90000×1000 = 90000000（元）

推断的总体错报 = 100000000 - 90000000
            = 10000000（元）（即多计1000万元）

（2）差额法

样本平均错报 =（24000000-18000000）÷200=30000（元）

推断的总体错报=30000×1000=30000000（即多计3000万元）

总体估计金额=100000000-30000000=70000000（元）

（3）比率法

比率=18000000÷24000000=0.75

总体估计金额=100000000×0.75=75000000（元）

推断的总体错报=100000000-75000000=25000000（即多计2500万元）

2. 货币单元抽样

使用货币单元时，若采用系统选样法，由样本结果推断总体错报的思路为：

（1）如果逻辑单元的账面金额大于或等于选样间隔，推断的错报就是该逻辑单元的实际错报金额；

（2）如果逻辑单元的账面金额小于选样间隔，注册会计师应当首先计算存在错报的所有逻辑单元的错报百分比，这个百分比就是整个选样间隔的错报百分比（因为每个被选取的货币单元都代表了整个选样间隔中的所有货币单元），再用这个错报百分比乘以选样间隔，得出推断错报的金额。将所有这些推断错报汇总后，再加上在金额大于或等于选样间隔的逻辑单元中发现的实际错报，就能得到总的错报金额。

例如，如果注册会计师的选样间隔是100000元，如果在样本中发现了3个错报，项目的账面金额分别是10000元、50000元和200000元，审定金额分别是5000元、45000元和180000元。对于账面金额为200000元的项目，其账面金额大于选样间隔，所以该项目的实际错报（多计了20000元）即为推断错报；对于账面金额为10000元和50000元的项目，由于其账面金额小于选样间隔，先计算其错报率，即（10000-5000）÷10000=50%，（50000-45000）÷50000=10%，然后分别乘以选样间隔，得到推断错报，即100000×50%=50000元，100000×10%=10000元。最后，汇总推断的总体错报为：20000+50000+10000=80000元。

（二）考虑抽样风险

在细节测试中，推断的错报是注册会计师对总体错报作出的最佳估计。如果推断的错报接近或超过可容忍错报，总体中的实际错报金额很可能超过了可容忍错报。这时，注册会计师应当将各交易类别或账户余额的错报总额与可容忍错报相比较，并适当考虑抽样风险，以评价样本结果。如果推断的错报低于可容忍错报，注册会计师还要考虑总体的实际错报仍有可能超过可容忍错报的风险。例如，如果金额为1000000元的某账户余额的可容忍错报为50000元，根据适当的样本推断得到的总体错报为10000元，由于推断的总体错报远远低于可容忍错报，注册会计师可以合理确信，总体实际错报金额超过可容忍错报的抽样风险很低，因而可以接受。

如果推断的错报总额接近或超过可容忍错报，注册会计师通常得出总体实际错报超过可容忍错报的结论。当推断的错报金额与可容忍错报的差距既不很小也不很大时，注册会计师应当仔细考虑，总体实际错报超过可容忍错报的风险是否高得无法接受。在这种情况下，注册会计师可能会扩大样本规模以降低抽样风险的影响。如果推断的错报大于注册会计师确定样本规模时预计的总体错报，注册会计师也可能得出结论，认为总体实际错报金额超过可容忍错报的抽样风险是不可接受的。

（三）考虑错报的性质和原因

除了评价错报的频率和金额以及抽样风险，注册会计师还应当考虑：①错报的性质和原因，是原则还是应用方面的差异？是错误还是舞弊导致？是误解指令还是粗心大意所致？②错报与审计工作其他阶段之间的关系，例如错报对财务报表重大错报风险的影响，是否需要修订评估的重大错报风险水平。

（四）得出总体结论

在推断总体错报、考虑抽样风险、分析错报的性质和原因之后，注册会计师需要运用职业判断得出总体结论。如果样本结果不支持总体账面金额，且注册会计师认为账面金额可能存在错报，注册会计师通常会建议被审计单位对错报进行调查，并在必要时调整账面记录。根据被审计单位已更正的错报对推断的总体错报进行调整，注册会计师应当将该类交易或账户中剩余的推断错报与其他交易或账户中的错报总额累计起来，以评价财务报表整体是否存在重大错报。无论样本结果是否表明错报总额超过了可容忍错报，注册会计师都应当要求被审计单位的管理层记录已经发现的事实错报（除非错报明显微小）。

如果样本结果表明注册会计师作出抽样计划时依据的假设有误，注册会计师应当采取适当行动。例如，如果细节测试中发现的错报金额大于依据重大错报风险评估的水平作出的预期，注册会计师需要考虑重大错报风险评估的水平是否仍然适当。注册会计师也可能修改对重大错报风险水平低于重要性水平的其他账户拟实施的审计程序。

案例 9-2

信永中和对乐视网广告业务收入的实质性测试

2022 年 4 月证监会对信永中和会计师事务所的行政处罚公告书显示，信永中和对乐视网 2016 年的年报审计中，部分测试样本计算的广告实际投放收入与订单金额存在重大差异。

注册会计师在营业收入实质性审计程序中，抽取了 10 家大额广告客户 261 笔线上广告投放订单，用订单中约定的单价乘以乐视网广告业务系统——方舟系统中的曝光量，与订单金额进行比较，用以确认广告实际投放金额与订单金额是否相符，金额是否准确。

审计底稿显示，有 17 笔订单的差异率在 ±40% 以上，其中正向差异率最大为 2343.52%，负向差异率最大为 -99.91%。在这 17 笔订单中，包括乐视网 2016 年虚假业务客户鸿鑫元熙，其有 2 笔订单的差异率均为 -50%。而根据证监会另案查明，鸿鑫元熙从未与乐视网发生广告业务往来。在上述 17 笔订单存在重大差异的情况下，注册会计师未采取进一步审计程序，直接得出"测算差异较小，未发现异常"的审计结论。

注册会计师必须保持职业谨慎，对审计过程中发现的异常情况保持警觉。信永中和在对营业收入进行实质性测试时，在已经发现多笔收入存在异常的情况下，仍然忽视可能存在的重大错报，作出了错误的审计结论，最终难逃处罚。

四、记录抽样程序

在细节测试中使用审计抽样时，注册会计师通常在审计工作底稿中记录下列内容：①测试目标和与此目标相关的其他审计程序；②总体和抽样单元的定义，包括注册会计师如何确定总体的完整性；③错报的定义；④误受风险、误拒风险和可容忍错报；⑤使用的审计抽样方法；⑥选样方法和选取的样本项目；⑦对如何实施抽样程序的描述，以及样本中发现的错报清单；⑧对样本的评价和总体结论摘要；⑨对样本评估和作出职业判断时，认为重要的性质因素。

 **本章小结**

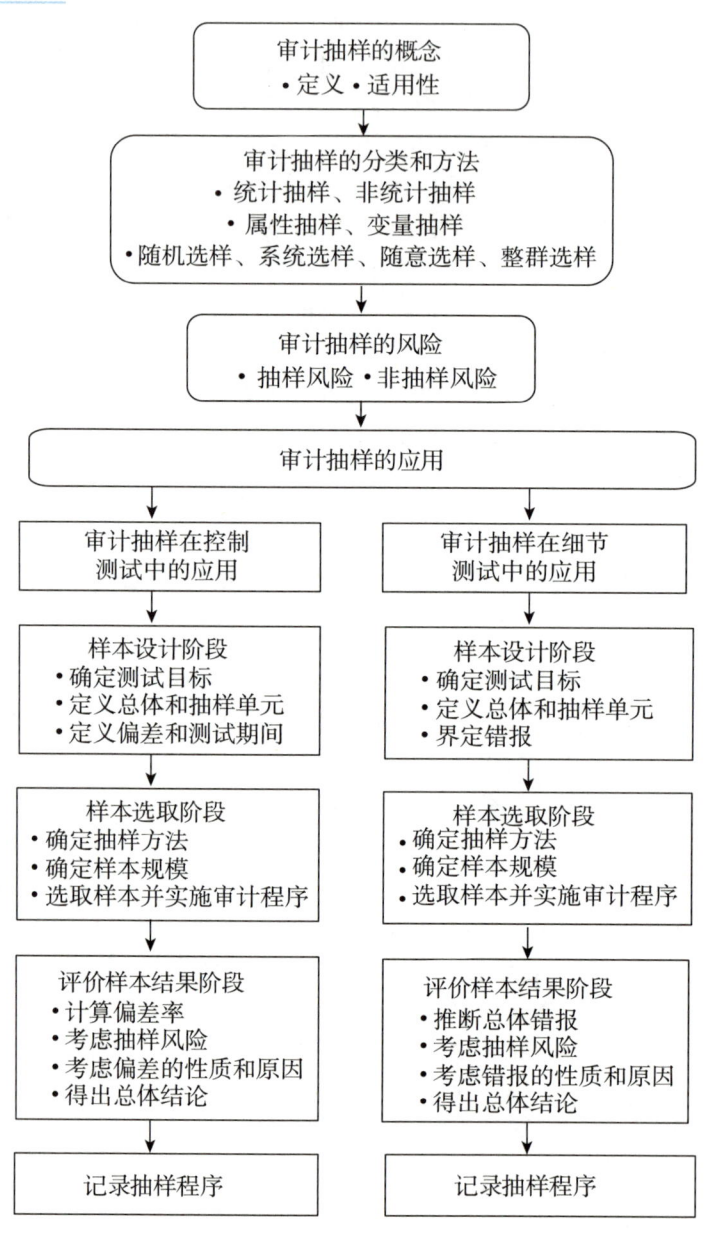

 本章练习题

一、单项选择题

1. 下列情况中可以采用审计抽样进行审查的是（　　）。
   A. 检查总体的完整性　　　　　　　　B. 抽样单位较少
   C. 有特殊风险或需要特别关注的情况　　D. 审计事项包含的数量较多

2. 下列因素中，构成统计抽样与非统计抽样方法区别的因素是（　　）。
   A. 审计过程中运用职业判断　　　　　B. 要求审计人员具有一定的工作经验
   C. 将抽样风险加以量化和控制　　　　D. 存在抽样风险

3. 误受风险和信赖过度风险可能影响（　　）。
   A. 审计效率　　　B. 审计效果　　　C. 样本的选择　　　D. 审计质量控制

4. 在属性抽样中，如果其他条件不变，审计人员预计的总体误差率提高，则所需样本量（　　）。
   A. 增加　　　　　B. 减少　　　　　C. 不变　　　　　D. 无法确定

5. 抽样风险指的是（　　）。
   A. 审计程序可能不适应审计目标的要求
   B. 审计人员不能发现样本中的错误
   C. 审计人员无法对被选为样本的凭证进行审查
   D. 随机选取的样本在某特征方面不能代表总体

6. 下列有关非抽样风险的说法中，错误的是（　　）。
   A. 非抽样风险影响审计风险
   B. 非抽样风险不能量化
   C. 注册会计师可以通过采取适当的质量控制政策和程序降低非抽样风险
   D. 注册会计师可以通过扩大样本规模降低非抽样风险

7. 若一项控制是所有合同必须经过签字审批，则该控制测试的抽样总体是（　　）。
   A. 所有已通过的合同　　　　　　　B. 所有已确认签字审批的合同
   C. 所有申请的合同　　　　　　　　D. 所有销售发票

8. 变量抽样主要应用于（　　）。
   A. 内部控制测试　　B. 细节测试　　C. 实质性分析程序　　D. 判断抽样

9. 运用审计抽样进行细节测试时，对总体进行分层可以提高抽样效率的是（　　）。
   A. 总体规模较大　　　　　　　　　B. 总体变异性较大
   C. 误拒风险较高　　　　　　　　　D. 预计总体错报较高

10. 下列有关细节测试的样本规模的说法中，错误的是（　　）。
    A. 可容忍错报与样本规模反向变动
    B. 总体的变异性与样本规模同向变动
    C. 可接受的误受风险与样本规模同向变动
    D. 总体规模对样本规模的影响很小

二、多项选择题

1. 下列审计程序中，通常不宜使用审计抽样的有（　　）。
   A. 风险评估程序
   B. 实质性分析程序
   C. 对未留下运行轨迹控制的运行有效性实施测试
   D. 对信息技术应用控制的运行有效性实施测试

2. 下列各项中，属于统计抽样优点的是（　　）。
   A. 科学地确定样本量
   B. 按随机原则选择样本，减少人为偏见
   C. 抽样风险可以量化并加以控制
   D. 总体特征的推断结论有科学依据

3. 下列有关控制测试的样本规模的说法中，错误的有（　　）。
   A. 对相关控制的依赖程度增加，所需的样本规模增大
   B. 大规模总体中抽样单元的数量增加，所需的样本规模增大
   C. 拟测试的总体预期偏差率增加，所需的样本规模增大
   D. 可容忍偏差率增加，所需的样本规模增大

4. 下列因素中，与实质性程序的抽样规模负相关的有（　　）。
   A. 总体的变异性
   B. 可接受的误受风险
   C. 可容忍的错报
   D. 预计总体错报

5. 下列情况中是造成非抽样风险原因的有（　　）。
   A. 审计方法的选择不合理
   B. 审计程序的设计不当
   C. 审计人员的工作疏忽
   D. 审计工作缺乏必要的监控

三、判断题

1. 如果只选取特定项目实施审计程序，不能称之为审计抽样。（　）
2. 控制测试适合审计抽样。（　）
3. 风险评估程序一般不采用审计抽样。（　）
4. 实质性程序适合审计抽样。（　）
5. 非抽样风险是人为错误造成的，虽不能量化，但可以通过仔细设计其审计程序来降低、消除或防范。（　）
6. 统计抽样存在抽样风险，非统计抽样不存在抽样风险。（　）
7. 注册会计师在统计抽样与非统计抽样方法之间进行选择时主要考虑成本效益。（　）
8. 统计抽样能够获得比非统计抽样更好的效果。（　）
9. 控制偏差一定会导致财务报表中的金额错报。（　）
10. 在货币单元抽样中，注册会计师将总体错报的上限与可容忍错报进行比较。如果总体错报的上限小于可容忍错报，注册会计师可以初步得出结论，样本结果支持总体的账面金额。（　）

四、论述题

1. 审计抽样的适用范围是什么？在哪些审计程序中可以使用？

2. 影响控制测试、细节测试中审计抽样规模的因素分别有哪些？

3. 均值法、差额法和比率法各自适用于什么样的情形？为什么会产生不一样的总体推断结果？

五、案例分析题

上市公司甲公司是 ABC 会计师事务所的常年审计客户。A 注册会计师负责审计甲公司 2023 年度财务报表，确定财务报表整体的重要性为 300 万元，明显微小错报的临界值为 15 万元。

（1）甲公司供应商数量多，采购交易量大。A 注册会计师拟对采购与付款循环相关的财务报表项目实施综合性方案，采用随机抽样测试相关内部控制的运行有效性，采用货币单元抽样测试应付账款的准确性和完整性。

（2）A 注册会计师确定对广告费交付审批控制的测试样本量为 60 个，拟在期中审计时测试从 2023 年 4 月~9 月的交易中选取的 40 个样本，期末审计时测试从 2023 年 10 月~12 月的交易中选取的 20 个样本。

（3）甲公司 2023 年度发生市场推广费 2 亿元。A 注册会计师选取单笔金额 100 万元以上、合计 1 亿元的市场推广费实施了细节测试，发现错报 250 万元，采用比率法推断市场推广费的总体错报为 500 万元。

（4）甲公司部分原材料系向农户采购。财务人员办理结算时应当查验农户身份证，并将身份证复印件及农户签字的收据作为付款凭证附件。2000 元以上的付款应当通过银行转账。A 注册会计师在审计工作底稿中记录了与采购和付款交易相关的审计工作，部分内容摘录如下：注册会计师在实施细节测试时，发现有一笔付款凭证后未附农户身份证复印件。财务经理解释付款时已查验原件，忘记索要复印件。A 注册会计师询问了该农户，验证了签字的真实性，并扩大了样本规模，未发现其他例外事项，结果满意。

（5）甲公司原材料年末余额为 1 亿元，包括 3000 个项目。A 注册会计师在实施计价测试时，抽样选取了 50 个项目作为测试样本，发现 2 个样本存在错报，这 2 个样本的账面余额分别为 150 万元和 50 万元，审定金额为 120 万元和 40 万元。A 注册会计师采用比率法推断的总体错报为 2400 万元。

要求：针对上述事项，假定不考虑其他条件，指出 A 注册会计师的做法是否恰当。如不恰当，请简要说明理由。

第十章

数智技术对审计的影响

知识要点	能力要求	关键术语
数智技术审计环境	（1）识记数智技术审计环境核心要素 （2）掌握数智技术审计内容 （3）理解数智技术审计特点	（1）大数据；大数据分析技术；云计算 （2）信息系统审计；电子数据审计 （3）风险评估；风险应对；自动化流程
数智技术与内部控制	理解数智技术对内部控制的影响	内部控制；财务报表
数智技术审计程序	（1）了解数智技术审计证据的特点 （2）识记和理解数智技术审计程序的特点	（1）审计证据 （2）风险评估程序；进一步审计程序；分析性程序
数智技术审计可视化	（1）掌握数智技术审计可视化流程 （2）了解可视化的常用模块	（1）可视化分析；审计线索 （2）Matplotlib；Seaborn；Pyecharts

本章引例

"小勤人"监管信息自动报送系统

为增强对金融风险的预警和管理，保监会推出"偿二代监管信息系统"来对相关海量信息进行统一收集和监控。这对金融机构的风险数据处理能力提出了极高要求，也增加了金融机构的工作负担。每个季度结束后月份的 25 日是保监会要求的报送数据日。每一家分支机构都有近 200 个指标数据，需要逐个人工录入到标准转换工具中，导出 XBRL 格式文件，然后上传至监管的报送系统中。该过程中总计要录入 100 多张评分表，4500 多个指标数据，还有相关的工作，如重新核对、调整、导出、上传、校验。

在引入"小勤人"监管信息自动报送系统（以下简称"小勤人"）后，报送效率提高超过 90%。首先，"小勤人"自动将监管信息收集模板发送给对应机构。之后，到规定时间后，"小勤人"会在系统中自动回收风险信息数据，同时完成数据基础格式检查和逻辑校验。其次，"小勤人"可以高效地从各个分支结构的风险部门报表中准确采集监管部门所需报送信息。然后，通过自动导入数据文件，打开转换工具，自动数据输入等流程，导出符合监管要求的 XBRL 格式文件，并自动登录监管上报网站，完成上传、校验、确认过程。在 1 小时内，"小勤人"可以完成 25 家分支机构的监管信息数据的报告工作。

上述案例中"小勤人"在监管信息报送领域的实践表明数智技术环境会对财务会计和审计产生深远的影响。我们需要进一步思考和理解，数智技术环境的独特性以及数智技术下审计的流程、内容和程序的独特性。

2023年5月23日习近平主持召开二十届中央审计委员会第一次会议时强调发挥审计在推进党的自我革命中的独特作用，进一步推进新时代审计工作高质量发展[1]。通过熟练掌握数智技术审计的工作流程，可以增进学生对数智技术在增强审计发挥推进党的自我革命中独特作用的理解和认识。

第一节 数智技术审计环境

数智技术审计环境是数智时代开展审计工作的基础，在本节中将从对数智技术审计概念的界定出发，进一步分析数智技术审计环境的核心要素和技术，并在此基础上对数智技术审计的主要内容及特点进行概括。

一、数智技术审计的概念

由于数智技术的前沿性，现阶段学术界并未对数智时代的审计变革的具体内容、关键布局以及宏观架构达成完全的共识。而具体到数智技术审计来看，现阶段学术界、实务界及监管层已经取得一定的理论和实践成果，主要表现为：①通过概括数智技术环境的关键和显著特征，来构建或者提出新概念，如智慧审计、数智审计等，主要探讨在新情境中如何开展审计的问题，并在此基础上开设情境化理论和实践教学课程；②基于技术视角，研讨特定数智技术对现阶段审计产生的影响。相比于第①点，该部分研究具有更强的技术性和模块化特征，并在此基础上开发出了多样化的实践软件和专业课程，如大数据审计、人工智能审计、计算机辅助审计等。因此，对数智技术审计进行定义既需要体现思维高度，也需要关注技术实现；既需要体现传统审计的一般性，也需要关注数智技术环境的独特性。

基于以上分析，本章所讲的数智技术审计是指由具有胜任能力的独立人员，基于数智技术、场景和思维，对特定经济实体的经济活动和事项进行认定，同时收集充分、适当的审计证据来确定其与既定标准的符合程度，并将结果传达给预期使用者的系统化监督、鉴证和评价活动。在数智技术审计中，数智技术、场景和思维贯穿于审计的全过程，会对传统审计流程和程序的方方面面产生深远的、颠覆性的影响。

二、数智技术审计环境的核心要素

与传统审计相比，数智技术审计的显著特征是对数智技术、场景和思维的关注和嵌入，本部分将介绍数智技术审计环境的三个核心构成要素。

（一）大数据

大数据的概念于2008年9月4日在《自然》杂志上首次被提出。2020年，"大数据"一词被列入中国商务印书馆《汉语新词语词典（2000—2020）》的20年间生命活力指数最高的

---

[1] https://www.gov.cn/yaowen/liebiao/202305/content_6875819.htm? slh=true&wd=&eqid=a61f288d00040ad0000000 0026492a51a,2023-05-23.

十大"时代新词"。2011年6月,麦肯锡将大数据定义为大小超出常规数据库工具获取、存储、管理和分析能力的数据集,而高德纳公司将大数据定义为需要新模式才能充分挖掘的海量、高增长和多样化的信息资产。

总体看来,大数据存在以下五方面特点。

第一,海量。数据量非常大,而且相比于传统的结构化数据,非结构化数据呈现更加快速的增长趋势。具体到审计来说,相比于传统审计主要通过结构化数据(如年报数据、固定格式的其他文件和数据)来获取审计证据,大数据情境中获取信息和数据的数量得到极大的扩展。第二,多样性。大数据的来源及形式多元性。大数据中既包括结构化数据,还包括非结构化数据。结构化数据主要来自数据库,如企业的 ERP 系统或者财务系统。非结构化数据是指不规则、没有明确定义的数据或者模型产生的数据。常见的非结构化数据主要包括文本、图片、音频和视频等。第三,快速。一方面是增长快速,另一方面是更新和处理速度快。第四,真实。由于数量极其庞大、更新速度极快、来源极其多元化,一个非常重要的潜在问题可能是真实性如何保证,该问题会给审计人员带来很大的挑战。第五,可视化。大数据分析往往难以直接解释,需要通过一定的可视化数据分析工具来将大数据转换为易于理解、简明易懂的图形或者图表。

总之,不同于传统的审计以单一来源、数量增加稳定、结构化数据的使用为特征,数智时代背景下,大数据的特点可以帮助审计人员极大地扩充获取审计证据的相关数据和信息的数量、来源及形式,但同时审计人员需要关注大数据的真实性,以及如何通过特定的工具或者技术来对不同来源和形式的数据进行整合,从而实现对不同渠道的审计证据的相互印证,更好地保持审计的职业怀疑态度。最后,审计人员需要采用合适的可视化工具来对多样化的非结构数据进行分析,以获取更加直观的审计线索或者审计证据。

(二) 人工智能分析技术

人工智能分析技术是一项快速迭代和更新的前沿技术,可以引领甚至颠覆未来发展趋势。我国政府非常重视人工智能的发展,党的二十大报告指出,推动战略性新兴产业融合集群发展,构建人工智能等一批新的增长引擎,加快发展数字经济,促进数字经济和实体经济深度融合。

人工智能分析技术是指基于人工智能算法,充分利用计算机的计算能力来实现对大数据进行分析和挖掘的技术,具有智能化和自动化的特点。常用的人工智能分析技术主要包括文本识别技术、语音处理技术、图像识别技术、自然语言处理技术、机器人流程自动化技术和机器学习技术。

1. 文本识别技术

文本识别技术主要包括光学字符识别技术和文本识别分析技术,光学字符识别技术主要通过光学技术和计算机技术来对输入的纸质材料的文字和字符进行识别,并将文字和字符内容转换为计算机可接受、可编辑的电子文本进行输出。而文本识别分析技术则主要用来对非结构化文本内容进行分析,如文档内容、版本差异的智能对比,基于特定规则的文档智能审核,以及对文档扫描或者图片中的内容信息进行检测,并生成结果分析报告。

2. 语音处理技术

语音处理技术主要包括自动语音识别技术和语音合成技术。自动语音识别技术主要是指通过自动语音识别将输入的人类语音转换为计算机可读、可编辑的文本文件进行输出。而语音合成技术则相反，是指将输入的特定文本文件转换为可识别性强、标准流畅的特色化语音进行输出。

3. 图像识别技术

图像识别技术是指利用计算机对图像进行处理和分析，以识别各种不同图像的技术，如智能识别不同图片上的动物种类。

4. 综合性人工智能技术

综合性人工智能技术主要包括自然语言处理技术、机器人流程自动化技术和机器学习技术。自然语言处理技术主要研究如何实现人与计算机之间用自然语言进行有效通信的各种方法，其主要应用于文本相似度计算、特定信息检索（特定主题词频统计、词云分析）、文本分类等。常用的自然语言处理工具包括 Python、Java、C 语言。机器人流程自动化技术是指根据预先设定的程序和规划，模拟人类与计算机系统的交互过程，自动执行大批量、重复性的任务，并遵循特定的规则来实现工作流程自动化。机器学习技术是通过迭代方式快速训练和优化模型，从而不断增强对事件和信息的识别和预测准确度，是实现人工智能的一种方式。采用机器学习技术可以通过在短时间内快速无限制的训练来实现审计方法和程序的智能化。

综上所述，一方面，人工智能技术将成为重要的审计辅助工具，如帮助审计人员分析被审计单位的大数据，特别是语音（语音识别/合成技术）、文本（光学字符识别/文本分析/自然语言处理技术）、视频、图像（图像识别技术）等非结构化数据，极大地扩展了大数据分析的范围、广度和深度，提高了审计的工作效率。另一方面，人工智能技术（机器人流程自动化）可以辅助、代替审计人员执行一些重复的程序，还可以实现某些审计程序的自动化，如函证、重新计算、重新执行。通过机器学习方法可以实现审计方法和程序的快速训练迭代，进一步实现智能化。

（三）云计算

云计算是一种能够便捷、按照特定需求访问可配置计算资源共享库的模型，实质上是一种可以满足多元化独特需求的数据共享平台。所以，云计算的优越性集中体现为便捷地满足个性化数据和模型需求，同时也会带来潜在的数据控制权、所有权争夺和安全性问题。

云计算对审计的影响有两个方面。一方面，事务所可以通过建立自有的云计算系统，来形成不断丰富、便捷访问的资源和数据平台。通过对以前审计业务的相关资料、数据进行集成，来为后续审计业务的开展提供经验性的指导，也可以促进事务所内部不同审计组、审计人员的沟通交流。另一方面，被审计单位广泛建立的云计算系统可以为审计人员开展工作提供便利，主要体现为双方云计算系统中的数据可以快速、直接地对接、获取和传输。相比于在传统审计中大量依靠检查纸质文档和资料，通过云计算系统来获取和传输海量数据，不仅可以提高审计效率，还可以保证审计效果。

（四）大数据、人工智能分析技术和云计算的关系

作为三个构筑数智技术审计环境的核心要素，大数据、人工智能分析技术和云计算三者存在紧密的关联。大数据是基础，人工智能分析技术是大数据分析工具，云计算一方面为大数据的存储提供空间，另一方面为人工智能分析技术的实现和优化提供依据（即"测试集"）。所

以，三者互动关系表现为，新增的大数据可以强化云计算系统的多元性和系统计算的准确性，从而优化人工智能分析技术的选择、加速其迭代，最终进一步扩展大数据分析的深度、广度及准确度，如图10-1所示。

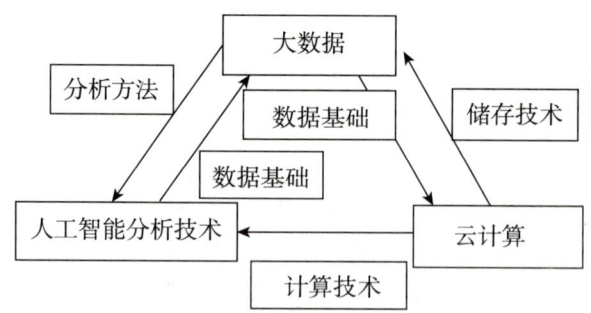

图10-1 大数据、人工智能分析技术和云计算的关系

三、数智技术审计的主要内容及特点

数智技术审计必须以传统审计作为出发点，同时体现数智技术审计环境的特征。所以，本部分对数智技术审计的内容和特点进行阐述。2018年5月23日，习近平总书记在中央审计委员会第一次会议上指出，要坚持科技强审，加强审计信息化建设①。通过深刻理解数智技术审计的独特性，培养大数据审计思维，可以加深学生对坚持科技强审和审计信息化建设正确性和必要性的认知。

（一）数智技术审计的内容

与传统审计相比，在数智技术审计背景下，审计对象的显著特征之一就是信息化（自动化）程度高。在信息化环境下，审计工作发生显著变化，以纸质查账为主要手段的审计方式受到挑战；审计证据的获取更多的是通过采用数智技术来对电子数据进行分析的方法。我国政府高度重视审计信息化工作，审计署已经通过"金审工程"一期和二期来推进审计信息化进程，现阶段"金审工程"三期也正在建设中。德勤会计师事务所（简称德勤）在推进审计信息化、智能化方面开展了许多开创性的实践，如数字化创新审计工具、大数据审计分析平台、"小勤人"和集成性的智慧审计平台等。

数智化环境下，被审计单位的财务报表越来越依赖高度自动化的系统所产生的信息，人工干预的频率降低。这会导致两方面的问题：一方面，被审计单位提供的数据资料中电子资料和数据的比重越来越高；另一方面，对被审计单位信息系统进行审计测试变成必不可少的环节。

所以，结合数智技术审计环境三要素及审计数智化的要求，可知数智技术审计的内容包括两方面内容：①审计管理数智化；②审计作业数智化。

1. 审计管理数智化

审计管理数智化是指通过办公自动化系统实现无纸化办公，并对审计作业过程中的关键环

---

① 新华社评论员：加强体系建设 提升监督效能——学习贯彻习近平总书记在中央审计委员会第一次会议重要讲话，https://baijiahao.baidu.com/s?id=1601267505287026452&wfr=spider&for=pc，2018-05-23.

节、文书及相关资料进行自动汇集，从而为审计师提供风险评估、审计计划制订、审计项目实施、档案管理的全过程规范化管理，以提高审计效率。

2. 审计作业数智化

审计作业数智化主要包括两方面内容。①数智技术环境下电子数据审计，主要包括利用数智技术审计电子数据获取电子审计证据和审计数智环境下产生的大数据。电子审计证据是指生成的、传递的、经过处理的以电子形式保存的用来支持审计结论的所有信息，这些数据只能通过特定的设备和技术进行读取。②数智技术环境下的信息系统审计，主要包括利用数智技术审计信息系统和审计数智环境下的信息系统。审计过程中审计人员需要对被审计单位的信息系统进行了解，如果存在以下情形则需要进一步对信息系统的有效性和安全性进行控制测试：仅审计电子数据不足以为存在的重大错报（或者可能存在的重大错报）提供充分、适当的审计证据，预期被审计单位信息系统运行有效。相比于传统审计，数智技术审计更加需要与信息系统相关的重大错报风险，如图10-2所示。

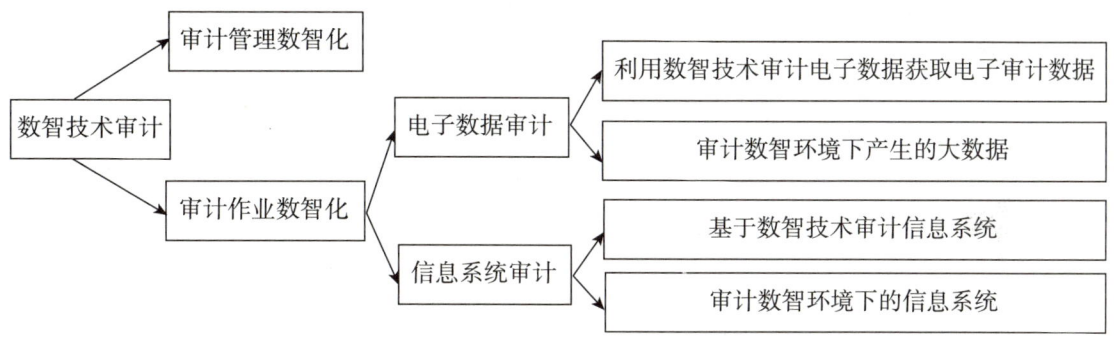

图 10-2　数智技术审计的主要内容

（二）数智技术审计的特点

数智技术审计需要体现风险导向审计准则要求，也需要体现数智技术审计环境的影响。数智技术审计的特点主要表现为如下几方面。

第一，基于大数据驱动的全面、高效的风险评估程序。风险导向审计准则特别重视基于了解被审计单位及其环境的错报风险评估程序的效率和效果。首先，相比于传统审计，大数据背景下，审计人员可以从多途径获取更加多元化的一手数据资料，从而更加全面、准确和多维度地了解被审计单位及其环境。此时，风险评估的决策过程会更加基于深度数据和事实分析，而非过度依赖审计人员的主观判断。其次，在深度了解被审计单位及其环境基础上，基于大数据深度分析可以更加准确地对被审计单位的重大错报风险进行归类，如重大、不重大、明显微小。通过大数据和相关事实，建立对重大错报风险进行分类和识别的关键指标和事实。最后，建立更多融合不同行业风险评估专家经验的风险评估指导自动化程序。

第二，效果更好、效率更高的风险应对程序。风险导向审计准则要求，审计人员需要设计合理的审计程序来应对风险评估阶段识别出的重大错报风险（报表整体和认定层面）。本质上，就是要求审计人员将注意力和资源投入高风险领域。在大数据背景下，审计人员可以更加准确地将审计程序的性质、时间和范围安排与特定的重大错报风险进行对应，为审计人员提供更丰富的进一步审计程序的可行组合。

第三，基于人工智能技术的标准化、自动化和数字化审计流程。以德勤的工作流程为例，其主要特点如下。①标准化。德勤通过审计实践开发和完善考虑到各个行业、各个场景的审计方法模块和作业系统，这套作业系统包括风险评估模型、审计程序集合和工作底稿模板。②自动化。基于人工智能分析技术，实现大量审计程序的自动化，特别是在机械性、重复性高的审计工作中。该自动化模块可以为不同类型和层次的重大错报风险给出多种可行审计程序组合。③数字化。德勤通过功能强大的数据抓取、清洗和转换工具，将传统审计中的纸质媒介存储以及包括图像、音频、语音和文本在内的非结构化数据，转换为可以用计算机系统和软件读取和分析的结构化电子数据，从而大大加强标准化和自动化审计流程的效率和效果。

第四，基于云计算平台的审计共享服务中心作业模式。德勤的地区审计交付中心在数智化审计流程中发挥关键作用。它是一种标准化和集中化的审计作业模式。它将审计工作区分为高度和低度依赖审计判断的部分，然后将低度依赖审计判断的事项进行标准化。具体来说，可以直接在地区审计交付中心标准化的事项包括样本选择、细节测试、实质性分析程序、函证程序过程的控制等。

第二节　数智技术对企业财务报表及内部控制的影响

一、数智技术对企业财务报表的影响

企业可以运用信息系统来创建、记录、处理和报告各项交易，以衡量和审查自身的财务业绩，并持续记录资产、负债及所有者权益。具体来讲，创建是指企业可以采取人工或自动化的方式来创建各项交易信息；记录是指信息系统识别并保留交易及事项的相关信息；处理是指企业可以采取人工或自动化的方式对信息系统的数据信息进行编辑、确认、计算、衡量、估价、分析、汇总和调整；报告是指企业以电子或打印的方式，编制财务报表和其他信息，并运用上述信息来衡量和审查企业的财务业绩及其他方面的职能。

信息系统的使用，会给企业的管理和会计核算程序带来很多重要的变化，包括：
（1）计算机输入和输出代替了人工记录；
（2）计算机显示屏和电子影像代替了纸质凭证；
（3）计算机文档代替了纸质日记账和分类账；
（4）管理需求固化到应用程序之中；
（5）灵活多样的报告代替了固定格式的报告；
（6）数据更加充分，信息实现共享；
（7）系统性问题比偶然性误差更为普遍。

信息系统形成的信息的质量影响企业编制财务报表、管理企业活动和作出适当的管理决策。因此，有效的信息系统需要实现下列功能并保留记录结果：
（1）识别和记录全部经授权的交易；
（2）及时、详细记录交易内容，并在财务报告中对全部交易进行适当分类；
（3）衡量交易价值，并在财务报告中适当体现相关价值；
（4）确定交易发生的期间，并将交易记录在适当的会计期间；

(5) 将相关交易信息在财务报告中作适当披露。

因此，注册会计师在进行财务报表审计时，如果依赖相关信息系统生成的财务信息和报告作为审计工作的依据，则必须考虑相关信息和报告的质量，而财务报告相关的信息质量是通过对交易的录入到输出这整个过程进行适当的控制来实现的，所以，注册会计师需要在整个过程中考虑信息的准确性、完整性、授权体系及访问限制四个方面。

二、数智技术对企业内部控制的影响

在信息技术环境下，传统的人工控制越来越多地被自动化控制所替代。当然，被审计单位采用信息系统处理业务，并不意味着人工控制被完全取代。信息系统对控制的影响，取决于被审计单位对信息系统的依赖程度。例如，在基于信息技术的信息系统中，系统进行自动化操作来实现对交易信息的创建、记录、处理和报告，并将相关信息保存为电子形式（如电子的采购订单、采购发票、发运凭证和相关会计记录）。但相关控制活动也可能同时包括人工部分，例如，订单的审批和事后审阅以及会计记录调整之类的人工控制。由于被审计单位信息技术的特点及复杂程度不同，被审计单位的人工及自动化控制的组合方式往往也会有所区别。

总体来看，数智技术环境下自动化控制能为企业带来以下好处：①自动化控制能够有效处理大量交易及数据，因为自动化信息系统可以提供与业务规则一致的系统处理方法；②自动化控制比较不容易被绕过；③自动化信息系统、数据库及操作系统的相关安全控制可以实现有效的职责分离；④自动化信息系统可以提高信息的及时性、准确性，并使信息变得更易获取。

信息技术在改进被审计单位内部控制的同时，也产生了特定的风险：①信息系统或相关系统程序可能会对数据进行错误处理，也可能会去处理那些本身就错误的数据；②自动化信息系统、数据库及操作系统的相关安全控制如果无效，会增加对数据信息非授权访问的风险，这种风险可能导致系统对非授权交易及虚假交易请求的拒绝处理功能遭到破坏，系统程序、系统内的数据遭到不适当的改变，系统对交易进行不适当的记录，以及信息技术人员获得超过其职责范围的过大系统权限等；③数据丢失风险或数据无法访问风险，如系统瘫痪；④不适当的人工干预，或人为绕过自动化控制。

第三节 数智技术环境下的审计程序及特点

数智技术在会计处理和财务报告中的运用，把注册会计师带入了一个全新的、充满挑战的信息化环境。在这个环境中，注册会计师面对的是功能复杂、高度集成的大型信息系统，以及系统生成、处理、记录和报告的海量电子数据，甚至还有完全不同于传统形式的舞弊手法。如果作为审计工作对象的财务会计信息和报告是由企业财务报告相关信息系统作为载体所形成的，那么注册会计师在了解业务流程和内部控制、识别和评估审计风险、确定审计风险的应对及审计范围、制订整体审计计划、执行审计程序和收集审计证据等方面将面临来自信息化环境的众多挑战。本节主要采用对比分析方式介绍相比于传统审计，数智技术环境下审计证据和审计程序的独特性。

(一) 数智技术环境下审计证据

与传统审计相比,数智技术环境下的审计证据具有如下特点。

第一,形成审计证据的信息或者数据来源和类型更为多元和丰富。一方面,审计人员可以突破过度依赖以财务报表及其他信息为主的结构化信息或者数据的局限,进一步获取非结构化信息或者数据来形成审计证据。另一方面,不同于过度依赖以纸质文本信息为主的单一形式信息或者数据,电子审计证据逐渐成为主要审计证据类型。在数智技术环境中,审计人员可以将图像、视频、音频等非结构化数据转换为可以被特定软件或者程序读取的结构化电子数据。

第二,审计证据的充分性不再是问题,相反审计证据的适当性特别是可靠性的评价可能面临挑战。在传统审计下,基于审计抽样的审计证据收集过程需要考虑成本效益原则;而在数智技术环境下,审计人员可以突破以样本推断总体的范式,直接完成对于总体的审计。所以,在数智技术环境下可以弱化审计人员对成本效益原则的考虑,从而提高审计证据的充分性或者说在数智技术环境下,审计证据的充分性不再是一个关键的问题。但由于在数智技术环境下,获取审计证据的信息和数据来源和审计证据类型更加多元,因此对审计证据的适当性进行评估将成为重点和难点问题。一方面,审计人员获取大量的电子审计证据,而非书面和文本证据。相比于书面和文本证据,电子数据被人为篡改、编辑和调整的可能性更高。另一方面,由于形成审计证据的信息或者数据途径非常多元,导致审计人员将更难全面地对审计证据来源的可靠性进行评估。

第三,形成电子审计数据的信息和数据一般产生于高度自动化的信息系统,而且这些信息和数据的读取需要借助特定软件或者程序。此时,审计人员对审计证据可靠性的评估无法单纯通过实质性程序来保证,而需要通过对产生和读取数据和信息的软件、程序和系统运行有效性的判断来实现。

(二) 数智技术环境下审计程序

基于大数据、人工智能分析技术及云计算三个要素,数智技术审计的总体特征包括数智技术审计需要体现风险导向审计准则要求,也需要体现数智技术审计环境的影响。数智技术审计的特点主要表现为如下几方面:①基于大数据驱动的全面、高效风险评估程序;②效果更好、效率更高的风险应对程序;③基于人工智能分析技术的标准化、自动化和数字化审计流程;④基于云计算平台的审计共享服务中心作业模式。

1. 数智技术环境下风险评估程序的特点

第一,风险评估程序中加入大量的分析性程序。在数智技术环境下,审计人员可以利用数智技术来获取更为全面、更多形式的与被审计单位相关的数据,帮助审计人员更准确、全面和深度了解被审计单位及其环境。相比于其他风险评估程序,如询问管理层、内部审计人员和其他人员,观察和检查,审计人员需要重点关注对企业内部数据和外部数据、结构化数据和非结构化数据、财务信息和非财务信息、定量数据和定性数据进行综合分析,最终评估被审计单位的重大错报风险。而且,了解被审计单位及其环境的目标是评估被审计单位的重大错报风险,而非直接获取重大错报金额,更多表现为定性分析,为后续重大错报风险应对提供线索。所以,在数智技术环境下,能够对多种类型、多种性质的数据进行趋势合理性分析的分析性程序会更加受审计人员的重视。

第二，风险评估程序更加强调对基于自动化系统的财务报表相关内部控制的了解及其可能导致的重大错报风险的评估。与传统审计强调不相容岗位分离、不同环节相互制衡的人为控制不同，在数智技术环境下，被审计单位的内部控制呈现信息化、自动化和模块化的特点。这也会导致被审计单位财务报表的信息化、自动化和模块化。所以，在了解被审计单位的内部控制的过程中，审计人员需要特别关注自动化的内部控制模块及财务报表模块可能产生的重大错报风险。

2. 数智技术环境下风险应对程序的特点

风险导向审计准则要求，在评估重大错报风险基础上，审计人员需要分别对财务报告层次和认定层次的重大错报风险进行应对。本部分主要探讨数智技术环境下，认定层次重大错报风险应对程序即进一步审计程序的总体方案和具体方案。

第一，总体方案方面，相比于实质性方案，数智技术审计会更多选择综合性方案。在传统审计中，进一步审计程序的总体方案主要取决于重大错报风险的评估结果。如果评估的重大错报风险处于高水平，则更倾向于选择实质性方案（即以实质性程序为主，以控制测试为辅，甚至不进行控制测试）；如果评估重大错报风险处于低水平，则更倾向于选择综合性方案（即实质性程序和控制测试并重）。这种处理方式的逻辑是，在重大错报风险评估准确的前提下，虽然两种程序都可以提供审计证据，但内部控制的固有局限会导致控制测试获得的审计证据不如实质性测试获得的审计证据适当（可靠性）。基于此，审计准则要求，无论风险评估的结果如何，审计人员均需要对重要的账户余额及交易实施实质性程序来获取与认定层面错报相关的直接证据。

但在数智技术环境下，被审计单位的内部控制呈现信息化、自动化和模块化的特点，这会导致被审计单位财务报表的信息化、自动化和模块化，从而导致审计人员采取完全的实质性程序并且无法获取认定层面充分、适当的审计证据。此时，审计人员需要关注普遍存在的自动化、模块化系统的控制风险，例如信息系统提升效率效果的同时，也催生了由于信息技术导致的风险。注册会计师在执行财务报表审计时，需要充分识别并评估与会计核算和财务报告编制相关的信息技术运用相伴而生的风险，如程序逻辑的错误、权限的不当授予等。因此，审计人员需要将总体方案由原先的实质性方案，转变为综合性方案。

第二，具体方案方面，审计人员对控制测试的重视程度增加。在两类具体方案中，控制测试主要用来获取与被审计单位财务报表相关的内部控制运行有效性的证据，而实质性程序则是用来获取与认定层次重大错报相关的直接证据。一般来看，相比于实质性程序，控制测试对重大错报风险的应对更符合成本效益原则（效率高），但效果可能不够好。所以，评估的认定层次错报风险越高，为了保证效果，审计会越倾向于使用实质性测试；反之，为了提高效率，审计会选择控制测试。控制测试并非必须执行审计程序。具体方案对重大错报风险的逻辑是：如果控制测试的结果（有必要实施情况下）与预期的被审计单位财务报表相关内部控制设计合理性和运行有效性符合程度高（偏差率小），则审计人员可以合理推断对被审计单位财务报表的重大错报风险的评估是准确的（而且一般是低风险）。此时，只需要针对重大错报风险相对高的账户余额及交易进行实质性测试，即可实现对重大错报风险的应对。

在数智技术环境下，由于被审计单位的内部控制呈现信息化、自动化和模块化的特点，导致被审计单位财务报表的信息化、自动化和模块化，人为干预大量减少。在这种情境下，被审计单位的重大错报风险很可能被评估为高水平，而且重大错报风险主要受到自动化和模块化系统运行是否有效、是否一贯稳定、是否能够及时发现并纠正出现的问题等事项的影响。此时，传统审计下的最优解即单纯实施实质性审计程序，很可能无法获取认定层面充分、适当的审计证据。所以，在数智环境中，进一步审计程序中具体方案的最优解是提高控制测试的比例，来获取更加充分、适当的关于自动化信息系统运行有效性的审计证据。数智技术环境下审计程序的特征如表 10-1 所示。

表 10-1　数智技术环境下审计程序的特征

数智技术环境下审计程序总体特征	数智技术环境下审计程序具体特征	
	风险评估程序	进一步审计程序
①大数据驱动的全面、高效的风险评估程序； ②效果更好、效率更高的风险应对程序； ③人工智能技术的标准化、自动化和数字化审计流程； ④云计算平台审计共享服务中心作业模式	更广泛使用分析性程序评估重大错报风险	相比于实质性方案，更多选择综合性方案
	更强调对基于自动化系统的财务报表相关内部控制的了解及其可能导致的重大错报风险的评估	审计人员实施控制测试更加频繁，对控制测试更加重视

第四节　数智技术审计的可视化分析技术

数智技术审计过程中一个重要的问题就是如何对海量数据分析的结果和线索进行图表化的呈现即数据分析结果的可视化。以下内容将从可视化技术概述、可视化工具及模块以及可视化流程三个方面介绍数智技术审计可视化。

一、数智技术审计可视化分析技术概述

数智技术环境下，可视化分析工具可以提供直观、简洁的机制来分析大量的审计信息，也可以通过窗口式、交互式、模块化的可视化命令让审计人员灵活地对大数据进行处理和分析，获得审计线索和审计证据。国际内部审计师协会在 2017 年发布的《了解和审计大数据》指南中，将可视化作为大数据的一个重要特征。在运用人工智能分析技术分析大数据的基础上，可视化工具和模块可以帮助审计人员从繁复的数据和信息中获得直观、清晰的审计线索，提高审计效率。

二、数智技术审计可视化工具及模块介绍——以 Python 为例

本部分对 Python 中常用到的可视化模块（包括 Matplotlib、Seaborn 和 Pyecharts）逐一进行简要介绍。

（一）Matplotlib

Matplotlib 是 Python 中专门用于开发 2D 图表的模块，是 Python 可视化模块中使用最广泛、最基本的套件，可以帮助使用者完成对多种 2D 图形的输出。它具有如下特点和优势：①具有良好的系统兼容性，支持 Python、Numpy 和 Pandas 多种数据结构；②表达式和文本使用 LaTex 排版，对图形元素控制能力强，支持结果的多种格式输出，如 PNG、PDF 等。Matplotlib 是一

个第三方库，并非 Python 自身初始模块，需要 Python 使用者自行安装。在 Windows 命令窗口中输入"pip install Matplotlib"即可完成安装，此外，当使用 Pycharm 编译器时，可以在 Pycharm 中进行直接安装；如果使用者直接下载 Anaconda，则 Matplotlib 模块已经被包含在软件中，不需要另行下载。

使用 Matplotlib 绘图的过程如下。

第一步，使用 import 命令调入 Matplotlib 中的 pyplot 子库。

第二步，确定需要绘制的基本图形，如折线图（Plot）、散点图（Scatter plot）、饼图（Pie）、柱状图（Bar）等，之后，分别导入需要可视化的数据。此处可以结合使用 Numpy 进行数据生成和编辑，也可以直接将已经下载好的数据（例如 Excel）结合 Pandas 进行读取。

第三步，对图形进行进一步优化，包括对 X 轴/Y 轴刻度（Xticks/Yticks）、名称、标签（Label）进行设置，对 X 轴/Y 轴的数值显示范围进行调整（Xlim/Ylim），设置图形标题（Title），显示图例（Legend）等，如图 10-3 所示。

第四步，将画图结果显示和保存。

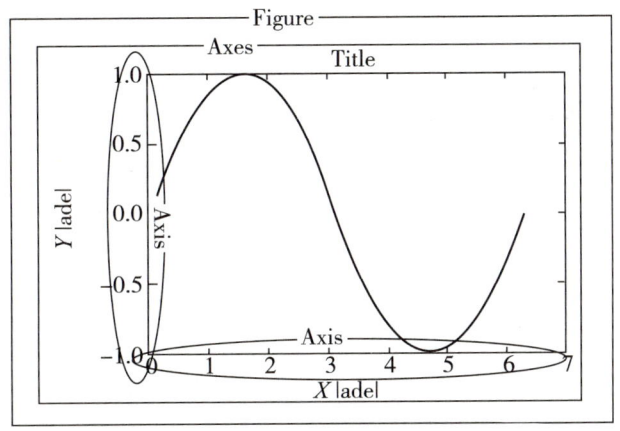

图 10-3　Matplotlib 下图表的基本构成要素

（二）Seaborn

Seaborn 是 Python 中另一个图形可视化的类库，是对 Matplotlib 的相关模块和元素进行二次封装和整合形成。相比于 Matplotlib，Seaborn 具有如下特点：①提供多样化的图形样式，如颜色配置和绘图环境，包括 5 类样式（darkgrid、whitegrid、ticks、dark 和 white）；②可以使用简洁的代码完成更多维度数据的可视化分析。

使用 Seaborn 绘图的过程如下。

第一步，使用 import 命令调入 Seaborn。

第二步，确定需要绘制的基本图形，如折线图（Plot）、散点图（Scatter plot）、饼图（Pie）、条形图（Barplot）、小提琴图（Violinplot）和箱形图（Boxplot）等，之后分别导入需要可视化的数据。此处可以结合使用 Numpy 进行数据生成和编辑，也可以直接将已经下载好的数据（例如 Excel）结合 Pandas 进行读取。

第三步，对图形进行进一步优化，包括对 X 轴/Y 轴刻度（Xticks/Yticks）、名称、标签进行设置（Label），对 X 轴/Y 轴的数值显示范围进行调整（Xlim/Ylim），设置图形标题（Title），显示图例（Legend）。

第四步，显示和保存画图结果。

Matplotlib 可以和 Seaborn 结合使用，在 Matplotlib 中对坐标轴数值显示范围、坐标轴标签、图形标题、图例、图形显示（保存）的设置均可以对用 Seaborn 绘制的基本图形使用。

（三） Pyecharts

Echarts 是百度开源的一个数据可视化 JavaScript 库，生成的可视化图形效果很好。Pyecharts 是为了与 Python 进行对接而开发的可以直接基于导入数据生成 Echarts 图表的类库。Pyecharts 具有如下特点：①API 设计简洁，支持链式调用；②囊括 30 多种常见图表；③支持主流的 notebook 环境；④高度灵活的配置项，可以轻松搭配出精美图表；⑤内置原生百度地图，为地理数据可视化提供支持。

使用 Pyecharts 绘图的过程如下。

第一步，使用 import 命令调入 Pyecharts 中的 charts 基本图形模块。Pyecharts 的内置图表类型包括柱状图/条形图、箱形图、带涟漪效果的散点图、漏斗图、地理坐标图、热力图、折线图、地图、平行坐标图、饼图、极坐标图、雷达图、散点图和词云图。常见图表类型及可视化特征如表 10-2 所示。

表 10-2 常见图表类型及可视化特征汇总

图形类型	可视化特征
折线图（Plot）	时间变化趋势
柱状图/条形图（Barplot）	数据类别差异
饼图（Pie）/柱状图（堆叠）	内部构成及个体差异
直方图/密度图/小提琴图/箱形图	整体分布和离散程度
散点图（Scatter plot）/多变量分布图/关系图	变量相关程度
雷达图（Radar）	多维度综合评价
词云图（WordCloud）	关键词统计
地理坐标图（Geo）/地图（Map）	结合地图显示地区分布和差异
平行坐标图（Parallel）/极坐标图（Polar）	特殊坐标系（非直角坐标系）
选项卡多图（Tab）/并行多图（Grid）/时间线轮播多图（Timeline）/Overlap/顺序多图（Page）	多个图形和维度的组合显示

第二步，对图形模块进行初始化，之后分别导入需要可视化的数据。此处可以结合使用 Numpy 进行数据生成和编辑，也可以直接将已经下载好的数据（例如 Excel）结合 Pandas 进行读取。

第三步，通过全局配置［set_ global_ opts（）］和局部配置［set_ series_ opts（）］项对图表的样式、布局及相关元素特征进行灵活搭配。

第四步，将画图结果显示和保存。

以下相关网站可以帮助使用者获取更多关于 Pyecharts 的图形和配置项命令、可视化实例的信息：

Pyecharts 主页网址——https://Pyecharts. org/#/zh-cn/intro；

配置项详细说明——https://Pyecharts. org/#/zh-cn/global_options；

https://Pyecharts. org/#/zh-cn/series_options；

基本图表类型及实例——https://Pyecharts. org/#/zh-cn/basic_charts；

直角坐标系图类型及实例——https://Pyecharts. org/#/zh-cn/rectangular_charts；

组合图表命令类型及实例——https://Pyecharts. org/#/zh-cn/composite_charts。

三、数智技术审计可视化分析的流程

数智技术审计的可视化分析过程可以理解为从被审计单位大数据到最终形成审计证据的过程，其中主要流程如下。

第一步，通过可视化分析工具中的相关模块对被审计单位原始数据进行可视化，将其直接呈现为可以直观分析、观察的图形和图像。

第二步，审计人员基于特定审计目标和自身专业判断，通过视觉感知系统来对图形和图像进行进一步分析、观察和认知。相当于基于特定目标对可视化结果进行系统归纳和总结，得到相关的审计线索。在此过程中，审计人员还可以通过改变相关设置从更多角度和层次分析来自被审计单位的大数据。

第三步，通过对审计线索的进一步提炼和分析形成充分、适当的审计证据来支持审计结论。

在整个可视化分析流程中，审计人员的职业判断仍然可以发挥重要作用。一方面，它可以帮助审计人员在数据收集环节获取更为完整、相关的数据用于后续过程。另一方面，它可以帮助审计人员更加明确在何种情况下应当利用何种可视化分析方法和模块，采用哪种图形能够更好地呈现直观、清晰的结果。

以下将以国际四大合资所（以下简称国际四大）与其他国内六大事务所（以下简称国内六大）审计收费进行可视化分析为例，进一步阐述可视化分析过程中审计人员职业判断的重要性（表10-3）。

表10-3 审计收费可视化的职业判断

职业判断事项	可视化分析方式	可视化分析结果
数据可获得性	无	基于事务所/被审计单位/特定上市公司
审计收费目标	折线图、柱状图	国际四大平均审计收费远高于其他国内六大
分析平均收费差异的可能原因	饼图 柱状图	（1）客户数量差异不大，但审计收费差异大； （2）客户数量国内六大更多，但审计收费平均较低； （3）国际四大客户数量多，同时审计收费高； （4）某些审计收费高行业的公司集中选择国际四大
平均审计收费差异是否由客户行业造成	饼图 柱状图 选项卡多图 并行多图	（1）金融行业审计收费显著高于其他行业； （2）金融行业客户绝大多数选择国际四大； （3）国际四大金融行业客户占比高于国内六大； （4）国际四大金融行业客户收入超过50%

基于以上分析，审计人员可以得到如下结论：国际四大客户数量总数远远少于国内六大的情况下，平均审计收费仍然高于国内六大的原因主要是审计收费高的金融行业客户集中性地选择国际四大，而且金融行业客户收入占国际四大审计收入比例普遍高于50%。

本章小结

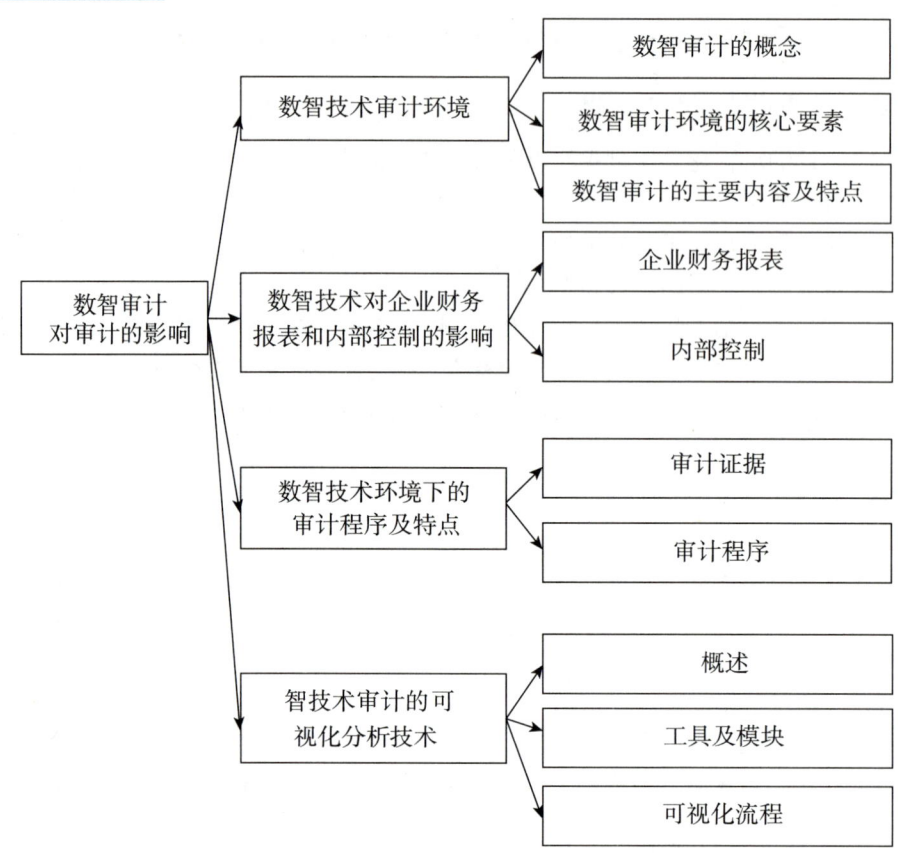

本章练习题

一、单项选择题

1. 以下不属于数智技术审计环境的构成要素的是（   ）。
   A. 大数据   B. 云计算   C. 人工智能分析技术   D. 信息系统
2. 下列可视化图形中可用于多维度综合评价的是（   ）。
   A. 折线图   B. 雷达图   C. 散点图   D. 柱状图
3. 下列可视化图形中可用于词频统计的是（   ）。
   A. 雷达图   B. 柱状图   C. 词云图   D. 饼图

二、多项选择题

1. 大数据的特征包括（   ）。
   A. 增长快   B. 多样性   C. 可视化   D. 数量巨大
2. 以下模块可以用来完成审计可视化的有（   ）。

A. Matplotlib B. Seaborn C. Jieba D. Pyecharts

3. 以下属于人工智能分析技术的有（　　）。
A. 文本分析识别技术 B. 语音合成技术
C. 自然语言处理技术 D. 机器学习技术

三、判断题

1. 与传统审计相比，数智技术审计在审计目标方面存在显著区别。　　（　）
2. 相比于传统审计，数智技术审计会更多使用控制测试获取审计证据。　（　）
3. 数智技术会影响被审计单位的内部控制和财务报表编制，所以也会影响审计风险。（　）

四、论述题

1. 简述数智技术审计环境的核心构成要素及特点。
2. 阐述相比于传统审计，数智技术审计程序的特点。

第十一章

业务循环审计

学习目标

知识要点	能力要求	关键术语
业务循环与财务报表审计的关系	(1) 理解业务、会计与审计之间的逻辑关系 (2) 掌握循环审计的思路	(1) 业务循环 (2) 循环审计
销售与收款循环的审计	(1) 熟悉销售与收款循环的主要业务活动 (2) 掌握销售与收款循环主要关注的内部控制 (3) 掌握营业收入的实质性程序 (4) 掌握应收账款的常规实质性程序	(1) 销售与收款循环 (2) 控制测试 (3) 实质性程序
采购与付款循环的审计	(1) 熟悉采购与付款循环审计的主要业务活动 (2) 掌握采购与付款循环主要关注的内部控制 (3) 掌握应付账款的实质性程序 (4) 掌握一般费用的实质性程序	(1) 采购与付款循环 (2) 控制测试 (3) 实质性程序
生产与存货循环的审计	(1) 熟悉生产与存货循环的主要业务活动 (2) 掌握生产与存货循环主要关注的内部控制 (3) 掌握存货的实质性程序	(1) 生产与存货循环 (2) 控制测试 (3) 实质性程序
货币资金审计	(1) 熟悉货币资金的主要业务活动 (2) 掌握货币资金的内部控制 (3) 掌握货币资金的实质性程序	(1) 货币资金 (2) 控制测试 (3) 实质性程序

"故事大王"凯乐科技

凯乐科技于 2000 年 6 月登陆上交所,主营业务为塑料硬管及管件、软管、管材、塑料零件等的制造与销售,是中国资本市场第 1000 家上市公司。上市 20 余年,凯乐科技曾是全国塑料管材行业的领军者,连同主业在内,公司涉及的领域高达 16 种,因此还被外界冠上 A 股"故事大王"的称号。从 2015 年开始,凯乐科技营收开启了大幅增长之路,2016—2020 年,凯乐科技与隋某力合作开展专网通信业务,合作期间,凯乐科技仅有少量专网通信业务是真实的,其他专网通信业务均为虚假,只是按照合同约定伪造采购入库、生产入库、销售出库等单据,没有与虚假专网通信业务匹配的生产及物流,凯乐科技连续 5 年共计虚增营收 512 亿元,虚增利润 59 亿元。上交所曾先后对其 2017 年、2019 年、2022 年半年报等发出问询函、监管函。凯乐科技在回复中,曾多次说明年报中部分数据存在错误。上交所曾要求凯乐科技披露主要客户以及供应商详情等,而凯乐科技则以"涉密"为由,没有披露客户、供应商的名称,反而以字母 A~Z 代替。2022 年 5 月，凯乐科技因涉嫌信息披露违法违规受到证监会立案调查。2023 年 7 月 5 日中国证券监督管理委员会下发《行政处罚决定书》（编号：〔2023〕46号）和《市场禁入决定书》（编号：〔2023〕19 号），该案调查审理终结。

通过上述引例不难发现，凯乐科技的财务造假涉及销售、采购、生产等各个环节。注册会计师如何有效应对重大错报风险？如何开展和执行对各业务循环的具体审计工作？本章将围绕循环审计、销售与收款循环审计、采购与付款循环审计、生产与存货循环审计以及货币资金审计展开。

第一节 循环审计概述

循环审计是将财务报表分成几个循环进行审计，即把紧密联系的各类交易和账户余额归入同一循环中，按业务循环组织实施审计的方式。一般而言，在财务报表审计中可将被审计单位的所有交易和账户余额划分为多个业务循环，即销售与收款循环、采购与付款循环、生产与存货循环、人力资源与工薪循环、投资与筹资循环等。划分为不同的循环并不意味着各个业务循环孤立存在。各业务循环的划分通常基于被审计单位的业务流程和内部控制设计的实际情况，它们之间有紧密的联系。循环审计能够加深审计师对被审计单位经济业务的理解，有助于提高审计工作的效率与效果。科学谋划和推进审计，着力揭示事关经济社会全局、事关长远发展、事关人民群众根本利益的重大问题，能够积极发挥审计在应对重大挑战、抵御重大风险、克服重大阻力、解决重大矛盾中的作用。

在本章中，我们将企业的业务流程简化为采购、生产到销售。整个业务流程包括采购与付款循环、生产与存货循环、销售与收款循环。由于货币资金与以上三个业务循环均密切相关，因此，本章在介绍各业务循环审计的基础上，将货币资金审计也单独作为一节进行阐述。各主要业务循环之间的流转关系如图 11-1 所示。

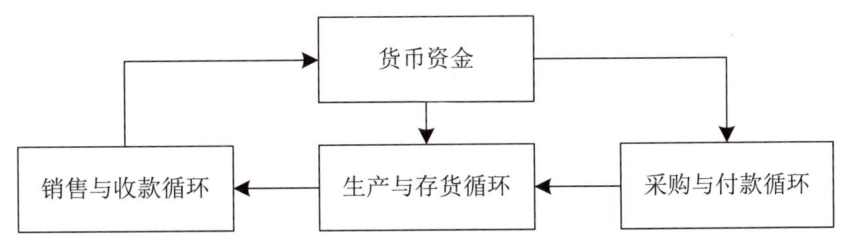

图 11-1　各主要业务循环之间的流转关系

各个业务活动的开展过程或成果体现了公司财务状况、经营成果和现金流量的变化，最终根据财务报表的编制基础反映在报表的相关项目中。财务报表各项目审计与被审计单位的业务活动紧密关联，围绕审计目标，注册会计师通过设计和执行审计程序，收集充分、适当的审计证据来判断财务报表与编制基础之间的符合程度。因此，对业务的了解程度是影响审计效率和效果的重要因素。例如，一家制造业企业可能通过虚增收入的手法来虚增利润，该如何审计呢？从审计视角来看，营业收入存在重大错报风险的可能性较高，该错报风险与营业收入的发生认定相关，因此需要实现的审计目标是确定该公司的营业收入是否真实发生；从会计角度看，营业收入是根据会计准则对企业真实发生的业务或事项进行的会计处理，因此营业收入应该与真实发生的销售业务相关活动匹配；从业务角度看，如果该业务真实发生，则业务活动过程中的各个环节可能留有痕迹、记录或各种形式证据（包括可观察到的现象等）。因此，对业务了解得越广、越深，审计过程中也更容易获得充分、高质量的审计证据。

第二节 采购与付款循环的审计

一、采购与付款循环的主要业务活动及相关凭证与记录

通过了解采购与付款循环的业务流程，可以掌握与采购与付款活动相关的会计信息生产全过程、所涉及的主要环节以及各环节中所对应的责任部门、责任岗位与人员、相关凭证与记录，为明确该循环的关键控制点、执行控制测试和实质性程序提供充分的基础。

采购与付款循环的主要业务活动流程如图11-2所示。

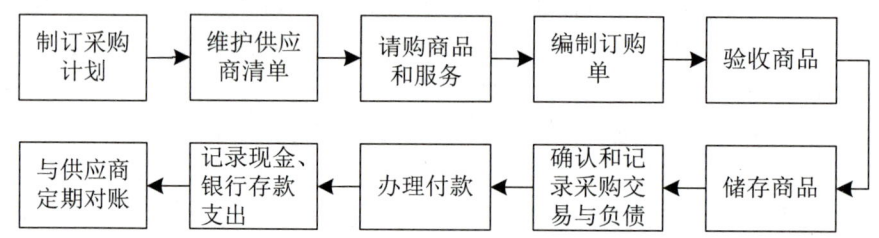

图11-2 采购与收款循环的主要业务活动流程

1. 制订采购计划

基于企业的生产经营计划，生产、仓库等部门定期编制采购计划，经部门负责人等适当的管理人员审批后提交采购部门，具体安排商品及服务采购。

2. 维护供应商清单

企业通常对于合作的供应商事先进行资质等审核，将通过审核的供应商信息录入系统，形成完整的供应商清单，并及时对其信息变更进行更新。采购部门只能向通过审核的供应商进行采购。

3. 请购商品和服务

生产部门根据采购计划，对需要购买的已列入存货清单的原材料等项目填写请购单，其他部门对所需要购买的商品或服务编制请购单。大多数企业对正常经营所需物资的购买均作一般授权，例如，生产部门在现有库存达到再订购点时就可提出采购申请，其他部门可以为正常的维修工作和类似工作直接申请采购有关物品。请购单可由人工编制或信息技术应用程序创建。每张请购单必须经过负责这类支出预算的主管人员签字批准。请购单是证明有关采购交易的"发生"认定的凭据之一，也是采购交易轨迹的起点。

4. 编制订购单

采购部门在收到请购单后，只能对经过恰当批准的请购单发出订购单。对每张订购单，采购部门应确定最佳的供应来源。例如，对一些大额、重要的采购项目，采用招标方式确定供应商，以保证供货的质量、及时性和价格的优惠。订购单应正确填写所需要的商品品名、数量、

价格、供应商名称和地址等，预先予以顺序编号并经过被授权的采购人员签名。其正联应送交供应商，副联则送至企业的验收部门、财务部门和编制请购单的部门。随后，内部审计部门独立检查订购单的处理，以确定是否确实收到商品并正确入账。这项检查与采购交易的"完整性"和"发生"认定有关。

5. 验收商品

有效的订购单代表企业已授权验收部门接收供应商发运来的商品。验收部门首先应比较所收商品与订购单上的要求是否相符，如商品的品名、规格型号、数量和质量等，然后再盘点商品并检查商品有无损坏。验收后，验收部门应对已收货的每张订购单编制一式多联、预先按顺序编号的验收单，作为验收和检验商品的依据。验收人员将商品送交仓库或其他请购部门时，应取得经过签字的收据，或要求其在验收单的副联上签收，以确立他们对所采购的资产应负的保管责任。验收人员还应将其中的一联验收单送交财务部门。验收单是支持资产以及与采购有关的负债的"存在"认定的重要凭据。定期独立检查验收单的顺序以确定每笔采购交易都已编制凭单，则与采购交易的"完整性"认定有关。

6. 储存商品

将已验收商品的保管与采购职责相分离，可减少未经授权的采购和盗用商品的风险。存放商品的仓储区应相对独立，限制无关人员接近。这些控制与商品的"存在"认定有关。

7. 确认和记录采购交易与负债

正确确认已验收商品和已接受服务的债务，对企业财务报表和实际现金支出具有重大影响。在记录采购交易前，财务部门需要检查订购单、验收单和供应商发票的一致性，确定供应商发票的内容是否与相关的验收单、订购单一致，以及供应商发票的计算是否正确。在检查无误后，会计人员编制转账凭证/付款凭证，经会计主管审核后据以登记相关账簿。如果月末尚未收到供应商发票，财务部门需根据验收单和订购单暂估相关的负债。这些控制与"存在""发生""完整性""权利和义务"和"准确性、计价和分摊"等认定有关。

8. 办理付款

企业通常根据国家有关支付结算的相关规定和企业生产经营的实际情况选择付款结算方式。以支票结算方式为例，编制和签发支票的有关控制包括：①由被授权的财务部门的人员负责签发支票；②被授权签发支票的人员应确定每张支票后附有已经适当批准的未付款凭单，并确定支票收款人姓名和金额与凭单内容一致；③支票一经签发就应在其凭单和支持性凭证上用加盖印戳或打洞等方式将其注销，以免重复付款；④不得签发无记名甚至空白的支票；⑤支票应预先顺序编号，保证支出支票存根的完整性和作废支票处理的恰当性；⑥应确保只有被授权的人员才能接近未经使用的空白支票。

9. 记录现金、银行存款支出

以支票结算方式为例，在人工系统下，会计人员应根据已签发的支票编制付款记账凭证，并据以登记银行存款日记账及其他相关账簿。以记录银行存款支出为例，有关控制包括：①会计主管应独立检查记入银行存款日记账和应付账款明细账的金额的一致性，以及与支票汇总记录的一致性；②通过定期比较银行存款日记账记录的日期与支票副本的日期，独立检查入账的及时性；③独立编制银行存款余额调节表。

10. 与供应商定期对账

通过定期向供应商寄发对账单，就应付账款、预付款项等进行核对，能够及时发现双方存在的差异，对差异进行调查，如有必要作出相应调整。

二、采购与付款循环主要关注的内部控制

1. 适当的职责分离

适当的职责分离有助于防止各种有意或无意的错误。企业应当建立采购与付款交易的岗位责任制，明确相关部门和岗位的职责、权限，确保办理采购与付款交易的不相容岗位相互分离、制约和监督。采购与付款交易不相容岗位至少包括：请购与审批；询价与确定供应商；采购合同的订立与审批；采购与验收；采购、验收与相关会计记录；付款审批与付款执行。这些都是对企业提出的、有关采购与付款交易相关职责适当分离的基本要求，以确保办理采购与付款交易的不相容岗位相互分离、制约和监督。

2. 恰当的授权审批

付款需要由经授权的人员审批，审批人员在审批前需检查相关支持文件，并对其发现的例外事项进行跟进处理。

3. 凭证的预先编号及对例外报告的跟进处理

通过对入库单的预先编号以及对例外情况的汇总处理，被审计单位可以应对存货和负债记录方面的完整性风险。如果该控制是人工执行的，被审计单位可以安排入库单编制人员以外的独立复核人员定期检查已经进行会计处理的入库单记录，确认是否存在遗漏或重复记录的入库单，并对例外情况予以跟进。如果在 IT 环境下，则系统可以定期生成列明跳号或重号的入库单统计例外报告，由经授权的人员对例外报告进行复核和跟进，可以确认所有入库单都进行了处理，且没有重复处理。

三、采购与付款循环的控制测试

表 11-1 列示了通常情况下，注册会计师对采购与付款循环实施的控制测试。

表 11-1　采购与付款循环的风险及相关控制测试程序

重大错报风险	相关控制测试程序
采购计划未经适当审批	询问部门负责人审批采购计划的过程，检查采购计划是否经部门负责人恰当审批
新增供应商或供应商信息变更未经恰当的认证	①询问复核人员审批供应商数据变更请求的过程，检查变更需求是否有相应的文件支持以及复核人员的确认； ②检查系统中采购订单的生成逻辑，确认是否存在供应商代码匹配的要求
录入系统的供应商信息可能未经恰当复核	①检查系统报告的生成逻辑及完整性； ②询问复核人员对报告的检查过程，确认其是否签署
订购单与有效的请购单不符	①询问复核人员复核订购单的过程，包括复核人员提出的问题及其跟进记录； ②检查订购单是否有相应的请购单及经复核人员签署确认

(续表)

重大错报风险	相关控制测试程序
未在系统中录入或重复录入订购单	①检查系统生成例外事项报告的生成逻辑； ②询问复核人员对例外事项报告的检查过程，确认发现的问题是否及时得到了跟进处理
接收缺乏有效订购单支持的商品	①检查系统生成入库单的生成逻辑； ②询问生成仓储人员的收货过程，抽样检查入库单是否有对应一致的采购订单及验收单
临近会计期末的采购未被记录在正确的会计期间	①检查系统生成正在执行中的订购单清单的生成逻辑； ②询问复核人员对正在执行中的订购单清单的检查过程，确认发现的问题是否及时得到了跟进处理； ③检查系统生成例外事项报告的生成逻辑； ④询问复核人员对报告的复核过程，检查报告中的项目是否确认了相应负债，检查复核人员的签署确认
对采购交易错误分类，导致成本和费用错误	①检查系统设置的规则； ②抽样检查记账凭证是否经会计主管审核
确认的负债存在价格/数量错误或服务尚未提供的情形	①检查系统报告的生成逻辑，确认例外事项报告的完整性及准确性； ②与复核人员讨论其复核过程，抽样选取例外/删改情况报告。检查每一份报告并确定：是否存在管理层复核的证据；复核是否在合理的时间范围内完成；复核人员提出问题的跟进是否适当、是否能使交易恰当记录于会计系统； ③抽样选取采购发票，检查是否与入库单和采购订单所记载的价格、供应商、日期、描述及数量一致
付款未记录、未记录在正确的供应商账户（串户）或记录金额不正确	①询问复核人员对银行存款余额调节表的复核过程； ②抽样检查银行余额调节表，检查其是否及时得到复核、复核的问题是否得到了恰当跟进处理、复核人员是否签署确认； ③询问复核人员对供应商对账结果的复核过程，抽样选取供应商对账单，检查其是否与应付账款明细账进行了核对，差异是否得到了恰当的跟进处理； ④检查复核人员的相关签署确认
员工具有不适当的访问权限，使其能够实施违规交易或隐瞒错误	①检查系统中相关人员的访问权限； ②复核管理层的授权职责分配表，对不相容职位（申请与审批等）是否设置了恰当的职责分离
总账与明细账中的记录不一致	核对总账与明细账的一致性，检查复核人员的复核及差异跟进记录

四、采购与付款循环关键项目的实质性程序

（一）应付账款的实质性程序

1. 应付账款的审计目标

应付账款是企业在正常经营过程中，因购买材料、商品和接受劳务供应等经营活动而应付给供应商的款项。注册会计师需要结合赊购交易进行应付账款的审计，其审计目标如表11-2所示。

表 11-2　应付账款的审计目标

相关认定	审计目标
存在	确定资产负债表中记录的应付账款是否存在
完整性	确定所有应当记录的应付账款是否均已记录
权利和义务	确定资产负债表中记录的应付账款是否为被审计单位应当履行的偿还义务
准确性、计价和分摊	确定应付账款是否以恰当的金额包括在财务报表中
分类	确定应付账款已记录于恰当的账户
列报	确定应付账款是否已被恰当地汇总或分解且表述清楚，按照企业会计准则的规定在财务报表中作出的相关披露是相关的、可理解的

2. 应付账款的常规实质性程序

（1）获取应付账款明细表，并执行以下工作：

①复核加计是否正确，并与报表数、总账数和明细账合计数核对是否相符；

②检查非记账本位币应付账款的折算汇率及折算是否正确；

③分析出现借方余额的项目，查明原因，必要时，建议作重分类调整；

④结合预付账款、其他应付款等往来项目的明细余额，检查有无针对同一交易在应付账款和预付款项同时记账的情况、异常余额或与购货无关的其他款项。

（2）对应付账款实施函证程序。

由于采购与付款循环中较为常见的重大错报风险是低估应付账款（"完整性"认定），因此，注册会计师在实施函证程序时可能需要从非财务部门（如采购部门）获取适当的供应商清单，如本期采购清单、所有现存供应商名录等，从中选取样本进行测试并执行如下程序。

①向债权人发送询证函。注册会计师应根据审计准则的规定对询证函保持控制，包括确定需要确认或填列的信息、选择适当的被询证者、设计询证函，包括正确填列被询证者的姓名和地址，以及被询证者直接向注册会计师回函的地址等信息，必要时再次向被询证者寄发询证函等。

②将询证函回函确认的余额与已记录金额相比较，如存在差异，检查支持性文件。评价已记录金额是否适当。

③对未回函的项目实施替代程序，例如，检查付款单据（如支票存根）、相关的采购单据（如订购单、验收单、发票和合同）或其他适当文件。

④如果认为回函不可靠，评价对评估的重大错报风险以及其他审计程序的性质、时间安排和范围的影响。

（3）检查应付账款是否计入正确的会计期间，是否存在未入账的应付账款。

①对本期发生的应付账款增减变动，检查至相关支持性文件，确认会计处理是否正确。②检查资产负债表日后应付账款明细账贷方发生额的相应凭证，关注其验收单、供应商发票的日期，确认其入账时间是否合理。③获取并检查被审计单位与其供应商之间的对账单以及被审计单位编制的差异调节表，确定应付账款金额的准确性。④针对资产负债表日后付款项目，检

查银行对账单及有关付款凭证（如银行汇款通知、供应商收据等），询问被审计单位内部或外部的知情人员，查找有无未及时入账的应付账款。⑤结合存货监盘程序，检查被审计单位在资产负债表日前后的存货入库资料（验收报告或入库单），检查相关负债是否计入了正确的会计期间。

如果注册会计师通过这些审计程序发现某些未入账的应付账款，应将有关情况详细记入审计工作底稿，并根据其重要性确定是否需要建议被审计单位进行相应的调整。

（4）寻找未入账负债的测试。

获取期后收取、记录或支付的发票明细，包括获取支票登记簿/电汇报告/银行对账单（根据被审计单位情况不同）以及入账的发票和未入账的发票。从中选取项目（尽量接近审计报告日）进行测试并实施以下程序：①检查支持性文件，如相关的发票、采购合同/申请、收货文件以及接受服务明细，以确定收到商品/接受服务的日期及应在期末之前入账的日期；②追踪已选取项目至应付账款明细账、货到票未到的暂估入账和/或预提费用明细表，并关注费用所计入的会计期间。调查并跟进所有已识别的差异；③评价费用是否被记录于正确的会计期间，并相应确定是否存在期末未入账负债。

（5）检查应付账款长期挂账的原因并作出记录，对确实无须支付的应付账款的会计处理是否正确。

（6）检查应付账款是否已按照企业会计准则的规定在财务报表中作出恰当列报和披露。

（二）除折旧/摊销、人工费用以外的一般费用的实质性程序

1. 一般费用的审计目标

折旧/摊销和人工费用在其他循环中涵盖，此处提及的是除这些费用以外的一般费用，如差旅费、广告费。通常情况下，一般费用的审计目标如表 11-3 所示。

表 11-3　一般费用的审计目标

相关认定	审计目标
发生	确定利润表中记录的一般费用是否确实发生
完整性	确定所有应当记录的费用是否均已记录
准确性	确定一般费用是否以恰当的金额包括在财务报表中
截止	确定费用是否已计入恰当的会计期间

2. 一般费用的常规实质性程序

（1）获取一般费用明细表，复核其加计数是否正确、并与总账和明细账合计数核对是否正确。

（2）实质性分析程序。

①考虑可获取信息的来源、可比性、性质和相关性以及与信息编制相关的控制，评价在对记录的金额或比率作出预期时使用数据的可靠性。②将费用细化到适当层次，根据关键因素和相互关系（例如，本期预算、费用类别与销售数量、职工人数的变化之间的关系等）设定预期值，评价预期值是否足够精确以识别重大错报。③确定已记录金额与预期值之间可接受的、无须作进一步调查的可接受的差异额。④将已记录金额与期望值进行比较，识别需要进一步调查的差异。⑤调查差异，询问管理层，针对管理层的答复获取适当的审计证据；根据具体情况

在必要时实施其他审计程序。

（3）从资产负债表日后的银行对账单或付款凭证中选取项目进行测试，检查支持性文件（如合同或发票），关注发票日期和支付日期，追踪已选取项目至相关费用明细表，检查费用所计入的会计期间，评价费用是否被记录于正确的会计期间。

（4）对本期发生的费用选取样本，检查其支持性文件，确定原始凭证是否齐全，记账凭证与原始凭证是否相符以及账务处理是否正确。

（5）抽取资产负债表日前后的凭证，实施截止测试，评价费用是否被记录于正确的会计期间。

（6）检查一般费用是否已按照企业会计准则及其他相关规定在财务报表中作出恰当的列报和披露。

第三节　生产与存货循环的审计

一、生产与存货循环的主要业务活动及相关凭证与记录

以一般制造型企业为例，生产和存货循环通常涉及的主要业务活动包括：计划和安排生产；发出原材料；生产产品；核算产品成本；产成品入库及储存；发出产成品；存货盘点；计提存货跌价准备等。上述业务活动通常涉及以下部门：生产计划部门、仓储部门、生产部门、人事部门、销售部门、会计部门等。

1. 计划和安排生产

生产计划部门的职责是根据客户订购单或者销售部门对销售预测和产品需求的分析来决定生产授权。如，决定授权生产，即签发预先顺序编号的生产通知单。该部门通常应将发出的所有生产通知单顺序编号并加以记录控制。此外，通常该部门还需编制一份材料需求报告，列示所需要的材料和零件及其库存。

2. 发出原材料

仓储部门的责任是根据从生产部门收到的领料单发出原材料。领料单上必须列示所需的材料数量和种类，以及领料部门的名称。领料单可以一料一单，也可以多料一单，通常需一式三联。仓库管理人员发料并签署后，将其中一联连同材料交给领料部门（生产部门存根联），一联留在仓库登记材料明细账（仓库联），一联交会计部门进行材料收发核算和成本核算（财务联）。

3. 生产产品

生产部门在收到生产通知单及领取原材料后，便将生产任务分解到每一个生产工人，并将所领取的原材料交给生产工人，据以执行生产任务。生产工人在完成生产任务后，将完成的产品交生产部门统计人员查点，然后转交检验员验收并办理入库手续，或是将所完成的半成品移交下一个环节，作进一步加工。

4. 核算产品成本

为了正确核算并有效控制产品成本，必须建立健全成本会计制度，将生产控制和成本核算有机结合在一起。一方面，生产过程中的各种记录、生产通知单、领料单、计工单、产量统计

记录表、生产统计报告、入库单等文件资料都要汇集到会计部门，由会计部门对其进行检查和核对，了解和控制生产过程中存货的实物流转；另一方面，会计部门要设置相应的会计账户，会同有关部门对生产过程中的成本进行核算和控制。由于核算精细程度的不同，成本会计制度可以非常简单，只是在期末记录存货余额；也可以是完善的标准成本制度，持续地记录所有材料处理、在产品和产成品，并形成对成本差异的分析报告。完善的成本会计制度应该提供原材料转为在产品，在产品转为产成品，以及按成本中心、分批次生产任务通知单或生产周期所消耗的材料、人工和间接费用的分配与归集的详细资料。

5. 产成品入库及储存

产成品入库，须由仓储部门先行点验和检查，然后签收。签收后，将实际入库数量通知会计部门。据此，仓储部门确立了本身应承担的保管责任，并对验收部门的工作进行验证。除此之外，仓储部门还应根据产成品的品质特征分类存放，并填制标签。

6. 发出产成品

产成品的发出须由独立的发运部门进行。装运产成品时必须持有经有关部门核准的发运通知单，并据此编制出库单。出库单一般为一式四联：一联交仓储部门；一联由发运部门留存；一联送交客户；一联作为开具发票的依据。

7. 存货盘点

管理人员编制盘点指令，安排适当人员对存货实物（包括原材料、在产品和产成品等所有存货类别）进行定期盘点，将盘点结果与存货账面数量进行核对，调查差异并进行适当调整。

8. 计提存货跌价准备

财务部门根据存货货龄分析表信息或相关部门提供的有关存货状况的其他信息，结合存货盘点过程中对存货状况的检查结果，对出现损毁、滞销、跌价等降低存货价值的情况进行分析计算，计提存货跌价准备。

二、生产与存货循环主要关注的内部控制

（1）对于计划和安排生产这项主要业务活动，有些被审计单位的内部控制要求，根据经审批的月度生产计划书，由生产计划经理签发预先按顺序编号的生产通知单。

（2）对于发出原材料这项主要业务活动，有些被审计单位的内部控制要求：①领料单应当经生产主管批准，仓库管理员凭经批准的领料单发料；领料单一式三联，分别作为生产部门存根联、仓库联和财务联；②仓库管理员应把领料单编号、领用数量、规格等信息输入计算机系统，经仓储经理复核并以电子签名方式确认后，系统自动更新材料明细台账。

（3）对于生产产品和核算产品成本这两项主要业务活动，有些被审计单位的内部控制要求：①生产成本记账员应根据原材料领料单财务联，编制原材料领用日报表，与计算机系统自动生成的生产记录日报表核对材料耗用和流转信息；由会计主管核对无误后，生成记账凭证并过账至生产成本及原材料明细账和总分类账；②生产部门记录生产各环节所耗用工时数，包括人工工时数和机器工时数，并将工时信息输入生产记录日报表；③每月末，由生产车间与仓库核对原材料和产成品的转出和转入记录，如有差异，仓库管理员应编制差异分析报告，经仓储经理和生产经理签字确认后交会计部门进行调整；④每月末，由计算机系统对生产成本中各项组成部分进行归集，按照预设的分摊公式和方法，自动将当月发生的生产成本在完工产品和在

产品之间按比例分配；同时，将完工产品成本在各不同产品类别之间分配，由此生成产品成本计算表和生产成本分配表；由生产成本记账员编制成生产成本结转凭证，经会计主管审核批准后进行账务处理。

（4）对于产成品入库和储存这项主要业务活动，有些被审计单位的内部控制要求：①产成品入库时，质量检验员应检查并签发预先按顺序编号的产成品验收单，由生产小组将产成品送交仓库，仓库管理员应检查产成品验收单，并清点产成品数量，填写预先顺序编号的产成品入库单经质检经理、生产经理和仓储经理签字确认后，由仓库管理员将产成品入库单信息输入计算机系统，计算机系统自动更新产成品明细台账；②存货存放在安全的环境（如上锁、使用监控设备）中，只有经过授权的工作人员可以接触及处理存货。

（5）对于发出产成品这项主要业务活动，在销售与收款流程循环中涉及了产成品出库这一环节，此外还有后续的结转销售成本环节。有些被审计单位可能设计以下内部控制要求：①产成品出库时，由仓库管理员填写预先顺序编号的出库单，并将产成品出库单信息输入计算机系统，经仓储经理复核并以电子签名方式确认后，计算机系统自动更新产成品明细台账并与发运通知单编号核对；②产成品装运发出前，由运输经理独立检查出库单、销售订购单和发运通知单，确定从仓库提取的商品附有经批准的销售订购单，并且，所提取商品的内容与销售订购单一致；③每月末，生产成本记账员根据计算机系统内状态为"已处理"的订购单数量，编制销售成本结转凭证，结转相应的销售成本，经会计主管审核批准后进行账务处理。

（6）对于盘点存货这项业务活动，有些被审计单位的内部控制要求：①生产部门和仓储部门在盘点日前对所有存货进行清理和归整，便于盘点顺利进行；②每一组盘点人员中应包括仓储部门以外的其他部门人员，即不能由负责保管存货的人员单独负责盘点存货；安排不同的工作人员分别负责初盘和复盘；③盘点表和盘点标签事先连续编号，发放给盘点人员时登记领用人员；盘点结束后回收并清点所有已使用和未使用的盘点表和盘点标签；④为防止存货被遗漏或重复盘点，所有盘点过的存货贴盘点标签，注明存货品名、数量和盘点人员，完成盘点前检查现场确认所有存货均已贴上盘点标签；⑤将不属于本单位的代其他方保管的存货单独堆放并作标识；将盘点期间需要领用的原材料或出库的产成品分开堆放并作标识；⑥汇总盘点结果，与存货账面数量进行比较，调查分析差异原因，并对认定的盘盈和盘亏提出账务调整建议，经仓储经理、生产经理、财务经理和总经理复核批准后入账。

（7）对于计提存货跌价准备这项业务活动，有些被审计单位的内部控制要求：①定期编制存货货龄分析表，管理人员复核该分析表，确定是否有必要对滞销存货计提存货跌价准备，并计算存货可变现净值，据此计提存货跌价准备；②生产部门和仓储部门每月上报残冷背次存货明细，采购部门和销售部门每月上报原材料和产成品最新价格信息，财务部门据此分析存货跌价风险并计提跌价准备，由财务经理和总经理复核批准并入账。

三、生产与存货循环的控制测试

表 11-4 列示了通常情况下，注册会计师对生产与存货循环实施的控制测试。表中列示的为生产与存货循环中一些较为常见的控制测试程序，目的在于帮助注册会计师根据具体情况设计能够应对已识别风险、实现审计目标的控制测试。在审计实务工作中，注册会计师需要从实际出发，设计适合被审计单位具体情况的实用高效的控制测试计划。

表 11-4　生产与存货循环的风险及相关控制测试程序

重大错报风险	相关控制测试程序
发出的原材料可能未正确记入相应产品的生产成本中	检查生产主管核对材料成本明细表的记录，并询问其核对过程及结果
生产工人的人工成本可能未得到准确反映	①检查系统中员工部门代码设置是否与其实际职责相符； ②询问并检查财务经理复核工资费用分配表的过程和记录
发生的制造费用可能没有得到完整归集	①检查系统的自动归集设置是否符合有关成本和费用的性质，是否合理； ②询问并检查成本会计复核制造费用明细表的过程和记录，检查财务经理对调整制造费用的分录的批准记录
生产成本和制造费用在不同产品之间、在产品和产成品之间的分配可能不正确	询问财务经理如何执行复核及调查；选取产品成本计算表及相关资料，检查财务经理的复核记录
已完工产品的生产成本可能没有转移到产成品中	询问和检查成本会计将产成品收发存报表与成本计算表进行核对的过程和记录
销售发出的产成品的成本可能没有准确转入营业成本	①检查系统设置的自动结转功能是否正常运行，成本结转方式是否符合公司成本核算政策； ②询问和检查财务经理和总经理进行毛利率分析的过程和记录，并对异常波动的调查和处理结果进行核实
存货可能被盗或因材料领用/产品销售未入账而出现账实不符	监盘
可能存在残冷背次的存货，影响存货的价值	询问财务经理识别减值风险并确定减值准备的过程，检查总经理的复核批准记录

四、生产与存货循环关键项目的实质性程序

（一）存货的审计目标

存货审计涉及数量和单价两个方面。针对存货数量的实质性程序主要是存货监盘。此外，还包括对第三方保管的存货实施函证等程序、对在途存货检查相关凭证和期后入库记录等。针对存货单价的实质性程序包括对购买和生产成本的审计程序和对存货可变现净值的审计程序。其中原材料成本的计量较为简单，通常通过对采购成本的审计进行测试；在产品和产成品的成本较为复杂，包括测试原材料成本、人工成本和制造费用的归集和分摊。

存货的审计目标如表 11-5 所示。

表 11-5　存货的审计目标

相关认定	审计目标
存在	确定账面存货余额对应的实物是否真实存在
完整性	确定属于被审计单位的存货是否均已入账
权利和义务	确定资产负债表中记录的存货是否属于被审计单位
准确性、计价和分摊	确定存货单位成本的计量是否准确、存货的账面价值是否可以实现

(二) 存货的实质性程序

1. 获取年末存货余额明细表,并执行以下工作

(1) 复核单项存货金额的计算(单位成本×数量)和明细表的加总计算是否准确;

(2) 将本年末存货余额与上年末存货余额进行比较,总体分析变动原因。

2. 存货监盘

如果存货对财务报表是重要的,注册会计师应当通过在存货盘点现场实施监盘(除非不可行);对期末存货记录实施审计程序,以确定其是否准确反映实际的存货盘点结果。注册会计师通过实施以上审计程序,对存货的存在和状况获取充分、适当的审计证据。

注册会计师应当根据被审计单位存货的特点、盘存制度和存货内部控制的有效性等情况,在评价被审计单位管理层制定的存货盘点程序的基础上,编制存货监盘计划,对存货监盘作出合理安排。

在存货盘点现场实施监盘时,注册会计师应当实施下列审计程序。

(1) 评价管理层用以记录和控制存货盘点结果的指令和程序。注册会计师需要考虑这些指令和程序是否包括:适当控制活动的运用,例如收集已使用的存货盘点记录,清点未使用的存货盘点表单,实施盘点和复盘程序;准确认定在产品的完工程度;在适用的情况下用于估计存货数量的方法;对存货在不同存放地点之间的移动以及截止日前后出入库的控制。

(2) 观察管理层制定的盘点程序的执行情况。这有助于注册会计师获取有关管理层指令和程序是否得到适当设计和执行的审计证据。如果在盘点过程中被审计单位的生产经营仍将持续进行,注册会计师应通过实施必要的检查程序,确定被审计单位是否已经对此设置了相应的控制程序,确保在适当的期间内对存货作出了准确记录。此外,注册会计师可以获取有关截止性信息(如存货移动的具体情况)的复印件,有助于日后对存货移动的会计处理实施审计程序。具体来说,注册会计师一般应当获取盘点日前后存货收发及移动的凭证,检查库存记录与会计记录期末截止是否正确。注册会计师需要关注,所有在盘点日以前入库的存货项目是否均已包括在盘点范围内,所有已确认为销售但尚未装运出库的商品是否均未包括在盘点范围内。在途存货和被审计单位直接向顾客发运的存货是否均已得到了适当的会计处理。注册会计师通常可观察存货的验收入库地点和装运出库地点以执行截止测试。在存货入库和装运过程中采用连续编号的凭证时,注册会计师应当关注盘点日前的最后编号。如果被审计单位没有使用连续编号的凭证,注册会计师应当列出盘点日以前的最后几笔装运和入库记录。如果被审计单位使用运货车厢或拖车进行存储、运输或验收入库,注册会计师应当详细列出存货场地上满载和空载的车厢或拖车,并记录各自的存货状况。

(3) 检查存货。在存货监盘过程中检查存货,虽然不一定能确定存货的所有权,但有助于确定存货的存在,以及识别过时、毁损或陈旧的存货。注册会计师应当把所有过时、毁损或陈旧存货的详细情况记录下来,这既便于进一步追查这些存货的处置情况,也能为测试被审计单位存货跌价准备计提的准确性提供证据。

(4) 执行抽盘。在对存货盘点结果进行测试时,注册会计师可以从存货盘点记录中选取项目追查至存货实物,以及从存货实物中选取项目追查至盘点记录,以获取有关盘点记录准确性和完整性的审计证据。需要说明的是,注册会计师应尽可能避免让被审计单位事先了解将抽盘的存货项目。除记录注册会计师对存货盘点结果进行的测试情况外,获取管理层完成的存货

盘点记录的复印件也有助于注册会计师日后实施审计程序,以确定被审计单位的期末存货记录是否准确地反映了存货的实际盘点结果。

在被审计单位存货盘点结束前,注册会计师应当:①再次观察盘点现场,以确定所有应纳入盘点范围的存货是否均已盘点。②取得并检查已填用、作废及未使用盘点表单的号码记录,确定其是否连续编号,查明已发放的表单是否均已收回,并与存货盘点的汇总记录进行核对。注册会计师应当根据自己在存货监盘过程中获取的信息对被审计单位最终的存货盘点结果汇总记录进行复核,并评估其是否正确地反映了实际盘点结果。如果存货盘点日不是资产负债表日,注册会计师应当实施适当的审计程序,确定盘点日与资产负债表日之间存货的变动是否已得到恰当的记录。

3. 存货计价测试

存货计价测试包括两个方面:一是被审计单位所使用的存货单位成本是否正确;二是被审计单位是否恰当计提了存货跌价准备。在对存货的计价实施细节测试之前,注册会计师通常先要了解被审计单位本年度的存货计价方法与以前年度是否保持一致。如发生变化,变化的理由是否合理,是否经过适当的审批。

(1)存货单位成本测试。针对原材料的单位成本,注册会计师通常基于企业的原材料计价方法(如先进先出法、加权平均法等),结合原材料的历史购买成本,测试其账面成本是否准确,测试程序包括核对原材料采购的相关凭证(主要是与价格相关的凭证,如合同、采购订单、发票等)以及验证原材料计价方法的运用是否正确。针对产成品和在产品的单位成本,注册会计师需要对成本核算过程实施测试,包括直接材料成本测试、直接人工成本测试、制造费用测试和生产成本在当期完工产品与在产品之间分配的测试四项内容。

(2)存货跌价准备的测试。注册会计师在测试存货跌价准备时,首先应识别需要计提存货跌价准备的存货项目。注册会计师可以通过询问管理层和相关部门(生产、仓储、财务、销售等)员工,了解被审计单位如何收集有关滞销、过时、陈旧、毁损、残次存货的信息并为之计提必要的存货跌价准备。如被审计单位编制存货货龄分析表,则可以通过审阅分析表识别滞销或陈旧的存货。此外,注册会计师还要结合存货监盘过程中检查存货状况而获取的信息,以判断被审计单位的存货跌价准备计算表是否有遗漏。

注册会计师需要检查可变现净值的计量是否合理。由于被审计单位对期末存货采用成本与可变现净值孰低的方法计价,所以注册会计师应充分关注其对存货可变现净值的确定及存货跌价准备的计提。可变现净值是指企业在日常活动中,存货的估计售价减去至完工时估计将要发生的成本、估计的销售费用以及相关税费后的金额。企业确定存货的可变现净值,应当以取得的确凿证据为基础,并且考虑持有存货的目的以及资产负债表日后事项的影响等因素。注册会计师应抽样检查可变现净值确定的依据,相关计算是否正确。

第四节 销售与收款循环的审计

一、销售与收款循环的主要业务活动及相关凭证与记录

通过了解销售与收款循环的业务流程,可以掌握与销售和收款活动相关的会计信息生产全过程、所涉及的主要环节以及各环节中所对应的责任部门、责任岗位与人员、相关凭证与记

录，为明确该循环的关键控制点、执行控制测试和实质性程序提供充分的基础。

销售与收款循环的主要业务流程如图11-3所示。

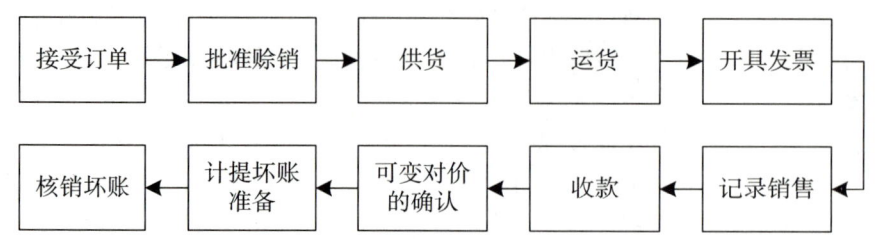

图11-3 销售与收款循环的主要业务流程

1. 接受订单

客户提出订货要求是整个销售与收款循环的起点，是购买某种商品或服务的一项申请。通常情况下，销售部门仅接受符合企业管理层授权标准的订购单。例如，管理层一般设有已批准销售的客户名单。销售部门在决定是否接受某客户的订购单时，需要检查该客户是否在名单内。对于未列入名单的客户，通常需要由销售部门的主管来决定是否同意销售。较多企业在批准了客户订购单后编制一式多联的销售单。销售单是证明销售交易的"发生"认定的凭据之一，也是该笔销售交易轨迹的起点之一。此外，客户订购单是来自外部的触发销售交易的文件之一，也能为销售交易的"发生"认定提供证据。

2. 批准赊销

对于赊销业务，由信用管理部门根据经管理层批准的赊销政策，在每个客户的已授权的信用额度内进行批准。信用管理部门的员工在收到销售部门的销售单后，将销售单与该客户已被授权的赊销信用额度以及至今尚欠的账款余额加以比较。在执行人工赊销信用检查时，还应合理划分工作职责，以避免销售人员为扩大销售而使企业承受不适当的信用风险。企业的信用管理部门通常应对每个新客户进行信用调查，包括获取信用评审机构对客户信用等级的评定报告。无论是否批准赊销，都要求被授权的信用管理部门人员在销售单上签署意见后将其传递至销售部门。设计信用批准控制的目的是降低信用损失风险，因此，这些控制与应收票据/应收款项融资/应收账款/合同资产账面余额的"准确性、计价和分摊"认定相关。

3. 供货

仓库管理人员只有在收到经过批准的销售单后才能编制出库单并给装运部门安排发货。实行这项控制旨在防止仓库管理人员在未经授权的情况下擅自发货。已批准的销售单是仓库授权发货的依据。

4. 运货

装运部门在装运前必须进行独立验证，清点货物，确认与出库单一致后在出库单上签字确认并进行货物运输。商品发运时应编制发运凭证，用以反映发出商品的规格、数量和其他有关内容。

5. 开具发票

向客户开具发票这一环节涉及的主要问题有以下几个：①是否对所有发运的货物均已开具

了发票；②是否仅对实际发运的货物开具发票，有无重复开具发票或虚开发票；③是否按已授权批准的商品价目表所列价格开具发票。

为了降低开具发票过程中出现遗漏、重复、错误计价或其他差错的风险，企业通常设立以下控制：①在开具销售发票前，负责开票的员工检查是否存在出库单和相应的经批准的销售单；②根据已授权批准的商品价目表开具销售发票；③将出库单上的发货数量与销售发票上的产品数量进行核对。

上述控制与销售交易（即营业收入）的"发生""完整性"和"准确性"认定相关。

6. 记录销售

记录销售的过程包括区分赊销、现销，编制转账凭证或现金、银行存款收款凭证，据以登记营业收入明细账和应收票据/应收款项融资/应收账款/合同资产明细账或现金、银行存款日记账。记录销售的控制包括但不限于：①根据有效的出库单和销售单记录销售，这些出库单和销售单应能证明销售交易的发生及其发生日期；②使用事先连续编号的销售发票并对发票使用情况进行监控；③独立检查销售发票所载的销售金额与会计记录金额的一致性；④记录销售的职责应与处理销售交易的其他功能相分离；⑤对记录过程中所涉及的有关记录的接触权限予以限制，以减少未经授权批准的记录发生；⑥定期独立检查应收票据/应收款项融资/应收账款/合同资产的明细账与总账的一致性；⑦由不负责现金出纳和销售及应收票据/应收款项融资/应收账款/合同资产记账的人员定期向客户寄发对账单，对不符事项进行调查，必要时调整会计记录，编制对账情况汇总报告并交管理层审核。

7. 收款

办理和记录现金、银行存款收入这项活动涉及的是货款收回，导致现金、银行存款增加以及应收账款/合同资产等项目的减少。在办理和记录现金、银行存款收入时，企业最关心的是货币资金的安全。处理货币资金收入时要保证全部货币资金如数、及时地记入现金、银行存款日记账或应收票据/应收款项融资/应收账款/合同资产明细账，并如数、及时地将现金存入银行。企业通过出纳与现金记账的职责分离、现金盘点、编制银行余额调节表、定期向客户发送对账单等控制来实现上述目的。

8. 可变对价的确认

如果合同中存在可变对价，企业需要对计入交易价格的可变对价进行估计，并在每一资产负债表日重新估计应计入交易价格的可变对价金额，以如实反映报告期末存在的情况以及报告期内发生的情况变化。

9. 计提坏账准备

企业一般定期对应收票据/应收款项融资/应收账款的预期信用损失进行估计，根据估计结果确认信用减值损失并计提坏账准备，管理层对相关估计进行复核和批准。

10. 核销坏账

如有证据表明某项货款已无法收回，企业即通过适当的审批程序注销该笔应收账款/应收款项融资。

二、销售与收款循环主要关注的内部控制

1. 适当的职责分离

适当的职责分离不仅是预防舞弊的必要手段，也有助于防止各种有意或无意的错误。一个企业销售与收款业务相关职责适当分离的基本要求通常包括：企业应当分别设立办理销售、发货、收款三项业务的部门（或岗位）；企业在销售合同订立前，应当指定专门人员就销售价格、信用政策、发货及收款方式等具体事项与客户进行谈判。谈判人员至少应有两人，并与订立合同的人员相分离；编制销售发票通知单的人员与开具销售发票的人员应相互分离；销售人员应当避免接触销货现款；企业应收票据的取得和贴现必须经由保管票据以外的主管人员书面批准。

2. 恰当的授权审批

对于授权审批问题，注册会计师应当关注以下四个关键点上的审批程序：①在销售发生之前，赊销已经正当审批；②非经正当审批，不得发出货物；③销售价格、销售条件、运费、折扣等必须经过审批；④审批人应当根据销售与收款授权批准制度的规定，在授权范围内进行审批，不得超越审批权限。对于超过企业既定销售政策和信用政策规定范围的特殊销售交易，需要经适当的授权。前两项控制的目的在于防止企业因向虚构的或者无力支付货款的客户发货而蒙受损失；价格审批控制的目的在于保证销售交易按照企业定价政策规定的价格开票收款；对授权审批范围设定权限的目的则在于防止因审批人决策失误而造成严重损失。

3. 充分的凭证和记录

充分的凭证和记录有助于企业执行各项控制以实现控制目标。例如，企业在收到客户订购单后，编制一份预先编号的一式多联的销售单，分别用于批准赊销、审批发货、记录发货数量以及向客户开具发票等。在这种制度下，通过定期清点销售单和销售发票，可以避免漏开发票或漏记销售的情况。又如，财务人员在记录销售交易之前，对相关的销售单、出库单和销售发票上的信息进行核对，以确保入账的营业收入是真实发生的、准确的。

4. 凭证的预先编号

对凭证预先进行编号，旨在防止销售后遗漏向客户开具发票或登记入账，也可防止重复开具发票或重复记账。当然，如果对凭证的编号不作清点，预先编号就会失去其控制意义。定期检查全部凭证的编号，并调查凭证缺号或重号的原因，是实施这项控制的关键点。在目前信息技术得以广泛运用的环境下，凭证预先编号这一控制在很多情况下由系统执行，同时辅以人工的监控（例如，对系统生成的例外报告进行复核）。

5. 定期寄发对账单

由不负责现金出纳和销售及应收票据/应收款项融资/应收账款/合同资产记账的人员定期向客户寄发对账单，能促使客户在发现应付账款余额不正确后及时反馈有关信息。为了使这项控制更有效，最好将账户余额中出现的所有核对不符的账项，指定一位既不负责货币资金也不记录主营业务收入和应收票据/应收款项融资/应收账款/合同资产账目的主管人员处理，然后由独立人员定期编制对账情况汇总报告并交管理层审阅。

6. 内部核查程序

由内部审计人员或其他独立人员核查销售与收款交易的处理和记录，是实现内部控制目标

所不可缺少的一项控制措施。

三、销售与收款循环的控制测试

风险评估和风险应对是整个审计过程的核心。注册会计师通常以识别的重大错报风险为起点，选取拟测试的控制并实施控制测试。表11-6列示了通常情况下，注册会计师对销售与收款循环实施的控制测试。

表11-6　销售与收款循环的风险及相关控制测试程序

重大错报风险	相关控制测试程序
可能向没有获得赊销授权或超出其信用额度的客户赊销	①询问员工销售单的生成过程，检查是否所有生成的销售单均有对应的客户订单为依据； ②检查系统中自动生成销售单的生成逻辑，是否确保满足了客户范围及其信用控制的要求； ③对于系统外授权审计的销售单，检查是否经过适当批准
可能在没有批准发货的情况下发出商品	①检查系统内出库单的生成逻辑以及出库单是否连续编号； ②询问并观察发运时保安人员的放行检查
发运商品与客户销售单可能不一致	检查例外报告和暂缓发货的清单
已发出商品可能与出库单商品种类和数量不符	检查出库单上相关员工及客户的签名，作为发货一致的证据
已销售商品可能未实际发运给客户	检查出库单上客户的签名，作为收货的证据
商品发运可能未开具发票或已开发票没有出库单的支持	①检查系统生成发票的逻辑； ②检查例外报告及跟进情况
由于定价或产品摘要不正确，以及销售单或出库单或销售发票代码输入错误，可能导致销售价格不正确	①检查文件以确定价格更改是否经授权； ②重新执行以确定打印出的更改后价格与授权是否一致； ③通过检查信息技术一般控制和收入交易的信息处理控制，确定正确的定价主文档版本是否已被用于生成发票； ④如果发票由人工填写，检查发票中价格复核人员签名。通过核对经授权的价格清单与发票上价格，重新执行该核对过程
发票上的金额可能出现计算错误	①自动化：询问发票生成程序更改的一般控制情况，确定是否经授权以及现有的版本是否正在被使用；检查有关程序更改的复核审批程序； ②人工：检查与发票计算金额正确性相关的人员的签名；重新计算发票金额，证实其是否正确
销售发票入账的会计期间可能不正确	①检查系统中销售记录生成的逻辑； ②重新执行销售截止检查程序； ③检查客户质询信件并确定问题是否已得到解决
销售发票入账金额可能不准确	①检查系统销售入账记录的生成逻辑，对人工调节项目进行检查，并调查原因是否合理； ②检查客户质询信件并确定问题是否已得到解决
销售发票可能被记入不正确的应收账款/合同资产明细账户	①检查应收账款客户主文档中明细余额汇总金额的调节结果与应收账款总分类账户是否核对相符，以及负责该项工作的员工签名； ②检查客户质询信件并确定问题是否已得到解决

(续表)

重大错报风险	相关控制测试程序
应收账款/合同资产记录的收款与银行存款可能不一致	①检查核对每日收款汇总表、电子版收款清单和银行存款清单的核对记录和核对人员签名； ②检查银行存款余额调节表和负责编制的员工的签名； ③检查客户质询信件并确定问题是否已被解决
收款可能被记入不正确的应收账款/合同资产账户	①检查系统中的对应关系审核设置是否合理； ②检查对例外事项报告中的信息进行核对的记录以及对无法核对事项的解决情况； ③检查客户质询信件并确定问题是否已被解决； ④检查管理层对应收账款/合同资产账龄分析表的复核及跟进措施
坏账准备的计提可能不充分	①检查系统计算账龄分析表的规则是否正确； ②询问管理层如何复核损失准备计提表的计算，检查是否有复核人员的签字； ③检查坏账核销是否经过管理层的恰当审批
登记入账的现金收入与企业已经实际收到的现金不符	①实地观察收银台、销售点的收款过程，并检查在这些地方是否有足够的物理监控； ②检查收款台打印销售小票和现金销售汇总表的程序设置和修改权限设置； ③检查盘点记录和结算记录上负责计算现金和与销售汇总表相调节工作的员工签名； ④检查银行存款单和销售汇总表上的签名，证明已实施复核； ⑤检查银行存款余额调节表的编制和复核人员的审核记录

在上述控制测试中，如果人工控制的执行依赖于信息系统生成的报告，那么注册会计师还应当针对系统生成报告的准确性执行测试。例如，与坏账准备计提相关的管理层控制中使用了系统生成的应收账款账龄分析表，其准确性会影响管理层控制的有效性，因此，注册会计师需要同时测试应收账款账龄分析表的准确性。另外，表11-6列示的为销售与收款循环中一些较为常见的控制测试程序，目的在于帮助注册会计师根据具体情况设计能够应对已识别风险、实现审计目标的控制测试。在审计实务工作中，注册会计师需要从实际出发，设计适合被审计单位具体情况的实用高效的控制测试计划。

四、销售与收款循环关键项目的实质性程序

（一）营业收入的实质性程序

1. 营业收入的审计目标

营业收入项目反映企业在销售商品、提供劳务等主营业务活动中所产生的收入，以及企业确认的除主营业务活动以外的其他经营活动实现的收入，包括出租固定资产、出租无形资产、出租包装物和商品、销售材料等实现的收入，其审计目标如表11-7所示。

表11-7 营业收入的审计目标

相关认定	审计目标
发生	确定利润表中记录的营业收入是否已发生，且与被审计单位有关
完整性	确定所有应当记录的营业收入是否均已记录

(续表)

相关认定	审计目标
准确性	确定与营业收入有关的金额及其他数据是否已恰当记录,包括对销售退回、可变对价的处理是否适当
截止	确定营业收入是否已记录于正确的会计期间
分类	确定营业收入记录于恰当的账户
列报	确定营业收入已被恰当地汇总或分解且表述清楚,按照企业会计准则的规定在财务报表中作出的相关披露是相关的、可理解的

2. 主营业务收入的常规实质性程序

(1) 获取营业收入明细表,并执行以下工作:

①复核加计是否正确,并与总账数和明细账合计数核对是否相符;

②检查以非记账本位币结算的主营业务收入使用的折算汇率及折算是否正确。

(2) 实施实质性分析程序。

①针对已识别需要运用分析程序的有关项目,并基于对被审计单位及其环境等方面情况的了解,通过进行以下比较,同时考虑有关数据间关系的影响,以建立有关数据的期望值:

将账面销售收入、销售清单和销售增值税销项清单进行核对;

将本期销售收入金额与以前可比期间的对应数据或预算数进行比较;

分析月度或季度销售量、销售单价、销售收入金额、毛利率变动趋势;

将销售收入变动幅度与销售商品及提供劳务收到的现金、应收账款/合同资产、存货、税金等项目的变动幅度进行比较;

将销售毛利率、应收账款/合同资产周转率、存货周转率等关键财务指标与可比期间数据、预算数或同行业其他企业数据进行比较;

分析销售收入等财务信息与投入产出率、劳动生产率、产能、水电能耗、运输数量等非财务信息之间的关系;

分析销售收入与销售费用之间的关系,包括销售人员的人均业绩指标、销售人员薪酬、广告费、差旅费,以及销售机构的设置、规模、数量、分布等。

②确定可接受的差异额。

③将实际金额与期望值相比较,计算差异。

④如果差异额超过确定的可接受差异额,则需要调查并获取充分的解释和恰当的、佐证性质的审计证据(如通过检查相关的凭证等)。需要注意的是,如果差异超过可接受差异额,则注册会计师需要对差异额的全额进行调查证实,而非仅针对超出可接受差异额的部分。

⑤评价实质性分析程序的结果。

(3) 检查主营业务收入确认方法是否符合企业会计准则的规定。

根据《企业会计准则第14号——收入》的规定,企业应当在履行了合同中的履约义务,即在客户取得相关商品控制权时确认收入。取得相关商品控制权,是指能够主导该商品的使用并从中获得几乎全部的经济利益。当企业与客户之间的合同同时满足下列条件时,企业应当在客户取得商品控制权时确认收入:①合同各方已批准该合同并承诺将履行各自义务;②该合同明确了合同各方与所转让商品或提供劳务(以下简称转让商品)相关的权利和义务;③该合同有明确的与所转让商品相关的支付条款；④该合同具有商业实质，即履行该合同将改变企业未来现金流量的风险、时间分布或金额；⑤企业因向客户转让商品而有权取得的对价很可能收回。

（4）检查交易价格。

交易价格指企业因向客户转让商品而预期有权收取的对价金额。由于合同标价不一定代表交易价格，被审计单位需要根据合同条款，并结合以往的习惯做法等确定交易价格。注册会计师针对交易价格的实质性程序通常为：①询问管理层确定交易价格的方法，管理层在确定交易价格时如何考虑可变对价、合同中存在的重大融资成分、非现金对价以及应付客户对价等因素的影响；②选取和阅读部分合同，确定合同条款是否表明需要将交易价格分摊至各单项履约义务，以及合同中是否包含可变对价、非现金对价、应付客户对价及重大融资成分等；③检查管理层的处理是否恰当，例如测试管理层对非现金对价公允价值的估计。

（5）检查与收入交易相关的原始凭证与会计分录。

以主营业务收入明细账中的会计分录为起点，检查相关原始凭证，如订购单、销售单、出库单、发票等，评价已入账的营业收入是否真实发生（"发生"认定）。检查订购单和销售单，用以确认客户的购买要求真实存在，销售交易已经过适当的授权批准。销售发票存根上所列的单价，通常还要与经过批准的商品价目表进行比较核对，对其金额小计和合计数也要进行复算。发票中列出的商品的规格、数量和客户代码等，应与出库单进行比较核对，尤其是由客户签收商品的一联，应确定已按合同约定履行了履约义务，可以确认收入。同时，还要检查原始凭证中的交易日期（客户取得商品控制权的日期），以确认收入计入正确的会计期间。

（6）从出库单（客户签收联）中选取样本，追查至主营业务收入明细账，以确定是否存在遗漏事项（"完整性"认定）。也就是说，如果注册会计师测试收入的"完整性"这一目标，则起点需要是出库单。为使这一程序成为一项有意义的测试，注册会计师需要确认已获取全部出库单，通常可以通过检查出库单的顺序编号来确认。

（7）结合对应收账款实施的函证程序，选择客户函证本期销售额。

（8）实施销售截止测试。对销售实施截止测试，其目的主要在于确定被审计单位主营业务收入的会计记录归属期是否正确：应记入本期或下期的主营业务收入是否被推迟至下期或提前至本期。

注册会计师对销售交易实施的截止测试可能包括以下程序。

①选取资产负债表日前后若干天的出库单，与应收账款和收入明细账进行核对。同时，从应收账款和收入明细账中选取在资产负债表日前后若干天的凭证，并与出库单核对，以确定销售是否存在跨期现象。

②复核资产负债表日前后销售和发货水平，确定业务活动水平是否异常，并考虑是否有必要追加实施截止测试程序。

③取得资产负债表日后所有的销售退回记录，检查是否存在提前确认收入的情况。

④结合对资产负债表日应收账款/合同资产的函证程序，检查有无未取得客户认可的销售。

实施截止测试的前提是注册会计师充分了解被审计单位的收入确认会计实务，并识别能够证明某笔销售符合收入确认条件的关键单据。例如，货物出库时，与货物所有权相关的主要风险和报酬可能尚未转移，即客户尚未取得对商品的控制权，不符合收入确认的条件，因此，仓储部门留存的出库单可能不是实现收入的充分证据,注册会计师需要检查经客户签署的出库单联。销售发票与收入相关,但是发票开具日期不一定与收入实现的日期一致。实务中由于增值税发票涉及企业的纳税和抵扣问题,开票日期滞后于收入可确认日期的情况较为常见,因此,通常不能将开发票日期作为收入确认的日期。

假定某一般制造型企业在货物送达客户并由客户签收时确认收入,注册会计师可以考虑选择两条审计路径实施主营业务收入的截止测试。

一是以账簿记录为起点。从资产负债表日前后若干天的账簿记录追查至记账凭证和客户签收的出库单,目的是证实已入账收入是否在同一期间已发货并由客户签收,有无多记收入。这种方法的优点是比较直观,容易追查至相关凭证记录,以确定其是否应在本期确认收入,特别是在连续审计两个以上会计期间时,检查跨期收入十分便捷,可以提高审计效率。缺点是缺乏全面性和连贯性,只能检查多记,无法检查漏记,尤其是当本期漏记收入延至下期而审计时被审计单位尚未及时入账,不易发现应记入而未记入报告期收入的情况。因此,使用这种方法主要是为了防止多计收入。

二是以出库单为起点。从资产负债表日前后若干天的已经客户签收的出库单查至账簿记录,确定主营业务收入是否已记入恰当的会计期间。

上述两条审计路径在实务中均被广泛采用,它们并不是孤立的,注册会计师可以考虑在同一主营业务收入科目审计中并用这两条路径。实际上,由于被审计单位的具体情况各异,管理层意图各不相同,有的为了完成利润目标、承包指标,更多地享受税收等优惠政策,便于筹资等目的,可能会多计收入;有的则为了以丰补歉、留有余地、推迟缴税时间等目的而少计收入。因此,注册会计师需要凭借专业经验和所掌握的信息进行风险评估,作出正确判断,选择适当的审计路径实施有效的收入截止测试。

(9)对于销售退回,检查相关手续是否符合规定,结合原始销售凭证检查其会计处理是否正确,结合存货项目审计关注其真实性。

(10)检查可变对价的会计处理。

注册会计师针对可变对价的实质性程序可能包括:①获取可变对价明细表,选取项目与相关合同条款进行核对,检查合同中是否确定存在可变对价;②检查被审计单位对可变对价的估计是否恰当,例如,是否在整个合同期间内一致地采用同一种方法进行估计;③检查计入交易价格的可变对价金额是否满足限制条件;④检查资产负债表日被审计单位是否重新估计了应计入交易价格的可变对价金额。如果可变对价金额发生变动,是否按照《企业会计准则第14号——收入》的规定进行了恰当的会计处理。

(11)检查主营业务收入在财务报表中的列报和披露是否符合企业会计准则的规定。

(二) 应收账款的实质性程序

1. 应收账款的审计目标

应收账款是企业无条件收取合同对价的权利。合同资产是指企业已向客户转让商品而有权收取对价的权利,且该权利取决于时间流逝之外的因素。两者的主要区别在于相关的风险不同。应收款项仅承担信用风险,而合同资产除信用风险外,还可能承担其他风险。通常情况下,应收账款的审计目标如表11-8所示。

表 11-8 应收账款的审计目标

相关认定	审计目标
存在	确定资产负债表中记录的应收账款是否存在
完整性	确定所有应当记录的应收账款是否均已记录
权利和义务	确定记录的应收账款是否由被审计单位拥有或控制
准确性、计价和分摊	确定应收账款是否可收回，预期信用损失的计提方法和金额是否恰当，计提是否充分
分类	应收账款及其预期信用损失是否已记录于恰当的账户
列报	应收账款及其预期信用损失是否已被恰当地汇总或分解且表述清楚，按照企业会计准则的规定在财务报表中作出的相关披露是相关的、可理解的

2. 应收账款的常规实质性程序

（1）取得应收账款明细表。

①复核加计正确，并与总账数和明细账合计数核对是否相符；结合损失准备科目与报表数核对是否相符。②检查非记账本位币应收账款的折算汇率及折算是否正确。对于用非记账本位币（通常为外币）结算的应收账款，注册会计师检查被审计单位外币应收账款的增减变动是否采用交易发生日的即期汇率将外币金额折算为记账本位币金额，或者采用按照系统合理的方法确定的、与交易发生日即期汇率近似的汇率折算，选择采用汇率的方法前后各期是否一致；期末外币应收账款余额是否采用期末即期汇率折合为记账本位币金额；折算差额的会计处理是否正确。③分析有贷方余额的项目，查明原因，必要时，建议作重分类调整。④结合其他应收款、预收款项等往来项目的明细余额，调查有无同一客户多处挂账、异常余额或与销售无关的其他款项（如代销账户、关联方账户或员工账户）。

（2）分析与应收账款相关的财务指标。

①复核应收账款借方累计发生额与主营业务收入关系是否合理，并将当期应收账款借方发生额占销售收入净额的百分比与管理层考核指标和被审计单位相关赊销政策比较，如存在异常，查明原因。②计算应收账款周转率、应收账款周转天数等指标，并与被审计单位相关赊销政策、被审计单位以前年度指标、同行业同期相关指标对比，分析是否存在重大异常并查明原因。

（3）对应收账款实施函证程序。

函证应收账款的目的在于证实应收账款账户余额是否真实、准确。通过第三方提供的函证回复，可以比较有效地证明被询证者的存在和被审计单位记录的可靠性。注册会计师根据被审计单位的经营环境、内部控制的有效性、应收账款账户的性质、被询证者处理询证函的习惯做法及回函的可能性等，确定应收账款函证的范围、对象、方式和时间。

①函证决策。除非有充分证据表明应收账款对被审计单位财务报表而言是不重要的，或者函证很可能是无效的，否则，注册会计师应当对应收账款进行函证。如果注册会计师不对应收账款进行函证，则应当在审计工作底稿中说明理由。如果认为函证很可能是无效的，则注册会计师应当实施替代审计程序，获取相关、可靠的审计证据。

②函证的范围和对象。函证范围是由诸多因素决定的，主要有应收账款在全部资产中的重要程度、被审计单位内部控制的有效性、以前期间的函证结果。如果应收账款占资产总额的比重较大，则需要相应扩大函证的范围。如果相关内部控制有效，则可以相应减少函证范围；反之，则需要扩大函证范围。如果以前期间函证中发现过重大差异，或欠款纠纷较多，则需要扩大函证的范围。

注册会计师选择函证项目时，除考虑金额较大的项目，还需要考虑风险较高的项目。例如：账龄较长的项目；与债务人发生纠纷的项目；重大关联方项目；主要客户（包括关系密切的客户）项目；新增客户项目；交易频繁但期末余额较小甚至余额为零的项目；可能产生重大错报或舞弊的非正常的项目。这种基于一定的标准选取样本的方法具有针对性，比较适用于应收账款余额金额和性质差异较大的情况。如果应收账款余额由大量金额较小且性质类似的项目构成，则注册会计师通常采用抽样技术选取函证样本。

③函证的方式。注册会计师可采用积极的或消极的函证方式实施函证，也可将两种方式结合使用。由于应收账款通常存在高估风险，且与之相关的收入确认存在舞弊风险假定，因此，实务中通常对应收账款采用积极的函证方式。参考格式11-1、参考格式11-2列示了积极式询证函的格式；参考格式11-3列示了消极式询证函的格式。

参考格式11-1：积极式询证函（格式一）

企业询证函

编号：

××（公司）：

本公司聘请的××会计师事务所正在对本公司××年度财务报表进行审计，按照中国注册会计师审计准则的要求，应当询证本公司与贵公司的往来账项等事项。下列数据出自本公司账簿记录，如与贵公司记录相符，请在本函下端"信息证明无误"处签章证明；如有不符，请在"信息不符"处列明不符金额。回函请直接寄至××会计师事务所。

回函地址：
邮编：　　　　　电话：　　　　　传真：　　　　　联系人：

1. 本公司与贵公司的往来账项列示如下：

单位：元

截止日期	贵公司欠	欠贵公司	备注

2. 其他事项。

本函仅为复核账目之用，并非催款结算。若款项在上述日期之后已经付清，仍请及时函复为盼。

（公司盖章）
年　　月　　日

结论：1. 信息证明无误。

（公司盖章）
年　月　日
经办人：

2. 信息不符，请列明不符的详细情况：

（公司盖章）
年　月　日
经办人：

参考格式 11-2：积极式询证函（格式二）

企业询证函

编号：

××（公司）：

　　本公司聘请的××会计师事务所正在对本公司××年度财务报表进行审计，按照中国注册会计师审计准则的要求，应当询证本公司与贵公司的往来账项等事项。请列示截至××年×月×日贵公司与本公司往来款项余额。回函请直接寄至××会计师事务所。

回函地址：

邮编：　　　　电话：　　　　传真：　　　　联系人：

　　本函仅为复核账目之用，并非催款结算。若款项在上述日期之后已经付清，仍请及时函复为盼。

（公司盖章）
年　月　日

1. 本公司与贵公司的往来账项列示如下：

单位：元

截止日期	贵公司欠	欠贵公司	备注

2. 其他事项。

（公司盖章）
年　月　日

参考格式 11-3：消极式询证函格式

企业询证函

编号：

××（公司）：

　　本公司聘请的××会计师事务所正在对本公司××年度财务报表进行审计，按照中国注册会计师审计准则的要求,应当询证本公司与贵公司的往来账项等事项。下列数据出自本公司账簿记录,如与贵公司记录相符,则无须回复;如有不符,请直接通知会计师事务所,并请在空白处列明贵公司认为是正确的信息。回函请直接寄至××会计师事务所。

回函地址:

邮编:　　　　　电话:　　　　　传真:　　　　　联系人:

1. 本公司与贵公司的往来账项列示如下:

单位:元

截止日期	贵公司欠	欠贵公司	备注

2. 其他事项。

本函仅为复核账目之用,并非催款结算。若款项在上述日期之后已经付清,仍请及时核对为盼。

(公司盖章)

年　月　日

××会计师事务所:

上面的信息不正确,差异如下:

(公司盖章)

年　月　日

经办人:

④函证时间的选择。注册会计师通常以资产负债表日为截止日,在资产负债表日后适当时间内实施函证。如果重大错报风险评估为低水平,注册会计师可选择资产负债表日前适当日期为截止日实施函证,并对所函证项目自该截止日起至资产负债表日止发生的变动实施其他实质性程序。

⑤函证的控制。注册会计师通常利用被审计单位提供的应收账款明细账户名称及客户地址等资料据以编制询证函,但注册会计师应当对函证全过程保持控制。并对确定需要确认或填列的信息、选择适当的被询证者、设计询证函以及发出和跟进(包括收回)询证函保持控制。

注册会计师可通过函证结果汇总表的方式对询证函的收回情况加以汇总。函证结果汇总表如表11-9所示。

表11-9　应收账款函证结果汇总表

询证函编号	客户名称	地址及联系方式	账面金额	函证方式	函证日期		回函日期	替代程序	确认金额	差异金额及说明	备注
					第一次	第二次					
合计											

⑥对不符事项的处理。对回函中出现的不符事项，注册会计师需要调查核实原因，确定其是否构成错报。注册会计师不能仅通过询问被审计单位相关人员对不符事项的性质和原因得出结论，而是要在询问原因的基础上，检查相关的原始凭证和文件资料予以证实。必要时与被询证方联系，获取相关信息和解释。对应收账款而言，登记入账的时间不同而产生的不符事项主要表现为：客户已经付款，被审计单位尚未收到货款；被审计单位的货物已经发出并已做销售记录，但货物仍在途中，客户尚未收到货物；客户由于某种原因将货物退回，而被审计单位尚未收到；客户对收到的货物的数量、质量及价格等方面有异议而全部或部分拒付货款等。

⑦对未回函项目实施替代程序。如果未收到被询证方的回函，注册会计师应当实施替代审计程序，例如，在考虑实施收入截止测试等审计程序所获取审计证据的基础上。一是要检查资产负债表日后收回的货款。注册会计师不能仅查看应收账款的贷方发生额，而是要查看相关的收款单据，以证实付款方确为该客户且确与资产负债表日的应收账款相关。二是检查相关的销售合同、销售单、出库单等文件。注册会计师需要根据被审计单位的收入确认条件和时点，确定能够证明收入发生的凭证。三是检查被审计单位与客户之间的往来邮件，如有关发货、对账、催款等事宜邮件。

在某些情况下，注册会计师可能认为取得积极式函证回函是获取充分、适当的审计证据的必要程序，尤其是识别出有关收入确认的舞弊风险，导致注册会计师不能信赖从被审计单位取得的审计证据，则替代程序不能提供注册会计师需要的审计证据。在这种情况下，如果未获取回函，注册会计师应当确定其对审计工作和审计意见的影响。

需要指出的是，注册会计师应当将询证函回函作为审计证据，纳入审计工作底稿管理，询证函回函的所有权归属所在会计师事务所。

（4）检查坏账的冲销和转回。

一方面，注册会计师检查有无债务人破产或者死亡的，以及破产或以遗产清偿后仍无法收回的，或者债务人长期未履行清偿义务的应收账款；另一方面，应检查被审计单位坏账的处理是否经授权批准，有关会计处理是否正确。

（5）确定应收账款的列报是否恰当。

除了企业会计准则要求的披露之外，如果被审计单位为上市公司，注册会计师还要评价其披露是否符合证券监管部门的特别规定。

（三）坏账准备的常规实质性程序

（1）取得坏账准备明细表，复核加计是否正确，与坏账准备总账数、明细账合计数核对是否相符。

（2）将应收账款坏账准备本期计提数与信用减值损失相应明细项目的发生额核对是否相符。

（3）检查应收账款坏账准备计提和核销的批准程序，取得书面报告等证明文件，结合应收账款函证回函结果，评价计提坏账准备所依据的资料、假设及方法。

企业应合理预计信用损失并计提坏账准备，不得多提或少提，否则应视为滥用会计估计，按照前期差错更正的方法进行会计处理。在实务中，有些企业通常会编制应收账款账龄分析报告，以监控货款回收情况、及时识别可能无法收回的应收账款，并以账龄组合为基础预计信用损失。在这种情况下，注册会计师可以通过测试应收账款账龄分析表来评估坏账准备的计提是否恰当。应收账款账龄分析表参考格式如表 11-10 所示。

表 11-10 应收账款账龄分析表

年 月 日　　　　　　　　货币单位：

客户名称	期末余额	账龄			
		1年以内	1~2 年	2~3 年	3 年以上
合计					

在测试时，除将应收账款账龄分析表中的合计数与应收账款总分类账余额相比较，调查重大调节项目，以确定应收账款账龄分析表计算的准确性外，注册会计师还需要从账龄分析表中抽取一定数量的项目，追查至相关销售原始凭证，测试账龄划分的准确性。

（4）实际发生坏账损失的，检查转销依据是否符合有关规定，会计处理是否正确。对于被审计单位在被审计期间内发生的坏账损失，注册会计师应检查其原因是否清楚，是否符合有关规定，有无授权批准，有无已做坏账处理后又重新收回的应收账款，相应的会计处理是否正确。对有确凿证据表明确实无法收回的应收账款，如债务单位已撤销、破产、资不抵债、现金流量严重不足等，企业应根据管理权限，经股东（大）会或董事会，或经理（厂长）办公会或类似机构批准作为坏账损失，冲销提取的坏账准备。

（5）已经确认并转销的坏账重新收回的，检查其会计处理是否正确。

（6）确定应收账款坏账准备的披露是否恰当，如企业是否在财务报表附注中清晰地说明坏账的确认标准、坏账准备的计提方法等内容。

第五节　货币资金审计

一、货币资金的主要业务活动及相关凭证与记录

货币资金是企业资金运动的起点和终点，是流动性最强、周转速度最快、最易被侵吞挪用的资产。2022 年 4 月 19 日，习近平总书记在中央全面深化改革委员会第二十五次会议上再次强调，要严肃财经纪律，维护财经秩序，健全财会监督机制[①]。由中共中央办公厅、国务院办公厅 2023 年印发的《关于进一步加强财会监督工作的意见》，要求加大对财务舞弊等重点领域财会监督力度，从严从重查处影响恶劣的财务舞弊、会计造假案件，强化对相关责任人的追责问责[②]。

企业的运营过程中，从资金的流入到流出，不断循环，构成企业的资金周转。企业货币资金与各业务循环均有直接关系，如图 11-4 所示。

---

① 习近平主持召开中央全面深化改革委员会第二十五次会议，https://www.gov.cn/xinwen/2022-04/19/content_5686128.htm,2022-04-19.

② 中共中央办公厅 国务院办公厅印发《关于进一步加强财会监督工作的意见》，https://www.gov.cn/zhengce/2023-02/15/content_5741628.htm?eqid=a94ab7ee00072f1700000006647070eb,2023-02-15.

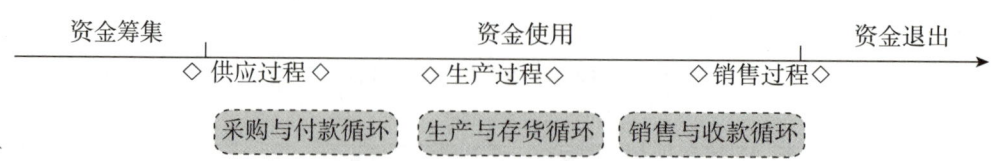

图 11-4　货币资金与业务循环的关系

本节仅介绍在本章其他业务循环中没有说明的货币资金相关业务，主要的业务活动如表 11-11 所示。

表 11-11　货币资金主要业务活动

主要业务活动	内容	主要单据和会计记录
现金管理	（1）出纳人员负责办理现金的收支或结存，登记现金日记账，对库存现金妥善保管。 （2）出纳人员每日对库存现金进行盘点，编制现金日报表，并将报表与实际库存额进行核对，如有差异及时查明原因。会计主管不定期检查现金日报表。会计主管不定期检查现金日报表。 （3）每月末，会计主管指定出纳人员以外的人员对现金进行盘点，编制库存现金盘点表，与库存现金日记账进行核对，并注明存在的差异。会计主管复核库存现金盘点表，如有差异及时查明原因，经批准后进行财务处理	库存现金的收款与付款凭证； 库存现金总分类账； 库存现金日记账； 现金日报表； 库存现金盘点表
银行存款管理	（1）企业银行账户的开立、变更或注销须经财务经理审核。出纳人员办理银行结算业务，登记银行日记账。 （2）每月末，会计主管指定出纳人员以外的人员根据银行日记账和银行对账单编制银行余额调节表，并进行调节，如调解不符，及时查明原因。 （3）财务部门设置银行票据登记簿，防止票据遗失或盗用。出纳人员登记银行票据相关事项。空白票据存放在保险柜中。每月末，会计主管指定出纳人员以外的人员盘点，编制银行票据盘点表，与银行票据登记簿核对。会计主管复核，如存在差异及时查明原因。 （4）企业的财务专用章由财务经理保管，办理相关业务中使用的个人名章由出纳人员保管	银行存款的收款与付款凭证； 银行存款总分类账； 银行存款日记账； 银行对账单； 银行余额调节表； 银行票据登记簿； 银行票据盘点表

二、货币资金的内部控制

货币资金是企业流动性最强的资产，风险等级高。在实务中，货币资金分为库存现金、银行存款和其他货币资金，三者的内部控制目标、内部控制制度的制定与实施大致相似。由于每个企业的性质、所处行业、规模及内部控制健全程度等不同，使得其与货币资金相关的内部控制内容有所不同。一般来说，企业内部控制应遵守以下的基本要求。

1. 岗位分工及授权批准

（1）职责分离。企业应当建立货币资金业务的岗位责任制，明确相关部门和岗位的职责权限，确保办理货币资金业务的不相容岗位相互分离、制约和监督。企业不得由一人办理货币资金业务的全过程。出纳人员不得兼任稽核、会计档案保管和收入、支出、费用、债权债务账目的登记工作。

(2) 授权审批。企业应当对货币资金业务建立严格的授权审批制度。明确对货币资金业务的授权批准方式、权限、程序、责任和相关控制措施，规定经办人办理货币资金业务的职责范围和工作要求。审批人应当根据货币资金授权批准制度的规定，在授权范围内进行审批，不得超越审批权限，经办人员有权拒绝办理超越授权范围审批的货币资金业务。

(3) 流程办理。企业应当按照规定的程序（如支付申请、支付审批、支付复核、办理支付）办理货币资金支付业务。出纳人员根据经批准的付款申请编制付款凭证，办理货币资金支付手续，及时登记库存现金和银行存款日记账。严禁未经授权的机构或人员办理货币资金业务或直接接触货币资金。

2. 现金和银行存款的管理

(1) 入账出账管理。企业应当加强现金库存限额的管理，超过库存限额的现金应及时存入银行。企业必须根据《现金管理暂行条例》的规定，结合本企业的实际情况，确定本企业现金的开支范围。不属于现金开支范围的业务应当通过银行办理转账结算。企业现金收入应当及时存入银行，不得从企业的现金收入中直接支付（即坐支）。企业借出款项必须执行严格的授权批准程序，严禁擅自挪用、借出货币资金。企业取得的货币资金收入必须及时入账，不得私设"小金库"，不得账外设账，严禁收款不入账。

(2) 账户管理。企业应当加强银行账户的管理，严格按照规定开立账户，办理存款、取款和结算。禁止企业内设管理部门自行开立银行账户。定期检查、清理银行账户的开立及使用情况，发现问题，及时处理。

(3) 对账管理。企业应当指定专人定期核对银行账户，每月至少核对一次，编制银行存款余额调节表。企业应当定期和不定期地进行现金盘点，确保现金账面余额与实际库存相符。如发现不符，及时查明原因，做出调整。

(4) 网上业务。实行网上交易、电子支付等方式办理资金支付业务的企业，应当与承办银行签订网上银行操作协议，明确双方在资金安全方面的责任与义务、交易范围等。操作人员应当根据操作授权和密码进行规范操作。企业在严格实行网上交易、电子支付操作人员不相容岗位相互分离控制的同时，应当配备专人加强对交易和支付行为的审核。

3. 票据及有关印章的管理

(1) 企业应当加强与货币资金相关的票据的管理，明确各种票据的购买、保管、领用、背书转让、注销等环节的职责权限和程序，并专设登记簿进行记录，防止空白票据的遗失和被盗用。

(2) 财务专用章应由专人保管，个人名章必须由本人或其授权人员保管。严禁一人保管支付款项所需的全部印章。

4. 监督检查

(1) 设计。企业应当建立对货币资金业务的监督检查制度，明确监督检查机构或人员的职责权限，定期和不定期地进行检查。

(2) 主要内容。是否存在货币资金业务不相容岗位职责未分离的现象；货币资金支出的授权批准手续是否健全，是否存在越权审批行为；是否存在办理付款业务所需的全部印章交由一人保管的现象；票据的购买、领用、保管手续是否健全，票据保管是否存在漏洞。

(3) 问题。对监督检查过程中发现的问题，应当及时采取措施，完善内部控制。

三、货币资金的控制测试

以一般制造业为例,库存现金、银行存款相关的交易和余额的可能发生错报环节通常包括内容见表 11-12,同时表 11-12 举例说明了几种常见的货币资金的内部控制,以及审计师可能实施的内部控制测试。

表 11-12 货币资金的控制测试

货币资金	可能发生错报环节	控制测试
库存现金的控制测试	库存现金的收支是否按规定的程序和权限办理	询问相关业务部门的部门经理和财务经理其在日常现金付款业务中执行的内部控制,以确定其是否与被审计单位内部控制政策要求保持一致
	是否存在与被审计单位无关的款项收支情况	观察财务经理复核付款申请的过程,是否核对了付款申请的用途、金额及后附相关凭据,以及在核对无误后是否进行了签字确认
	出纳与会计的职责是否严格分离	①检查经审批及复核的付款申请及其相关凭据的签字,以确定出纳与会计职责是否分离; ②实施穿行测试,追踪库存现金业务在财务报表编制相关信息系统中的处理过程
	库存现金是否定期盘点、核对	①在月末最后一天参与被审计单位的现金盘点,检查是否由应付账款会计进行现金盘点; ②观察现金盘点程序是否按照盘点计划的指令和程序运行,是否编制了现金盘点表并根据内控要求经财务部相关人员签字复核; ③检查现金盘点表中记录的现金盘点余额是否与实际盘点金额保持一致,现金盘点表中记录的现金日记账余额是否与被审计单位现金日记账中余额保持一致
银行存款的控制测试	银行存款的收支是否按规定的程序和权限办理	询问参与银行存款业务活动的部门经理在日常银行付款业务中执行的内部控制情况,确定是否与被审计单位内部控制政策要求保持一致
	银行账户的开立、变更、撤销是否符合相关法律法规的要求	①询问会计主管被审计单位本年开户、变更、撤销的整体情况; ②取得本年度账户开立、变更、撤销申请项目清单,检查清单的完整性; ③选取适当样本检查账户的开立、变更、撤销项目是否已经财务经理和总经理审批
	是否存在与被审计单位经营无关的款项收支情况	①观察财务经理复核付款申请的过程,是否核对了付款申请的用途、金额及后附相关凭据,以及核对无误后是否签字确认; ②重新核对经审批及复核的付款申请及其相关凭据,并检查是否经签字确认
	是否定期取得银行对账单并编制银行存款余额调节表	针对选取的样本,检查银行存款余额调节表是否恰当编制,查看调节表中记录的企业银行存款日记账余额是否与银行存款日记账余额保持一致,调节表中记录的银行对账单余额是否与被审计单位提供的银行对账单中的余额保持一致

四、货币资金的实质性程序

(一) 货币资金的审计目标

与库存现金、银行存款相关的交易和余额的可能发生错报环节通常包括的内容涵盖了所有认定,通常包括如表 11-13 所示的几方面。

表 11-13 库存现金的审计目标

相关认定	审计目标
存在	被审计单位资产负债表的货币资金项目中的库存现金和银行存款在资产负债表日不存在
权利和义务	记录的库存现金和银行存款不是为被审计单位所拥有或控制
完整性	被审计单位所有应当记录的现金收支业务和银行存款收支业务未得到完整记录,存在遗漏;被审计单位的现金收款通过舞弊手段被侵占
准确性、计价和分摊	库存现金和银行存款的金额未被恰当地包括在财务报表的货币资金项目中,与之相关的计价调整未得到恰当记录
列报	库存现金和银行存款未按照企业会计准则的规定在财务报表中作出恰当列报

(二) 库存现金的实质性程序

1. 核对账簿记录

核对库存现金日记账与总分类账的金额是否相符,检查非记账本位币库存现金的折算汇率及折算金额是否正确。

2. 监盘库存现金

现金出纳员和被审计单位会计主管人员必须参加库存现金盘点,由注册会计师进行监盘。监盘库存现金的主要步骤与方法如图 11-5 所示。

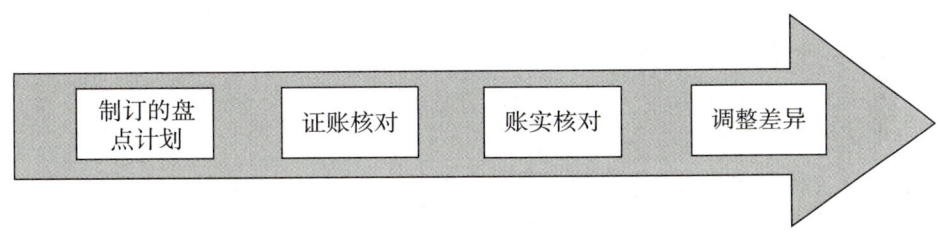

图 11-5 监盘库存现金的主要步骤与方法

(1) 查看被审计单位制订的盘点计划,以确定监盘时间。对库存现金的监盘最好实施突击性的检查,时间最好选择在上午上班前或下午下班时,监盘范围一般包括被审计单位各部门经管的所有现金。

(2) 查阅库存现金日记账并同时与现金收付凭证相核对。检查库存现金日记账的记录与凭证的内容和金额是否相符,了解凭证日期与库存现金日记账日期是否相符或接近。

(3) 检查被审计单位现金实存数,并将该监盘金额与库存现金日记账余额进行核对,如有差异,应要求被审计单位查明原因,必要时应提请被审计单位作出调整。

（4）在非资产负债表日进行监盘时，应将监盘金额调整至资产负债表日的金额，并对变动情况实施程序。调整公式如下：

结账日应存数＝审计盘点数＋本期减少数－本期增加数

3. 抽查大额库存现金收支

查看大额现金收支，并检查原始凭证是否齐全、原始凭证内容是否完整、有无授权批准、记账凭证与原始凭证是否相符、账务处理是否正确是否记录于恰当的会计期间等项内容。

4. 检查库存现金是否在财务报表中作出恰当列报

案例 11-1

2019年4月27日，宜华生活发布了2018年年度报告。在报告期末，宜华生活货币资金余额为33.89亿元，长期借款、短期借款、应付债券余额合计为52.56亿元，报告期内财务费用4.47亿元，占归母净利润的115.50%。一边账面上躺着数十亿元货币资金，一边为融资支付高额利息，宜华生活异常的财务数据，引起了监管部门的注意。2020年4月，证监会依法对宜华生活涉嫌信息披露违法违规立案调查。调查过程中发现，宜华生活通过财务不记账、虚假记账、伪造银行单据等方式虚增货币资金。在剔除未达账项因素后，公司2016年、2017年、2018年和2019年上半年年度报告分别虚增银行账户资金24.39亿元、15.98亿元、26.06亿元、20.14亿元，虚增的金额分别占公司总资产的15.27%、9.57%、14.60%和11.68%。

此外，在2016年至2019年期间，宜华集团总裁刘绍香直接指挥相关人员，通过宜华生活名下共6家银行的10个账户向汕头宏辉和汕头亮光名下共2家银行的3个账户进行资金划转，总共划转资金157.11亿元，回流资金164.21亿元。宜华生活对上述与汕头宏辉、汕头亮光的巨额资金往来均未记账，也未披露上述关联关系及关联交易。

（资料来源：http://www.csrc.gov.cn/csrc/c101928/c1560144/content.shtml, 2021-10-18.）

针对以上与货币资金相关的舞弊风险，注册会计师可以采取哪些审计程序？

【解析思路】 针对宜华生活虚构货币资金相关舞弊风险可以采取的应对措施包括：

（1）严格实施银行函证程序，保持对函证全过程的控制，恰当评价回函可靠性，深入调查不符事项或函证程序中发现的异常情况；

（2）关注货币资金的真实性和巨额货币资金余额及大额定期存单的合理性；

（3）了解企业开立银行账户的数量及分布，是否与企业实际经营需要相匹配且具有合理性，检查银行账户的完整性和银行对账单的真实性；

（4）分析利息收入和财务费用的合理性，关注存款规模与利息收入是否匹配，是否存在"存贷双高"现象；

（5）关注是否存在大额境外资金，是否存在缺少具体业务支持或与交易金额不相匹配的大额资金或汇票往来等异常情况。

（三）银行存款的实质性程序

（1）获取银行存款余额明细表，复核加计是否正确，并与总账数和日记账合计数核对是否相符；检查非记账本位币银行存款的折算汇率及折算金额是否正确。核对银行存款日记账与总账的余额是否相符。如果不相符，应查明原因，必要时应建议作出适当调整。

（2）实施实质性分析程序。计算银行存款累计余额应收利息收入，比较应收利息与实际利息的差异，评估利息收入的合理性，检查是否存在高息资金拆借，确认银行存款余额是否存在，利息收入是否已经完整记录。

（3）检查银行存款账户发生额。利用数据分析等技术，对比银行对账单上的收付款流水与被审计单位银行存款日记账的收付款信息是否一致，对银行对账单及被审计单位银行存款日记账记录进行双向核对。浏览资产负债表日前后的银行对账单和被审计单位银行存款账簿记录，关注是否存在大额、异常资金变动以及大量大额红字冲销或调整记录，如存在，需要实施进一步的审计程序。

（4）取得并检查银行对账单和银行存款余额调节表。取得银行对账单，与银行日记账和银行询证函回函核对，确认是否一致。取得银行存款余额调节表，检查调节表中加计数是否正确，调节后银行存款日记账余额与银行对账单余额是否一致。关注长期未达账项，查看是否存在挪用资金等事项。关注银付企未付、企付银未付中支付异常的领款事项，包括没有载明收款人、签字不全等支付事项确认是否存在舞弊。

取得并检查银行对账单和银行存款余额调节表是证实资产负债表中所列银行存款是否存在的重要程序。银行存款余额调节表通常应由被审计单位根据不同的银账户及货币种类分别编制，其格式如参考格式11-4所示。

参考格式11-4：银行存款余额调节表

银行存款余额调节表
年　月　日

索引号：
页次：

项目（摘要）	金额（元）	项目（摘要）	金额（元）
企业银行存款日记账余额：		银行对账单余额：	
加：银行已收、企业未收款项		加：企业已收、银行未收款项	
其中：1.		其中：1.	
2.		2.	
3.		3.	
减：银行已付、企业未付款项		减：企业已付、银行未付款项	
其中：1.		其中：1.	
2.		2.	
3.		3.	
调节后的存款余额：		调节后的存款余额：	

户别：　　　　　　　　　　　　　　　　　　　　　　　　　　　币别：
编制人：（签字）　　　　　　　　　　　　　　　　　　　　　复核人：（签字）
日期：　　　　　　　　　　　　　　　　　　　　　　　　　　　日期：

（5）函证银行存款余额，编制银行函证结果汇总表，检查银行回函。函证银行存款余额是证明"存在"的重要程序。审计师应当对银行存款、借款及与金融机构往来的其他重要信息实施函证程序。在实施银行函证时，审计师需要以被审计单位名义向银行发函询证，对询证函保持控制，以验证被审计单位的银行存款是否真实、合法、完整。参考格式11-5列示了银行询证函的格式。

参考格式11-5：银行询证函

银行询证函

编号：

××（银行）××（分支机构，如适用）（以下简称"贵行"，即"函证收件人"）：

本公司聘请的［××会计师事务所］正在对本公司［_____年度（或期间）］的财务报表进行审计，按照［中国注册会计师审计准则］［列明其他相关审计准则名称］的要求，应当询证本公司与贵行相关的信息。下列第1~14项及附表（如适用）信息出自本公司的记录：

（1）如与贵行记录相符，请在本函"结论"部分［签字和签章］或［签发电子签名］；

（2）如有不符，请在本函"结论"部分列明不符项目及具体内容，并［签字和签章］或［签发电子签名］。

本公司谨授权贵行将回函直接寄至××会计师事务所［或直接转交××会计师事务所函证经办人］，地址及联系方式如下：

回函地址： 联系人： 电话： 传真： 邮编：

电子邮箱：

本公司谨授权贵行可从本公司××账户支取办理本询证函回函服务的费用（如适用）。

截至［_____年____月____日］（即"函证基准日"），本公司与贵行相关的信息列示如下：

1. 银行存款

账户名称	银行账号	币种	利率	账户类型	账户余额	是否属于资金归集（资金池或其他资金管理）账户	起始日期	终止日期	是否存在冻结、担保或其他使用限制（如是，请注明）	备注

除上述列示的银行存款（包括余额为零的存款账户）外，本公司并无在贵行的其他存款。

2. 银行借款

借款人名称	借款账号	币种	余额	借款日期	到期日期	利率	抵（质）押品/担保人	备注

除上述列示的银行借款外，本公司并无在贵行的其他借款。

3. 自_____年____月____日起至_____年____月____日期间内注销的银行存款账户

账户名称	银行账号	币种	注销账户日

除上述列示的注销账户外,本公司在此期间并未在贵行注销其他账户。

4. 本公司作为委托人的委托贷款

账户名称	银行结算账号	资金借入方	币种	利率	余额	贷款起止日期	备注

除上述列示的委托贷款外,本公司并无通过贵行办理的其他以本公司作为委托人的委托贷款。

5. 本公司作为借款人的委托贷款

账户名称	银行结算账号	资金借出方	币种	利率	余额	贷款起止日期	备注

除上述列示的委托贷款外,本公司并无通过贵行办理的其他以本公司作为借款人的委托贷款。

6. 担保

(1) 本公司为其他单位提供的、以贵行为担保受益人的担保。

被担保人	担保方式	币种	担保余额	担保到期日	担保合同编号	备注

除上述列示的担保外,本公司并无其他以贵行为担保受益人的担保。

(2) 贵行向本公司提供的担保(如保函业务、备用信用证业务等)。

被担保人	担保方式	币种	担保余额	担保到期日	担保合同编号	备注

除上述列示的担保外,本公司并无贵行提供的其他担保。

7. 本公司为出票人且由贵行承兑而尚未支付的银行承兑汇票

银行承兑汇票号码	结算账户账号	币种	票面金额	出票日	到期日	抵(质)押品

除上述列示的银行承兑汇票外,本公司并无由贵行承兑而尚未支付的其他银行承兑汇票。

8. 本公司向贵行已贴现而尚未到期的商业汇票

商业承兑汇票号码	承兑人名称	币种	票面金额	出票日	到期日	贴现日	贴现率	贴现净额

除上述列示的商业汇票外，本公司并无向贵行已贴现而尚未到期的其他商业汇票。

9. 本公司为持票人且由贵行托收的商业汇票

商业汇票号码	承兑人名称	币种	票面金额	出票日	到期日

除上述列示的商业汇票外，本公司并无由贵行托收的其他商业汇票。

10. 本公司为申请人，由贵行开具的、未履行完毕的不可撤销信用证

信用证号码	受益人	币种	信用证金额	到期日	未使用金额

除上述列示的不可撤销信用证外，本公司并无由贵行开具的、未履行完毕的其他不可撤销信用证。

11. 本公司与贵行之间未履行完毕的外汇买卖合约

类别	合约号码	贵行卖出币种	贵行买入币种	未履行的合约买卖金额	汇率	交收日期

除上述列示的外汇买卖合约外，本公司并无与贵行之间未履行完毕的其他外汇买卖合约。

12. 本公司存放于贵行托管的证券或其他产权文件

证券或其他产权文件名称	证券代码或产权文件编号	数量	币种	金额

除上述列示的证券或其他产权文件外，本公司并无存放于贵行托管的其他证券或其他产权文件。

13. 本公司购买的由贵行发行的未到期银行理财产品

产品名称	产品类型 (封闭式/开放式)	币种	持有份额	产品净值	购买日	到期日	是否被用于担保或其他使用限制

除上述列示的银行理财产品外，本公司并未购买其他由贵行发行的理财产品。

14. 其他

以下由被询证银行填列

结论：

经本行核对，所函证项目与本行记载信息相符。特此函复。

年 月 日	经办人：	职务：	电话：
	复核人：	职务：	电话：
			（银行盖章）

经本行核对，存在以下不符之处。

年 月 日	经办人：	职务：	电话：
	复核人：	职务：	电话：
			（银行盖章）

（6）检查银行存款账户存款人是否为被审计单位，若存款人非被审计单位，应获取该账户户主和被审计单位的书面声明，确认资产负债表日是否需要提请被审计单位进行调整。

（7）关注是否存在质押、冻结等对变现有限制或存在境外的款项。

（8）对不符合现金及现金等价物条件的银行存款在审计工作底稿中予以列明，以考虑对现金流量表的影响。

（9）抽查大额银行存款收支的原始凭证，检查原始凭证是否齐全、记账凭证与原始凭证是否相符、账务处理是否正确、是否记录于恰当的会计期间等项内容。检查是否存在非营业目的的大额货币资金转移，并核对相关账户的进账情况。

（10）检查银行存款收支的截止日期是否正确。选取资产负债表日前后若干张、一定金额以上的凭证实施截止测试，关注业务内容及对应项目。

（11）检查银行存款是否在财务报表中作出恰当列报。检查银行存款账户的期末余额是否恰当，确定银行存款是否在资产负债表中恰当披露。如果企业的银行存款存在抵押、冻结等使用限制情况或者潜在回收风险，审计师应关注企业是否已经恰当披露有关情况。

（四）其他货币资金的实质性程序

审计师在对其他货币资金实施审计程序时，通常需要特别关注以下事项。

1. 保证金存款

检查开立银行承兑汇票的协议或银行授信审批文件。将保证金账户对账单与相应的交易进行核对，根据被审计单位应付票据的规模合理推断保证金数额。检查信用证的开立协议与保证金是否相符，检查保证金与相关债务的比例是否与合同约定一致，特别关注是否存在有保证金发生而被审计单位无对应保证事项的情形。

2. 存出投资款

跟踪资金流向，获取董事会决议等批准文件、开户资料、授权操作资料等。

3. 因互联网支付留存于第三方支付平台的资金

了解是否开立支付宝、微信等第三方支付账户。获取相关开户信息资料，了解其用途和使用情况。获取与第三方支付平台签订的协议，了解第三方平台使用流程等内部控制。比照验证银行存款或银行交易的方式对第三方平台支付账户函证交易发生额和余额。获取第三方支付平台发生额及余额明细，将其与账面记录进行核对，对大额交易考虑实施进一步的检查程序。

本章小结

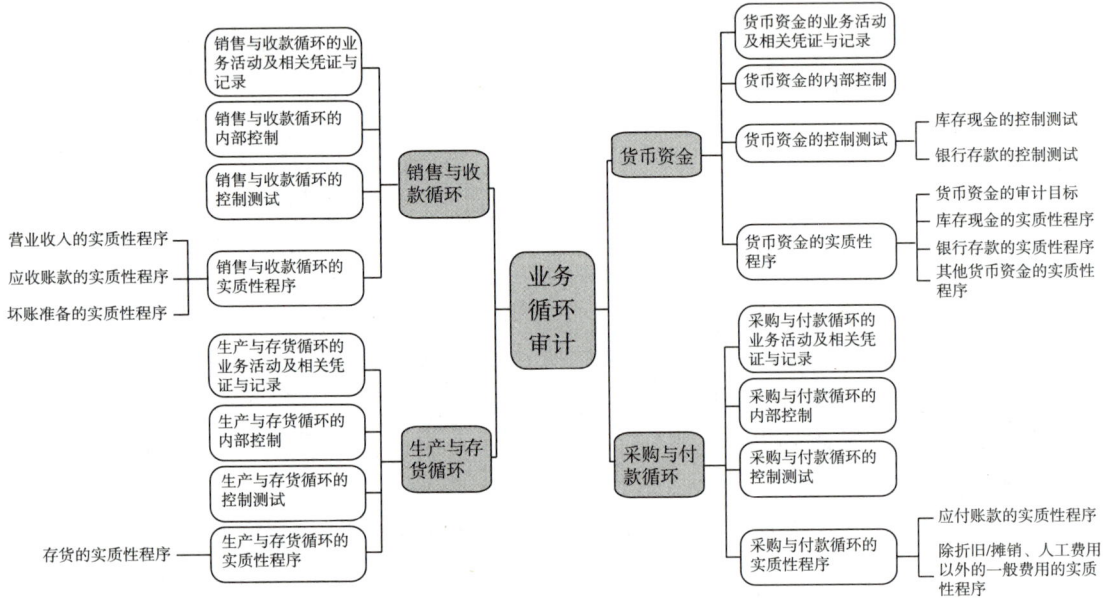

本章练习题

一、单项选择题

1. 下列不属于销售与收款循环的主要业务的是（　　）。
   A. 接受订单　　　B. 批准赊销　　　C. 计提坏账准备　　　D. 编制订购单

2. 注册会计师可以考虑选择（　　）审计路径实施主营业务收入的截止测试。
   A. 以出库单为起点　　　　　　　　B. 以报表为起点
   C. 以销售发票为起点　　　　　　　D. 以货运凭证为起点

3. 下列单据，不需要连续编号的是（　　）。
   A. 订购单　　　B. 供应商发票　　　C. 转账凭证　　　D. 入库单

4. 下列各个环节中，不需要进行适当的职责分离的是（　　）。
   A. 采购与审批　　B. 采购与询价　　C. 采购与会计记录　　D. 验收与会计记录

5. 生产与存货循环审计中，检查文件资料一般包括（　　）。
   A. 成本计算表　　　B. 供应商发票　　　C. 采购计划　　　D. 销售发票
6. 注册会计师实施监盘审计程序主要针对（　　）认定。
   A. 权利与义务　　　B. 发生　　　C. 截止　　　D. 存在
7. 针对被审计单位的产成品和半成品的单位成本核算测试过程中，不包括（　　）内容。
   A. 直接材料　　　B. 制造费用　　　C. 生产成本　　　D. 管理费用
8. 在对 A 公司 202×年度财务报表审计时，甲注册会计师在 202×年 12 月 28 日对所有现金进行监盘后，确认实有现金数额为 5000 元。该公司 202×年 12 月 29 日至 12 月 31 日现金收入总额为 9900 元、现金支出总额为 9000 元，则推断出 202×年 12 月 31 日库存现金余额为（　　）元。
   A. 4900　　　B. 5900　　　C. 4100　　　D. 5100
9. 下列程序中，与营业收入发生认定最相关的是（　　）。
   A. 检查相关原始凭证，如订购单、销售单、出库单、发票等
   B. 从出库单中选取样本，追查至主营业务收入明细账
   C. 抽查出库单是否连续编号
   D. 检查顾客的赊购是否经授权批准
10. 定期独立检查验收单的顺序以确定每笔采购交易都已编制凭单，以测试（　　）。
    A. 发生　　　B. 权利和义务　　　C. 完整性　　　D. 准确性

二、多项选择题

1. 在选择函证项目是，应考虑的项目包括（　　）。
   A. 金额较大的应收账款　　　B. 账龄较长的应收账款
   C. 新增客户的应收账款　　　D. 函证很可能无效的应收账款
2. 除折旧/摊销、人工费用以外的一般费用的审计目标包括（　　）。
   A. 发生　　　B. 完整性　　　C. 准确性　　　D. 截至
3. 制订存货监盘计划应考虑的相关事项包括（　　）。
   A. 与存货相关的重大错报风险　　　B. 存货存放的地点
   C. 是否需要专家协助　　　D. 与存货相关的内部控制
4. 适当的职责分离有助于防止各种有意或无意的错误，与出纳岗位不兼任的工作内容有（　　）。
   A. 稽核工作　　　B. 会计档案保管工作
   C. 收入账目登记工作　　　D. 银行日记账登记工作
5. 关于营业收入的准确性，下列说法正确的有（　　）。
   A. 发票数量应当以销售单上列示的数量为准
   B. 发票数量应当以货运单上列示的数量为准
   C. 发票单价应当以销售单上列示的数量为准
   D. 发票单价应当以价目表上列示的单价为准

三、判断题

1. 审计人员函证应收账款的目的在于证实应收账款账户余额是否真实、完整。（　　）

2. 通常情况下，财务报表审计中被审单位的所有交易和账户余额可以划分为销售与收款循环、采购与付款循环、生产与存货循环、货币循环和投资与筹资循环。（　　）
3. 请购单是证明有关采购交易"发生"认定的凭据之一，也是采购交易轨迹的起点。（　　）
4. 假定被审计单位固有风险和控制风险等级均高，审计师从控制测试中获取的保证程度也高。（　　）
5. 针对存货数量的实质性程序主要是存货监盘。（　　）
6. 控制测试所使用的审计程序类型主要包括询问、观察、检查、重新计算和重新执行。（　　）
7. 即使有充分证据表明应收账款对被审单位财务报表而言不重要，注册会计师也必须对应收账款进行函证。（　　）
8. 货币资金是企业资产的重要组成部分，是企业资产中流动性最强的资产。（　　）
9. 企业的银行账户的开立、变更或注销须经总经理审核和审批。（　　）
10. 对被审计单位现金盘点实施的监盘程序只能用作实质性程序，不能用作控制测试。（　　）

四、论述题

1. 销售与收款循环的主要业务活动有哪些？
2. 如何确定应收账款函证范围和对象？
3. 监盘库存现金和存货的区别是什么？

五、案例分析题

万福生科财务造假与审计失败

（一）造假案发

2012年8月，上市公司检查组对万福生科（湖南）农业开发股份有限公司（股票代码300268，简称万福生科）进行上市后的例行现场检查，检查组发现万福生科2012年半年报预付账款存在重大异常：公开披露的资产负债表显示，预付账款余额为1.46亿元，而科目余额表显示，万福生科预付账款余额超过3亿元，预付账款账表不符。财务总监解释称为了让报表好看一点，将一部分预付账款重分类至在建工程等其他科目。但一家粮食精加工企业，采购原材料与农户进行结算一般采取现结方式，财报中如此畸高的预付账款不正常。另外，万福生科在2012年上半年曾经停产，企业在停产期间还能产生高额预付账款，这引起检查组的关注。

检查组立即到银行追查资金真实去向，银行流水显示，账列预付8036万元设备供应款没有打给供应商（法人）；再对比追查，发现下游回款根本不是客户（法人）打进来的，而是自然人打进来的。根据现场检查组发现万福生科银行回单涉嫌造假重大违法事实，2012年9月14日证监会对其立案调查。

（二）万福生科上市过程

万福生科前身系湖南省桃源县湘鲁万福有限责任公司，于2003年5月8日在桃源县工商行政管理局登记注册，注册资本300万元。从2005年4月至2009年9月24日，经过多次增资及股权变动，万福生科的注册资本增至人民币2488.181万元，资本公积增至人民币6617.419万元。2011年9月27日，万福生科在创业板成功挂牌上市，发行价25元，当天报收29.04元。发行上市后万福生科注册资本变更为人民币6700万元。万福生科发行募集资金总额为4.25亿元，扣除发行费用3000万元，实际募集资金净额为3.95亿元人民币。

（三）万福生科造假流程

万福生科的造假模式是用公司的自有资金打到体外循环，虚构粮食收购和产品销售业务，虚增销售收入和利润。首先把自己账上的资金打到受其控制的个人账户上去，同时在财务上记录为粮食收购的预付款，接下来相应做粮食收购的入账，完成原材料入账。之后再把这些受其控制的个人账户的钱以不同名义分笔转回到公司的账户上，财务上对应地做这些客户的销售回款冲减应收款，利用资金的循环达到虚增销售收入的目的。在造假过程中，万福生科伪造大量的银行凭证，使用现金存取的方式让整个造假流程都有"真实的"购销合同、入库单、检验单、生产单、销售单、发票等票据和凭证去对应，虚构业务的整个造假流程很逼真，难以辨别。

（四）证监会的查证

2012年9月14日，证监会正式开始立案稽查，调查组分银行资料和外围调查两个小组同步开展调查。银行组调取与万福生科客户回款有关的所有银行流水和凭证，确认每一笔相关资金的确切来源与去向。在整个银行资料调查过程中，稽查人员共追查了300多个账户、超过10万笔流水。外调组同时走访调查50多家万福生科的销售客户和采购农户，了解真实的销售数额与原材料收购规模。在历时两个多月的外调过程中，稽查人员发现两类问题客户：一类是万福生科曾经的客户，交易发生时间不在万福生科上市发行期内；另一类是根本就不存在的客户，包括一些几年前就已注销或关闭的小公司冒充成客户。稽查组负责人说："有些农户根本不知道万福生科为他们开立了银行账户，而另一些甚至根本不是粮食经纪人，而是万福生科公司的职工或是职工远房亲戚等。"

调查组最终掌握了667卷15万余页的证据，查证万福生科在2008—2010年分别虚增销售收入1.2亿元、1.5亿元和1.9亿元，虚增利润合计近1.13亿元。另外，万福生科上市后的2011年财报和2012年半年报同样存在虚假记载的情况，上述两个报告期分别虚增销售收入2.8亿元和1.65亿元，虚增利润合计超过1亿元。

（五）审计师审计失败

担任万福生科IPO审计的审计师是中磊会计师事务所有限责任公司（以下简称"中磊所"）。中磊所承办万福生科IPO审计失败主要表现在以下几方面。

1. IPO审计阶段识别和评估风险程序缺乏

（1）万福生科所处的水稻加工行业早在2009年就开始发生重大变化，全国大米加工企业由于原材料供应不足爆发了大面积停产危机，但万福生科并未履行及时报告、公告义务。中磊所没有充分关注万福生科所处的行业的重大变化，识别和评估重大错报风险。

（2）2008—2010年，万福生科淀粉糖毛利率分别高达27.7%，29.39%，28.13%，是生产同类产品的竞争对手3倍。对此异常数据，中磊所缺乏必要的关注。

2. IPO审计阶段函证程序缺失

中磊所及其注册会计师在审计万福生科IPO财务报表过程中，未对万福生科2008年末、2009年末的银行存款、应收账款余额进行函证，也未执行恰当的替代审计程序。其中，银行存款函证程序缺失，导致中磊所未能发现万福生科虚构一个桃源县农信社银行账户的事实，万福生科2008年以该银行账户虚构资金发生额2.86亿元，其中包括虚构收入回款约1亿元；应收账款函证程序的缺失，导致中磊所未能发现万福生科2008年、2009年虚增收入的事实。

中磊所及其注册会计师在对万福生科2010年和2011年上半年的往来科目余额进行函证

时，未对函证实施过程保持控制。中磊所审计工作底稿中部分询证函回函上的签章，并非被询证者本人的签章。上述程序缺陷，导致中磊所未能发现万福生科2010年、2011年上半年虚增收入和采购的事实。

3. IPO审计阶段未对评估的重大错报风险实施恰当的审计程序

中磊所及其注册会计师在评价万福生科舞弊风险时，认为其管理层为满足上市要求和借款融资需求，有粉饰财务报表的动机和压力。在已识别出包括营业收入、应收账款、预付账款等在内的重大错报风险领域情况下，中磊所及其注册会计师未实施有效的进一步审计程序。

（六）处罚决定

2013年5月10日，证监会公布处罚决定，责令万福生科更改违法行为，并处以30万元罚款；董事长龚永福给予警告，并处以30万元的罚款；对保荐人平安证券给予警告并没收业务收入2555万元，并处以2倍罚款，暂停机构3个月保荐资格；对中磊所没收138万元收入，处以2倍罚款，撤销证券从业许可，对签字会计师处以13万元罚款，采取终身证券市场禁入措施。

问题：

1. 结合万福生科案例，请列出销售与收款循环交易的种类和账户余额有哪些？
2. 结合万福生科案例，销售与收款循环审计需要关注哪些方面的风险？

第十二章

对特殊事项的考虑

学习目标

知识要点	能力要求	关键术语
对舞弊和法律法规的考虑	（1）掌握舞弊的概念和种类； （2）理解治理层、管理层和注册会计师的相关责任； （3）了解企业财务舞弊可能带来的法律责任与后果	会计原则；财务信息失真；特别风险；会计假设；利润操纵；合理保证
审计沟通	（1）了解需要进行审计沟通的场景； （2）掌握审计沟通的具体方法和技巧	信息披露；职业谨慎；独立性；审计工作底稿
注册会计师利用他人的工作	（1）了解注册会计师利用内审人员和专家协助工作的情形和相关要求； （2）掌握注册会计师在利用他人工作时应承担的责任	内部审计；风险管理；重要性水平；资产评估；审计意见

本章引例

上市公司财务舞弊　会计师事务所何以应对

2023年3月1日，国新办就财政贯彻落实党的二十大重大决策部署有关情况举行发布会。财政部副部长朱忠明特别强调，2023年，国家将开展财会监督的专项行动，其中重点之一：严厉打击财务会计违法违规行为，坚持强穿透、补漏洞、用重典、正风气，加强会计信息质量和中介机构执业质量的监督，严肃查处财务舞弊、会计造假等违法违规的问题，坚决清除"害群之马"。①

2022年，财政部门对170多家会计师事务所进行了处罚，这个处罚的数量超过了前3年的总和。据证监会官网消息，2022年证监会稽查部门全年办理信息披露违法案件203件，其中，涉及财务造假94件，占比46%。

上市公司财务造假事件层出不穷，政府部门也一再加大监督和处罚力度。在会计工作中，财务舞弊是绝不可触碰的红线，也是职业道德守则的要求。本章将从舞弊的概念和识别开始，

---

① 国务院新闻办就财政贯彻落实党的二十大重大决策部署有关情况举行发布会，https://www.gov.cn/xinwen/2023-03/01/content_5743987.htm？eqid=c04cef210000103800000006646dcf9e，2023-03-01。

对审计工作中特殊事项的考虑展开介绍。

第一节 对舞弊和法律法规的考虑

一、舞弊的概念和种类

（一）舞弊的概念

美国注册公共会计师协会 1977 年对财务舞弊的定义为：公司或企业故意错报和遗漏重大事项在财务报告中的披露，即进行欺诈性的财务报告，又称"管理当局欺诈"或"管理当局舞弊"。财务舞弊可能涉及以下几种行为：①篡改、伪造、变更编制财务报告所依据的会计记录或支持性凭证；②有意伪报或遗漏事项、交易或其他主要信息；③在处理金额、分类、表达或披露等方面有意错用会计原则。

全美反舞弊财务报告委员会 1987 年对财务舞弊的定义是描述性的，认为"舞弊是一种故意的或轻率的行为，无论是虚报还是漏列，其结果是导致重大的误导性财务报告"。

美国注册舞弊审核师协会 1993 年对财务报表舞弊做了如下定义：有意地、故意地错报或遗漏重要事实，或者误导性会计数据，以及在与其他所有可获得的信息一起考虑时可能导致阅读者改变和调整其判断和决定的会计数据。

2006 年颁布的《中国注册会计师审计准则第 1141 号——财务报表审计中对舞弊的考虑》中指出："舞弊是指被审计单位的管理层、治理层、员工或第三方使用欺骗手段获取不当或非法利益的故意行为。"

总结国内外不同机构对财务舞弊的定义，我们可以概括出舞弊的两个方面的核心价值。一是舞弊形成的性质：是为谋求某种利益而发生的一种故意行为，其区别于无意识的错误陈述；二是舞弊导致的后果：财务信息失真，从而误导信息使用者做出错误的决策。

（二）舞弊的种类

舞弊是一个宽泛的法律概念，但在财务报表审计中，注册会计师关注的是导致财务报表发生重大错报的舞弊。与财务报表审计相关的故意错报包括编制虚假财务报告导致的错报和侵占资产导致的错报。

1. 编制虚假财务报告导致的错报

编制虚假财务报告涉及为欺骗财务报表使用者而得出的故意错报（包括对财务报表金额或披露的遗漏）。这可能是由于管理层通过操纵利润来影响财务报表使用者对被审计单位业绩和盈利能力的看法而造成的。此类利润操纵可能从一些小的行为，或对假设的不恰当调整和对管理层判断的不恰当改变开始。压力和动机可能使这些行为上升到编制虚假财务报告的程度。管理层可能有动机大幅降低利润以降低税负，或虚增利润以向银行融资。

2. 侵占资产导致的错报

侵占资产包括盗窃被审计单位资产，通常的做法是员工盗窃金额相对较小且不重要的资产。侵占资产也可能涉及管理层，管理层通常更能通过难以发现的手段掩饰或隐瞒侵占资产的行为。侵占资产通常伴随着虚假或误导性的记录或文件，其目的是隐瞒资产丢失或未经适当授权而被抵押的事实。

二、治理层、管理层的责任与注册会计师的责任

（一）治理层、管理层的责任

被审计单位治理层和管理层对防止或发现舞弊负有主要责任。管理层的高度重视对防范和遏制舞弊起着非常重要的作用。对舞弊进行防范可以减少舞弊发生的机会；对舞弊进行遏制，即发现和惩罚舞弊行为，能够警示被审计单位人员不要实施舞弊。对舞弊的防范和遏制需要管理层营造诚实守信和合乎道德的文化，并且这一文化能够在治理层的有效监督下得到强化。治理层的监督包括考虑管理层凌驾于控制之上或对财务报告过程施加其他不当影响的可能性，如管理层为了影响分析师对被审计单位业绩和盈利能力的看法而操纵利润。

（二）注册会计师的责任

对于注册会计师发现舞弊的责任，注册会计师职业界与社会公众之间存在期望差。在重大的财务报告舞弊案件发生后，社会公众总是会问责注册会计师，在案件发生过程中是否履行了责任义务？注册会计师职业界往往会辩解：财务报表审计不是专门的舞弊调查，在发现舞弊方面有很大的局限性。期望差的存在会影响社会公众对注册会计师行业的信心，也是审计准则制定机构不断修订这方面审计准则的主要动力。

注册会计师对于发现舞弊的责任可以从正反两个方面界定。

一方面，在按照审计准则的规定执行审计工作时，注册会计师有责任对财务报表整体是否不存在由于舞弊或错误导致的重大错报获取合理保证。编制虚假财务报告直接导致财务报表产生错报，侵占资产通常伴随着虚假或误导性的文件或记录。因此，对可能导致财务报表产生重大错报的舞弊，无论是编制虚假财务报告，还是侵占资产，注册会计师均应当合理保证能够予以发现，这是实现财务报表审计目标的内在要求，也是财务报表审计的价值所在。审计准则还规定，注册会计师应当在整个审计过程中保持职业怀疑，认识到存在由于舞弊导致的重大错报的可能性，而不应受到以前对管理层、治理层正直和诚信形成的判断的影响，并认识到对发现错误有效的审计程序未必对发现舞弊有效。另一方面，由于审计的固有限制，即使注册会计师按照审计准则的规定恰当计划和执行了审计工作，也不可避免地存在财务报表中的某些重大错报未被发现的风险。注册会计师不能对财务报表整体不存在重大错报获取绝对保证。

在舞弊导致错报的情况下，固有限制对审计的潜在影响尤其重大。舞弊导致的重大错报未被发现的风险，大于错误导致的重大错报未被发现的风险。其原因是舞弊可能涉及精心策划和蓄意实施以进行隐瞒（如伪造证明或故意漏记交易），或者故意向注册会计师提供虚假陈述。如果涉及串通舞弊，则注册会计师可能更加难以发现蓄意隐瞒的企图。串通舞弊可能导致原本虚假的审计证据被注册会计师误认为具有说服力。因此，如果在完成审计工作后发现舞弊导致的财务报表重大错报，特别是串通舞弊或伪造文件或记录导致的重大错报，并不必然表明注册会计师没有遵守审计准则。注册会计师是否按照审计准则的规定实施了审计工作，取决于其是否根据具体情况实施了审计程序，是否获取了充分、适当的审计证据，以及是否根据证据评价结果出具了恰当的审计报告。

三、识别和评估由于舞弊导致的重大错报风险

由于舞弊导致的重大错报风险属于需要注册会计师特别考虑的重大错报风险，即特别风险。注册会计师实施舞弊风险评估程序的目的在于识别因舞弊导致的重大错报风险。因此，在

识别和评估财务报表层次及各类交易、账户余额、披露的认定层次的重大错报风险时,注册会计师应当识别和评估由于舞弊导致的重大错报风险。在评估舞弊导致的重大错报风险时,注册会计师应当特别关注被审计单位收入确认方面的舞弊风险。审计准则规定,在识别和评估由于舞弊导致的重大错报风险时,注册会计师应当基于收入确认存在舞弊风险的假定,评价哪些类型的收入、收入交易或认定导致舞弊风险。如果认为收入确认存在舞弊风险的假定不适用于业务的具体情况,从而未将收入确认作为由于舞弊导致的重大错报风险领域,则注册会计师应当在审计工作底稿中记录得出该结论的理由。

四、应对评估的由于舞弊导致的重大错报风险

在识别和评估舞弊导致的重大错报风险后,注册会计师需要采取适当的应对措施以将审计风险降至可接受的低水平。舞弊导致的重大错报风险属于特别风险,注册会计师应当按照审计准则及相关法律法规的规定予以应对。

(一) 总体应对措施

在针对评估的由于舞弊导致的财务报表层次重大错报风险确定总体应对措施时,注册会计师应当做到:

(1) 在分派和督导项目组成员时,考虑承担重要职责的项目组成员所具备的知识技能和能力,并考虑由于舞弊导致的重大错报风险的评估结果;

(2) 评价被审计单位对会计政策(特别是涉及主观计量和复杂交易的会计政策)的选择和运用,是否可能表明管理层通过操纵利润对财务信息作出虚假报告;

(3) 在选择审计程序的性质、时间安排和范围时,增加审计程序的不可预见性。

(二) 针对评估的由于舞弊导致的认定层次重大错报风险实施的审计程序

按照《中国注册会计师审计准则第1231号——针对评估的重大错报风险采取的应对措施》的规定,注册会计师应当设计和实施进一步审计程序,审计程序的性质、时间安排和范围应当能够应对评估的由于舞弊导致的认定层次重大错报风险。

为应对评估的由于舞弊导致的认定层次重大错报风险,注册会计师采取的具体措施可能包括通过下列方式改变审计程序的性质、时间安排和范围。

(1) 改变拟实施审计程序的性质,以获取更可靠、相关的审计证据,或获取额外的佐证信息。例如,对特定资产进行实地观察或检查;设计询证函时,增加交易日期、退货权、交货条款等销售协议的细节;向被审计单位的非财务人员询问销售协议和交货条款的变化,以对函证获取的信息进行补充。

(2) 调整实施审计程序的时间安排。例如,在期末或接近期末实施实质性程序,以更好地应对由于舞弊导致的重大错报风险;由于涉及不恰当收入确认的舞弊可能已在期中发生,针对本期较早期间发生的交易或整个报告期内的交易实施实质性程序。

(3) 调整实施审计程序的范围,以应对评估的由于舞弊导致的重大错报风险。例如,扩大样本规模;在更详细的层次上实施分析程序;利用计算机辅助审计技术对电子交易和会计文档实施更广泛的测试。

五、财务报表审计中对法律法规的考虑

违反法律法规是指被审计单位、治理层、管理层或者为被审计单位工作或受其指导的其他

人，有意或无意违背除适用的财务报告编制基础以外的现行法律法规的行为，违反法律法规不包括与被审计单位经营活动无关的个人不当行为。

不同的法律法规对财务报表的影响差异很大。被审计单位需要遵守的所有法律法规构成注册会计师在财务报表审计中需要考虑的法律法规框架。某些法律法规的规定对财务报表有直接影响，决定财务报表中报告的金额和披露。而有些法律法规需要管理层遵守，或规定了允许被审计单位开展经营活动的条件，但不会对财务报表产生直接影响。因此，概括起来，被审计单位需要遵守以下两类不同的法律法规。

（1）通常对决定财务报表中的重大金额和披露有直接影响的法律法规（如税收和企业年金方面的法律法规）。

（2）对决定财务报表中的金额和披露没有直接影响的其他法律法规，但遵守这些法律法规（如遵守经营许可条件、监管机构对偿债能力的规定或环境保护要求）对被审计单位的经营活动、持续经营能力或避免大额罚款至关重要，违反这些法律法规，可能对财务报表产生重大影响。

违反法律法规可能导致被审计单位面临罚款、诉讼或其他对财务报表产生重大影响的后果。

第二节　审计沟通

一、注册会计师与治理层的沟通

（一）沟通的对象

编制财务报告一般是企业管理层的责任，具体工作由管理层领导下的财务会计部门承担。对于财务报告的编制和披露过程，治理层负有监督职责。这种监督职责主要包括：审核或监督企业的重大会计政策；审核或监督企业财务报告和披露程序；审核或监督与财务报告相关的企业内部控制；组织和领导企业内部审计；审核和批准企业的财务报告和相关信息披露；聘任和解聘负责企业外部审计的注册会计师并与其进行沟通等。

被审计单位的治理层在财务报告编制过程中的监督职责与注册会计师对财务报表的审计职责存在着共同的关注点，在履行职责方面存在着很强的互补性，这也正是注册会计师需要与治理层保持有效的双向沟通的根本原因。具体而言，有效的双向沟通有助于：

（1）注册会计师和治理层了解与审计相关事项的背景，并建立建设性的工作关系，在建立这种关系时，注册会计师需要保持独立性和客观性；

（2）注册会计师向治理层获取与审计相关的信息，例如，治理层可以帮助注册会计师了解被审计单位及其环境等方面的情况，确定审计证据的适当来源，以及提供有关具体交易或事项的信息；

（3）治理层履行其对财务报告过程的监督责任，从而降低财务报表重大错报风险。

（二）沟通的事项

1. 注册会计师与财务报表审计相关的责任

注册会计师应当就其与财务报表审计相关的责任与治理层进行沟通，包括：

(1) 注册会计师负责对管理层在治理层监督下编制的财务报表形成和发表意见；
(2) 财务报表审计并不减轻管理层或治理层的责任。

2. 计划的审计范围和时间安排

注册会计师应当与治理层沟通计划的审计范围和时间安排的总体情况，包括识别出的特别风险。就计划的审计范围和时间安排进行沟通可以：

(1) 帮助治理层更好地了解注册会计师工作的结果，与注册会计师讨论风险问题和重要性的概念，以及识别可能需要注册会计师追加审计程序的领域；

(2) 帮助注册会计师更好地了解被审计单位及其环境等方面的情况。

在与治理层就计划的审计范围和时间安排进行沟通时，尤其是在治理层部分或全部成员参与管理被审计单位的情况下，注册会计师需要保持职业谨慎，避免损害审计的有效性。

3. 沟通的过程

(1) 基本要求。

清楚地沟通注册会计师的责任、计划的审计范围和时间安排及期望沟通的大致内容，有助于为有效的双向沟通确立基础。通常，讨论下列事项可能有助于实现有效的双向沟通。

①沟通的目的。如果目的明确，注册会计师和治理层就可以更好地就相关问题和在沟通过程中期望采取的行动取得相互了解。

②沟通拟采取的形式。与治理层就沟通形式进行讨论，有利于合理确定拟采取的沟通形式，或及时对沟通形式进行必要的调整，同时也有利于得到治理层的理解和配合。

③由审计项目组和治理层中的哪些人员就特定事项进行沟通。这方面的讨论有利于双方合理确定参与沟通的人员，以及找到适当的沟通对象。

④注册会计师对沟通的期望，包括将进行双向沟通以及治理层就其认为与审计工作相关的事项与注册会计师沟通。与审计工作相关的事项包括：可能对审计程序的性质时间安排和范围产生重大影响的战略决策，对舞弊的怀疑或检查，对高级管理人员的诚信或胜任能力的疑虑。

⑤对注册会计师沟通的事项采取措施和进行反馈的过程。讨论该事项有利于让治理层知悉注册会计师如何对沟通事项作出反应。

⑥对治理层沟通的事项采取措施和进行反馈的过程。讨论该事项有利于让注册会计师知悉治理层如何对沟通事项作出反应。

沟通过程随着具体情况的不同而不同，这些具体情况包括被审计单位的规模和治理结构、治理层如何开展工作，以及注册会计师对拟沟通事项的重要性的看法。难以建立有效的双向沟通可能意味着注册会计师与治理层之间的沟通不足以实现审计目的。

(2) 与管理层的沟通。

许多事项可以在正常的审计过程中与管理层讨论，包括审计准则要求与治理层沟通的事项。这种讨论有助于确认管理层对被审计单位经营活动的执行以及（特别是）对财务报表的编制承担的责任。

在与治理层沟通某些事项前，注册会计师可能就这些事项与管理层讨论，除非这种做法并不适当。例如，与管理层讨论管理层的胜任能力或诚信可能是不适当的。除确认管理层的执行责任外，这些初步的讨论还可以澄清事实和问题，并使管理层有机会提供进一步的信息和解释。如果被审计单位设有内部审计，则注册会计师可以在与治理层沟通前与内部审计人员讨论相关事项。

(3) 与第三方的沟通。

治理层可能希望向第三方（如银行或特定监管机构）提供注册会计师书面沟通文件的副本。在某些情况下，向第三方披露书面沟通文件可能是违法或不适当的。在向第三方提供为治理层编制的书面沟通文件时，在书面沟通文件中声明以下内容，告知第三方这些书面沟通文件不是为其编制，可能是非常重要的：

①书面沟通文件仅为治理层的使用而编制，在适当的情况下也可供集团管理层和集团注册会计师使用，但不应被第三方依赖；

②注册会计师对第三方不承担责任；

③书面沟通文件向第三方披露或分发的任何限制。

（三）沟通的形式

有效的沟通可能包括结构化的陈述、书面报告以及不太正式的沟通（包括讨论）。对于审计中发现的重大问题，如果根据职业判断认为采用口头形式沟通不适当，则注册会计师应当以书面形式与治理层沟通，当然，书面沟通不必包括审计过程中的所有事项；对于审计准则要求的注册会计师的独立性，注册会计师也应当以书面形式与治理层沟通。注册会计师还应当以书面形式向治理层通报值得关注的内部控制缺陷。除上述事项外，对于其他事项，注册会计师可以采取口头或书面的方式沟通。书面沟通可能包括向治理层提供审计业务约定书。

二、前任注册会计师与后任注册会计师的沟通

（一）前后任注册会计师的界定

（1）前任注册会计师是指已对被审计单位上期财务报表进行审计，但被现任注册会计师接替的其他会计师事务所的注册会计师。接受委托但未完成审计工作，已经或可能与委托人解除业务约定的注册会计师，也被视为前任注册会计师。

（2）后任注册会计师是指正在考虑接受委托或已经接受委托，接替前任注册会计师对被审计单位本期财务报表进行审计的注册会计师。如果被审计单位委托注册会计师对已审计财务报表进行重新审计，正在考虑接受委托或已经接受委托的注册会计师也被视为后任注册会计师。

当会计师事务所发生变更时（正在进行变更或已经变更），后任注册会计师通常包括两种情况。①在签订业务约定书之前，正在考虑接受委托的注册会计师。此时，后任注册会计师对于是否接受委托尚未做出最后决定，正准备与前任注册会计师沟通，待了解有关情况之后再做决定。②已接受委托并签订业务约定书，接替前任注册会计师执行财务报表审计业务的注册会计师。

（二）前后任注册会计师沟通的相关要求

对前后任注册会计师沟通的总体要求是，前后任注册会计师的沟通通常由后任注册会计师主动发起，但需征得被审计单位的同意。这一总体要求包括以下几层含义。

1. 沟通的发起方

在前后任注册会计师的沟通过程中，后任注册会计师负有主动沟通的义务。其理由在于，如果前任注册会计师与被审计单位解除了业务约定，就不再对之后的财务报表审计承担任何责任和风险，通常也不会关注后任注册会计师的审计计划和审计程序。只有后任注册会计师主动

与前任注册会计师进行沟通，才有可能在更大程度上发现财务报表中潜在的重大错报，以降低审计风险。

2. 沟通的前提

前任注册会计师和后任注册会计师的沟通通常由后任注册会计师主动发起，但需征得被审计单位的同意。这主要是因为，无论是前任注册会计师还是后任注册会计师，都负有为被审计单位信息保密的义务。当前后任注册会计师的沟通涉及被审计单位的有关信息时，应当征得被审计单位的同意，这也是注册会计师职业道德的基本要求。

3. 沟通的方式

沟通可以采用书面或口头的方式进行。

4. 对沟通情况的记录

尽管沟通可以采用书面或口头的方式进行，但后任注册会计师应当将沟通的情况记录于审计工作底稿，以便完整反映审计工作的轨迹。此外，前后任注册会计师应当对沟通过程中获知的信息保密。即使未接受委托，后任注册会计师仍应履行保密义务。

第三节 注册会计师利用他人的工作

为完成审计工作，实现审计目标，注册会计师可能需要利用他人的工作。本节主要介绍注册会计师利用内部审计人员的工作和专家的工作。

一、利用内部审计人员的工作

内部审计是指被审计单位负责执行鉴证和咨询活动，以评价和改进被审计单位的治理、风险管理和内部控制流程有效性的部门、岗位或人员。内部审计的职能包括检查、评价和监督内部控制的恰当性和有效性等。

内部审计人员是指执行内部审计活动的人员。内部审计人员可能属于内部审计部门或履行内部审计职责的类似部门。

注册会计师在审计过程中，通常需要了解和测试被审计单位的内部控制，而内部审计是被审计单位内部控制的一个重要组成部分。因此，注册会计师应当考虑内部审计活动及其在内部控制中的作用，以评估财务报表重大错报风险及其对注册会计师审计程序的影响。

虽然注册会计师对发表审计意见以及确定审计程序的性质、时间安排和范围独自承担责任，但内部审计与注册会计师审计用以实现各自目标的某些手段存在相近之处，利用内部审计工作或利用内部审计人员提供直接协助可能有助于注册会计师的审计工作。例如，内部审计人员在评估销售与收款循环的内部控制时，其工作底稿可能包括相关控制政策的说明和控制流程图等。注册会计师可以通过复核和评价内部审计人员的工作底稿，获得对内部控制的了解。注册会计师通过了解与评估内部审计工作，利用可信赖的内部审计工作相关部分的成果，或利用内部审计人员提供直接协助，可以减少不必要的重复劳动，提高审计的工作效率。

（一）内部审计的目标

被审计单位内部审计的目标由其管理层和治理层确定。由于被审计单位的规模、组织结构以及管理层和治理层（如适用）的要求不同，内部审计的目标、范围、职责及其在被审计单位中的地位（包括权威性和问责机制）可能有较大差别。

(二) 利用内部审计工作的基础和具体要求

1. 内部审计与注册会计师审计的联系

尽管内部审计与注册会计师审计存在诸多差异，但两者用以实现各自目标的某些方式却通常是相似的。例如，为支持所得出的结论，审计人员都需要获取充分、适当的审计证据，都可以运用观察、询问、函证和分析程序等审计方法。此外，内部审计对象与注册会计师审计对象也密切相关，甚至存在部分重叠。因此，注册会计师应当考虑内部审计工作的某些方面是否有助于确定审计程序的性质、时间安排和范围，包括了解内部控制采用的程序、评估财务报表重大错报风险采用的程序和实质性程序。

通过了解内部审计工作的情况，注册会计师可以掌握内部审计发现的、可能对被审计单位财务报表和注册会计师审计产生重大影响的事项。如果内部审计的工作结果表明被审计单位的财务报表在某些领域存在重大错报风险，注册会计师应当对这些领域给予特别关注。注册会计师在审计中利用内部审计人员的工作包括：①在获取审计证据的过程中利用内部审计的工作；②在注册会计师的指导、监督和复核下利用内部审计人员提供直接协助。

2. 利用内部审计工作不减轻注册会计师的责任

相关内部审计准则要求内部审计机构和人员保持独立性和客观性，但考虑到内部审计是被审计单位的内设机构，其自主程度和客观性毕竟有限，无法达到注册会计师审计要求的水平。因此，尽管内部审计工作的某些部分或利用内部审计人员提供直接协助可能对注册会计师的工作有所帮助，但注册会计师必须对与财务报表审计相关的所有重大事项独立作出职业判断，而不应完全依赖内部审计工作。通常，审计过程中涉及的职业判断，如重大错报风险的评估、重要性水平的确定、样本规模的确定、对会计政策和会计估计的评估等，均应由注册会计师负责执行。

同样地，注册会计师对发表的审计意见独立承担责任，这种责任并不因利用内部审计工作或利用内部审计人员对该项审计业务提供直接协助而减轻。

3. 不得利用内部审计人员协助的情形

当存在下列情形之一时，注册会计师不得利用内部审计人员提供直接协助：①存在对内部审计人员客观性的重大不利影响；②内部审计人员对拟执行的工作缺乏足够的胜任能力。

4. 利用内部审计人员提供直接协助

在利用内部审计人员提供直接协助之前，注册会计师应当：①从拥有相关权限的被审计单位代表人员处获取书面协议，允许内部审计人员遵循注册会计师的指令，并且被审计单位不干涉内部审计人员为注册会计师执行的工作；②从内部审计人员处获取书面协议，表明其将按照注册会计师的指令对特定事项保密，并将对其客观性产生的任何不利影响告知注册会计师。

在进行指导、监督和复核时：①注册会计师在确定指导、监督和复核的性质、时间安排和范围时应认识到内部审计人员并不独立于被审计单位，并且指导、监督和复核的性质、时间安排和范围应恰当应对注册会计师对涉及判断的程度、评估的重大错报风险、拟提供直接协助的内部审计人员客观性（包括产生的不利影响及其严重程度）和胜任能力的评价结果；②复核程序应当包括由注册会计师检查内部审计人员执行的部分工作所获取的审计证据。注册会计师对内部审计人员执行工作的指导、监督和复核应当足以使注册会计师对内部审计人员就其执行的工作已获取充分、适当的审计证据以支持相关审计结论感到满意。

二、利用专家的工作

（一）专家概念的界定

本节所提专家是指在会计或审计以外的某一领域具有专长的个人或组织，并且其工作被注册会计师利用，以协助注册会计师获取充分、适当的审计证据。专家既可能是会计师事务所内部专家（如会计师事务所或网络事务所的合伙人或员工，包括临时员工），也可能是会计师事务所外部专家。这里的专长是指在某一特定领域中拥有的专门技能、知识和经验。例如：①对下列方面进行估价——复杂的金融工具、土地及建筑物、厂房和机器设备、珠宝艺术品、古董、无形资产、企业合并中收购的资产和承担的负债，以及可能发生减值的资产；②对与保险合同或员工福利计划相关的负债进行精算；③对石油和天然气储量进行估算；④对环境负债和场地清理费用进行估价；⑤对合同、法律和法规进行解释；⑥对复杂或异常的纳税问题进行分析。

专家通常可以是工程师、律师、资产评估师、精算师、环境专家、地质专家、IT专家和税务专家，也可以是这些个人所从属的组织，如律师事务所、资产评估公司和各种咨询公司等。

（二）可能需要利用专家工作的情形

注册会计师在执行下列工作时可能需要利用专家的工作：

（1）了解被审计单位及其环境等方面的情况；

（2）识别和评估重大错报风险；

（3）针对评估的财务报表层次风险，确定并实施总体应对措施；

（4）针对评估的认定层次风险，设计和实施进一步审计程序，包括控制测试和实质性程序；

（5）在对财务报表形成审计意见时，评价已获取的审计证据的充分性和适当性。

（三）确定是否利用专家工作时可能考虑的因素

如果编制财务报表需要利用会计以外某一领域的专长，尽管注册会计师拥有会计和审计技能，但可能不具备审计这些财务报表的必要的专长。项目合伙人需要确信项目组和不属于项目组的专家整体上具备适当的胜任能力和专业素质以执行审计业务。并且注册会计师需要确定完成审计项目所需资源的性质、时间安排和范围。注册会计师需要确定是否利用专家的工作，如果需要利用，确定何时利用以及在多大程度上利用，以满足上述要求。

在确定是否利用专家的工作，以协助获取充分、适当的审计证据时，注册会计师可能考虑的因素包括以下几方面。

（1）管理层在编制财务报表时是否利用了管理层的专家的工作。管理层的专家是指在会计、审计以外的某一领域具有专长的个人或组织，其工作被管理层利用以协助编制财务报表。如果管理层在编制财务报表时利用了管理层的专家的工作，可能意味着编制财务报表具有复杂性，重大错报风险可能增加。

（2）事项的性质和重要性，包括复杂程度。

（3）事项存在的重大错报风险。

本章小结

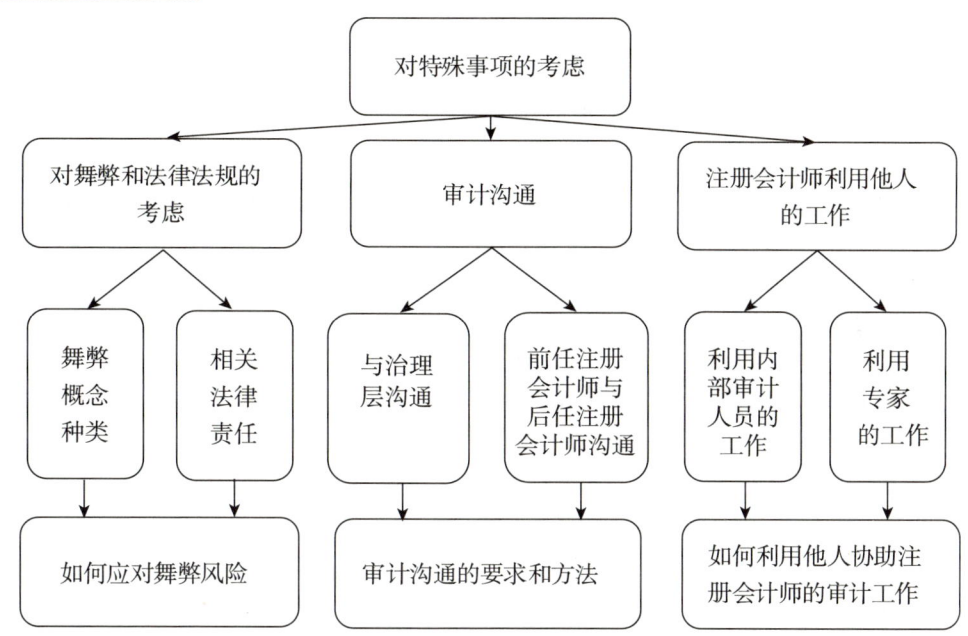

本章练习题

一、单项选择题

1. 下列有关注册会计师在财务报表审计中与舞弊相关的责任的说法中，错误的是（ ）。

A. 当已获取的证据表明存在或可能存在舞弊时，除非认为该事项不重要，注册会计师应当及时提请适当层级的管理层关注该事项

B. 如果识别出舞弊或怀疑存在舞弊，注册会计师应当确定是否有责任向被审计单位以外的适当机构报告

C. 注册会计师有责任对财务报表整体是否不存在由于舞弊或错误导致的重大错报获取合理保证

D. 注册会计师应当评价识别出的由于舞弊导致的错报对管理层声明可靠性的影响

2. 下列有关舞弊导致的重大错报风险的说法中，错误的是（ ）。

A. 编制虚假财务报告导致的重大错报风险，大于侵占资产导致的重大错报风险

B. 舞弊导致的重大错报未被发现的风险，大于错误导致的重大错报未被发现的风险

C. 所有被审计单位都可能存在管理层凌驾于控制之上的风险

D. 收入确认存在舞弊风险的假定可能不适用于所有审计项目

3. 在确定与管理层沟通的事项时，下列各项中，注册会计师通常认为不宜沟通的是（ ）。

A. 被审计单位所在行业的环境发生重大变化

B. 可能影响重大错报风险的经营计划和战略

C. 管理层对造成内部控制缺陷的实际原因的了解

D. 管理层的胜任能力

4. 关于注册会计师与被审计单位治理层的沟通，下列说法中正确的是（　　）。

A. 对于与治理层沟通的事项，应当事先与管理层讨论

B. 对于涉及舞弊等敏感信息的沟通，应当避免书面记录

C. 与治理层沟通的书面记录是一项审计证据，所有权属于会计师事务所

D. 如果注册会计师应治理层的要求向第三方提供为治理层编制的书面沟通文件的副本，注册会计师有责任向第三方解释其在使用中产生的疑问

5. 如果被审计单位未纠正注册会计师在上一年度审计时识别出的值得关注的内部控制缺陷，注册会计师在执行本年度审计时，下列做法中正确的是（　　）。

A. 在制定审计计划时予以考虑，不再与管理层沟通

B. 以书面形式再次向治理层通报

C. 在审计报告中增加强调事项段予以说明

D. 在审计报告中增加其他事项段予以说明

二、多项选择题

1. 下列各项中，属于注册会计师应当与被审计单位治理层沟通审计中发现的重大问题的有（　　）。

A. 审计工作中遇到的重大困难

B. 注册会计师已与管理层书面沟通的重大事项

C. 注册会计师对被审计单位会计实务重大方面的质量的看法

D. 影响审计报告形式和内容的情形

2. 下列各项中，用于判断注册会计师是否按照审计准则的规定执行了审计工作的有（　　）。

A. 注册会计师在具体情况下实施的审计程序的恰当性

B. 注册会计师获取的审计证据的充分性和适当性

C. 注册会计师是否识别出财务报表中存在的所有重大错报

D. 注册会计师出具的审计报告的恰当性

3. 下列舞弊风险因素中，与编制虚假财务报告相关的有（　　）。

A. 利用商业中介进行交易，但缺乏明显的商业理由

B. 在非所有者管理的主体中，管理层由一人或少数人控制，且缺乏补偿性控制

C. 会计系统和信息系统无效

D. 对高级管理人员支出的监督不足

4. 下列情形中，注册会计师不得利用内部审计工作的有（　　）。

A. 评估的认定层次的重大错报风险较高

B. 计划和实施相关的审计程序涉及较多判断

C. 内部审计没有采用系统、规范化的方法

D. 内部审计的地位不足以支持内部审计人员的客观性

5. 下列人员中，属于注册会计师的专家的有（　　）。

A. 审计项目组就疑难会计问题进行咨询的会计专家

B. 参与境外组成部分审计工作的境外网络所的精算专家

C. 就复杂的法律问题为审计项目组提供专业意见的律师事务所合伙人

D. 向被审计单位提供用于财务报表编制目的的评估服务的资产评估师

三、判断题

1. 注册会计师的专家包括在会计或审计领域具有专长的个人或组织。（　　）

2. 尽管内部审计工作的某些部分或利用内部审计人员提供直接协助，可能对注册会计师的工作有所帮助，但注册会计师必须对与财务报表审计有关的所有重大事项独立作出职业判断，而不应完全依赖内部审计工作。（　　）

3. 管理层挪用货币资金属于舞弊行为，舞弊导致的重大错报风险属于需要注册会计师特别考虑的重大错报风险，即特别风险。（　　）

4. 对于与治理层沟通的事项，应当事先与管理层讨论。（　　）

5. 与治理层沟通的书面记录是一项审计证据，所有权属于会计师事务所。（　　）

6. 外部专家不受会计师事务所的质量管理政策和程序的约束。（　　）

7. 无论是对外部专家还是内部专家，注册会计师应当就专家工作的性质、范围和目标等事项与其达成一致意见。（　　）

8. 被审计单位治理层和管理层对防止或发现舞弊负有主要责任。（　　）

9. 注册会计师应与管理层讨论利用内部审计工作的计划，以作为协调各自工作的基础。（　　）

10. 与治理层沟通的书面记录是一项审计证据，所有权属于会计师事务所。（　　）

四、论述题

1. 注册会计师应当与治理层沟通审计中发现的哪些重大问题？

2. 在评价内部审计机构的时候，应注重哪几个要素？

五、案例分析题

甲公司是 ABC 会计师事务所的常年审计客户。A 注册会计师负责审计甲公司 2022 年度财务报表，评估认为商誉减值存在特别风险。与商誉减值审计相关的部分事项如下所述。

（1）甲公司商誉减值测试使用的折现率明显低于同行业可比公司的平均值，管理层聘请的评估专家解释其原因是甲公司融资成本较低。A 注册会计师询问管理层得到了同样的解释，据此认可了折现率的合理性。

（2）A 注册会计师聘请评估专家对甲公司某项商誉的减值测试结果进行复核。A 注册会计师评价了专家的胜任能力、专业素质、客观性及专长领域，获取了专家的复核报告，并实施特定程序对专家工作的恰当性作出了评价，据此认可了专家的工作。

要求： 根据以上事项，假定不考虑其他条件，逐项指出 A 注册会计师的做法是否恰当。如不恰当，简要说明理由。

第十三章 完成审计工作

学习目标

知识要点	能力要求	关键术语
评价审计中发现的错报	(1) 了解错报的沟通与更正； (2) 掌握如何评价审计中所发现的错报和未更正的错报	(1) 沟通；更正 (2) 对重要性的修改；单项错报；分类错报；重大错报
审计差异调节表和试算平衡表	(1) 掌握审计差异的类型及其调整； (2) 掌握编制审计差异调整表和试算平衡表	(1) 核算误差；重分类误差 (2) 调整分录；调整表；借贷双方
复核财务报表和审计工作底稿	(1) 掌握对财务报表进行总体复核； (2) 掌握复核审计工作底稿	(1) 分析程序；总体复核 (2) 项目组内部复核；项目质量复核
期后事项	(1) 掌握期后事项的定义和类型； (2) 掌握不同时段对期后事项的审计	(1) 调整事项；非调整事项 (2) 审计责任；审计流程
书面声明	(1) 掌握书面声明的定义和类型； (2) 熟悉书面声明的形式和日期； (3) 熟悉对书面声明特殊情形的考虑	(1) 书面陈述；基本书面声明；其他书面声明 (2) 声明书；陈述；涵盖期间 (3) 可靠性；审计证据

变卖动物为保壳，审计结尾难说服

2021年7月20日，上交所宣告对A股份有限公司（以下简称A公司）实施退市风险警示，具体原因还得回溯A公司披露的2020年年报。2021年4月30日披露的年报显示，A公司2020年度营业收入为1.14亿元，扣非后的净利润为-8405万元。报告一出，问询不绝。A公司此前曾三次披露可能被实施退市风险警示的提示公告，明确预告主营业务收入低于1亿元，这中间的差异是从哪来的？A公司给出的回答是，新增收入主要来源于某种动物销售。在2020年前三季度，公司均将动物销售所得直接确认为资产处置收益。第四季度，公司对2020年前三季度动物销售的会计处理进行差错更正。原因是，2020年销售的动物中有44只为消耗性动物，并确认相关存货销售收入，共计1876万元。上交所认为，A公司疑似将出售的展示用动物（生产性生物资产）作为暂养区动物（消耗性生物资产）出售并确认销售收入。为进一步核实情况，上交所联合大连证监局自2021年6月8日起对A公司进行了现场检查，发现前期审计底稿、问询函回复等与本次检查获取文件不相同等问题。

基于现场检查发现的各种问题，年审机构 B 会计师事务所（特殊普通合伙）（以下简称 B 事务所）对前期出具的收入扣除专项核查意见进行了更改，将新增动物销售的收入从主营业务收入中扣除。经过此次审计调整，A 公司 2020 年营业收入降为 8401 万元，且扣非净利润为负，触发了退市风险警示条件。但 A 公司对此并不认同。2021 年 7 月 14 日，A 公司声称，审计机构是迫于上交所压力，才更改了收入扣除事项的核查意见，并且新的审计意见"未经公司确认"，A 公司对此并不认同。上交所则表明，现行规则并未要求会计师出具的相关收入扣除意见须由公司盖章确认。但《股票上市规则》明确规定，在判断上市公司股票是否触及退市风险警示情形时，涉及营业收入指标的，应当扣除与主营业务无关的业务收入或不具备商业实质的收入。最终 A 公司仍未摆脱被*ST 的命运，于 2021 年 7 月 14 日被强制停牌。

由引例中会计师事务所与被审计单位的争执可看出，审计意见并不是由审计机构和审计人员发现被审计单位的错报后立马出具的。那么，在完成外勤审计工作至出具审计报告这一段期间，注册会计师还需要开展哪些工作？比如怎样汇总所发现的错报？怎样评价未更正错报？怎样编制审计差异调节表和试算平衡表？怎样复核财务报表和审计工作底稿？出具审计报告前后怎样考虑期后事项的影响？对管理层书面声明应有何要求？本章将为您一一说明。

第一节　完成审计工作概述

审计完成阶段是审计工作的最后阶段。注册会计师将在审计完成阶段汇总审计测试结果，进行更具综合性的审计工作，如评价审计中的重大发现、评价审计中发现的错报、编制审计差异调节表和试算平衡表、复核财务报表和审计工作底稿，并在此基础上整体评价审计结果、获取管理层的书面声明，为出具审计报告做好"最终"的准备工作。图 13-1 反映了审计完成阶段的主要工作。

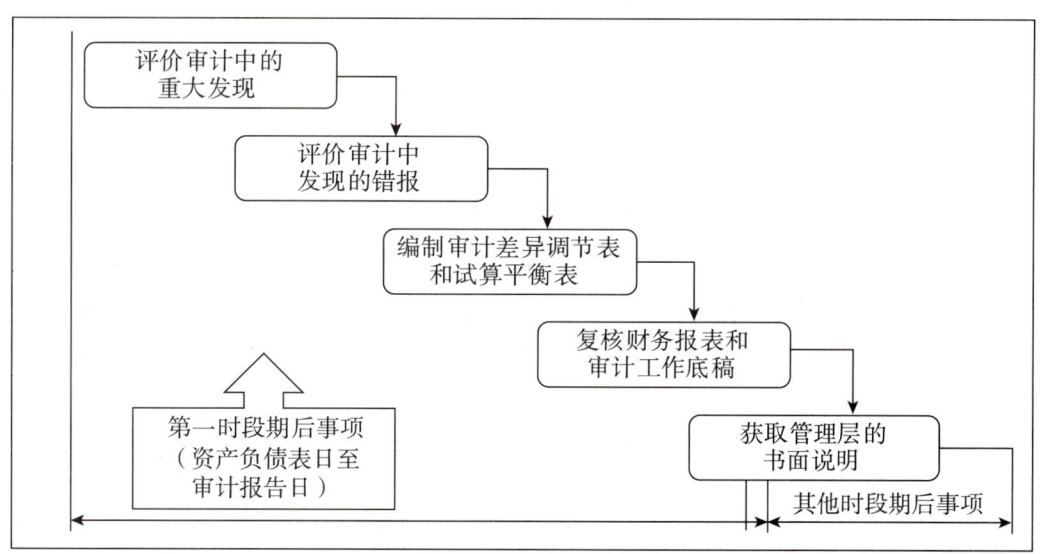

图 13-1　审计完成阶段的主要工作

一、评价审计中的重大发现

在完成审计工作阶段后,项目合伙人和项目组还需要考虑审计过程中的重大发现与事项,具体如下:涉及会计政策的选择、运用和一贯性的重大事项,包括相关披露;就识别出的重大风险,对审计策略和计划的审计程序所作的重大修正;在与管理层其他人员讨论重大发现和事项时取得的信息,与最终审计结论相违背或不一致的信息;期中复核中的重大发现及其对审计方法的影响。

对上述重大发现进行评价,可能全部或部分地揭示出以下事项:①为实现审计目标,是否有必要对重要性进行修改,对审计策略、具体审计计划的重大修正,包括对重大错报风险评估结果的重要变动;②财务报表中存在的重大错报,对审计方法有重要影响的值得关注的内部控制缺陷;③在实施审计程序时遇到的重大困难;④项目组成员内部,或项目组成员与项目质量复核人员或提供咨询的其他人员之间,就重大会计和审计事项达成最后结论所存在的意见分歧;⑤与管理层或其他人员就重大发现以及与注册会计师的最终审计结论相矛盾或不一致的信息进行的讨论,向事务所内部有经验的专业人士或外部专业顾问咨询的事项。

二、评价审计中发现的错报

(一) 错报的沟通与更正

除非法律法规禁止,注册会计师应当及时将审计过程中累积的所有错报与适当层级的管理层进行沟通。适当层级的管理层通常是指有责任和权力对错报进行评价并采取必要行动的人员。

注册会计师还应当要求管理层更正这些错报。管理层更正所有错报(包括注册会计师通报的错报),能够保持会计账簿和记录的正确性,降低与本期相关的、非重大的且尚未更正的错报的累积影响导致未来期间财务报表出现重大错报的风险。如果管理层拒绝更正沟通的部分或全部错报,则注册会计师应当了解管理层不更正错报的缘由,并在评价财务报表整体是否不存在重大错报时考虑该缘由。

(二) 评价未更正的错报

未更正错报是指注册会计师在审计过程中累积的且未被审计单位给予更正的错报。注册会计师应确定未更正错报单独或汇总起来是否重大。在确定时,注册会计师应当考虑:①相较特定类别的交易、账户余额或披露以及财务报表整体而言,错报的金额和性质以及错报发生的特定环境;②与以前期间相关的未更正错报对相关类别的交易、账户余额或披露以及财务报表整体的影响。

在评价过程中,注意如下应关注的概念和事项。

1. 对重要性的修改

在评价未更正错报的影响之前,注册会计师须重新评估在计划、执行阶段确定的重要性,以根据被审计单位的实际财务结果确认其是否仍然恰当。如果注册会计师对重要性或重要性水平(如适用)进行的重新评估导致需要确定较低的金额,则应重新考虑实际执行的重要性及进一步审计程序的性质、时间进度和范围的适当性,以获取充分合理的审计证据作为发表审计意见的基础。

2. 单项错报

注册会计师需要考虑每一项与金额相关的错报，以评价其对相关类别的交易、账户余额或披露的影响，包括评价该项错报是否超过特定类别的交易、账户余额或披露的重要性水平（如适用）。此外，注册会计师还需要考虑定性披露中的单项错报，以评价其对相关披露的影响及对财务报表整体的综合影响。定性披露存在重大错报的，如对与资产负债表、利润表或现金流量表中的重大项目相关的会计政策作出错误的描述。

还有，如果注册会计师认为某一单项错报是重大的，则该项错报不太可能被其他错报抵销。例如，一笔收入存在很大高估，虽然这项错报对收益的影响可被相同金额的费用高估抵销，但是注册会计师仍会认为财务报表整体存在重大错报。对于同一账户余额或同一类型的交易内部的错报，这种抵销也许是适当的。但是，在得出抵销错报（即使是非重大错报）是适当的这一结论之前，需要考虑可能存在其他未被发现的错报的风险。

3. 分类错报

确定一项分类错报是否重大，需要进行定性评估。即使分类错报超过了在评价其他错报时使用的重要性水平，注册会计师也可能依然认为该分类错报对财务报表整体不产生重大影响。例如，如果资产负债表项目之间的分类错报金额相对于所影响的资产负债表项目金额较小，并且对利润表或关键比例不产生影响，注册会计师可以认为这种分类错报对财务报表整体不产生重大影响。

4. 评价未更正错报是否重大

注册会计师需要从金额和披露两个方面来评价未更正错报是否重大。即使某些错报低于报表整体的重要性，但因与这些错报相关的某些情形，在将其单独或联合在审计过程中累积的其他错报一起考虑时，注册会计师也可能将这些错报评价为重大错报。可能影响评价的情况包括但不限于表 13-1 所列的因素。

表 13-1　错报低于财务报表整体的重要性但仍可能被评为重大错报时应考虑的因素

序号	考虑因素
1	错报对遵守监管要求的影响程度
2	错报对遵守债务合同或其他合同条款的影响程度
3	错报与会计政策的不正确选择或运用相关，这些会计政策的不正确选择或运用对当期财务报表不产生重大影响，但可能对未来期间财务报表产生重大影响
4	错报掩盖收益的变化或其他趋势的程度（尤其是在结合宏观经济背景和行业发展进行考虑时）
5	错报对用于评价被审计单位财务状况、经营成果或现金流量的有关比率的影响程度
6	错报对财务报表中列报的分部信息的影响程度。例如，错报事项对某一分部或对被审计单位的经营或盈利能力有重大影响的其他组成部分的重要程度
7	错报对增加管理层薪酬的影响程度。例如，管理层通过达到有关奖金或其他激励政策规定的要求增加薪酬

(续表)

序号	考虑因素
8	相对于注册会计师所了解的以前向财务报表使用者传达的信息（如盈利预计），错报是重大的
9	错报对涉及特定机构或人员的项目的相关程度。例如，与被审计单位发生交易的外部机构或人员是否与管理层成员有关联
10	错报涉及某些信息的缺失，尽管适用的财务报告编制基础未对这些信息作出明确规定，但注册会计师根据职业判断认为这些信息对财务报表使用者了解被审计单位的财务状况、经营成果或现金流量是重要的
11	错报对其他信息（如包含在"管理层讨论与分析"或"经营与财务回顾"中的信息）的影响程度，这些信息与已审计财务报表一起披露，并被合理预期可能影响财务报表使用者作出的经济决策

5. 评价中对前期差错、舞弊的考虑

与以前期间相关的非重大未更正错报的累积影响，可能对本期财务报表产生重大影响，有多种可接受的方法给注册会计师评价这些未更正错报对本期财务报表的影响。在不同期间使用相同的评价方法可以保持一致性。

此外，注册会计师在考虑各类交易、账户余额及披露中存在的错报的影响时，需要秉持职业怀疑。比如，虽然错报金额相对财务报表来看较少，但从错报的原因看可能存在舞弊行为，导致这些错报的原因可能是管理层的判断出现偏差、意图阻扰正确理解财务报表等。

6. 评价结果的沟通

除非法律法规禁止，注册会计师应当与治理层沟通未更正错报，以及这些错报单独或汇总起来可能对审计意见产生的影响。此外，注册会计师还应当与治理层沟通与以前期间相关的未更正错报对相关类别的交易、账户余额或披露以及财务报表整体的影响。

如果注册会计师已与负有管理责任的人员沟通未更正错报，且这些人员同时负有治理责任，注册会计师无须就这些事项与负有治理责任的相同人员二次沟通。同时，注册会计师需要确信与负有管理责任人员的沟通能够向所有承担治理责任的人员充分传递需要沟通的内容。

三、编制审计差异调节表和试算平衡表

审计项目经理应根据重要性原则，首先确定、汇总审计差异，并与被审计单位召开审计总结会，讨论建议被审计单位进行调整的事项，以确定最终审计后的财务报表。这项工作一般通过编制审计差异调整表和试算平衡表来完成。

（一）审计差异的类型及其调整

审计差异的内容按是否需要调整被审计单位的账簿记录可分为两类：①核算误差是指由企业对交易或事项进行了不正确的会计处理引起的科目或金额的错误；②重分类误差是指由企业未按有关会计准则和制度的规定列报财务报表引起的报告项目的错误。

根据重要性水平划分，核算误差又可分为建议调整的不符事项和不建议调整的不符事项。这个区分过程需要较高的职业判断，一般从误差的金额和性质两个角度来考虑：①如果单笔核

算误差超过相关财务报表账户余额层次的重要性水平，应视为建议调整的不符事项；②有些核算误差虽然低于特定类别的交易、账户余额或披露层次的重要性水平，但涉及舞弊与违法行为，或是不希望出现错误的科目（如实收资本科目的错误），应确定为建议调整不符事项；③单笔核算误差低于特定类别的交易、账户余额或披露层次的重要性水平，且性质不重要，但数量较多，且若干笔同类型核算误差汇总超过了重要性水平，应从中选取几笔金额较大的转为建议调整的不符事项。

值得一提的是，注册会计师最终所做的审计差异调整并非由其单方面决定，而是需要征求被审计单位的意见。一般应采用书面形式，并根据被审计单位的意见确定其对已审定财务报表及审计意见的影响。如果被审计单位同意采纳，应取得被审计单位同意的书面确认，根据确认调整后的已审财务报表考虑审计意见的类型，若被审计单位不同意调整，应分析原因，并根据未调整不符事项的重要程度，确定是否在审计报告中反映以及如何反映。

（二）审计差异调整表和试算平衡表

审计差异调整是通过编制调整分录和调整表来实现的。审计调整分录是对报表进行整体分析，确定分录的借贷双方，多计就通过相反方向作对应的冲抵，少计就增加（见表13-2）。审计调整分录汇总后就形成了审计差异调整表。

表 13-2　本年账项调整分录汇总

索引号＿＿＿＿＿＿＿＿＿＿＿＿＿＿＿
客户名称＿＿＿＿＿＿＿＿＿　　编制人＿＿＿＿＿＿＿＿＿＿　　编制日期＿＿＿＿＿＿＿＿＿＿
截止日期＿＿＿＿＿＿＿＿＿　　复核人＿＿＿＿＿＿＿＿＿＿　　复核日期＿＿＿＿＿＿＿＿＿＿

分录序号	调整内容	调整分录科目名称		金额		底稿索引号
		一级科目	明细科目	借方金额	贷方金额	
	合计					

与被审计单位的沟通：
　　参加人员
　　客户名称：＿＿＿＿＿＿＿＿＿＿＿＿＿＿
　　审计项目组：＿＿＿＿＿＿＿＿＿＿＿＿
　　客户单位的意见：＿＿＿＿＿＿＿＿＿＿＿＿＿＿＿＿＿＿＿＿＿＿＿＿＿＿＿＿＿＿＿＿
　　结论：
　　　　是否同意上述审计调整：＿＿＿＿＿＿＿＿＿＿＿＿＿＿＿
　　　　客户单位授权代表签字：＿＿＿＿＿＿＿＿＿＿＿＿＿＿＿＿＿＿　日期：＿＿＿＿＿＿＿

在考虑审计差异调整表中调整事项后确定的已审财务报表即试算平衡表（如表13-3和表13-4所示）。在编制完试算平衡表后，应注意核对其中的关联和报表平衡。

表 13-3　资产负债表试算平衡表

客　户　名：_____　　　　　　　　　　　　　日　期：_____
项　　目：_____　　　　　　　　　　　　　　　　　　　索引号：_____
会计期间：_____　　　　　　　　　　　　　　　　　　　页　次：_____

签　制：_____
编　核：_____
复　核：_____

项目	期末未审数	调整金额 借方	调整金额 贷方	重分类金额 借方	重分类金额 贷方	期末审定数	项目	期末未审数	调整金额 借方	调整金额 贷方	重分类金额 借方	重分类金额 贷方	期末审定数
流动资产：							流动负债：						
货币资金							短期借款						
交易性金融资产							交易性金融负债						
衍生金融资产							衍生金融负债						
应收票据							应付票据						
应收账款							应付账款						
应收款融资							预收账款						
预付款项							合同负债						
其他应收款							应付职工薪酬						
存货							应交税费						
合同资产							其他应付款						
持有待售资产							持有待售负债						
一年内到期非流动资产							一年内到期非流动负债						
其他流动资产							其他流动负债						
流动资产合计							流动负债合计						
非流动资产：							非流动负债：						
债权投资							长期借款						

(续表)

项目	期末未审数	调整金额 借方	调整金额 贷方	重分类金额 借方	重分类金额 贷方	期末审定数	项目	期末未审数	调整金额 借方	调整金额 贷方	重分类金额 借方	重分类金额 贷方	期末审定数
其他债权投资							应付债券						
长期应收款							其中：优先股						
长期股权投资							永续债						
其他权益工具投资							租赁负债						
其他非流动金融资产							长期应付款						
投资性房地产							预计负债						
固定资产							递延收益						
在建工程							递延所得税负债						
生产性生物资产							其他非流动负债						
油气资产							非流动负债合计						
使用权资产							负债合计						
无形资产							所有者权益（或股东权益）：						
开发支出							实收资本（或股本）						
商誉							其他权益工具						
长期待摊费用							其中：优先股						
递延所得税资产							永续债						
其他非流动资产							资本公积						
非流动资产合计							减：库存股						
							其他综合收益						
							专项储备						

(续表)

项目	期末未审数	调整金额 借方	调整金额 贷方	重分类金额 借方	重分类金额 贷方	期末审定数
盈余公积						
未分配利润						
所有者权益合计						
负债和所有者权益总计						

表 13-4　利润表试算平衡表

客　　户＿＿＿＿＿＿＿＿＿＿　签　名＿＿＿＿＿＿＿＿＿＿　日　期＿＿＿＿＿＿＿＿＿＿
项　　目＿＿＿＿＿＿＿＿＿＿　编　制＿＿＿＿＿＿＿＿＿＿　索引号＿＿＿＿＿＿＿＿＿＿
会计期间＿＿＿＿＿＿＿＿＿＿　复　核＿＿＿＿＿＿＿＿＿＿　页　次＿＿＿＿＿＿＿＿＿＿

项目	未审数	调整金额		重分类金额		审定数
		借方	贷方	借方	贷方	
一、营业收入						
减：营业成本						
税金及附加						
销售费用						
管理费用						
财务费用						
加：公允价值变动收益（损失以"—"号填列）						
投资收益（损失以"—"号填列）						
其中：对联营和合营企业的投资收益						
资产减值损失（损失以"—"号填列）						
二、营业利润（亏损总额以"—"号填列）						
加：营业外收入						
减：营业外支出						
三、利润总额（亏损总额以"—"号填列）						
减：所得税费用						
四、净利润（净亏损以"—"号填列）						
五、其他综合收益的税后净额						
六、综合收益总额						
七、每股收益：						
（一）基本每股收益						
（二）稀释每股收益						

四、复核财务报表和审计工作底稿

在编制完成试算平衡表后，会计师事务所及其注册会计师应做以下两项工作。

（一）对财务报表总体合理性进行总体复核

在审计结束或接近结束时，注册会计师需要应用分析过程确定经审计调整后的财务报表总体是否与对被审计单位的了解一致、是否具有合理性。在应用分析程序进行总体复核时，如果识别出之前未识别的重大错报风险，注册会计师应当重新考虑对所有或部分各类别的交易、账户余额、披露评估的风险是否恰当，并在此基础上重新评价之前计划的审计程序是否充分、是否有必要追加审计程序。

(二) 对审计工作底稿进行复核

会计师事务所需要按照相关准则要求,对审计过程中形成的审计工作底稿进行复核。复核分为项目组内部复核和项目质量复核两部分。

1. 项目组内部复核

项目组内部复核可分为项目负责经理的现场复核和项目合伙人的复核。项目负责经理的现场复核属于第一级复核,该级复核通常在审计现场完成,以便及时发现和解决问题,是详细复核;项目合伙人的复核是项目组内最高级别的复核,该复核既是对重要审计事项的把关,也是项目负责经理的再监督,属于第二级复核。审计报告日当天或审计报告日之前,项目合伙人应当通过复校审计工作底稿并与项目组讨论,确定已取得充足、适当的审计证据,支撑得出的结论和拟出具的审计报告。项目合伙人复核的内容包括对重要部分所作出的判断(尤其是执行业务过中发现的疑问或争议事项)、特别风险和项目合伙人认为重要的其他部分。

2. 项目质量复核

项目质量复核是指在报告日或报告日之前,项目质量复核人员对项目组作出的重大判断和据此得出的结论作出的客观评价,又称独立复核,属于第三级复核,也是重点复核。

项目质量复核人员可能来自会计师事务所内部,也可能是会计师事务所委派的外部人员。项目质量复核人员应当至少与项目合伙人胜任能力相当,且在面对来自项目合伙人或会计师事务所内部其他人员的压力时能够坚持原则。为了实现该目标,会计师事务所应当制定政策和步骤,对以下事项作出明确要求与规定。①将委派项目质量复核人员的职责分配给会计师事务所内具有履行该职责所需的胜任能力及一定权威性的人员,并要求该人员在全所范围内(包括分所或分部)统一委派项目质量复核人员。②项目质量复核人员、为项目质量复核人员提供帮助的人员不得作为项目组成员,且应当同时满足:具备适当的胜任能力(包括足够的时间、一定的权威性)、遵守相关职业道德要求(包括客观性、公正性、独立性)、遵守与任职资质要求相关的法律法规规定(如有)。

在实施项目质量复核时,项目质量复核人员应当实施下列程序:①阅读并了解与项目组就项目和客户的性质和具体情况进行沟通获得的信息、与会计师事务所就监控和整改进程进行沟通获得的信息(特别是针对可能与项目组的重大判断相关或影响该重大判断的范围识别);②与项目合伙人及其他项目组成员(如适用)讨论重大事项,以及在项目计划、实施和报告时作出的重大判断;③基于前两点中获取的信息,选取一些与项目组作出的重大判断相关的业务工作底稿进行复核,并评价作出这些重大判断的根据、业务工作底稿能否支持得出的结论、得出的结论是否正确;④评价项目合伙人确定独立性要求已得到遵从的依据;⑤评价是否已就疑难问题或争议事项、涉及意见分歧的事项进行适当咨询,并评价咨询得出的结论;⑥评价项目合伙人对整个审计过程的参与程度是否充分且适合,项目合伙人能否确定作出的重大判断和得出的结论适合项目的性质和具体情况;⑦复核被审计财务报表和审计报告,以及审计报告中对关键审计事项的说明(如适用)。

完成了项目质量复核后,才能签署审计报告。注册会计师要在审计过程中与项目质量复核人员努力协调配合,及时实施项目质量复核,而非在出具审计报告前才实施复核。表13-5是工作底稿中的复核及批准汇总表。

表 13-5　复核及批准汇总表

客　户＿＿＿＿＿＿＿＿＿＿　会计期间＿＿＿＿＿＿＿＿＿＿　项　目＿＿＿＿＿＿＿＿＿＿
索引号＿＿＿＿＿＿＿＿＿＿　编　制＿＿＿＿＿＿＿＿＿＿　编制日期＿＿＿＿＿＿＿＿＿＿
页　次＿＿＿＿＿＿＿＿＿＿　复　核＿＿＿＿＿＿＿＿＿＿　复核日期＿＿＿＿＿＿＿＿＿＿

由外勤主管完成：　　　　　　　　　　　　　　　　　　　　　　　　　　　是或否
1. 公司（包括子公司、合营企业及联营企业）的审计范围是否完全没有受到限制？
2. 审计工作是否按照本所执业规程执行？
3. 对所有重要项目是否实施了适当的测试，以致在报告书中对财务报表提出意见？
4. 工作底稿内是否包括所有已完成工作的详细说明，以及作出结论？
5. 在执行审计工作时，对重大的或未决的会计及审计事项的备忘录（包括子公司、合营企业及联营企业）是否已在 MPA 工作底稿上列示？
6. 是否撰拟了审计小结（FINAL MPA）？
注：如果回答"否"，应在 MPA 工作底稿中予以说明。

　　　　　　　　　　签名：＿＿＿＿＿＿　级别：＿＿＿＿＿＿　日期：＿＿＿＿＿＿

由项目负责经理完成：　　　　　　　　　　　　　　　　　　　　　　　　　是或否
7. 审计报告未定稿是否合乎标准格式？
8. 以上述第 7 条为依据，已审财务报表是否：
8.1 符合《企业会计准则》和相关的会计制度的规定？
8.2 在所有重大方面公允地反映了财务状况、经营成果及现金流量？
8.3 会计处理方法的选用遵循了一贯性原则？
注：如果回答"否"，应在 MPA 工作底稿中予以说明。

项目负责经理声明：
1. 我已复核当年度及永久性审计档案，审计工作业已适当地执行完毕，因此能对财务报表提出审计报告未定稿中的意见，对此我表示满意。
2. 我建议发出审计报告及已审财务报表，但受到我在 MPA 工作底稿中说明的事项，以及需要项目负责合伙人注意进一步采取行动的事项的限制。

　　　　　　　　　　签名：＿＿＿＿＿＿＿＿＿＿　日期：＿＿＿＿＿＿

项目负责合伙人声明：
我已仔细阅读审计报告及已审财务报表未定稿、审计计划、审计小结（FINAL MPA）、提请注意的重大事项（INTERIM MPA），并且对这次审计工作中我认为必要的其他问题进行了检查和讨论。根据以上复查，我支持发出审计报告及已审财务报表，但受到我在 MPA 工作底稿中说明的事项的限制。

　　　　　　　　　　签名：＿＿＿＿＿＿＿＿＿＿　日期：＿＿＿＿＿＿

发出审计报告的最后批准：
董事会或管理当局业已采纳已审财务报表，适当的声明书已收到，期后事项的检查业已执行，其他未决事项也已全部澄清，对此我表示满意。

　　　　　　项目负责合伙人签名：＿＿＿＿＿＿＿＿＿＿　日期：＿＿＿＿＿＿

注："编制"栏由外勤主管签名，"复核"栏由项目负责经理签名。

第二节　期后事项

　　注册会计师在对所审会计年度内发生的交易和事项实施必要审计程序的基础上必须考虑所审会计年度之后发生和发现的事项对财务报表和审计报告的影响，即对期后事项应给予特别关注。

一、期后事项的定义

期后事项是指财务报表日至审计报告日之间发生的事项，以及注册会计师在审计报告日后知道的事实。这里涉及以下几个关键的时间节点（如图13-2所示）。

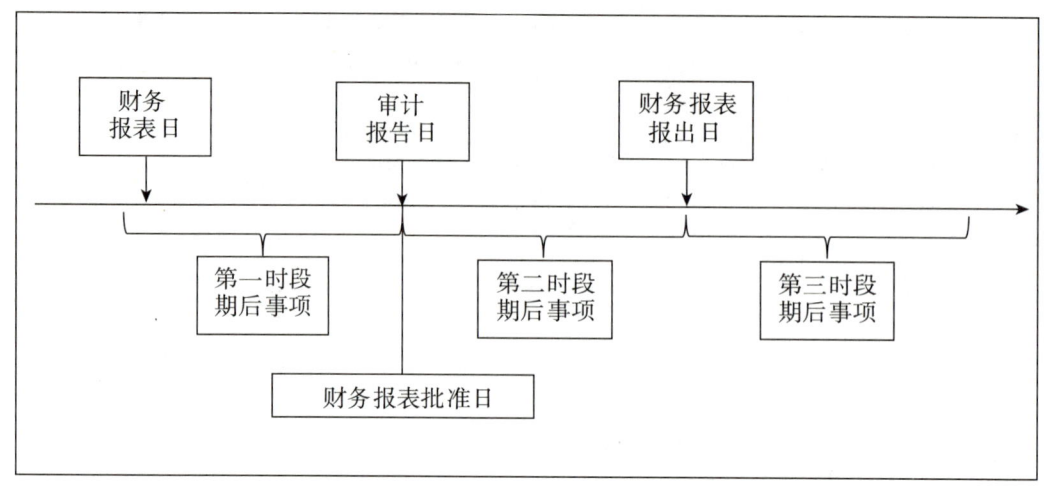

图13-2　期后事项的时段分布图

财务报表日是指财务报表涵盖的最近期间的截止日期。根据《中华人民共和国会计法》的规定，"会计年度自公历1月1日起至12月31日止"。

财务报表批准日是指构成整套财务报表的所有报表（包括附注）已编制完成，并且已经被审计单位的董事会、管理层或类似机构认可其对财务报表负责的日期。

审计报告日是指注册会计师在对财务报表出具的审计报告上签署的日期。审计报告日不应早于注册会计师获取充分、适当的审计证据，并在此基础上对财务报表形成审计意见的日期。因此，审计报告日不应早于财务报表批准日。二者之间的时间间隔很短，在实务中，审计报告日和财务报表批准日通常是同一天。

财务报表报出日是指审计报告和已审财务报表提供给第三方的日期。由于已审财务报表不能在未附审报告的情况下报出，因此已审财务报表的报出日不应早于审计报告日，且不应早于审计报告提交给被审计单位的日期。

二、期后事项的类型

（一）第一类期后事项——调整事项

这类期后事项是指能为财务报表日已存在情况提供补充证据的事项。这类事项将影响审计人员原来对财务报表日账户余额所作的预计或判断。如果其金额较大，则要提请被审计单位调整财务报表。所以，这类事项又称为期后调整事项。比如，资产负债表日被审计单位认定可以收回的大额应收账款，资产负债表日后因债务人每况愈下的财务状况引起的突然破产导致无法收回。

（二）第二类期后事项——非调整事项

这类期后事项是指财务报表日后发生的为财务报表日并不存在的情况提供补充证据的事

项。因为该类期后事项是在资产负债表日以后才发现或存在的事项，不影响财务报表金额，但可能影响对财务报表的正确理解，这类事项应当作为非调整事项，在财务报表附注中予以披露。

三、对期后事项的审计

注册会计师对期后事项的审计取决于其对不同时间段内期后事项的责任。如图13-2所示，可以将期后事项分为三个时间段：第一时段期后事项，即财务报表日至审计报告日之间发生的事项；第二时段期后事项，即审计报告日后至财务报表报出日知悉的事项；第三时段期后事项，即在财务报表报出后知悉的事项。

（一）对第一时段期后事项的责任及审计

1. 注册会计师的责任

在该阶段注册会计师尚未签署并提交审计报告，这些事项可能会导致对财务报表和审计结论的调整。因此，注册会计师对于该时段的期后事项有主动识别的义务。

2. 审计程序

针对该时段期后事项的审计程序至少在两个时点执行：即将完成外勤工作时和提交审计报告时。无论在哪个时点执行审计程序，注册会计师都应当确保拟执行的审计程序能够涵盖财务报表日至审计报告日（或尽可能接近审计报告日）之间的期间。

针对该时段期后事项的审计程序应当包括以下方面，并在确定它们的性质和范围时考虑风险评估的结果：①了解管理层为确保识别期后事项而建立的程序；②询问管理层和治理层（如适用），确定是否已发生可能影响财务报表的期后事项；③查阅被审计单位的所有者、管理层和治理层在财务报表日后举行的会议纪要，如不能获取纪要，则再询问此类会议讨论的事项；④查阅被审计单位最近的中期财务报表（如有）。

3. 审计结果

如果注册会计师识别出对财务报表有重大影响的第一时段期后事项，应当确定这些事项是否按照适用的财务报告编制基础的规定在财务报表中得到如实反映。①如果所知悉的期后事项属于调整事项，注册会计师应考虑被审计单位是否已对财务报表作出适当的调整。同时，注册会计师应当要求管理层和治理层（如适用）提供书面声明，确认所有在财务报表日后发生的、按照适用的财务报告编制基础的规定应予调整或披露的事项均已实现。②如果所获悉的期后事项属于非调整事项，注册会计师应当考虑被审计单位是否在财务报表附注中给以充足披露。

（二）对第二时段期后事项的责任及审计

1. 注册会计师的责任

在审计报告日后，注册会计师没有义务针对财务报表开展任何审计程序。但是，在这一阶段，被审计单位的财务报表并未报出，管理层有责任将发现的可能影响财务报表的事实告知注册会计师。此外，注册会计师还可能通过媒体报道、举报信或者证券监管部门告知等途径获知影响财务报表的期后事项。因此，注册会计师对于该时段的期后事项虽然没有主动识别的义务，但有被动识别的义务。

2. 审计程序与结果

如果注册会计师在审计报告日后至财务报表报出日前知悉了某事实，且若在审计报告日知悉可能导致修改审计报告，注册会计师应当按图13-3所示的流程执行对应的审计工作。首先，与管理层和治理层（如适用）讨论该事项，并确定财务报表是否需要修改。如果需要修改，注册会计师应询问管理层将如何处理该事项。然后，根据管理层是否修改财务报表采取不同的应对。其中，如果管理层修改财务报表时的情况较为复杂，注册会计师需进一步区别两种情形，即特殊情形（在有关法律法规或适用的财务报告编制基础未禁止的情况下，如果管理层对财务报表的修改仅限于反映导致修改的期后事项的影响，被审计单位的董事会、管理层或类似机构也仅对有关修改进行批准）和特殊情形以外的情形。

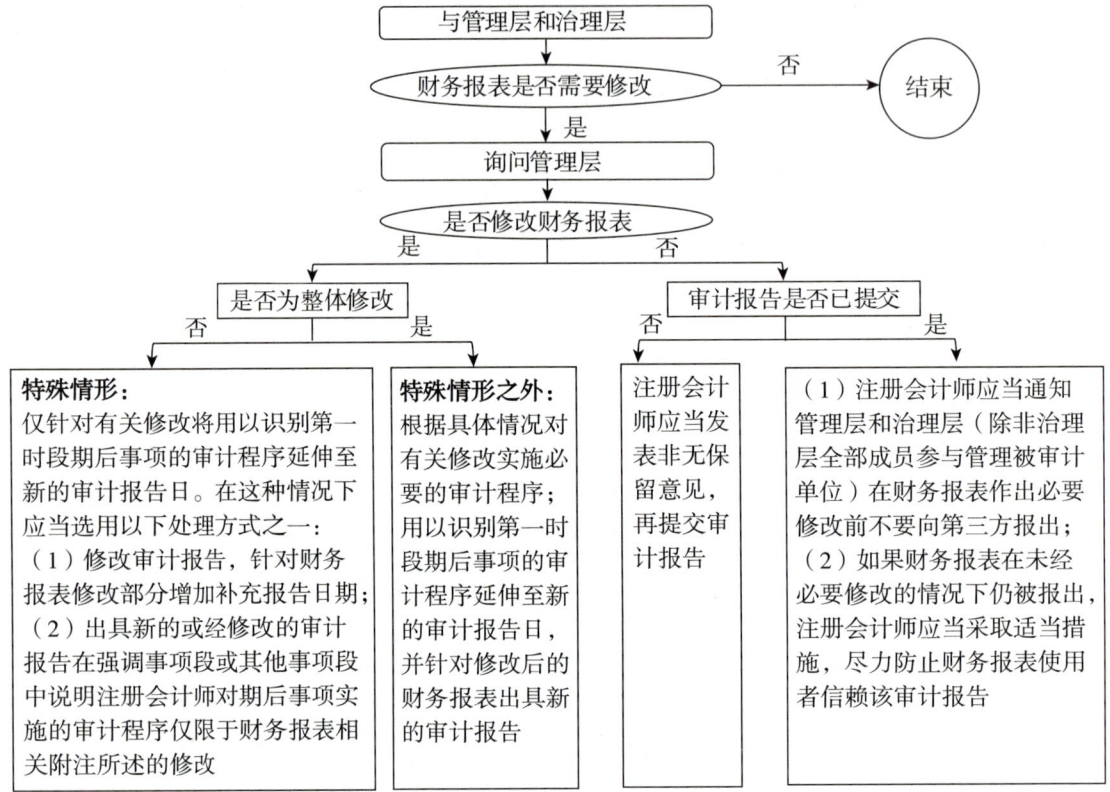

图 13-3　针对第二时段期后事项的审计流程

（三）对第三时段期后事项的责任及审计

与第二时段期后事项相同，注册会计师对第三时段期后事项没有义务针对财务报表开展任何审计程序。但是，如果注册会计师在财务报表报出后知晓了某事实，且若在审计报告日知晓可能导致修改审计报告，注册会计师应当执行图13-3所示的审计流程。由于两个时段内期后事项有差异，在具体处理上有所区别。

1. 管理层修改财务报表时的处理

注册会计师应当采取如下必要的措施：①根据具体情况对有关修改实施必要的审计程序；②复核管理层采取的措施能否确保所有收到原财务报表和审计报告的人员了解这一情况；③在特殊情形之外，将用以识别第一时段期后事项的审计程序延伸至新的审计报告日，并针对修改后的财务报表出具新的审计报告，新的审计报告日不应早于修改后的财务报表被批准的日期；④在特殊情形下，应当按照"特殊情形"下的规定修改审计报告或提供新的审计报告。注册会计师应当在新的或经修改的审计报告中增加强调事项段或其他事项段,提醒财务报表使用者关注财务报表附注中有关修改原财务报表的具体原因和注册会计师提供的原审计报告。

2. 管理层未采取任何行动时的处理

如果管理层没有采取必要措施保证所有收到原财务报表的人士了解这一情况,也没有在注册会计师认为需要修改的情况下修改财务报表,注册会计师应当通知管理层和治理层(除非治理层全员参与管理被审计单位),注册会计师将设法防止财务报表使用者信任该审计报告;如果注册会计师已经通知管理层或治理层,但管理层或治理层没有采取必要措施,则注册会计师应采取相关办法,以设法防止财务报表使用者信任该审计报告。

第三节 书面声明

书面声明是指管理层或治理层向注册会计师提供的书面陈述,用以确认某些事项或支持其他审计证据。本节所介绍的书面声明包括但不限于在完成审计阶段所获取的书面声明。通过获取书面声明,注册会计师可以实现如下目标:①向管理层获取其认为自身已履行编制财务报表和向注册会计师提供完整信息的责任的书面声明;②如果注册会计师认为有必要或其他审计准则有要求,通过书面声明支持与财务报表或具体认定相关的其他审计证据;③理性应对管理层提供的书面声明或管理层不提供注册会计师要求的书面声明的情况。因此,获取书面声明是分清各方责任、顺利开展审计工作的必要条件。

一、提供书面声明的管理层

注册会计师应当要求对财务报表承担相应责任并了解相关事项的管理层提供书面声明。财务报表相应责任的承担者通常是管理层。因此,注册会计师可能要求被审计单位的首席执行官、首席财务官或不使用此类头衔但处于类似职位的其他人员提供书面声明。但在某些情形下,其他人员(如治理层)也对财务报表的编制负有责任。

二、书面声明的类型

书面声明不包含财务报表及其认定,以及支持性账簿和相关记录。按书面声明的内容,一般将书面声明分为以下类型,如图13-4所示。

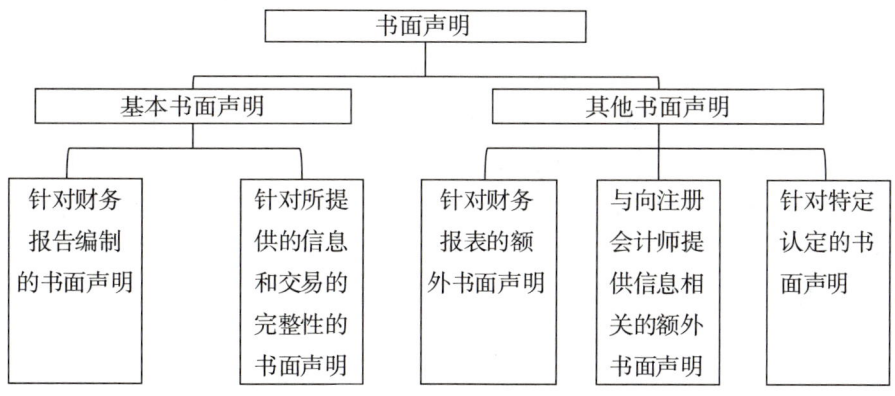

图13-4 书面说明类型

(一) 基本书面声明

1. 针对财务报告编制的书面声明

注册会计师应当要求管理层提供书面声明,并根据审计业务约定条款,履行按照适用的财务报告编制基础编制财务报表并使其实现公允反映(如适用)的责任。注册会计师应当要求管理层按照审计业务约定条款中对管理层责任的要求,在相关审计准则要求的书面声明中描述管理层责任,具体包括:①我们已履行审计业务约定书中提及的责任,即根据企业会计准则的规定编制财务报表,并对财务报表进行公允反映;②在作出会计估计时使用的重大假设是合理的;③已按照企业会计准则的规定对关联方关系及其交易作出了适合的会计处理和披露;④根据企业会计准则的规定,所有需要调整或披露的财务报表日后事项都已得到调整或披露;⑤未更正错报,无论是单独还是汇总起来,对财务报表整体的影响均不重大,未更正错报汇总表附在本声明书后。

2. 针对所提供的信息和交易的完整性的书面声明

注册会计师应当要求管理层对下列事项提供书面声明:①按照审计业务约定条款,已向注册会计师提供所有相关信息,并允许注册会计师不受限制地接触所有相关信息及被审计单位内部人员和其他相关人员;②所有交易均已记录并反映在财务报表中。

对于上述两个声明,注册会计师应当要求管理层按照审计业务约定条款中对管理层责任的描述方式,在书面声明中描述管理层责任,使其认识与理解自身的责任。

(二) 其他书面声明

如果注册会计师认为有必要获取一项或多项其他书面声明,以支持与财务报表或者一项或多项具体认定相关的其他审计证据,注册会计师应当要求管理层提供以下书面声明。

1. 针对财务报表的额外书面声明

针对财务报表的额外书面声明可能是对基本书面声明的补充,但不是其组成部分。其主要内容可能包括会计政策的选择和使用是否恰当,是否按照适用的财务报告编制基础对相关事项进行了确认、计量或列报。

2. 与向注册会计师提供信息有关的额外书面声明

除了对管理层提供的信息和交易的完整性的书面声明外,注册会计师可能觉得必须要求管理层提供书面声明,确认其已将注意到的所有内部控制缺陷向注册会计师通报。

3. 针对特定认定的书面声明

注册会计师认为须要求管理层提供有关财务报表特定认定的书面声明,特别是支持注册会计师就管理层的判断或决策或者完整性认定从其他审计证据中获得的了解。例如,如果管理层的意向对投资的计价基础至关重要,但若不能从管理层获得有关该项投资意向的书面声明,则注册会计师就不可能获取充分、适当的审计证据。值得一提的是,尽管这些书面声明能够提供必要的审计证据,但其本身并不能为财务报表特定认定提供充分、适当的审计证据。

(三) 特定书面声明的具体情形

特定审计准则中对注册会计师在特定情况下就相关事项获取书面声明作了具体规定。比如,《中国注册会计师审计准则第 1141 号——财务报表审计中与舞弊相关的责任》第四十三条要求,注册会计师应当就下列事项向管理层和治理层(如适用)获取书面声明:①管理层和治理层认可其设计、执行和维护内部控制以防止和发现舞弊的责任；②管理层和治理层已向注册会计师披露了管理层对因舞弊导致的财务报表重大错报风险的评估结果；③管理层和治理层已向注册会计师披露了已知的涉及管理层、在内部控制中承担重要职责的员工以及其他人员（在舞弊行为导致财务报表出现重大错报的情况下）的舞弊或舞弊嫌疑；④管理层和治理层已向注册会计师披露了从现任和前任员工、分析师、监管机构等方面获知的、影响财务报表的舞弊指控或舞弊嫌疑。

三、书面声明的形式和日期及涵盖期间

（一）书面声明的形式

书面声明应当以声明书形式致送注册会计师。如果法律法规要求管理层就其责任作出书面公开陈述，并且注册会计师认为这些陈述提供了准则要求的部分或全部声明，则这些陈述所涵盖的相关事项不必呈列在声明书中。可能影响注册会计师作出这一决定的因素包括：①这种陈述是否确认了关于财务报表编制、所提供信息完整性方面的责任履行情况；②这种陈述是否由注册会计师要求提供相关书面声明的人员提供或批准；③是否在尽量接近审计报告日（并非之后），将该陈述的副本提交给注册会计师。

（二）书面声明的日期与涵盖期间

在管理层签署书面声明前，注册会计师不能发表审计意见，也不能签署审计报告。并且，由于注册会计师关注截至审计报告日发生的、可能需要在财务报表中作出相应调整或披露的事项，书面声明的日期应当尽量接近对财务报表出具审计报告的日期，但不能在其之后。书面声明应当包括审计报告涉及的所有财务报表和期间。

对于在实务中出现的一些特殊情形，可以对照以上规定进行应对。比如，①在某些情况下，注册会计师在审计过程中获取有关财务报表特定认定的书面声明可能是适当的。这时，可能有必要要求管理层更新书面声明。②管理层有时需要再次确认以前期间作出的书面声明是否依然适当。注册会计师和管理层可能认可某种形式的书面声明，以更新以前期间所作的书面声明。更新后的书面声明需要表明，以前期间所作书面声明是否发生变化，以及发生了什么变化（如有）。③在审计报告涉及期间内，现任管理层皆尚未就任。他们可能就此声称无法对上述期间提供部分或全部书面声明。但是，这一事实并不能减少现任管理层对财务报表整体的责任。注册会计师仍然需要向现任管理层获取覆盖整个相关期间的书面声明。

四、对书面声明可靠性的疑惑和不提供书面声明的情形

（一）对书面声明可靠性的疑惑

如果对管理层的胜任能力、诚信、道德价值观或勤勉尽责存在疑惑，或者对管理层在这些方面的承诺或贯彻执行存在疑惑，则注册会计师应当确定这些疑惑对书面或口头声明和审计证据总体的可靠性可能产生的影响。如果书面声明与其他审计证据不一致，则注册会计师应当实施审计程序以设法解决这些问题。如果问题仍未解决，则注册会计师应当考虑重新评估对管理层的胜任能力、诚信、道德价值观或勤勉尽责，或者考虑重新评估对管理层在这些方面的诺言或贯彻执行力度，并确定书面声明与其他审计证据的不一致对书面或口头声明和审计证据整体的可靠性可能产生的影响。如果认为书面声明不可信任，则注册会计师应当采取适当措施，确

定其对审计意见可能产生的影响。

(二) 管理层不提供书面声明的情形

如果管理层不提供符合要求的一项或多项书面声明，则注册会计师应当：①与管理层商讨该事项；②重新评价管理层的诚信，并评价该事项对书面或口头声明和审计证据整体的可靠性可能产生的影响；③采取适当措施，包括确定该事项对审计意见可能产生的影响。

如果注册会计师认为有关这些事项的书面声明不可靠，或者管理层拒绝提供有关这些事项的书面声明，则注册会计师无法获取充分适当的审计证据，这对财务报表的影响可能是广泛的，并不局限于财务报表的特定要素、账户或项目。在这种情况下，注册会计师需要按照准则规定，对财务报表发表无法表示意见。

本章小结

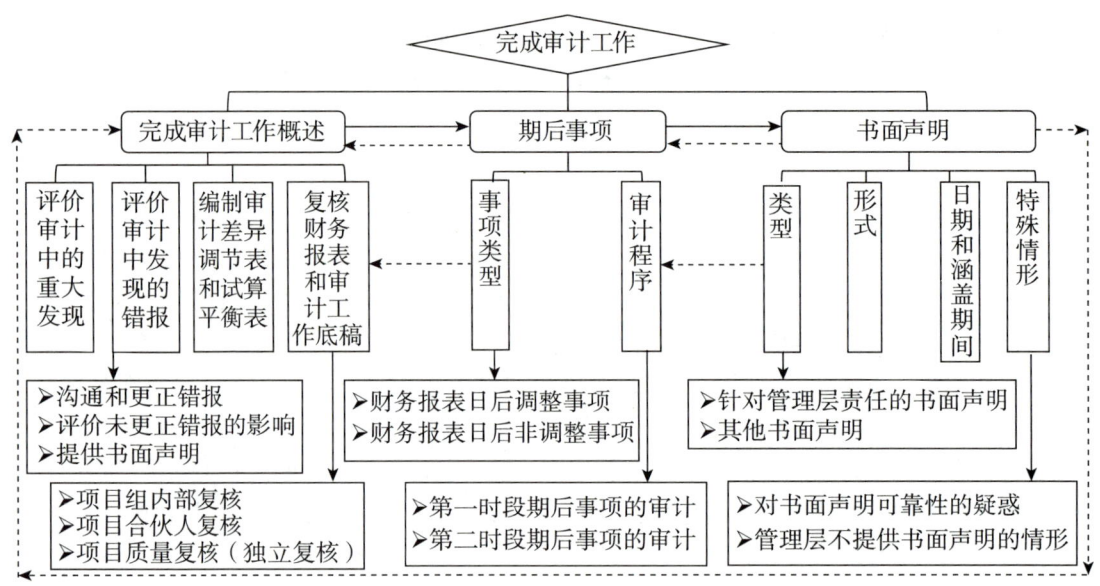

本章练习题

一、单项选择题

1. 除非法律法规禁止，注册会计师应当与（　　）沟通未更正错报，以及这些错报单独或汇总起来可能对审计意见产生的影响。

　　A. 管理层　　　　B. 治理层　　　　C. 监管部门　　　　D. 财务总监

2. 注册会计师在编制审计差异调整表时，无论是建议调整的不符事项、不建议调整的不符事项，还是重分类误差，都应（　　）。

　　A. 提请被审计单位调整　　　　B. 记录于工作底稿
　　C. 在审计报告中反映　　　　　D. 与管理层沟通

3. 下列有关审计工作底稿复核的说法中，错误的是（　　）。

A. 审计工作底稿中应当记录复核人员姓名和复核时间

B. 项目合伙人应当复核所有审计工作底稿

C. 项目质量控制复核人员应当在审计报告出具前复核审计工作底稿

D. 应当由项目组内经验较多的人员复核经验较少的人员编制的审计工作底稿

4. 注册会计师正在审计丙公司 2020 年度的财务报表，由于产品质量问题丙公司 2021 年 2 月 9 日收到 2020 年 12 月 7 日销售的一批产品的 70%，产品验收并开出红字发票。审计报告拟在 2021 年 3 月 30 日出具，则注册会计师能认可的丙公司的做法是（　　）。

A. 将退货作为 2021 年 2 月的业务入账

B. 作为 2020 年度的调整事项，按该批产品的 70% 调整 2020 年 12 月的收入和销售成本

C. 冲减 2020 年 12 月的该批产品销售的全部，2021 年按 30% 作为销售重新入账

D. 不作调整，只在 2020 年报表附注中披露

5. 假如 2022 年的审计报告在 2023 年 3 月 31 日公布，下列不属于 2022 年期后非调整事项的是（　　）。

A. 2023 年 1 月被审计单位宣告发放股票股利

B. 2023 年 3 月 6 日被审计单位发生火灾，造成重大损失

C. 2023 年 2 月被审计单位对外进行重大投资

D. 2023 年 1 月收到 2022 年的销售退货

6. 下列有关期后事项审计的说法中，错误的是（　　）。

A. 注册会计师应当设计和实施审计程序，获取充分、适当的审计证据，以确定所有在财务报表日至财务报表报出日之间发生的需要在财务报表中调整或披露的事项均已得到识别

B. 注册会计师应当恰当应对审计报告日后知悉的，且如果在审计报告日知悉可能导致注册会计师修改审计报告的事项

C. 注册会计师应当要求管理层提供书面证明，确认所有在财务报表日后发生的按照适用的财务报告编制基础的规定应予以调整或披露的事项均已得到调整或披露

D. 财务报表报出后，注册会计师没有义务针对财务报表实施任何审计程序

7. 下列有关期后事项审计的说法中，错误的是（　　）。

A. 期后事项是指财务报表日至财务报表报出日之间发生的事项

B. 期后事项是财务报表日至审计报告日之间发生的事项，以及注册会计师在审计报告日后知晓的事实

C. 注册会计师仅需主动识别财务报表日至审计报告日之间发生的期后事项

D. 审计报告日后，如果注册会计师知悉某项如在审计报告日知悉将导致修改审计报告的事实，且管理层已就此修改财务报表，应当对修改后的财务报表实施必要的审计程序，出具新的或经修改的审计报告

8. 下列各项中，注册会计师可以不向被审计单位管理层和治理层获取书面声明的是（　　）。

A. 管理层认可其设计、执行和维护内部控制以防止和发现舞弊的责任

B. 管理层已向注册会计师通报了财务报表日至审计报告日之间发生的所有期后事项

C. 被审计单位已向注册会计师披露了所有已知悉的且在编制财务报表时应当考虑其影响的违反法律法规行为

D. 未更正错报单独或汇总起来对财务报表整体的影响不重大

9. 下列有关书面声明日期的说法中，正确的是（　　）。

A. 审计业务开始后的任何日期
B. 尽量接近审计报告日，但不得在其之后
C. 所审计会计期间截止日
D. 注册会计师离开审计现场的日期

10. 下列有关书面声明的作用的说法中，错误的是（　　）。

A. 书面声明是审计证据的重要来源
B. 要求管理层提供书面声明而非口头声明，可以提高管理层声明的质量
C. 在某些情况下，书面声明可能可以为相关事项提供充分、适当的审计证据
D. 书面声明可能影响注册会计师需要获取的审计证据的性质和范围

二、多项选择题

1. 在评价未更正错报的影响时，下列说法中，注册会计师认为正确的有（　　）。

A. 未更正错报的金额不得超过明显微小错报的临界值
B. 注册会计师应当从金额和性质两方面确定未更正错报是否重大
C. 注册会计师应当要求被审计单位更正未更正错报
D. 注册会计师应当考虑与以前期间相关的未更正错报对相关类别的交易、账额或披露以及财务报表整体的影响

2. 下列各项中，应当由项目合伙人复核的有（　　）。

A. 项目质量复核人的审计工作底稿
B. 复核财务报表和审计报告
C. 重大事项相关的审计工作底稿
D. 重大判断相关的审计工作底稿

3. 下列有关期后事项审计的说法中，正确的有（　　）。

A. 期后事项是指财务报表日至财务报表报出日之间发生的事项
B. 期后事项是指财务报表日至审计报告日之间发生的事项，以及注册会计师在审计报告日后知悉的事实
C. 注册会计师仅需主动识别财务报表日至审计报告日之间发生的期后事项
D. 审计报告日后，如果注册会计师知悉某项若在审计报告日知悉将导致修改审计报告的事实，且管理层已就此修改了财务报表，应当对修改后的财务报表实施必要的审计程序，出具新的或经修改的审计报告

4. F 注册会计师负责审计乙公司 2022 年度财务报表，现场审计工作完成 2023 年 2 月 28 日，财务报表批准日为 2023 年 3 月 22 日，审计报告日为年 3 月 29 日，财务报表报出日为 2023 年 3 月 31 日。下列关于书面声明日期的说法中，正确的有（　　）。

A. F 注册会计师取得日期为 2023 年 3 月 29 日的书面声明
B. F 注册会计师取得日期为 2023 年 3 月 31 日的书面声明
C. F 注册会计师取得日期为 2023 年 2 月 28 日的书面声明，并于 2023 年 3 月 29 日就 2023 年 2 月 28 日至 2023 年 3 月 29 日之间的变化获取管理层的更新声明
D. F 注册会计师取得日期为 2023 年 3 月 22 日的书面声明，并于 2023 年 3 月 31 日就 2023 年 3 月 22 日至 2022 年 3 月 31 日之间的变化获取管理层的更新声明

5. 如果管理层不提供符合要求的一项或多项书面声明，注册会计师应当采取的措施包括（　　）。

A. 与管理层讨论该事项

B. 重新评价管理层的诚信，并评价该事项对书面或口头声明和审计证据总体的可靠性可能产生的影响

C. 采取适当措施，包括确定该事项对审计意见可能产生的影响

D. 解除业务委托关系

三、判断题

1. 因为管理层更正错报的可能性较低，注册会计师会直接考虑已发现错报对审计结论的影响。（   ）

2. 注册会计师最终所作的审计差异调整并非由其单方面决定，而是需要征求被审计单位的意见。（   ）

3. 由于期后事项是在期后发生的，不会影响审计报告的意见类型。（   ）

4. 审计报告日后注册会计师没有责任对财务报表实施审计程序或进行专门调查，所以对这之后知悉的事项也无须处理。（   ）

5. 审计计划阶段确定的重要性水平在审计过程中可能有所调整，但结束外勤审计阶段无须再考虑重要性水平问题。（   ）

6. 项目质量复核是在项目组完成审计工作并出具审计报告前实施的。（   ）

7. 被审计单位与管理层沟通的事项及结果应该以书面形式记录下来，并且需要双方签名确认。（   ）

8. 建议调整的不符事项和不建议调整的不符事项都应记录于审计工作底稿中。（   ）

9. 审计人员应当针对审计过程中发现的重大事项向治理层出具书面沟通函，并将沟通的事项记录于工作底稿。（   ）

10. 财务报表批准日应在审计报告日之后，因为只有附上审计报告，财务报表才能报出。（   ）

四、论述题

1. 2023年2月27日大名会计师事务所接受普东公司委托，对其2022年度财务报表进行审计。在审计过程中注册会计师了解到被审计单位在财务、经营以及其他方面存在的某些事项或情况可能导致经营风险，这些事项或情况单独或连同其他事项或情况可能导致对持续经营假设产生重大疑虑：①无力偿还到期债务；②存在大额的逾期未缴税金；③累计经营性亏损金额巨大；④过度依赖短期借款筹资；⑤重要管理人员离职且无人替代；⑥人力资源缺少被审计单位针对上述问题已积极采取包括变卖资产、借款或债务重组、削减开支以及获取新的投资等应对措施，并提交给注册会计师相关应对计划的书面声明，并保证能够持续经营12个月以上。

要求：试论述当注册会计师识别出上述可能导致对持续经营能力产生重大疑虑的事项或情况时，应该如何实施进一步的审计程序。

2. 上市公司丁公司是HGB会计师事务所的常年审计客户，主要从事汽车的生产和销售。A注册会计师负责审计丁公司2022年度财务报表，确定财务报表整体的重要性为1000万元，明显微小错报的临界值为40万元。

（1）2023年1月初，丁公司对某型号汽车实施召回，免费更换刹车片，预计将发生更换费用3000万元。管理层在2022年度财务报表中确认了该项费用并进行了披露。A注册会计师

在对更换费用及相关披露实施审计程序后，认可了管理层的处理。

（2）因不同意 A 注册会计师提出的某些审计调整建议，管理层拒绝在书面声明中说明未更正错报单独或汇总起来对财务报表整体的影响不重大。考虑到未更正错报对财务报表的影响很小，A 注册会计师同意管理层不提供该项声明。

（3）丁公司的主要产品可能因产业升级调整被淘汰，管理层提供了其对该事项的评估及相关书面声明。A 注册会计师据此认为该事项不影响丁公司的持续经营能力。

（4）2022 年 6 月，丁公司更换了主要管理层成员，由于现任管理层仅就其任职期间提供书面声明，A 注册会计师向前任管理层获取了其在任时相关期间的书面声明。

（5）丁公司在 2022 年度财务报表附注中披露了 2023 年 1 月签署的一项重大收购协议，A 注册会计师检查了董事会决议及收购协议等相关文件，结果满意。

要求：针对上述第（1）至（5）项，假设不考虑其他条件，回答 A 注册会计师的做法是否恰当。如不恰当，请简要说明理由。

第十四章

审计报告

学习目标

知识要点	能力要求	关键术语
审计报告概述	（1）掌握审计报告的含义； （2）掌握审计报告的分类和作用	（1）审计意见；书面文件 （2）无保留意见；保留意见；否定意见；无法表示意见
审计报告的基本内容	（1）掌握审计报告的基本要素； （2）掌握编制审计报告的日期和签署以及列报的补充信息	（1）注册会计师的签名与盖章； （2）补充信息对注册会计师的要求
在审计报告中沟通关键审计事项	（1）掌握关键审计事项的决策框架； （2）掌握沟通关键审计事项	（1）确定关键审计事项； （2）描述单一关键审计事项；原始信息
非无保留意见	（1）掌握非无保留意见的概念和确定； （2）掌握非无保留意见的审计报告撰写	（1）重大错报；范围受限 （2）充分、适当的审计证据；披露其他事项
强调事项段和其他事项段	（1）掌握需增加强调事项段的情形及其撰写； （2）掌握需增加其他事项段的情形及其撰写	（1）强调事项段；强调事项——期后事项 （2）其他事项段；其他事项——审计范围

中国上市公司 2022 年年报审计情况快报

2023 年 5 月 10 日，中国注册会计师协会发布上市公司 2022 年年报审计情况快报（第十期），资料显示，截至 2023 年 4 月 30 日，57 家事务所共为 5170 家上市公司出具了财务报表审计报告，其中，沪市主板 1685 家，深市主板 1522 家，创业板 1255 家，科创板 517 家，北交所 191 家。从审计报告意见类型看，5039 家被出具了无保留意见审计报告（其中 55 家被出具带强调事项段的无保留意见，49 家被出具带持续经营事项段的无保留意见），94 家被出具了保留意见审计报告，37 家被出具了无法表示意见审计报告。

上述报告体现了 2022 年度上市公司财务报表审计报告的情况。上市公司财务报表审计报告究竟什么样？不同意见类型的审计报告究竟传递了什么信息？如何区分和判断？这些审计意见类型对于被审计单位又意味着什么？本章将逐一介绍。

第一节　审计报告概述

一、审计报告的概念

审计报告是指注册会计师根据审计准则的规定,在执行审计工作的基础上,对财务报表是否在所有重大方面按照适用的财务报告编制基础编制并实现合法、公允反映发表审计意见的书面文件。

审计报告是注册会计师在完成审计工作后向委托人提交的最终产品。另外,注册会计师应当将已审计的财务报表附于审计报告之后,以便于财务报表使用者正确理解和使用审计报告,并防止被审计单位替换、更改已审计的财务报表。

审计报告具有以下特征:
(1) 注册会计师应当按照会计准则的规定执行审计工作;
(2) 注册会计师在实施审计工作的基础上才能出具审计报告;
(3) 注册会计师通过对财务报表发表意见履行业务约定书约定的责任;
(4) 注册会计师应当以书面形式出具审计报告。

注册会计师应当根据由审计证据得出的结论,清楚表达对财务报表的意见。注册会计师一旦在审计报告上签名并盖章,就表明对其出具的审计报告负责。

二、形成审计意见的基础

注册会计师在实施审计工作的基础上才能出具审计报告。注册会计师应当就财务报表是否在所有重大方面按照适用的财务报告编制基础的规定编制并实现公允反映形成审计意见。为了形成审计意见,针对财务报表整体是否不存在由于舞弊或错误导致的重大错报,注册会计师应当得出结论,确定是否已就此获取合理保证。在得出结论时,注册会计师应当考虑下列事项。

(1) 是否已经获取充分的、适当的审计证据。
(2) 未更正错报单独或者汇总起来是否构成重大错报。
(3) 财务报表是否在所有重大方面按照适用的财务报告编制基础的规定编制并实现公允反映。

①财务报表是否恰当披露了所选择和运用的重要会计政策。
②财务报表是否恰当提及或说明适用的财务报告编制基础。
③管理层作出的会计估计是否合理。
④财务报表列报的信息是否具有相关性、可靠性、可比性和可理解性。
⑤财务报表是否作出充分披露,使财务报表预期使用者能够理解重大交易和事项对财务报表所传递的信息的影响。
⑥财务报表使用的术语(包括每一财务报表的标题)是否适当。

三、审计报告的作用

注册会计师签发的审计报告主要具有鉴证、保护和证明三方面的作用。

1. 鉴证作用

注册会计师签发的审计报告,不同于政府审计和内部审计的审计报告,是以超然独立的第三方身份，对被审计单位财务报表的合法性和公允性发表意见。这种意见，具有鉴证作用，得到了政府、投资者和其他利益相关者的普遍认可。政府有关部门判断财务报表是否合法、公允，主要依据注册会计师的审计报告。企业的投资者，主要依据注册会计师的审计报告来判断被投资企业的财务报表是否合法、公允地反映了财务状况和经营成果，以进行投资决策等。

2. 保护作用

审计的目的是提高财务报表预期使用者对财务报表的信赖程度。这一目的可以通过注册会计师对财务报表是否在所有重大方面按照适用的财务报告编制基础发表意见得以实现。审计报告是注册会计师对财务报表发表审计意见的书面文件，能够在一定程度上对被审计单位的债权人和股东以及其他利害关系人的利益起到保护作用。

3. 证明作用

审计报告是对注册会计师审计任务完成情况及其结果所得出的总结，它可以表明审计工作的质量并明确注册会计师的审计责任。因此，审计报告可以对审计工作质量和注册会计师的审计责任起证明作用。

四、审计报告的意见类型

注册会计师的目标是在评价根据审计证据得出的结论的基础上，对财务报表形成审计意见，并通过书面报告的形式清楚地表达审计意见。审计报告的意见类型如图 14-1 所示。

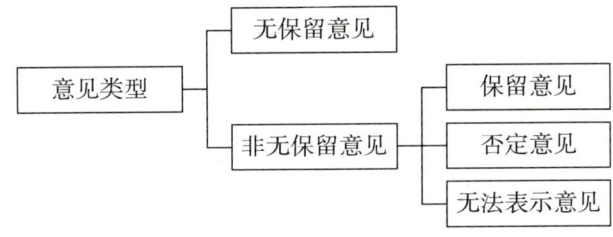

图 14-1　审计报告的意见类型

如果认为财务报表在所有重大方面按照适用的财务报告编制基础编制并实现公允反映，则注册会计师应当发表无保留意见。当存在下列情形之一时，注册会计师应当按照审计准则的规定，在审计报告中发表非无保留意见：①根据获取的审计证据，得出财务报表整体存在重大错报的结论；②无法获取充分、适当的审计证据，不能得出财务报表整体不存在重大错报的结论。非无保留意见是指对财务报表发表的保留意见、否定意见或无法表示意见。

如果财务报表没有实现公允反映，则注册会计师应当就该事项与管理层讨论，并根据适用的财务报告编制基础的规定和该事项得到解决的情况，决定是否有必要按照审计准则的规定在审计报告中发表非无保留意见。我们可以看一下康得新造假审计案例中，审计在整个事件中起到的作用，以及出具审计报告意见的类型是否准确。

 案例 14-1

康得新造假百亿审计案例

康得新成立于 2001 年，主营新材料、智能显示、碳纤维等先进高分子材料相关经营业务，是材料领域的龙头企业。康得新于2019年曝出兑付融资券存在不确定性的债券违约事件,而瑞华会计师事务所对其2015—2017年年报出具了"标准无保留意见",直到2019年曝出债券违约事件后,才对该公司2018年年报出具"无法表示意见"。经过调查,康得新在2015—2018年间利用合同造假、发出商品替换、资金回笼造假等手段虚增利润。而瑞华会计师事务所在4年间收取审计费用高达840万元,却未尽到资本市场守门人的职责。最终瑞华会计师事务所被调查,受到市场关注谴责,罚没资产110万元,而康得新于2021年由于触及重大违法被强制退市。

第二节 审计报告的基本内容

一、审计报告的要素概述

1. 审计报告应当包括下列要素

(1) 标题;
(2) 收件人;
(3) 审计意见;
(4) 形成审计意见的基础;
(5) 管理层对财务报表的责任;
(6) 注册会计师对财务报表审计的责任;
(7) 按照相关法律法规的要求报告的事项(如适用);
(8) 注册会计师的签名和盖章;
(9) 会计师事务所的名称、地址和盖章;
(10) 报告日期。

以上要素或段落必须体现在审计报告之中。其中,每个审计报告都应当具有标题并将标题统一规范为"审计报告"。审计报告应当按照审计业务的约定载明收件人。在某些国家或地区,法律法规或业务约定条款可能指定审计报告致送的对象。注册会计师通常将审计报告致送给财务报表使用者,一般是被审计单位的股东或治理层。

2. 其他要素

在适用的情况下,注册会计师还应当按照相关规定,在审计报告中对与持续经营相关的重大不确定性、关键审计事项、强调事项段、其他事项段、被审计单位年度报告中包含的除财务报表和审计报告之外的其他信息进行报告。以上要素或段落视情况而非必须体现在审计报告之中。

二、审计意见

审计意见由两部分构成。

第一部分指出已审计财务报表,应当包括下列方面:
(1) 指出被审计单位的名称;
(2) 说明财务报表已经审计;
(3) 指出构成整套财务报表的每一财务报表的名称;
(4) 提及财务报表附注;
(5) 指明构成整套财务报表的每一财务报表的日期或涵盖的期间。

为体现上述要求，审计报告中需要说明：注册会计师审计了被审计单位的财务报表，包括指明适用的财务报告编制基础规定的构成整套财务报表的每一财务报表的名称、日期或涵盖的期间以及相关财务报表附注。

第二部分应当说明注册会计师发表的审计意见。如果对财务报表发表无保留意见，则除非法律法规另有规定，审计意见应当使用标准措辞。审计意见涵盖由适用的财务报告编制基础所确定的整套财务报表。审计意见说明财务报表在所有重大方面按照适用的财务报告编制基础编制，公允反映了财务报表旨在反映的事项。

三、形成审计意见的基础

审计报告应当包含标题为"形成审计意见的基础"的部分。该部分提供关于审计意见的重要背景，应当紧接在审计意见部分之后，并包括下列方面。

（1）说明注册会计师按照审计准则的规定执行了审计工作。

（2）提及审计报告中用于描述审计准则规定的注册会计师责任的部分。

（3）声明注册会计师按照与审计相关的职业道德要求对被审计单位保持了独立性，并履行了职业道德方面的其他责任。声明中应当指明适用的职业道德要求，如中国注册会计师职业道德守则。

（4）说明注册会计师是否相信获取的审计证据是充分、适当的，为发表审计意见提供了基础。

四、管理层对财务报表的责任

审计报告应当包含标题为"管理层对财务报表的责任"的部分，其中应当说明管理层负责下列方面。

（1）按照适用的财务报告编制基础编制财务报表，使其实现公允反映，并设计、执行和维护必要的内部控制，以使财务报表不存在由于舞弊或错误导致的重大错报。

（2）评估被审计单位的持续经营能力和使用持续经营假设是否适当，并披露与持续经营相关的事项（如适用）。对管理层评估责任的说明应当包括描述在何种情况下使用持续经营假设是适当的。

五、注册会计师对财务报表审计的责任

（一）审计报告应当包含标题为"注册会计师对财务报表审计的责任"的部分，其中应当包括下列内容。

（1）说明注册会计师的目标是对财务报表整体是否不存在由于舞弊或错误导致的重大错报获取合理保证，并出具包含审计意见的审计报告。

（2）说明合理保证是高水平的保证，但按照审计准则执行的审计并不能保证一定会发现存在的所有重大错报。

（3）说明错报可能由于舞弊或错误导致。

（二）注册会计师对财务报表审计的责任还应包括以下两方面。

（1）说明在按照审计准则执行审计工作的过程中，注册会计师运用职业判断，并保持职业怀疑。

(2) 通过说明注册会计师的责任，对审计工作进行描述。

六、按照相关法律法规的要求报告的事项（如适用）

除审计准则规定的注册会计师责任外，如果注册会计师在对财务报表出具的审计报告中履行其他报告责任，除非其他报告责任涉及的事项与审计准则规定的报告责任涉及的事项相同，否则应当在审计报告中将其单独作为一部分。

七、审计报告的日期和签署

1. 审计报告日的含义

审计报告日不应早于注册会计师获取充分、适当的审计证据并在此基础上对财务报表形成审计意见的日期。

2. 审计报告的签署

在实务中，注册会计师在正式签署审计报告前，通常把审计报告草稿随同附管理层已按审计调整建议修改后的财务报表一起提交给管理层。如果管理层签署已按审计调整建议修改后的财务报表，注册会计师即可签署审计报告。

另外，注册会计师签署审计报告的日期可能与管理层签署已审计财务报表的日期为同一天，也可能晚于管理层签署已审计财务报表的日期。

3. 注册会计师的签名和盖章

审计报告应当由项目合伙人和另一名负责该项目的注册会计师签名和盖章。为进一步增强对审计报告使用者的透明度，在对上市实体整套通用目的财务报表出具的审计报告中应当注明项目合伙人。

4. 会计师事务所的名称、地址和盖章

审计报告应当载明会计师事务所的名称和地址，并加盖会计师事务所公章。注册会计师承办业务，由其所在的会计师事务所统一受理并与委托人签订委托合同。因此，审计报告除了应由注册会计师签名和盖章外，还应载明会计师事务所的名称和地址，并加盖会计师事务所公章。

注册会计师在审计报告中载明会计师事务所地址时，标明会计师事务所所在的城市即可。在实务中，审计报告通常载于会计师事务所统一印刷的、标有该所详细通信地址的信笺上，因此，无须在审计报告中注明详细地址。

八、与财务报表一同列报的补充信息

在某些情况下，被审计单位根据法律法规的要求，或出于自愿选择，与财务报表一同列报适用的财务报告编制基础未作要求的补充信息。例如，被审计单位列报补充信息以增强财务报表使用者对适用的财务报告编制基础的理解，或者对财务报表的特定项目提供进一步解释。这种补充信息通常在补充报表中或作为额外的附注进行列示。

如果被审计单位将适用的财务报告编制基础未作要求的补充信息与已审计财务报表一同列报，注册会计师应当根据职业判断，评价补充信息是否由于其性质和列报方式而构成财务报表的必要组成部分。如果补充信息构成财务报表的必要组成部分，应当将其涵盖在审计意见中。

如果认为适用的财务报告编制基础未作要求的补充信息不构成已审计财务报表的必要组成部分。注册会计师应当评价这些补充信息的列报方式是否充分、清楚地使其与已审计财务报表相区分。如果未能充分、清楚地区分，注册会计师应当要求管理层改变未审计补充信息的列报方式。如果管理层拒绝改变，注册会计师应当指出未审计的补充信息，并在审计报告中说明补充信息未审计。补充信息对注册会计师的工作要求如图14-2所示。

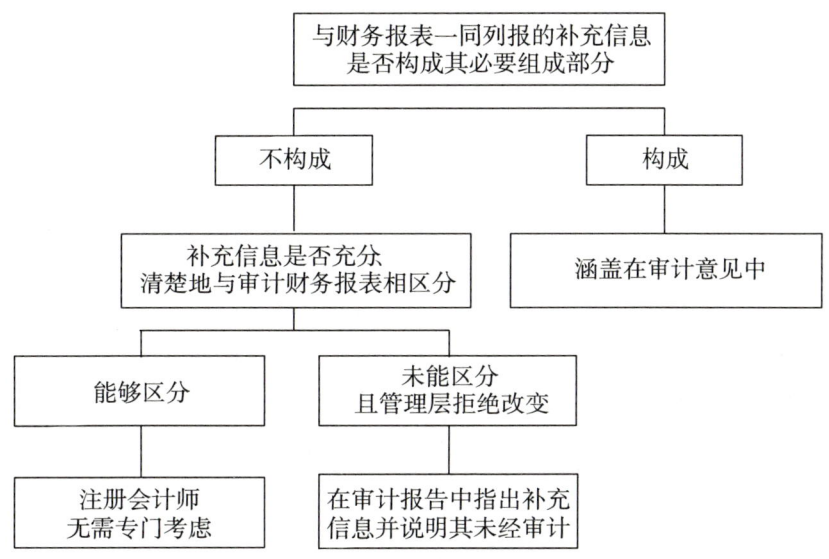

图14-2 补充信息对注册会计师的工作要求

参考格式14-1列示了对上市公司财务报表发表的无保留意见的审计报告。

参考格式14-1：审计报告

审计报告

A股份有限公司全体股东：

一、审计意见

我们审计了A股份有限公司财务报表，包括2023年12月31日的合并及母公司资产负债表，2023年度的合并及母公司利润表、合并及母公司现金流量表、合并及母公司股东权益变动表以及相关财务报表附注。

我们认为，后附的财务报表在所有重大方面按照企业会计准则的规定编制，公允反映了A股份有限公司2023年12月31日的合并及母公司财务状况以及2023年度的合并及母公司经营成果和现金流量。

二、形成审计意见的基础

我们按照中国注册会计师审计准则的规定执行了审计工作。审计报告的"注册会计师对财务报表审计的责任"部分进一步阐述了我们在这些准则下的责任。按照中国注册会计师职业道德守则，我们独立于A股份有限公司，并履行了职业道德方面的其他责任。我们相信，我们获取的审计证据是充分、适当的，为发表审计意见提供了基础。

三、关键审计事项

关键审计事项是我们根据职业判断，认为对本期财务报表审计最为重要的事项。这些事项的应对以对财务报表整体进行审计并形成审计意见为背景，我们不对这些事项单独发表意见。我们在审计中识别出的关键审计事项汇总如下：

（一）营业收入的确认

（二）关联方关系及其交易的披露

四、其他信息

A股份有限公司管理层（以下简称管理层）对其他信息负责。其他信息包括A股份有限公司2023年年度报告中涵盖的信息，但不包括财务报表和我们的审计报告。我们对财务报表发表的审计意见不涵盖其他信息，我们也不对其他信息发表任何形式的鉴证结论。

结合我们对财务报表的审计，我们的责任是阅读其他信息，在此过程中，考虑其他信息是否与财务报表或我们在审计过程中了解到的情况存在重大不一致或者似乎存在重大错报。

基于我们已执行的工作，如果我们确定其他信息存在重大错报，我们应当报告该事实。在这方面，我们无任何事项需要报告。

五、管理层和治理层对财务报表的责任

管理层负责按照企业会计准则的规定编制财务报表，使其实现公允反映，并设计、执行和维护必要的内部控制，以使财务报表不存在由于舞弊或错误导致的重大错报。在编制财务报表时，管理层负责评估A股份有限公司的持续经营能力，披露与持续经营相关的事项（如适用），并运用持续经营假设，除非计划进行清算、终止运营或别无其他现实的选择。

治理层负责监督A股份有限公司的财务报告过程。

六、注册会计师对财务报表审计的责任

我们的目标是对财务报表整体是否不存在由于舞弊或错误导致的重大错报获取合理保证，并出具包含审计意见的审计报告。合理保证是高水平的保证，但并不能保证按照审计准则执行的审计在某一重大错报存在时总能被发现。错报可能由于舞弊或错误导致，如果合理预期错报单独或汇总起来可能影响财务报表使用者依据财务报表作出的经济决策，则通常认为错报是重大的。

在按照审计准则执行审计的过程中，我们运用职业判断，并保持职业怀疑。同时，我们也执行下列工作。

（1）识别和评估由于舞弊或错误导致的财务报表重大错报风险；对这些风险有针对性地设计和实施审计程序；获取充分、适当的审计证据，作为发表审计意见的基础。由于舞弊可能涉及串通、伪造、故意遗漏、虚假陈述或凌驾于内部控制之上，未能发现由于舞弊导致的重大错报的风险高于未能发现由于错误导致的重大错报的风险。

（2）了解与审计相关的内部控制，以设计恰当的审计程序，但目的并非对内部控制的有效性发表意见。

（3）评价管理层选用会计政策的恰当性和作出会计估计及相关披露的合理性。

（4）对管理层使用持续经营假设的恰当性得出结论。同时，根据获取的审计证据，就可能导致对 A 股份有限公司持续经营能力产生重大疑虑的事项或情况是否存在重大不确定性得出结论。如果我们得出结论认为存在重大不确定性，审计准则要求我们在审计报告中提请报表使用者注意财务报表中的相关披露；如果披露不充分，我们应当发表非无保留意见。

我们的结论基于审计报告日可获得的信息。然而，未来的事项或情况可能导致 A 股份有限公司不能持续经营。

（5）评价财务报表的总体列报、结构和内容，并评价财务报表是否公允反映相关交易和事项。

我们与治理层就计划的审计范围、时间安排和重大审计发现等事项进行沟通，包括沟通我们在审计中识别出的值得关注的内部控制缺陷。

我们还就已遵守与独立性相关的职业道德要求向治理层提供声明，并与治理层沟通可能被合理认为影响我们独立性的所有关系和其他事项，以及相关的防范措施（如适用）。

从与治理层沟通的事项中，我们确定哪些事项对本期财务报表审计最为重要，因而构成关键审计事项。我们在审计报告中描述这些事项，除非法律法规禁止公开披露这些事项，或在罕见的情形下，如果合理预期在审计报告中沟通某事项造成的负面后果超过在公众利益方面产生的益处，我们确定不应在审计报告中沟通该事项。

七、按照相关法律法规的要求报告的事项

本部分的格式和内容，取决于法律法规对其他报告责任的性质的规定。本部分应当说明相关法律法规的事项（其他报告责任），除非其他报告责任涉及的事项与审计准则规定的报告责任涉及的事项相同。如果涉及相同的事项，其他报告责任可以在审计准则规定的同一报告要素部分中列示。当其他报告责任和审计准则规定的报告责任涉及同一事项，并且审计报告中的措辞能够将其他报告责任与审计准则规定的责任（如差异存在）予以清楚地区分时，可以将两者合并列示。

××会计师事务所　　　　　　　　　　　　中国注册会计师：×××（项目合伙人）
　（盖章）　　　　　　　　　　　　　　　　　　（签名并盖章）
　　　　　　　　　　　　　　　　　　　　中国注册会计师：×××
　　　　　　　　　　　　　　　　　　　　　　　（签名并盖章）

中国××市　　　　　　　　　　　　　　　　　二×××年×月×日

第三节　在审计报告中沟通关键审计事项

一、关键审计事项的含义和数量

关键审计事项是指注册会计师根据职业判断认为对当期财务报表审计最为重要的事项。关键审计事项从注册会计师与治理层沟通过的事项中选取。

在审计报告中沟通关键审计事项，旨在通过提高已执行审计工作的透明度增加审计报告的沟通价值。沟通关键审计事项能为财务报表预期使用者提供额外的信息，帮助其了解注册会计师根据职业判断认为对本期财务报表审计最为重要的事项，并帮助其了解被审计单位，以及已审计财务报表中涉及重大管理层判断的领域。

"最为重要的事项"并不意味着只有一项。关键审计事项的数量可能受被审计单位规模和复杂程度、业务和经营环境的性质，以及审计业务具体事实和情况的影响。但是，最初确定为关键审计事项的事项越多，注册会计师越需要重新考虑每一事项是否符合关键审计事项的定义。

二、确定关键审计事项的决策框架

根据关键审计事项的概念，注册会计师在确定关键审计事项时，需要遵循以下决策框架（见图14-3）。

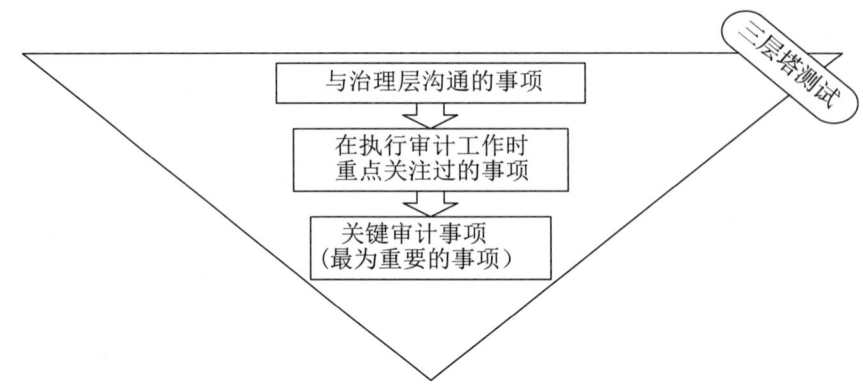

图 14-3 关键审计事项的决策框架图

（一）以"与治理层沟通的事项"为起点选择关键审计事项

审计准则要求注册会计师与被审计单位治理层沟通审计过程中的重大发现，包括注册会计师对被审计单位的重要会计政策、会计估计和财务报表披露等会计实务的看法，审计过程中遇到的重大困难，已与治理层讨论或需要书面沟通的重大事项等，以便治理层履行其监督财务报告过程的职责，因此应该从与治理层沟通事项中选取关键审计事项。

（二）从"与治理层沟通的事项"中确定"在执行审计工作时重点关注过的事项"

1. 概述

注册会计师重点关注过的领域通常与财务报表中复杂、重大的管理层判断领域相关，因而通常涉及困难或复杂的注册会计师职业判断，影响注册会计师的总体审计策略以及对这些事项分配的审计资源和审计工作力度。

2. 考虑因素

（1）评估的重大错报风险较高的领域或识别出的特别风险。

（2）与财务报表中涉及重大管理层判断，包括被认为具有高度估计不确定性的会计估计的领域相关的重大审计判断。

（3）当期重大交易或事项对审计的影响。

（三）从"在执行审计工作时重点关注过的事项"中确定对本期财务报表审计"最为重要的事项"，从而构成关键审计事项

1. 概述

注册会计师可能已就需要重点关注的事项与治理层进行了较多的互动，就这些事项与治理

层进行沟通的性质和范围,通常能够表明哪些事项对审计而言最为重要。

2. 考虑因素

(1) 该事项对预期使用者理解财务报表整体的重要程度,尤其是对财务报表的重要性。

(2) 与该事项相关的会计政策的性质或者与同行业其他实体相比,管理层在选择适当的会计政策时涉及的复杂程度或主观程度。

(3) 从定性和定量方面考虑,与该事项相关的由于舞弊或错误导致的已更正错报和累积未更正错报(如有)的性质和重要程度。

(4) 为应对该事项所需要付出的审计努力的性质和程度。

①为应对该事项而实施审计程序或评价这些审计程序的结果(如有)在多大程度上需要特殊的知识或技能。

②就该事项在项目组之外进行咨询的性质。

(5) 在实施审计程序、评价实施审计程序的结果、获取相关和可靠的审计证据以作为发表审计意见的基础时,注册会计师遇到的困难的性质和严重程度,尤其是当注册会计师的判断变得更加主观时。

(6) 识别出的与该事项相关的控制缺陷的严重程度。

(7) 该事项是否涉及数项可区分但又相互关联的审计考虑。例如,长期合同的收入确认、诉讼或其他或有事项等方面,可能需要重点关注,并且可能影响其他会计估计。

例如,ABC会计师事务所委派A注册会计师担任甲公司审计项目的项目合伙人。A注册会计师与治理层沟通了审计过程中的重大发现,包括:

①甲公司某仓库被列为违章建筑,A注册会计师提请甲公司对该仓库全额计提减值准备,金额重大;

②甲公司购买了重大金融理财产品,在确定新金融工具准则下的金融资产分类时不明确;

③甲公司的投资性房地产采用公允价值计量,本年房价大涨;

④甲公司涉及矿石类存货,盘点和监盘时需要运用特殊方法;

⑤甲公司与其关联方进行重大资产重组,监管机构就该事项发来问询函;

⑥甲公司新增合并范围内的子公司,股权架构错综复杂。

A注册会计师拟将这些事项作为确定关键审计事项的出发点,即这些事项构成了一个审计关键事项候选,并从中进一步遴选。

对于事项①和事项②,虽然A注册会计师曾与治理层沟通,但经评估这些事项的重大错报风险处于中等水平,涉及的管理层主观判断也相对有限,因此,A注册会计师将这些事项排除。对于事项③至事项⑥,A注册会计师评估认为这些事项分别涉及公允价值计量和重大管理层判断,重大的期末余额且审计难度高、关联方交易导致的特别风险、对本期财务报表影响重大的事项。因此,A注册会计师决定在这些事项中进一步遴选。也可以总结为三层塔测试,即"三层塔测试"的第一次筛选,可以理解为注册会计师从项目"总体情况"角度,结合"重大风险""重大判断"和"重大交易或事项"上述三项考虑因素,选择出"在执行审计工作时重点关注过的事项"。

对于事项③和事项④,A注册会计师聘请了外部专家,利用专家的工作完成了公允价值评估和特殊存货的监盘。这些事项的复杂程度和A注册会计师为之付出的努力程度没有显著偏高。因此,A注册会计师将这些事项排除。对于事项⑤,该事项受到财务报表预期使用者的广泛关注，复杂程度很高，A注册会计师为此投入了大量的时间和资源；对于事项⑥，合并范围的确定结果对财务报表影响广泛，涉及非常规的复杂架构，且A注册会计师留意到与该事项相关的内部控制是无效的。因此，A注册会计师最终将事项⑤和事项⑥确定为甲公司的关键审计事项。这也是"三层塔测试"的第二次筛选，可以理解为注册会计师从项目"具体工作"角度，结合审计计划、风险评估、风险应对和总体复核等具体工作环节，选择出"最为重要的事项"。

三、沟通关键审计事项

（一）在审计报告中单设关键审计事项部分

（1）注册会计师应当在审计报告中单设一部分，以"关键审计事项"为标题，并在该部分使用恰当的子标题逐项描述关键审计事项。

（2）关键审计事项部分的引言应当同时说明下列事项。

①关键审计事项是注册会计师根据职业判断，认为对本期财务报表审计最为重要的事项。

②关键审计事项以对财务报表整体进行审计并形成审计意见为背景，注册会计师对财务报表整体形成审计意见，而不对关键审计事项单独发表意见。

（3）在关键审计事项部分披露的关键审计事项是已经得到满意解决的事项，既不存在审计范围受到限制，也不存在注册会计师与被审计单位管理层意见分歧的情况。

（二）描述单一关键审计事项

注册会计师应当在审计报告中逐项描述每一关键审计事项，并分别索引至财务报表的相关披露（如有）以使预期使用者能够进一步了解管理层在编制财务报表时如何应对这些事项。在描述时，注册会计师应当同时说明下列内容。

（1）该事项被认定为审计中最为重要的事项之一，因而被确定为关键审计事项的原因。

（2）该事项在审计中是如何应对的。对一项关键审计事项在审计中如何应对的描述的详细程度属于职业判断，注册会计师可以描述下列要素：

①审计应对措施或审计方法中，与该事项最为相关或对评估的重大错报风险最有针对性的方面；

②对已实施审计程序的简要概述；

③实施审计程序的结果；

④对该事项的主要看法。

为使预期使用者能够理解在对财务报表整体进行审计的背景下的关键审计事项重要程度，以及关键审计事项与审计报告其他要素（包括审计意见）之间的关系，注册会计师可能需要注意用于描述关键审计事项的语言，注意事项如下所述：

（1）不暗示注册会计师在对财务报表形成审计意见时尚未恰当解决该事项；

（2）将该事项直接联系到被审计单位的具体情况，避免使用一般化或标准化的语言；

（3）能够体现出对该事项在相关财务报表披露（如有）中如何应对的考虑；

（4）不对财务报表单一要素发表意见，也不暗示是对财务报表单一要素单独发表意见。

（三）不在审计报告中沟通关键审计事项的情形

注册会计师可以不在审计报告中逐项描述关键审计事项情形：

（1）法律法规禁止公开披露某事项；

（2）在极少数的情况下，如果合理预期在审计报告中沟通某事项造成的负面后果超过产生的公众利益方面的益处，注册会计师确定不应在审计报告中沟通该事项。

如果被审计单位存在上述情形，注册会计师确定不在审计报告中沟通某一关键审计事项，并且不存在其他关键审计事项，注册会计师可以在审计报告单设的关键审计事项部分表述为"我们确定不存在需要在审计报告中沟通的关键审计事项"。

四、对原始信息的考虑

原始信息是指与被审计单位相关、尚未由被审计单位公布的信息，这些信息是被审计单位管理层和治理层的责任。例如，未包含在财务报表中、未包含在审计报告日可获取的其他信息或者管理层或治理层的其他口头或书面沟通中，如财务信息的初步公告或投资者简报。

在描述关键审计事项时，注册会计师需要避免不恰当地提供与被审计单位相关的原始信息，对关键审计事项的描述本身通常不构成有关被审计单位的原始信息。

如果确定披露这些信息是必要的，注册会计师可以鼓励管理层或治理层披露进一步的信息，而不是在审计报告中提供原始信息。

五、其他情形下关键审计事项部分的形式和内容

如果根据被审计单位和审计业务的具体事项和情况，注册会计师确定不存在需要沟通的关键审计事项，可以在审计报告单设的关键审计事项部分表述为"我们确定不存在需要在审计报告中沟通的关键审计事项"。

仅有的需要沟通的关键审计事项是导致发表保留意见或否定意见的事项，或者是可能导致对被审计单位持续经营能力产生重大疑虑的事项或情况存在重大不确定性，这时候注册会计师可以在审计报告单设的关键审计事项部分表述为"除形成保留（否定）意见的基础部分或与持续经营相关的重大不确定性部分所描述的事项外，我们确定不存在其他需要在审计报告中沟通的关键审计事项"。

需要说明的是，根据审计准则的规定导致发表保留意见或否定意见的事项，或者根据规定可能导致对被审计单位持续经营能力产生重大疑虑的事项或情况存在重大不确定性，就其性质而言都属于关键审计事项，但这些事项在审计报告中专门的部分披露，不在审计报告的关键审计事项部分进行描述。进一步说，在关键审计事项部分披露的关键审计事项（表14-1）是已经得到满意解决的事项，既不存在审计范围受到限制，也不存在注册会计师与被审计单位管理层意见分歧的情况。注册会计师应当按照适用的审计准则的规定报告这些事项，并在关键审计事项部分提及形成保留（否定）意见的基础部分或与持续经营相关的重大不确定性部分。

表14-1 特定情形下关键审计事项的描述

特定情形	性质	是否在关键审计事项部分描述	披露位置
导致发表保留意见或否定意见的事项	关键审计事项	否	形成保留（否定）意见的基础部分
导致对被审计单位持续经营能力产生重大疑虑的事项或情况存在重大的不确定性	关键审计事项	否	与持续经营相关的重大不确定性部分

六、就关键审计事项与治理层沟通

治理层在监督财务报告过程中担当重要角色。就关键审计事项与治理层沟通,能够使治理层了解注册会计师就关键审计事项作出的审计决策的基础以及这些事项将如何在审计报告中作出描述,也能够使治理层考虑鉴于这些事项将在审计报告中进行沟通,作出新的披露或提高披露质量是否有用。因此,注册会计师应当就下列事项与治理层沟通:

(1) 注册会计师确定的关键审计事项;

(2) 根据被审计单位和审计业务的具体情况,注册会计师确定不存在需要在审计报告中沟通的关键审计事项(如适用)。

七、审计工作底稿记录要求

注册会计师应当在审计工作底稿中记录下列事项。

(1) 注册会计师确定的在执行审计工作时重点关注过的事项,以及针对每一事项,是否将其确定为关键审计事项及其理由。

(2) 注册会计师确定不存在需要在审计报告中沟通的关键审计事项的理由,或者仅需要沟通的关键审计事项是导致非无保留意见的事项,或者是可能导致对被审计单位持续经营能力产生重大疑虑的事项或情况存在重大不确定性(如适用)。

(3) 注册会计师确定不在审计报告中沟通某项关键审计事项的理由(如适用)。

参考格式14-2列示了描述关键审计事项的审计报告。

参考格式14-2:审计报告

审计报告

A生物有限公司全体股东:

(一) 审计意见

我们审计了A生物有限公司(以下简称A公司)财务报表,包括2023年12月31日的资产负债表,2023年度的利润表、现金流量表、股东权益变动表以及相关财务报表附注。

我们认为,后附的财务报表在所有重大方面按照企业会计准则的规定编制,公允反映了A公司2023年12月31日的财务状况以及2023年度的经营成果和现金流量。

(二) 形成审计意见的基础

我们按照中国注册会计师审计准则的规定执行了审计工作。审计报告的"注册会计师对财务报表审计的责任"部分进一步阐述了我们在这些准则下的责任。按照中国注册会计师职业道德守则,我们独立于A公司,并履行了职业道德方面的其他责任。我们相信,我们获取的审计证据是充分、适当的,为发表审计意见提供了基础。

(三) 关键审计事项

截至2023年12月31日,正如财务报表附注六所述(注释:此处为关键审计事项与财务报表相关披露的索引），A公司财务报表列报消耗性生物资产净额1.62亿元。管理层于年度终聘请第三方机构对生物资产进行盘点，测算消耗性生物资产的可变现净值，若可变现净值低于其账面价值，按照可变现净值低于账面价值的差额，计提生物资产跌价准备，并计入当期损益。由于生物资产计量和存在的特殊性，存在数量确认可能不准确的潜在错报，且可变现净值的确定需要管理层作出重大判断，因此我们将生物资产的存在和损失确认认定为关键审计事项（注释：此处为该事项被认定为关键审计事项的原因）。

我们针对生物资产的存在和损失确认所实施的重要审计程序包括：①了解和评价管理层对于生物资产数量确认和生物资产减值有关的内部控制的设计，并测试了相关程序的运行有效性……④了解和评价管理层计算生物资产可变现净值中采用的关键假设及输入值，这些假设和输入值包括生物资产的市场价格、采捕成本、至采捕期将要发生的养护成本、运输费用及销售费用等，同时对生物资产的市场价格进行了市场询价走访。⑤A公司聘请外部独立机构实施盘点，由外部独立机构制定盘点计划选取样本及现场盘点，利用专业工具来协助测算实际数量、评估生物资产的成熟度和品质状况等，我们对该过程实施了监盘程序……⑦评估管理层对生物资产存在和损失确认的财务报表披露是否恰当。（注释：此处为审计中的应对措施，对已实施审计程序作了简要概述。）

（四）其他信息

A生物有限公司管理层（以下简称管理层）对其他信息负责。其他信息包括A公司2023年年度报告中涵盖的信息，但不包括财务报表和我们的审计报告。我们对财务报表发表的审计意见不涵盖其他信息，我们也不对其他信息发表任何形式的鉴证结论。

结合我们对财务报表的审计，我们的责任是阅读其他信息，在此过程中，考虑其他信息是否与财务报表或我们在审计过程中了解到的情况存在重大不一致或者似乎存在重大错报。

基于我们已执行的工作，如果我们确定其他信息存在重大错报，应当报告该事实。在这方面，我们无任何事项需要报告。

（五）管理层和治理层对财务报表的责任

管理层负责按照企业会计准则的规定编制财务报表，使其实现公允反映，并设计、执行和维护必要的内部控制，以使财务报表不存在由于舞弊或错误导致的重大错报。在编制财务报表时，管理层负责评估A公司的持续经营能力，披露与持续经营相关的事项（如适用），并运用持续经营假设，除非计划进行清算、终止运营或别无其他现实的选择。

治理层负责监督A公司的财务报告过程。

（六）注册会计师对财务报表审计的责任

我们的目标是对财务报表整体是否不存在由于舞弊或错误导致的重大错报获取合理保证，并出具包含审计意见的审计报告。合理保证是高水平的保证，但并不能保证按照审计准则执行的审计在某一重大错报存在时总能被发现。错报可能由于舞弊或错误导致，如果合理预期错报单独或汇总起来可能影响财务报表使用者依据财务报表作出的经济决策，则通常认为错报是重大的。

在按照审计准则执行审计的过程中,我们运用职业判断,并保持职业怀疑。同时,我们也执行下列工作。

(1) 识别和评估由于舞弊或错误导致的财务报表重大错报风险;对这些风险有针对性地设计和实施审计程序;获取充分、适当的审计证据,作为发表审计意见的基础。由于舞弊可能涉及串通、伪造、故意遗漏、虚假陈述或凌驾于内部控制之上,未能发现由于舞弊导致的重大错报的风险高于未能发现由于错误导致的重大错报的风险。

(2) 了解与审计相关的内部控制,以设计恰当的审计程序,但目的并非对内部控制的有效性发表意见。

(3) 评价管理层选用会计政策的恰当性和作出会计估计及相关披露的合理性。

(4) 对管理层使用持续经营假设的恰当性得出结论。同时,根据获取的审计证据,就可能导致对A公司持续经营能力产生重大疑虑的事项或情况是否存在重大不确定性得出结论。如果我们得出结论认为存在重大不确定性,审计准则要求我们在审计报告中提请报表使用者注意财务报表中的相关披露;如果披露不充分,我们应当发表非无保留意见。

我们的结论基于审计报告日可获得的信息。然而,未来的事项或情况可能导致A公司不能持续经营。

(5) 评价财务报表的总体列报、结构和内容,并评价财务报表是否公允反映相关交易和事项。

我们与治理层就计划的审计范围、时间安排和重大审计发现等事项进行沟通,包括沟通我们在审计中识别出的值得关注的内部控制缺陷。

我们还就已遵守与独立性相关的职业道德要求向治理层提供声明,并与治理层沟通可能被合理认为影响我们独立性的所有关系和其他事项,以及相关的防范措施(如适用)。

从与治理层沟通的事项中,我们确定哪些事项对本期财务报表审计最为重要,因而构成关键审计事项。我们在审计报告中描述这些事项,除非法律法规禁止公开披露这些事项,或在罕见的情形下,如果合理预期在审计报告中沟通某事项造成的负面后果超过在公众利益方面产生的益处,我们确定不应在审计报告中沟通该事项。

(七) 按照相关法律法规的要求报告的事项

本部分的格式和内容,取决于法律法规对其他报告责任的性质的规定。本部分应当说明相关法律法规的事项(其他报告责任),除非其他报告责任涉及的事项与审计准则规定的报告责任涉及的事项相同。如果涉及相同的事项,其他报告责任可以在审计准则规定的同一报告要素部分中列示。当其他报告责任和审计准则规定的报告责任涉及同一事项,并且审计报告中的措辞能够将其他报告责任与审计准则规定的责任(如差异存在)予以清楚地区分时,可以将两者合并列示。

××会计师事务所　　　　　　　　　　　　中国注册会计师:×××(项目合伙人)
　　(盖章)　　　　　　　　　　　　　　　　　(签名并盖章)
　　　　　　　　　　　　　　　　　　　　　中国注册会计师:×××
　　　　　　　　　　　　　　　　　　　　　　　(签名并盖章)
中国××市　　　　　　　　　　　　　　　二×××年×月×日

第四节 非无保留意见

一、非无保留意见的概念和确定

（一）非无保留意见的概念

非无保留意见是指对财务报表发表的保留意见、否定意见或无法表示意见。当存在下列情形之一时，注册会计师应当在审计报告中发表非无保留意见：

（1）根据获取的审计证据，得出财务报表整体存在重大错报的结论；

（2）无法获取充分、适当的审计证据，不能得出财务报表整体不存在重大错报的结论。

（二）非无保留意见的类型

在确定非无保留意见类型时需要考虑的因素（表14-2）。

（1）导致非无保留意见的事项的性质，是财务报表整体存在重大错报，还是在无法获取充分、适当的审计证据的情况下，财务报表可能存在重大错报。

（2）注册会计师就导致非无保留意见的事项对财务报表产生或可能产生影响的重大和广泛性作出的判断。

表14-2　无保留意见考虑因素说明

考虑因素	情　形	分　析
根据获取的审计证据得出财务报表整体存在重大错报的结论	选择的会计政策的恰当性	①选择的会计政策与适用的财务报告编制基础不一致； ②财务报表没有按照公允反映的方式列报交易和事项
	对所选择的会计政策的运用	①运用不具备一致性； ②运用不当
	财务报表披露的恰当或充分性	①财务报表没有包括适用的财务报告编制基础要求的所有披露； ②财务报表的披露没有按照适用的财务报告编制基础列报； ③财务报表没有作出必要的披露以实现公允反映
无法获取充分、适当的审计证据，不能得出财务报表整体不存在重大错报的结论	超出被审计单位控制的情形	①例如被审计单位的会计记录已被毁坏； ②例如重要组成部分的会计记录已被政府有关机构无限期地查封
	与注册会计师工作的性质或时间安排相关的情形	①例如注册会计师无法获取有关联营企业财务信息的充分、适当的审计证据以评价是否恰当地运用了权益法； ②例如注册会计师无法实施存货监盘； ③例如注册会计师确定仅实施实质性程序是不充分的，但被审计单位的控制是无效的
	管理层施加限制的情形	①例如管理层阻止注册会计师实施存货监盘； ②例如管理层阻止注册会计师对特定账户余额实施函证

(续表)

考虑因素	情形	分析
影响的重大性和广泛性	影响的重大性	①财务报表存在重大错报； ②无法获取充分、适当的审计证据以作为形成审计意见的基础，但认为未发现的错报（如存在）对财务报表可能产生的影响重大； ③通常错报或审计范围受到限制的潜在影响达到或超过财务报表整体重要性水平，属于重大影响
	影响的广泛性	①不限于对财务报表的特定要素、账户或项目产生影响； ②虽然仅对财务报表的特定要素、账户或项目产生影响，但这些要素、账户或项目是或可能是财务报表的主要组成部分； ③当与披露相关时，产生的影响对财务报表使用者理解财务报表至关重要

（三）确认非无保留意见的类型

导致注册会计师发表非无保留意见的事项单独或汇总起来对财务报表的影响或可能产生的影响一定是重大的（表14-3）。在这个前提下，注册会计师应当发表保留意见，还是否定意见或无法表示意见，取决于导致非无保留意见的事项对财务报表整体产生的影响或可能产生的影响是否具有广泛性。

表 14-3　注册会计师发表非无保留意见的情形

导致发表非无保留意见的事项的性质	这些事项对财务报表产生或可能产生影响的广泛性	
	重大但不具有广泛性	重大且具有广泛性
财务报表存在重大错报	保留意见	否定意见
无法获取充分、适当的审计证据	保留意见	无法表示意见

二、形成非无保留意见审计报告的基础

1. 审计报告格式和内容的一致性

如果对财务报表发表非无保留意见，注册会计师应当将审计报告中"形成审计意见的基础"部分的标题修改为恰当的标题，如"形成保留意见的基础""形成否定意见的基础""形成无法表示意见的基础"，说明导致发表非无保留意见的事项。

当发表保留意见或否定意见时，注册会计师应当修改"形成保留（否定）审计意见的基础"部分的描述，注册会计师相信，注册会计师获取的审计证据是充分、适当的，为发表保留（否定）意见提供了基础。

当发表无法表示意见时，注册会计师应当修改"形成无法表示意见的基础"部分的表述，不应提及审计报告中用于描述注册会计师责任的部分，也不应说明注册会计师是否已获取充分、适当的审计证据以作为形成审计意见的基础。

2. 量化财务影响

如果财务报表中存在与具体金额（包括定量披露）相关的重大错报，注册会计师应当在

形成审计意见的基础部分说明并量化该错报的财务影响。举例来说，如果存货被高估，注册会计师可以在审计报告中形成审计意见的基础部分说明该重大错报的财务影响，即量化其对所得税、税前利润、净利润和所有者权益的影响。如果无法量化财务影响，注册会计师应当在该部分说明这一情况。

3. 存在与定性披露相关的重大错报

如果财务报表中存在与定性披露相关的重大错报，注册会计师应当在形成审计意见的基础部分解释该错报错在何处。

4. 存在与应披露而未披露信息相关的重大错报

如果财务报表中存在与应披露而未披露信息相关的重大错报，注册会计师应当：①与治理层讨论未披露信息的情况；②在形成意见的基础部分描述未披露信息的性质；③如果可行并且已针对未披露信息获取了充分、适当的审计证据，在形成审计意见的基础部分包含对未披露信息的披露，除非法律法规禁止。

如果存在下列情形之一，则在形成审计意见的基础部分披露遗漏的信息是不可行的：①管理层还没有作出这些披露，或管理层已作出但注册会计师不易获取这些披露；②根据注册会计师的判断，在审计报告中披露该事项过于庞杂。

5. 无法获取充分、适当的审计证据

如果因无法获取充分、适当的审计证据而导致发表非无保留意见，注册会计师应当在形成审计意见的基础部分说明无法获取审计证据的原因。

6. 披露其他事项

即使发表了否定意见或无法表示意见，注册会计师也应当在形成审计意见的基础部分说明注意到的、将导致发表非无保留意见的所有其他事项及其影响。

在执行审计的过程中，即使已发现的重大错报具有广泛性，足以导致发表否定意见，或者即使审计范围受到限制可能产生的影响足以导致发表无法表示意见，除非属于在可行时解除业务约定的情形。注册会计师仍然需要对其余不涉及上述重大错报的财务报表项目按照审计准则的规定执行并完成审计工作。并且，注册会计师应当在"形成否定（无法表示）意见的基础"部分说明注意到的、将导致发表非无保留意见的所有其他事项及其影响。

7. 对"形成非无保留意见的基础"部分的可理解性的考虑

就"形成非无保留意见的基础"部分的整体结构而言，注册会计师可以考虑以下几点。

（1）如果非无保留意见涉及多个事项，可以以简要概括方式对每一事项分别增加一个小标题，这有助于使用者更直观地了解相关事项影响到的财务报表具体领域及判断相关事项对财务报表整体的影响程度。

（2）如果非无保留意见涉及的事项在财务报表附注中有相关披露内容，索引至相关财务报表附注有助于使用者了解这些事项的具体情况。

（3）说明审计范围受到限制影响哪些财务报表项目和金额，并进一步说明可能存在的具体影响。

（4）在说明无法获取充分、适当的审计证据的原因时，描述导致审计范围受到限制的具体情形。

三、非无保留意见的审计报告中审计意见撰写

1. 发表保留意见

（1）当由于财务报表存在重大错报而发表保留意见时，注册会计师应当在审计意见部分注明相关说明：注册会计师认为，除形成保留意见的基础部分所述事项产生的影响外，后附的财务报表在所有重大方面按照适用的财务报告编制基础编制，公允反映了……

（2）当无法获取充分适当的审计证据而导致发表保留意见时，注册会计师应当在审计意见部分使用"除……可能产生的影响外"等措辞。

（3）将"形成审计意见的基础"这一标题修改为"形成保留意见的基础"，并对导致发表保留意见的事项进行描述。此外，将"说明注册会计师是否已获取充分、适当的审计证据以作为形成审计意见的基础"的相关表述修改为"说明注册会计师是否已获取充分、适当的审计证据以作为形成保留意见的基础"。

2. 发表否定意见

（1）将"审计意见"这一标题修改为"否定意见"，并在审计意见内容部分说明：注册会计师认为，由于形成否定意见的基础部分所述事项的重要性，后附的财务报表没有在所有重大方面按照适用的财务报告编制基础的规定编制，未能公允反映……

（2）将"形成审计意见的基础"这一标题修改为"形成否定意见的基础"，并对导致发表非无保留意见的事项进行描述，同时也应说明注意到的、将导致发表否定意见的所有其他事项及其影响。此外，将"说明注册会计师是否已获取充分、适当的审计证据以作为形成审计意见的基础"的相关表述修改为"说明注册会计师是否已获取充分、适当的审计证据以作为形成否定审计意见的基础"。

3. 发表无法表示意见

（1）将"审计意见"这一标题修改为"无法表示意见"，并在审计意见内容部分将财务报表"已经审计"的说明改为"注册会计师接受委托审计财务报表"，并说明：注册会计师不对后附的财务报表发表审计意见；由于形成无法表示意见的基础部分所述事项的重要性，注册会计师无法获取充分、适当的审计证据以作为对财务报表发表审计意见的基础。

（2）将"形成审计意见的基础"这一标题修改为"形成无法表示意见的基础"，并对导致发表非无保留意见的事项进行描述，同时也应说明注意到的、将导致发表无法表示意见的所有其他事项及其影响。此外，该部分不应包含"提及审计报告中用于描述注册会计师责任的部分"和"说明注册会计师是否已获取充分、适当的审计证据以作为形成审计意见的基础"的相关表述。

（3）对"注册会计师对财务报表审计的责任"的表述进行修改，仅包含下列内容：注册会计师的责任是按照《中国注册会计师审计准则》的规定，对被审计单位财务报表执行审计工作，以出具审计报告；但由于形成无法表示意见的基础部分所述的事项，注册会计师无法获取充分、适当的审计证据以作为发表审计意见的基础；关于注册会计师在独立性和职业道德方面的其他责任的声明。

（4）除非法律法规另有规定，当对财务报表发表无法表示意见时，注册会计师不得在审计报告中包含"关键审计事项"部分，也不得在审计报告中包含"其他信息"部分。

四、非无保留意见审计报告的范例

（一）保留意见的审计报告

参考格式14-3列示了保留意见审计报告的范例。

参考格式14-3：审计报告

审计报告

ABC公司全体股东：

一、保留意见

我们审计了ABC公司财务报表，包括2023年12月31日的资产负债表，2023年度的利润表、股东权益变动表和现金流量表，以及财务报表附注。

我们认为，除"形成保留意见的基础"部分所述事项可能产生的影响外，ABC公司的财务报表在所有重大方面按照企业会计准则的规定编制，公允反映了ABC公司2023年12月31日的财务状况以及2023年度的经营成果和现金流量。

二、形成保留意见的基础

在资产负债表中，公司存货列报为×××。管理层没有根据成本与可变现净值孰低的原则，而只是根据其成本来列报存货，偏离了中国企业会计准则。公司财务记录表明，如果管理层以成本与可变现净值较低来报告存货，为将存货价值减记到可变现净值，就应当记录存货减值准备金额×××。因此，销售成本将增加×××，所得税、净利润和股东权益将分别减少×××，×××和×××。

……（因本书篇幅限制而省略）

我们按照《中国注册会计师审计准则》的规定执行了审计工作。审计报告的"注册会计师对财务报表审计的责任"部分进一步阐述了我们在这些准则下的责任。按照中国注册会计师职业道德守则，我们独立于ABC公司，并履行了职业道德方面的其他责任。我们相信，我们获取的审计证据是充分、适当的，为发表保留意见提供了基础。

三、其他信息

……（因本书篇幅限制而省略）

四、关键审计事项

……（因本书篇幅限制而省略）

五、管理层和治理层对财务报表的责任

……（因本书篇幅限制而省略）

六、注册会计师对财务报表审计的责任

……（因本书篇幅限制而省略）

××会计师事务所	中国注册会计师：×××（项目合伙人）
（盖章）	（签名并盖章）
	中国注册会计师：×××
	（签名并盖章）
中国××市	二×××年×月×日

（二）否定意见审计报告案例

参考格式14-4列示了否定意见审计报告的范例。

参考格式14-4：审计报告

审计报告

ABC公司全体股东：

一、否定意见

我们审计了ABC公司财务报表，包括2023年12月31日的资产负债表，2023年度的利润表、股东权益变动表和现金流量表，以及财务报表附注。

我们认为，由于"形成否定意见的基础"部分所述事项的重要性ABC公司的财务报表没有在所有重大方面按照企业会计准则的规定编制，未能公允反映了ABC公司2023年12月31日的财务状况以及2023年度的经营成果和现金流量。

二、形成否定意见的基础

如附注×所述，公司之所以没有将其于2023年兼并的子公司XYZ公司纳入合并财务报表，是因为在兼并日无法确定子公司某些重要资产和负债的公允价值。因此，这项投资以成本为基础进行核算。根据中国企业会计准则，因为子公司被该公司所控制，所以应当被纳入合并财务报表。如果XYZ公司被纳入合并财务报表，那么后附财务报表的很多要素将会受到重大影响。未纳入合并对财务报表产生的影响尚未确定。

……（因本书篇幅限制而省略）

我们按照《中国注册会计师审计准则》的规定执行了审计工作。审计报告的"注册会计师对财务报表审计的责任"部分进一步阐述了我们在这些准则下的责任。按照中国注册会计师职业道德守则，我们独立于ABC公司，并履行了职业道德方面的其他责任。我们相信，我们获取的审计证据是充分、适当的，为发表否定意见提供了基础。

三、其他信息

……（因本书篇幅限制而省略）

四、关键审计事项

……（因本书篇幅限制而省略）

五、管理层和治理层对财务报表的责任

……（因本书篇幅限制而省略）

六、注册会计师对财务报表审计的责任

……（因本书篇幅限制而省略）

××会计师事务所　　　　　　　　　　　　　中国注册会计师：×××（项目合伙人）
　　（盖章）　　　　　　　　　　　　　　　　　　（签名并盖章）
　　　　　　　　　　　　　　　　　　　　　中国注册会计师：×××
　　　　　　　　　　　　　　　　　　　　　　　　（签名并盖章）
中国××市　　　　　　　　　　　　　　　　二×××年×月×日

（三）无法表示意见审计报告案例

参考格式 14-5 列示了无法表示意见审计报告的范例。

参考格式 14-5：审计报告

审计报告

ABC 公司全体股东：

一、无法表示意见

我们接受委托，审计 ABC 公司财务报表，包括 2023 年 12 月 31 日的资产负债表，2023 年度的利润表、股东权益变动表和现金流量表，以及财务报表附注。

我们不对后附的贵公司的财务报表发表审计意见。由于"无法表示意见的基础"部分所述事项的重要性，我们无法获取充分、适当的审计证据以作为对财务报表发表审计意见的基础。

二、形成无法表示意见的基础

公司对合资经营企业 XYZ 公司（在×国）的投资在资产负债表中以价值×××列报，超过了该公司 2023 年 12 月 31 日净资产的 90%。我们不被允许接触 XYZ 公司的管理层和注册会计师，包括 XYZ 公司注册会计师的审计工作底稿。因此，对于 XYZ 公司资产中 ABC 公司共同控制的比例份额、XYZ 公司负债中 ABC 公司共同承担的比例份额、XYZ 公司收入和费用中 ABC 公司的比例份额，以及股东权益变动表和现金流量表的构成要素，我们无法确定是否有必要做出调整。

……（因本书篇幅限制而省略）

三、管理层和治理层对财务报表的责任

……（因本书篇幅限制而省略）

四、注册会计师对财务报表审计的责任

我们的责任是按照《中国注册会计师审计准则》的规定，对贵公司的财务报表执行审计工作，以出具审计报告。但由于"形成无法表示意见的基础"部分所述的事项，我们无法获取充分、适当的审计证据以作为发表审计意见的基础。

按照《中国注册会计师职业道德守则》，我们独立于贵公司，并履行了职业道德方面的其他责任。

××会计师事务所　　　　　　　　　　　　　中国注册会计师：×××（项目合伙人）
　　（盖章）　　　　　　　　　　　　　　　　　　　　　　（签名并盖章）
　　　　　　　　　　　　　　　　　　　　　中国注册会计师：×××
　　　　　　　　　　　　　　　　　　　　　　　　　　　　（签名并盖章）

中国××市　　　　　　　　　　　　　　　　二×××年×月×日

第五节　强调事项段和其他事项段

带事项段的审计报告分为两种：带强调事项段的审计报告和带其他事项段的审计报告。

一、带强调事项段的审计报告

（一）强调事项段的概念

审计报告的强调事项段是指审计报告中含有的一个段落，该段落提及已在财务报表中恰当列报或披露的事项，且根据注册会计师的职业判断，该事项对财务报表使用者理解财务报表至关重要。

审计报告中强调事项段和关键审计事项之间具有的关联或者区别：

（1）关键审计事项指注册会计师根据职业判断认为对本期财务报表审计最为重要的事项，强调事项段的使用不能代替对某项关键审计事项的描述；

（2）某一事项可能未被确定为关键审计事项，但根据注册会计师的职业判断，该事项对财务报表使用者理解财务报表至关重要（例如期后事项）。如果认为有必要提请财务报表使用者关注该事项，注册会计师应当将该事项包含在审计报告的强调事项段中。

（二）需要增加强调事项段的情形

（1）增加强调事项段需要满足的条件。如果认为有必要提醒财务报表使用者关注已在财务报表中列报或披露，且根据职业判断认为对财务报表使用者理解财务报表至关重要的事项，在同时满足下列条件时，注册会计师应当在审计报告中增加强调事项段：

①该事项不会导致注册会计师发表非无保留意见；

②该事项未被确定为在审计报告中沟通的关键审计事项。

（2）注册会计师在特定情况下应该在审计报告中增加强调事项段的情形包括以下几点：

①法律法规规定的财务报告编制基础不可接受，但其是基于法律或法规作出的规定；

②提醒财务报表使用者注意财务报表按照特殊目的编制基础编制；

③注册会计师在审计报告日后知悉了某些事实（即期后事项），并且出具了新的或经修改的审计报告。

（3）除上述审计准则要求增加强调事项的情形外，注册会计师可能认为需要增加强调事项段的情形举例如下：

①异常诉讼或监管行动的未来结果存在不确定性；

②在财务报表日至审计报告日之间发生的重大期后事项；

③在允许的情况下，提前应用对财务报表有重大影响的新会计准则；

④存在已经或持续对被审计单位财务状况产生重大影响的特大灾难。

另外，过于广泛地使用强调事项段，可能会降低注册会计师对强调事项所作沟通的有效性。

（三）在审计报告中包含强调事项段时注册会计师应采取的措施

（1）将强调事项段作为单独的一部分置于审计报告中，并使用包含"强调事项"这一术语的适当标题。

（2）明确提及被强调事项以及相关披露的位置，以便能够在财务报表中找到对该事项的详细描述。强调事项段应当仅提及已在财务报表中列报或披露的信息。

（3）指出审计意见没有因该强调事项而改变。

（4）在审计报告中包含强调事项段不影响审计意见。包含强调事项段不能代替下列情形：

①发表非无保留意见；

②适用的财务报告编制基础要求管理层在财务报表中作出的披露，或为实现公允列报所需的其他披露；

③当可能导致对被审计单位持续经营能力产生重大疑虑的事项或情况存在重大不确定性时作出的报告。

二、带其他事项段的审计报告

（一）其他事项段的概念

其他事项段是指审计报告中含有的一个段落，该段落提及未在财务报表中列报或披露的事项，且根据注册会计师的职业判断，该事项与财务报表使用者理解审计工作、注册会计师的责任或审计报告相关。

（二）可能需要增加其他事项段的情形

如果认为有必要沟通虽然未在财务报表中列报或披露，但根据职业判断认为与财务报表使用者理解审计工作、注册会计师的责任或审计报告相关的事项，在同时满足下列条件时，注册会计师应当在审计报告中增加其他事项段：

（1）未被法律法规禁止；

（2）该事项未被确定为在审计报告中沟通的关键审计事项。

（三）在审计报告中包含其他事项段时注册会计师应采取的措施

（1）注册会计师应当将该段落作为单独的一部分，并使用"其他事项"或其他适当标题。

（2）增加其他事项段不涉及以下两种情形：一种是除根据审计准则的规定有责任对财务报表出具审计报告外，注册会计师还有其他报告责任；另一种是注册会计师可能被要求实施额外规定的程序并予以报告，或对特定事项发表意见。

（3）当审计报告中包含关键审计事项部分，且其他事项段也被认为必要时，注册会计师可以在"其他事项"标题中增加进一步的背景信息。

（4）当增加其他事项段旨在提醒使用者关注与审计报告中提及的其他报告责任相关的事项时，该段落可以置于"按照相关法律法规的要求报告的事项"部分内。

（5）当其他事项段与注册会计师的责任或使用者理解审计报告相关时，可以单独作为一部分，置于"对财务报表出具的审计报告"和"按照相关法律法规的要求报告的事项"之后。

三、增加强调事项段或其他事项段的审计报告范例

参考格式 14-6 列示了带强调事项段的审计报告的范例。

参考格式 14-6：审计报告

审计报告

ABC 股份有限公司全体股东：

（一）审计意见

我们审计了 ABC 股份有限公司（以下简称"ABC 公司"）财务报表，包括 2023 年 12 月 31 日的资产负债表，2023 年度的利润表、现金流量表、股东权益变动表以及相关财务报表附注。

我们认为，后附的财务报表在所有重大方面按照企业会计准则的规定编制，公允反映了 ABC 公司 2023 年 12 月 31 日的财务状况以及 2023 年度的经营成果和现金流量。

（二）形成审计意见的基础

我们按照《中国注册会计师审计准则》的规定执行了审计工作。审计报告的"注册会计师对财务报表审计的责任"部分进一步阐述了我们在这些准则下的责任。按照中国注册会计师职业道德守则，我们独立于 ABC 公司，并履行了职业道德方面的其他责任。我们相信，我们获取的审计证据是充分、适当的，为发表审计意见提供了基础。

（三）强调事项

我们提醒财务报表使用者关注，财务报表附注×描述了火灾对 ABC 公司的生产设备造成的影响。本段内容不影响已发表的审计意见。

（四）关键审计事项

关键审计事项是根据我们的职业判断，认为对本期财务报表审计最为重要的事项。这些事项是在对财务报表整体进行审计并形成意见的背景下进行处理的，我们不对这些事项单独发表意见。

（五）其他事项

2023 年 12 月 31 日的资产负债表、2023 年度的利润表、现金流量表、股东权益变动表以及相关财务报表附注由其他会计师事务所审计，并于 2024 年 3 月 31 日发表了无保留意见。

××会计师事务所　　　　　　　　　中国注册会计师：×××（项目合伙人）
　（盖章）　　　　　　　　　　　　　　　　（签名并盖章）
　　　　　　　　　　　　　　　　　中国注册会计师：×××
　　　　　　　　　　　　　　　　　　　　（签名并盖章）
中国××市　　　　　　　　　　　　二×××年×月×日

本章小结

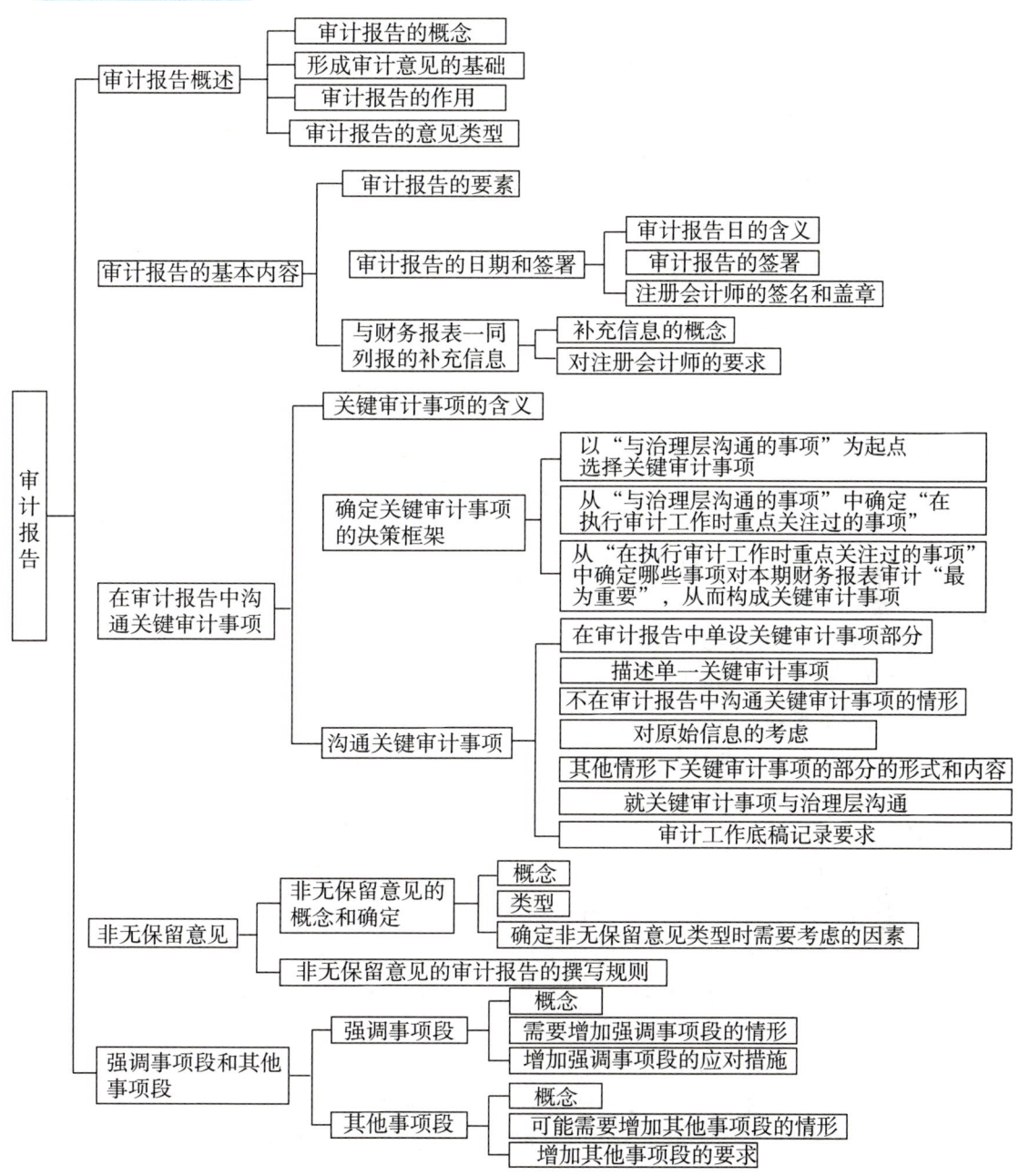

 本章练习题

一、单项选择题

1. 下列有关审计报告日的说法中，错误的是（   ）。

A. 审计报告日可以晚于管理层签署已审计财务报表的日期

B. 审计报告日不应早于管理层书面声明的日期

C. 在特殊情况下，注册会计师可以出具双重日期的审计报告

D. 审计报告日应当是注册会计师获取充分、适当的审计证据，并在此基础上对财务报表形成审计意见

2. 关于注册会计师确定关键审计事项需要遵循的决策框架，以下说法中，错误的是（   ）。

A. 注册会计师应从"与治理层沟通的事项"中选出"在执行审计工作中重点关注过的事项"

B. 注册会计师应以"与治理层沟通的事项"为起点选择关键审计事项

C. 注册会计师应从"与治理层沟通的事项"中选出"最为重要的事项"，从而构成关键审计事项

D. 注册会计师应从"在执行审计工作时重点关注过的事项"中选出"最为重要的事项"，从而构成关键审计事项

3. 下列事项中，不会导致注册会计师在审计报告中增加强调事项段的是（   ）。

A. 在允许的情况下，提前应用对财务报表有广泛影响的新会计准则

B. 所审计财务报表采用特殊编制基础编制且报表附注已充分披露

C. 含有已审计财务报表的文件中的其他信息与财务报表存在重大不一致，并且需要对其他信息作出修改，但管理层拒绝修改

D. 存在已经或持续对被审计单位财务状况产生重大影响的特大灾难

4. 下列事项中，注册会计师可以增加强调事项段的是（   ）。

A. 异常诉讼或监管行动的未来结果存在不确定性

B. 注册会计师不能解除业务约定的解释

C. 认为前任发表了无保留意见的上期财务报表存在重大错报，但前任无法或不愿对上期财务报表重新出具审计报告

D. 与使用者理解注册会计师的责任相关的情形

5. 下列事项中，不会导致注册会计师在审计报告中增加其他事项段的是（   ）。

A. 当因本期审计而对上期财务报表发表审计意见时，如果对上期财务报表发表的意见与以前发表的意见不同

B. 上期财务报表未经审计

C. 对审计报告使用和分发的限制

D. 提醒财务报表使用者注意财务报表按照特殊目的编制基础编制

6. 下列事项中，不会导致注册会计师在审计报告中增加其他事项段的是（   ）。

A. 注册会计师决定在审计报告中提及前任注册会计师对对应数据出具的审计报告

B. 当财务报表列报对应数据时，上期财务报表未经审计

C. 对审计报告使用和分发的限制

D. 含有已审计财务报表的文件中的其他信息与财务报表存在重大不一致，并且需要对财务报表作出修改，但管理层拒绝修改

7. 下列不属于经营方面可能导致持续经营能力疑虑的事项或情况的是（　　）。

A. 异常原因导致停工、停产　　　　B. 关键管理人员离职且无人代替

C. 主导产品不符合国家产业政策　　D. 人力资源短缺

8. 下列情况中，注册会计师不应该对被审计单位的财务报表发表无法表示意见的是（　　）。

A. 被审计单位管理当局拒绝出具管理层声明书

B. 被审计单位的财务报表整体没有按照企业会计准则进行编制

C. 未能就影响财务报表的重大关联方及其交易获取充分、适当的证据

D. 在存有疑虑的情况下，不能就持续经营假设的合理性获取必要的审计证据

9. 下列有关审计报告意见类型的说法中，错误的是（　　）。

A. 如果注册会计师无法获取充分、适当的审计证据以作为形成审计意见的基础，但认为未发现的错报对财务报表可能产生的影响重大但不具有广泛性，则应当出具保留意见的审计报告

B. 如果注册会计师无法获取充分、适当的审计证据以作为形成审计意见的基础，但认为未发现的错报对财务报表可能产生的影响重大且具有广泛性，则应当解除业务约定或出具无法表示意见的审计报告

C. 如果注册会计师无法获取充分、适当的审计证据以作为形成审计意见的基础，但认为未发现的错报对财务报表可能产生的影响重大且具有广泛性，则应当出具保留意见加强调事项段的审计报告

D. 如果注册会计师在获取充分、适当的审计证据后认为错报单独或汇总起来对财务报表的影响重大且具有广泛性，则应当出具否定意见的审计报告

10. 下列关于在审计报告中沟通关键审计事项的作用的说法中，错误的是（　　）。

A. 沟通关键审计事项能够为财务报表预期使用者就与已执行审计工作相关的事项进一步与管理层和治理层沟通提供基础

B. 沟通关键审计事项能够为财务报表预期使用者提供额外的信息，以帮助其了解注册会计师根据职业判断认为对本期财务报表审计最重要的事项

C. 沟通关键审计事项能够帮助财务报表预期使用者了解被审计单位，以及已审计财务报表中涉及重大管理层判断的领域

D. 沟通关键审计事项能够帮助注册会计师了解已审计财务报表中涉及重大管理层判断的领域

二、多项选择题

1. 注册会计师在确定对×公司2023年度财务报表的审计意见时，在与×公司管理层沟通后，仍存在下列情况，则可能直接导致出具保留意见的情况包括（　　）。

A. 80%的存货未能监盘，存货占资产总额的15%

B. 重大错报使绝大多数报表使用者受到误导

C. 虚增的收入虽然只有10万元，但掩饰了当年的亏损状况

D. 抵押资产已达到资产总额的5%，但拒绝在附注中披露

2. 注册会计师在发表审计意见时，以下做法中恰当的有（　　）。

A. 如果被审计单位未更正的错报累积金额超过财务报表整体的重要性水平，但利润总额方向没有改变仍然为盈利时，发表保留意见

B. 如果被审计单位未更正的错报累积金额超过财务报表整体的重要性水平，且同时将利润总额由亏损粉饰为盈利时，发表否定意见

C. 如果被审计单位以保护商业机密为由拒绝注册会计师针对部分应收账款实施函证，这些应收账款的账面价值累计超过财务报表整体的重要性水平，余额占企业资产总额的5%，发表保留意见

D. 被审计单位拒绝注册会计师实施存货监盘，该企业存货账面价值超过财务报表整体的重要性水平，余额占资产总额的65%，发表否定意见

3. 下列各项错报中，通常对财务报表具有广泛影响的有（　　）。

A. 被审计单位没有披露关键管理人员薪酬

B. 信息系统缺陷导致的应收账款、存货等多个财务报表项目的错报

C. 被审计单位没有将年内收购的一家重要子公司纳入合并范围

D. 被审计单位没有按照成本与可变现净值孰低原则对存货进行计量

4. 从"与治理层沟通的事项"中选出"在执行审计工作时重点关注过的事项"时，应考虑（　　）因素。

A. 评估的重大错报风险较高的领域或识别出的特别风险

B. 与财务报表中涉及重大管理层判断（包括被认为具有高度估计不确定性的会计估计）的领域相关的重大审计判断

C. 与该事项相关的由于舞弊或错误导致的已更正错报和累积未更正错报（如有）的性质和重要程度

D. 该事项管理层在选择适当的会计政策时涉及的复杂程度或主观程度

5. 从"在执行审计工作时重点关注过的事项"中选出"最为重要的事项"，从而构成关键审计事项时，应考虑（　　）因素。

A. 该事项对预期使用者理解财务报表整体的重要程度，尤其是对财务报表的重要性

B. 当期重大交易或事项对审计的影响

C. 识别出的与该事项相关的控制缺陷的严重程度

D. 注册会计师遇到的困难的性质和严重程度，尤其是当注册会计师的判断变得更加主观时

三、判断题

1. 为帮助财务报表使用者正确、全面地理解相关信息，注册会计师应当在财务报表组成部分的审计报告后附送整体财务报表。（　　）

2. 审计报告就是查账验证报告，是审计工作的最终成果。（　　）

3. 审计报告用于公证，不是表达审计意见的方式。（　　）

4. 审计报告可以明确审计人员的审计责任及存在最大过失法律责任。（　　）